O CULTO DO DIVINO

Título:
O Culto do Divino: Migrações e Transformações

© João Leal e Edições 70, 2017

Revisão:
Inês Guerreiro

Obra financiada pela FCT no âmbito do plano estratégico do Centro
em Rede de Investigação em Antropologia UID/ANT/04038/2013

Obra financiada pela Direção Regional das Comunidades da Região Autónoma dos Açores

A Coleção História & Sociedade tem direção de
Diogo Ramada Curto, Miguel Bandeira Jerónimo e Nuno Domingos

Capa: FBA

Depósito Legal n.º 428001/17

Biblioteca Nacional de Portugal – Catalogação na Publicação

LEAL, João, 1954-

O culto do divino : migrações e transformações. – (História
& sociedade)
ISBN 978-972-44-2003-5

CDU 394

Paginação:
MA

Impressão e acabamento:
PAPELMUNDE
para
EDIÇÕES 70
em
Junho de 2017

Direitos reservados para todos os países de língua portuguesa
por Edições 70

EDIÇÕES 70, uma chancela de Edições Almedina, S.A.
Avenida Engenheiro Arantes e Oliveira, 11 – 3.º C – 1900-221 Lisboa / Portugal
e-mail: geral@edicoes70.pt

www.edicoes70.pt

Esta obra está protegida pela lei. Não pode ser reproduzida,
no todo ou em parte, qualquer que seja o modo utilizado,
incluindo fotocópia e xerocópia, sem prévia autorização do Editor.
Qualquer transgressão à lei dos Direitos de Autor será passível
de procedimento judicial.

O CULTO DO DIVINO
MIGRAÇÕES E TRANSFORMAÇÕES
JOÃO LEAL

70

Índice

APRESENTAÇÃO 11

A CIRCULAÇÃO DO ESPÍRITO SANTO

Capítulo 1 – Viagens do Espírito Santo: tempos, mapas, transformações 19
  Festas do Espírito Santo: um retrato de grupo 20
  Narrativas de origem 24
  Viagens de proximidade 35
  Escalas atlânticas 36
  Passagem para o Brasil 38
  Viagens norte-americanas 48
  Outras viagens 55
  A cada canto seu Espírito Santo 57

VIAGENS NA AMÉRICA DO NORTE

Capítulo 2 – Festas do Espírito Santo, emigração, transnacionalismo 71
  Os impérios 71
  Os impérios e a emigração 74
  A transnacionalização dos impérios 77
  Transnacionalismo religioso 80
  As expressões sociais do transnacionalismo 81
  O fim do transnacionalismo 86

Capítulo 3 – As festas na América do Norte: identidades e sociabilidades 89
  Festas e etnicidade 94

Um império americano: etnografia dos impérios de East
  Providence 96
Religião e identidades 100
Contextos sociais da etnicidade 102
O grupo étnico como comunidade imaginada 106
Conclusões 110

Capítulo 4 – Religião e etnicidade em Toronto: controvérsias
sobre o Espírito Santo 115
  A Igreja e o Espírito Santo 118
  A Irmandade do Imigrante em Louvor do Divino Espírito
    Santo 127
  Clubes e festas 131
  Quem define e como é definida a etnicidade? 133
  Religião e etnicidade 137

Capítulo 5 – *Queens, parades, mayors*: transformações das
festas 139
  Mudanças, subtrações, adições, sínteses 141
  Rainhas e *queens* 146
  Autenticidade e inovação: fronteiras indecisas 151
  Transformações e resistências 156
  Identidades hifenizadas 159

Capítulo 6 – Viagens de regresso: as festas do Espírito Santo
como remessas culturais 163
  As festas das rainhas 165
  A difusão das rainhas: cópias e resistências 176
  O património das rainhas 179
  Bumerangue cultural 181
  Uma comunidade transnacional 184
  Prosperidade imigrante e festas em San Diego 189
  Conclusões 193

IDENTIFICAÇÕES DE UMA FESTA

Capítulo 7 – Região e diáspora: etnografia e política 197
  Festas, cultura, identidade 198
  Objetificação etnográfica e objetificação política 206
  Dos impérios açorianos à vinha do Pico: regresso à
    UNESCO 210

ÍNDICE 9

Religião, política, cultura: as festas como tradição inventada 213
As festas e a quase-nação açoriana transnacional 217

O DIVINO NOS TRÓPICOS

Capítulo 8 – O Espírito Santo entre os voduns: história e etnografia 227
Narrativas de origem 234
Festas do Divino: uma apresentação geral 246
O *script* das festas 252
Festas e terreiros 261

Capítulo 9 – A festa maior dos terreiros 269
O terreiro e a festa 273
Promessas e pessoas de simpatia 275
«Uma festa para todo mundo» 279
A morfologia social das festas 283
Religião e cultura 288

Capítulo 10 – Mina e divino: modos de articulação 291
Devoção católica e obrigação da mina 293
As cores da festa 299
Promessas e entidades 302
As entidades na festa do Divino 306
O mastro: estrutura e antiestrutura 311
O Divino na mina 319
Muitos modos de articulação 330
As caixeiras e as entidades 339

Capítulo 11 – Como as festas chegaram na mina 343
«Múltiplas divindades» 344
As razões da história, as razões do presente 353
Múltiplas causalidades 360
E o sincretismo? 367
Conclusões 375

CONCLUSÃO 377

AGRADECIMENTOS 381

BIBLIOGRAFIA 385

ÍNDICE TEMÁTICO 417

ÍNDICE ONOMÁSTICO 423

ÍNDICE GEOGRÁFICO 431

Apresentação

As festas do Divino Espírito Santo têm uma presença muito relevante em espaços de língua portuguesa. Para além de Portugal Continental e dos Açores, existem festas no Brasil (designadamente nos estados de Santa Catarina, Rio Grande do Sul, Rio de Janeiro, São Paulo, Goiás, Bahia e Maranhão) e entre as comunidades imigrantes de origem açoriana na América do Norte (nos EUA, no Canadá, no Havai e na Bermuda). Existem também referências mais pontuais à realização de festas na Madeira, em Cabo Verde e em Angola. Em Portugal Continental, estão identificadas mais de 100 festas para o período que vai do século XIV ao século XXI. Mas o seu número foi provavelmente bem maior. Nos Açores realizam-se todos os anos pelo menos 400 festas. E, na América do Norte, o número de festas é de cerca de 290. Apenas para o Brasil não é possível alcançar números seguros, mas, quando estes existem — como no Maranhão (mais de 200 festas) e em Santa Catarina (60 festas) —, indicam a importância das festas do Divino (como aí são designadas) na geografia cultural brasileira. Por detrás desta distribuição das festas do Espírito Santo — que faz delas a mais importante festa de origem portuguesa fora de Portugal —, encontra-se um conjunto de viagens que se estendem desde o século XIV até à atualidade, por intermédio das quais as festas chegaram a geografias cada mais alargadas.

Nestes vários contextos, embora apresentando perfis diferenciados, as festas mantêm um forte «ar de família». O Espírito Santo é geralmente representado por uma coroa encimada por uma pomba, e as festas caracterizam-se, em consequência, pelo recurso a terminologias e rituais inspirados na linguagem do poder. Entre estes destaca-se a coroação, que consiste na imposição da coroa ao principal organizador da festa ou a uma criança e/ou adolescente por ele escolhido. Para além de outras cerimónias religiosas — novenas, terços, procissões, cantos de louvação ao Divino tocados por folias —, as festas são marcadas pela oferenda de dádivas e contradádivas de alimentos especialmente preparados para a ocasião. Representando um gasto elevado e estando associadas a uma estética por vezes exuberante, as festas do Espírito Santo são, na esmagadora maioria dos contextos em que se realizam, não uma festa qualquer, mas a principal festa e a que junta mais pessoas.

Vindo na sequência de dois livros anteriores — um sobre as festas do Espírito Santo nos Açores (Leal 1994), outro que incluía informação mais tangencial sobre as festas na Nova Inglaterra (EUA) e em Santa Catarina (Brasil) (Leal 2011a) —, este volume tem três objetivos principais.

Procura, antes de mais, fornecer uma visão de conjunto das festas do Espírito Santo em Portugal, no Brasil e na América do Norte, tanto sob um ponto de vista histórico como sob um ponto de vista etnográfico. Até este momento, a bibliografia disponível sobre as festas, embora extensa, tem-se baseado maioritariamente na metodologia do estudo de caso. Neste livro procura-se fornecer uma perspetiva mais geral das festas e da sua distribuição ao longo do tempo e do espaço.

Em segundo lugar, o livro procura ampliar a descrição e a análise mais argumentada das festas para duas áreas onde a sua difusão é particularmente expressiva: a América do Norte (incluindo o Canadá) e, no Brasil, São Luís (capital do estado do Maranhão), cidade onde todos os anos têm lugar cerca de 80 festas. A par dos Açores, estas são duas áreas onde as festas têm uma expressão particularmente significativa e que justificam por isso uma análise mais desenvolvida. O facto de as festas do Divino em São Luís terem lugar em terreiros de tambor de mina — a religião afro-brasileira predominante na cidade — e articularem o culto ao Divino com o culto a entidades religiosas afro-brasileiras foi um motivo suplementar para o destaque dado a estas festas.

APRESENTAÇÃO | 13

Finalmente, o livro visa construir em torno das festas do Espírito Santo um argumento interpretativo que expande em novas direções linhas de análise anteriormente ensaiadas. Esse argumento sublinha a importância das festas do Divino no fabrico de conexões dos homens e das mulheres com os deuses e dos homens e das mulheres entre si. Para algum senso comum, a festa é vista como algo de ornamental e mesmo de supérfluo. Este livro argumenta o contrário: que as festas do Espírito Santo (ou festas do Divino) são tecnologias rituais determinantes para a construção de vários tipos de conexões envolvendo deuses, homens e mulheres. As festas são «festa», mas são também esse trabalho — festivo — de fabrico simultâneo do religioso e do social. Neste sentido, este livro é tanto sobre as festas do Espírito Santo como sobre os modos de produção simultâneos da religião e da vida social, sendo marcado pela importância de alguns temas analíticos principais, que apresento adiante.

O percurso que o livro propõe inicia-se com uma perspetiva de conjunto das festas do Espírito Santo (capítulo 1). Centra-se depois nos Açores, misturando camponeses que não emigraram e emigrantes que regressaram para fazer as festas (capítulo 2). Acompanha os processos religiosos e sociais associados à recriação das festas na América do Norte, com particular destaque para a Nova Inglaterra, nos EUA, e para Toronto, no Canadá (capítulos 3 a 5). Regressa de novo aos Açores, não só explorando só composições rituais influenciadas pelo trânsito transnacional das festas no Atlântico Norte (capítulo 6), mas trabalhando também ideias sobre património e identidade construídas em torno das festas por elites intelectuais e/ou políticas (capítulo 7). Termina no Brasil, em São Luís, onde as festas do Divino se cruzam e articulam com religiões de matriz africana e com grupos afrodescendentes (capítulos 8 a 11).

Em cada um destes contextos é possível encontrar não só composições rituais distintas, mas também diferentes grupos sociais investidos nas festas — camponeses, e/imigrantes, elites eclesiásticas, intelectuais e políticos, grupos afrodescendentes — e diferentes modos de fabricação do social e do religioso. Ideias sobre transnacionalidade e etnicidade — e também sobre hibridização de formas culturais — serão decisivas para a exploração das viagens das festas do Espírito Santo entre os Açores e a América do Norte. Debates sobre objetificação cultural e património cultural imaterial serão centrais na análise das ideias sobre património e identidade que rodeiam as festas nos Açores e na diáspora açoriana. Em São Luís, o percurso proposto dará relevo a discussões sobre modos de articulação entre tradições religiosas distintas — as festas do Divino e a religião afro-brasileira do tambor de mina — usualmente colocadas sob o signo do sincretismo. No final do livro, olhando para o caminho percorrido, regresso ao argumento da importância da festa na fabricação do religioso e do social, nas diversas formas que esta toma nos contextos sucessivamente analisados.

O percurso seguido — Açores, América do Norte, São Luís — reproduz o itinerário da minha própria pesquisa. Esta, nos Açores, decorreu nos anos oitenta do século XX, num total de cerca de dois anos de trabalho de campo, e foi retomada de forma mais pontual em 1995, 2011 e 2013. Na América do Norte, a pesquisa realizou-se em 2000 e 2001 (Nova Inglaterra), num total de seis meses, e em 2008 (Toronto), num total de quatro meses. Beneficia também da investigação conduzida em conjunto com vária(o)s colegas no âmbito do projeto «Ritual, etnicidade, transnacionalismo: as festas do Espírito Santo na América do Norte», que decorreu entre 2010 e 2014 e permitiu realizar um levantamento exaustivo das festas na Nova Inglaterra e no Canadá. A pesquisa em São Luís decorreu entre 2010 e 2014, num total de nove meses de trabalho de campo.

O livro caracteriza-se por alguma agilidade formal na sua composição. Assim, o capítulo 1, sobre as viagens das festas do Espírito Santo, pode ser visto — recorrendo a uma linguagem cinematográfica — como um longo plano-sequência que acompanha os percursos das festas do século XIV à atualidade. Os capítulos 2 a 7, consagrados às viagens recentes das festas no Atlântico Norte, propõem um conjunto de planos médios que vão explorando sucessivas composições e significados das festas nos Açores e na América do Norte. Finalmente, os capítulos 8 a 11 podem ser vistos como um demorado *close up* sobre as festas do Divino em São Luís e os seus modos de articulação com o tambor de mina. Embora a maior parte do livro esteja escrita em português «de Portugal», os capítulos consagrados às festas do Divino em São Luís «saíram» com um ligeiro sotaque de português «do Brasil». Afinal de contas, foi falando esse português «abrasileirado» que conduzi a pesquisa em São Luís.

A circulação do Espírito Santo

Capítulo 1

Viagens do Espírito Santo: tempos, mapas, transformações

O Espírito Santo ocupa um lugar central no sistema cristão de práticas e crenças[1]. Baseado numa conceção simultaneamente una e múltipla da divindade, o Cristianismo defende que Deus (Pai), o Filho (Jesus Cristo) e o Espírito Santo são três pessoas numa só pessoa divina. Assim, na oração do Credo, os católicos, depois de afirmarem a sua fé num «só Deus todo-poderoso» e num «só Senhor, Jesus Cristo, Filho Unigénito de Deus», afirmam crer «no Espírito Santo, Senhor que dá a vida, e procede do Pai e do Filho; e com o Pai e o Filho é adorado e glorificado». Embora com raízes no Antigo Testamento — como se afirma no Credo, «Foi Ele que falou pelos profetas» —, é sobretudo no Novo Testamento que se baseia a doutrina católica sobre o Espírito Santo. Nesta, três episódios são decisivos. O primeiro: a conceção divina de Jesus Cristo «por obra e graça do Espírito Santo». O segundo: o batismo de Jesus Cristo por São João Batista, em que o Espírito Santo se manifesta sob a forma de uma pomba. O terceiro: a descida do Espírito Santo sobre os apóstolos — sob a forma de línguas de fogo — cinquenta dias depois da ressurreição de Cristo. Baseada neste último episódio, a doutrina católica considera por isso o Espírito Santo como «sopro» inspirador da ação da Igreja. Em resultado da sua

---

([1]) A literatura teológica sobre o Espírito Santo é abundante. Ver por exemplo, Congar (2012) e H. F. Mendes (2006), este último com uma abordagem que combina a análise do Espírito Santo na doutrina católica com a discussão de aspetos relacionados com as festas do Espírito Santo nos Açores.

importância na teologia católica, o Espírito Santo ocupa também um lugar de destaque na liturgia. É a ele que é consagrado o domingo de Pentecostes, o sétimo depois do domingo de Páscoa. No entanto, contrariamente ao que sucede com outros momentos da liturgia católica (como o Natal, a Quaresma, a Páscoa ou o dia de Todos os Santos), é possível falar de uma certa escassez de desdobramentos populares do Espírito Santo no mundo católico. Para a Idade Média europeia, existem várias referências a hospitais e confrarias com fins caritativos com a invocação do Espírito Santo (por exemplo, Congar 2012: 159––160), mas as menções a festejos — como aquelas que podemos encontrar em Van Gennep (1949: 1661–1652, 1723–1724) ou em Duparc (1958), para a França alpina — são pontuais. É quando se entra em espaços culturais de língua portuguesa que essa rarefação dos desdobramentos populares do Espírito Santo é contrariada. Aí, multiplicam-se as referências — tanto históricas como contemporâneas — a festividades populares em torno do Espírito Santo, englobando Portugal Continental, os arquipélagos atlânticos da Madeira e dos Açores, o Brasil e a diáspora açoriana na América do Norte. Embora mais pontuais, há também referências a festas do Espírito Santo em Cabo Verde, Angola e até na antiga Índia portuguesa.

Festas do Espírito Santo: um retrato de grupo

Conhecidas sob várias designações — impérios, festas do Divino, festas do Espírito Santo, festas do Divino Espírito Santo, *Holy Ghost Festivals*, *Holy Spirit Feasts*, etc. —, as festas do Espírito Santo apresentam uma certa diversidade, à qual teremos ocasião de regressar. Mas, tomando como referência as suas etnografias contemporâneas, é possível indicar algumas grandes constantes que fazem delas um «género» (Bakhtin 2011 [1981]) ritual próprio.

Assim, quanto às suas datas, as festas do Espírito Santo, convergindo geralmente para o domingo de Pentecostes, podem ainda recair sobre qualquer domingo compreendido entre o domingo de Pentecostes e o final do verão e, por vezes, embora mais raramente, concentrar-se noutras datas ao longo do ano. Em qualquer dos casos, trata-se de festas de longa duração, uma vez que entre as cerimónias preliminares que dão início às festas e os rituais que assinalam o seu termo podem mediar períodos de duas, três e até sete ou oito semanas (geralmente as sete ou oito semanas compreendidas entre o domingo de Páscoa e os domingos de Pentecostes e da Trindade).

Vistas pelos seus participantes, as festas do Espírito Santo ocupam um lugar central no campo religioso local: não são mais uma festa, nem uma festa qualquer; são a mais importante festa local e o principal ritual por intermédio do qual os homens (e as mulheres) interagem com a divindade. Na sua base estão a fé ou a devoção ao Espírito Santo, de resto inscritas no próprio mecanismo de realização das festas. De facto, em muitos casos as festas resultam de promessas individuais que trocam a graça divina solicitada pela promoção de uma festa em honra e louvor do Espírito Santo. Fornecem também o contexto ritual para o pagamento de outras promessas menores. Finalmente, estão muitas vezes associadas a formas mais genéricas e difusas de devoção ao Espírito Santo enquanto garante da proteção e bem-estar individual e coletivo. Esta última dimensão das festas é particularmente relevante nos Açores, onde existe um vínculo forte entre o culto ao Espírito Santo e as crises vulcânicas que assolam periodicamente o arquipélago. Em muitos contextos rurais, foi também historicamente significativa a associação das festas a ideias de abundância das colheitas e de prosperidade alimentar e económica. Isso significa que a figura do Espírito Santo ganha, nos lugares onde se realizam as festas que lhe são dedicadas, uma posição de grande centralidade como interlocutor divino preferencial dos homens (e das mulheres), desempenhando um papel idêntico àquele que noutros contextos cabe a diferentes invocações de Nossa Senhora, de Cristo ou de santos (e santas).

No âmbito das festas, o Espírito Santo é geralmente representado — de uma forma *sui generis* — por uma coroa, a chamada coroa do Espírito Santo, na maior parte das vezes encimada por uma pomba e acompanhada de um ceptro. Em alguns casos, entretanto, a coroa partilha o protagonismo com outras representações materiais da divindade, das quais a mais conhecida é a bandeira do Espírito Santo, geralmente uma bandeira vermelha com uma pomba bordada a branco ou a dourado. Esta forma de representação *sui generis* da divindade — por intermédio da coroa do Espírito Santo — é responsável por um dos traços mais relevantes do *script* ritual das festas: a sua associação mais ou menos generalizada a uma linguagem de poder inspirada na terminologia e na etiqueta ritual das monarquias europeias das épocas medieval e moderna. Isso é particularmente evidente quando as próprias festas são conhecidas pela designação de impérios. Reencontra-se noutras designações dadas às suas personagens rituais. Assim, embora expressões como mordomo ou festeiro sejam correntes, imperador é uma das designações frequentemente dadas à pessoa que se encontra à frente das festas ou — em alguns casos — à criança que a representa. Outros protagonistas da festa recebem designações de inspiração similar (por exemplo, imperatriz, rei, mordomo régio, pajem, cavaleiro, alferes, mestre-sala, trinchante), e muitos deles usam mesmo trajes rituais «reais». Varas decoradas, espadas, espadins, etc., são também objetos rituais recorrentes nas festas, e o trono aparece em algumas delas como a expressão que designa o altar em que a coroa é colocada durante a festa. Outros exemplos poderiam ser dados, todos eles testemunhando a fusão das linguagens religiosa e política no âmbito das festas do Espírito Santo. O mais significativo, porém, é o da cerimónia da coroação, quando o padre, no termo da missa do dia da festa, impõe a coroa ao imperador e/ou ao festeiro ou a alguém que o representa (geralmente uma ou mais crianças ou adolescentes). Embora não seja generalizada, quando tem lugar, a coroação é o mais relevante momento desta forte proximidade das festas do Espírito Santo com a linguagem daquilo a que, adaptando uma formulação de Frazer (1978 [1922]), poderíamos chamar realeza sagrada popular.

Sob o ponto de vista do seu *script*, as festas do Espírito Santo apresentam uma grande variedade de soluções rituais, umas próximas do repertório festivo do Catolicismo — procissões, missas, terços —, outras — como a coroação — próprias do repertório específico destas celebrações. A articulação que nelas podemos encontrar entre celebração religiosa e arraial (Sanchis 1983) é também recorrente. Entretanto, o que avulta no repertório específico das festas do Espírito Santo é a presença de rituais que, de formas diferentes, envolvem a circulação e a partilha de alimentos. Algumas fogem a esta regra, mas de uma forma geral as festas do Espírito Santo são caracterizadas pela proeminência da linguagem da dádiva (Mauss 1983 [1923/24]), sob a forma de refeições, de dádivas e contradádivas de alimentos, representando em muitos casos elevados custos monetários para os seus organizadores. Circulando entre os homens (e as mulheres), estas dádivas têm também um significado religioso, uma vez que são frequentemente vistas como uma das principais formas de retribuição da graça divina concedida. Se em algumas festas esta comensalidade se realiza em registos mais modestos e envolve um número mais restrito de pessoas e/ou famílias, muitas delas dão lugar a complexas redes de circulação de alimentos, envolvendo o abate e o consumo da carne de várias dezenas de cabeças de gado. Em termos antropológicos, *potlatch* é aqui a palavra-chave.

Caracterizadas por este *script* pouco usual, as festas do Espírito Santo definem-se, por fim, pela sua autonomia tendencial face à Igreja. As suas soluções organizativas são diversificadas: festeiros individuais que assumem o encargo em resultado de promessas; irmandades laicas com maior ou menor grau de institucionalização; grupos mais informais de devotos, etc. Em qualquer dos casos, as festas, para além dos grupos de pessoas mais diretamente envolvidos na sua realização, articulam-se também com a participação — nomeadamente no tocante ao financiamento dos festejos — das comunidades em que se inserem ou de segmentos significativos destas. Mas, seja qual for o seu formato organizativo, as festas são marcadas por uma autonomia considerável em relação à Igreja e aos agentes eclesiásticos (C. R. Brandão 1981). Em alguns casos, a participação destes limita-se à missa da coroação. E, quando é mais extensa, obedece tendencialmente ao princípio do controlo da religião pelos agentes populares — ou laicos (C. R. Brandão 1981). Esta autonomia deve ser tanto mais sublinhada quanto significa em muitos casos que os agentes populares — ou, de uma forma mais geral, os agentes laicos da festa — desempenham momentaneamente funções de modo habitual desempenhadas pelos pelos agentes eclesiásticos: gestão direta de representações materiais da divindade, condução de cerimónias religiosas, receção e administração de pagamentos de promessas sob a forma de donativos monetários ou alimentos, etc. O culto ao Espírito Santo pode, nessa medida, ser definido como uma espécie de religião laica na qual a interferência da Igreja é tendencialmente secundária. Isso não significa, em muitos casos, que a Igreja e, individualmente, muitos padres não se tenham envolvido e não continuem a envolver-se na festa, encarada como um instrumento de aproximação pastoral. Mais recentemente, em particular no Brasil, o advento do movimento carismático católico — com a importância que confere aos dons do Espírito Santo — tem favorecido movimentos de revitalização das festas conduzidos a partir de cima. Se em muitos casos esta intervenção eclesiástica não suscita problemas de maior, em muitos outros constituiu-se historicamente — em particular a partir do final do século XIX e durante o século XX — como um foco de conflitos entre o clero, os agentes laicos ligados ao culto e as populações. Algumas vezes, esses conflitos conduziram ao momentâneo controlo eclesiástico do culto ou mesmo à sua proibição, documentada para Portugal Continental e para o Brasil. Mas, em geral, é possível falar de um êxito limitado da Igreja no controlo do ritual.

Narrativas de origem

Caracterizadas pelos traços gerais indicados, as festas do Espírito Santo apresentam — como ficou sugerido — uma geografia simultaneamente ampla e diversificada, que se estende desde Portugal Continental aos arquipélagos atlânticos da Madeira e dos Açores, ao Brasil e, mais recentemente, a contextos norte-americanos com presença significativa da diáspora açoriana (EUA, Canadá, Havai e Bermuda) ([2]).

Esta geografia do Espírito Santo — que é basicamente uma geografia atlântica — é o resultado de um conjunto sucessivo de viagens, que se estendem do século xiv à atualidade. De facto, as festas do Espírito Santo podem ser vistas como um ritual viajante que, começando por ter uma configuração essencialmente local — circunscrita a certas áreas de Portugal Continental (Leal 1994: 283–296) —, se globalizou gradualmente (cf. mapa 1).

A história destas viagens, como a de quaisquer outras viagens, tem um ponto de partida, o lugar onde a viagem se inicia. No caso das festas do Espírito Santo, esse ponto ou lugar de partida é geralmente situado num espaço — Portugal — e num tempo — entre finais do século xiii e o início do século xiv. O primeiro aspeto que deve ser sublinhado a este respeito é que as festas do Espírito Santo surgem em Portugal e, com a configuração apresentada — englobando, entre outros elementos, a coroa como símbolo central da festa e o ritual da coroação como seu ponto alto —, aparentemente apenas em Portugal. De facto, embora existam referências ao culto do Espírito Santo para outros países europeus, em nenhum caso conhecido as festas apresentam essa singular articulação com uma linguagem de tipo político-religioso. O segundo ponto que deve ser enfatizado é que as referências documentais disponíveis sobre as festas do Espírito Santo as fazem remontar ao final do século xiii, e por isso podemos situar aí — ou não muito depois,

---

([2]) Embora mais esparsas, existem também referências a festas em Cabo Verde, em Angola e até em territórios da antiga Índia portuguesa. Sobre Cabo Verde, ver, por exemplo, Maciel (2010). Note-se que na Nova Inglaterra há atualmente duas festas organizadas por grupos de imigrantes originários de Cabo Verde, uma das quais foi «importada» diretamente da origem. Sobre os territórios da antiga Índia portuguesa, ver C. Veloso (2006: 192). Sobre Angola, ver V. Matos (2010). Existem também referências ao facto de as festas do Espírito Santo, em conjunto com outras festividades, serem celebradas a bordo das naus portuguesas da Carreira das Índias (ver C. Veloso 2006).

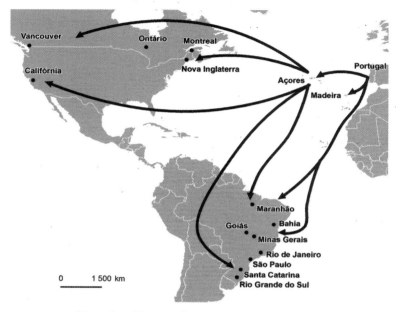

MAPA 1 — Viagens das festas do Espírito Santo

em inícios do século XIV — a sua origem. A confirmar-se esta cronologia, esta seria indicativa do acerto das posições de Van Gennep, para quem alguns rituais populares tomados muitas vezes por imemoriais têm uma origem medieval provável (Van Gennep 1947: 1156).

Como surgiram exatamente as festas do Espírito Santo é uma questão de resposta difícil. Três narrativas de origem têm sido propostas com mais insistência. Uma delas situa essa origem em Alenquer — uma cidade situada a cerca de 60 quilómetros de Lisboa — e defende que a sua criação resulta da iniciativa da rainha Santa Isabel (1271-1336), esposa do rei D. Dinis, que veio a ser beatificada em 1516 e canonizada em 1742. Essa narrativa — a que poderíamos chamar «isabelina» — apresenta várias versões, que diferem tanto em relação aos motivos que levaram a rainha a instituir o culto como em relação ao conteúdo ritual das primeiras festas. As mais antigas versões desta narrativa parecem remontar ao século XVII, constando a mais precoce da *História Eclesiástica de Lisboa*, de D. Rodrigo da Cunha (1642: 122). Nas décadas seguintes, novas versões foram produzidas por outros eclesiásticos, alguns deles ligados à Ordem Franciscana. Entre elas contam-se as de Frei Manuel da Esperança, na *História Seráfica da Ordem dos Frades Menores de S. Francisco na Província de Portugal* (1656: 131–132), de Frei Francisco Brandão, na *Monarquia Lusitana* (1672: 185), de D. Fernando Correia de Lacerda, na *História da Vida, Morte e Milagres, Canonização e Transladação de Santa Isabel Sexta Rainha de Portugal* (1680: 185–189), e do Padre Manoel Fernandes, na *Alma Instruída na Doutrina e Vida Cristã* (1690: 914).

Na *História Eclesiástica de Lisboa*, a rainha Santa Isabel é invocada antes de mais na sua condição de fundadora de uma igreja dedicada ao Espírito Santo:

> andando [a rainha] com pensamentos de fundar nela [vila de Alenquer] uma igreja sumptuosa ao Espírito Santo, achou pela manhã lançados os fundamentos por mãos de Anjos e a obra em altura que já se podia nela ver a mesma traça pela qual a santa Rainha a determinava edificar (R. Cunha 1642: 22).

Logo de seguida, D. Rodrigo da Cunha afirma: «ela e elrei seu marido D. Dinis foram os autores da festa que se chama do Espírito Santo» (1642: 22). Embora não dê mais detalhes sobre a fundação da festa, a *História Eclesiástica de Lisboa* propõe depois uma descrição da festa do Espírito Santo — ou «império» — de Alenquer tal como esta se realizava no século XVII. Nessa descrição, a rainha Santa Isabel é de novo referida. Segundo D. Rodrigo da Cunha, uma das coroas usadas na festa haveria pertencido à rainha Santa Isabel, que teria sido também iniciadora da procissão da Candeia.

Embora forneçam em alguns casos descrições mais completas da festa de Alenquer tal como esta se realizava no século XVII — como acontece com Frei Manuel da Esperança —, os autores posteriores não acrescentam em geral novos dados acerca de fundação da festa pela rainha Santa Isabel. A exceção surge no volume hagiográfico que D. Fernando Correia de Lacerda consagrou à rainha Santa Isabel. Aí, o episódio da intervenção divina na construção da igreja do Espírito Santo relatado por D. Rodrigo da Cunha é significativamente ampliado:

> E como Deus fala aos seus servos em sonhos, uma noite em que o sono não fugia dos olhos da Santa Rainha [...], sonhou que seria uma obra muito agradável ao Senhor fazer naquela Vila [Alenquer] uma igreja dedicada ao Espírito Santo (Lacerda 1680: 185).

Inspirada por Deus, a decisão de construção da igreja — onde se teria celebrado a primeira festa do Espírito Santo — foi seguida de intervenções milagrosas. Depois dessa noite de vigília e de ter empreendido diligências para o início da obra, «se pôs a Santa Rainha em oração [...] e vindo os Oficiais e trabalhadores, se levantou, e foi para onde determinava abrir os alicerces e chegado ao sítio destinado, os achou abertos e desenhados» (Lacerda 1680: 186). No final do primeiro dia de trabalho, depois de assistir à obra durante a tarde e

> chegado o tempo da Santa Rainha voltar para o Paço, deu a cada um dos Oficiais, e trabalhadores sua rosa, dizendo-lhes que com elas lhes pagava o dia [...]. Posto o sol [...] tomando cada [oficial e trabalhador] os vestidos, para recolherem a suas casas, e querendo levar as flores [...] quando as buscaram, acharam dobras [moedas], e duvidando que fossem verdadeiras tão lucrosas transformações; para se tirarem de dúvidas determinaram ir buscar a Santa Rainha, a qual acharam ainda pela rua, e lhe disseram, sua Alteza lhes mandara pôr dobras em lugar de rosas, que eles não tinham merecido tão liberal paga [...]. Ouvindo a Santa Rainha o sucesso daquela mudança, conheceu que era Prodígio do Céu [...] e pondo os olhos na terra e coração no Céu, deu muitas graças ao Senhor (Lacerda 1680: 189).

Instituída em crónicas eclesiásticas seiscentistas, a narrativa isabelina de fundação das festas do Espírito Santo foi «secularizada» duzentos anos mais tarde por dois destacados etnólogos portugueses: Adolfo Coelho e Teófilo Braga. Adolfo Coelho (1993 [1880]: 306-307), mais completo, cita a esse respeito D. Fernando Correia de Lacerda e Frei Manuel da Esperança, ao passo que Teófilo Braga (1986 [1885]: 202) refere apenas Frei Manuel da Esperança. A partir daí, a narrativa «isabelina» transformou-se no mito de fundação por excelência das festas do Espírito Santo, retomado por etnógrafos e também por historiadores, com maior ou menor circunspeção. Com base ora nessas fontes ora na tradição oral, essa narrativa foi também retomada — em Portugal Continental, nos Açores e entre as comunidades açorianas na América do Norte, mas também, em muitos casos, no Brasil — pelos protagonistas das festas, que acrescentaram (ou substituíram) às variantes sábias da narrativa variantes populares. Algumas dessas variantes — à semelhança de D. Fernando Correia de Lacerda — combinam, embora de formas diferentes, a fundação das festas do Espírito Santo com o «milagre das rosas», muitas vezes aprendido nos manuais escolares do Estado Novo português. Outras fazem depender as festas de uma promessa que a rainha teria feito aquando dos conflitos militares que opuseram D. Dinis a seu filho, o futuro D. Afonso IV. Outras ainda insistem na natureza da promessa de que teriam resultado as primeiras festas: coroar o homem mais pobre fazendo dele rei por um dia — numas versões — ou distribuir comida pelos pobres — nas mesmas ou noutras versões. Em resultado dessa popularização da narrativa «isabelina» de fundação das celebrações, tem-se assistido à inclusão de personagens representando a rainha Santa Isabel em muitas festas, em particular na América do Norte e, embora de forma mais difusa, nos Açores.

As razões para a circulação popular da narrativa «isabelina» dependem de vários fatores. Estas têm que ver antes de mais com a necessidade — que é extensiva a muitos outros rituais — de dotar as festas de uma genealogia capaz de as enraizar na longa duração da «tradição». Mas prendem-se também com a sua particular adequação à explicação de aspetos da festa que, sem essa referência, seriam de mais difícil legibilidade. Entre eles conta-se a centralidade da coroa do Espírito Santo nas festas, bem como a sua articulação com uma linguagem político-religiosa — que se ficariam ambas a dever à origem «real» das festas. As versões do mito que fazem intervir o motivo da coroação do homem mais pobre pela rainha Santa Isabel complementam essa ideia, permitindo dar conta do modo como a linguagem político-religiosa das festas é apropriada por pessoas e grupos sociais de base popular. Simultaneamente, a eficácia da narrativa «isabelina» decorre também do modo como permite sublinhar a dimensão religiosa das festas. Em contextos marcados por frequentes disputas com a Igreja, as festas, para além de se organizarem em torno do culto à Terceira Pessoa da Santíssima Trindade, podem ainda ser apresentadas como uma devoção instituída por uma rainha santificada pela Igreja Católica.

Dois aspetos obrigam, entretanto, a alguma cautela em relação a esta narrativa. O primeiro, sublinhado por diversos autores, decorre da existência de referências ao culto ao Espírito Santo em Portugal para períodos anteriores ao reinado de D. Dinis. O exemplo que é geralmente dado é o de Benavente (Ribatejo), onde teria existido, em 1272, uma confraria do Espírito Santo (Azevedo 1926 [1924]). Há também referências a expressões do culto no século XIII — englobando a existência de uma confraria e a realização de um bodo — em Arraiolos e Vimieiro (*Portugaliae...* 2003: docs. 158, 171). Mesmo no caso de Alenquer, existem referências a uma albergaria do Espírito Santo anterior à rainha Santa Isabel (Lourenço 2004: 72). O facto de o culto do Espírito Santo — designadamente sob a forma de confrarias — existir «um pouco em toda a Europa medieval» (J. A. Carvalho 1991: 418) pode também ajudar a relativizar o papel fundador da rainha. O segundo aspeto que deve ser sublinhado é que as primeiras referências ao papel da rainha Santa Isabel na fundação das festas — escritas maioritariamente por franciscanos — datam do século XVII e intervêm num quadro marcado pelas pressões no sentido da canonização da rainha (que viria a acontecer em 1742), apoiadas inicialmente pela Coroa ibérica e retomadas pela Coroa portuguesa. É difícil saber até que ponto a versão dos acontecimentos destes cronistas — escrita quase três séculos depois com intuitos hagiográficos — é segura.

Talvez em resultado dessas incertezas, desenvolveu-se uma segunda narrativa — a que poderemos chamar «franciscana» — sobre a origem das festas do Espírito Santo. Esta narrativa foi proposta pelo historiador Jaime Cortesão, que viveu muitos anos no Brasil, onde poderá ter tido os seus primeiros contactos com as festas do Divino (Espírito Santo). De acordo com Cortesão, na difusão das festas em Portugal teria desempenhado um papel de grande relevo a Ordem Franciscana, em particular os chamados franciscanos espirituais. Estes sofreram grande influência dos escritos do abade calabrês Joaquim di Fiore, que escreveu muito sobre a chegada próxima de uma Idade do Espírito Santo. Segundo ele, na história do mundo haveria três idades — a Idade do Pai, a do Filho e a do Espírito Santo —, e o que di Fiore anunciava nos seus escritos, de pronunciado cunho profético-messiânico, era esta última, «cujo advento estava próximo e viria substituir-se ao poder da Igreja, corrupta e decadente» (Cortesão 1980: 127). Advogando um conjunto de novos valores, os franciscanos espirituais «negavam a autoridade do Papa [e] não poupavam as críticas acerbas aos mais altos representantes da hierarquia» (1980: 127). Teriam nessa medida estabelecido uma aliança tácita com os príncipes e monarcas — como D. Dinis — interessados em contrapor a autoridade civil e o laicismo à autoridade da Igreja e das ordens regulares. Teria sido justamente em resultado desse «misticismo exasperado dos espirituais, que se particularizou pela estreita colaboração com os príncipes laicos e pelo culto do Espírito Santo» (1980: 127), que teriam surgido em Portugal as festas do Espírito Santo. Estas não teriam sido fundadas pela rainha Isabel de Aragão, mas dever-se-iam à ação dos franciscanos espirituais:

> Documentos do Arquivo desta Vila [de Alenquer] levam a concluir que o aparecimento daquele culto, e sob aquela forma, data de 1323, sendo mais provável, ao que pensamos, que a sua criação se deva a franciscanos, de tendência espiritual, e que a rainha […] o tenha favorecido (Cortesão 1980: 262).

Esse favorecimento do culto por parte da Coroa portuguesa teria continuado subsequentemente e sido importante, não só para a sua rápida difusão em Portugal, como, uma vez iniciada a expansão, para os territórios colonizados pelos portugueses. Foi designadamente à luz destes pressupostos que Jaime Cortesão propôs, no volume VI de *Os Descobrimentos Portugueses*, a sua interpretação dos Painéis de São Vicente como «retábulo da investidura da nação pelo Espírito Santo» (2016: 656).

Proposta por Jaime Cortesão, esta versão forneceu posteriormente o ponto de partida para uma terceira narrativa de origem das festas do Espírito Santo, a que podemos chamar «joaquimita». Esta foi também elaborada no Brasil, mas por Agostinho da Silva (1988). Certamente influenciado por Cortesão — que era seu sogro —, Agostinho da Silva estava de acordo com ele num ponto essencial: o carácter decisivo da ação dos franciscanos — e não tanto da rainha Isabel de Aragão — na fundação e difusão das festas do Espírito Santo em Portugal e, depois, nos territórios de colonização portuguesa. Mas valorizou, de uma forma mais enfática, a relação direta que as festas teriam com o pensamento de Joaquim di Fiore e com a sua visão da história de acordo com a Idade do Pai, do Filho e do Espírito Santo([3]). Para Agostinho da Silva, a chegada da Idade do Espírito Santo segundo Di Fiore significaria a instauração de um tempo de abundância, em que as crianças exerceriam o poder, e triunfaria a igualdade social. As festas do Espírito Santo seriam uma espécie de celebração antecipada do advento iminente da Idade do Espírito Santo. Na sua composição ritual avultariam por isso três traços principais: a coroação do imperador menino; o bodo; e a libertação de presos por ocasião das festas. Associadas a cada uma destas sequências-chave, estariam subjacentes três grandes ideias, contidas nas profecias joaquimitas sobre a Idade do Espírito Santo:

([3]) A bibliografia sobre joaquimismo é extensa. Ver, por exemplo, Lubac (2014 [1981]) ou Reeves (1993 [1969]). Para Portugal, ver, entre outros, J. A. Carvalho (1991).

O que o povo diz no seu mais espontâneo e autêntico Culto é que devem as crianças governar o mundo, como afinal defendia Cristo; que deve o que se consome de básico ser abundante e gratuito, como nas Bodas de que fala o Evangelho, multiplicando-se o Pão; que se devem abolir as prisões, como ordena o «Não Julgueis» (A. Silva 1988: 744).

Nessa narrativa, a rainha Santa Isabel mais uma vez não desaparece — ela teria dado um impulso importante à difusão das festas do Espírito Santo —, mas a sua iniciativa é vista como fazendo parte da ação mais geral dos franciscanos «joaquimitas» na implementação do novo culto.

Tanto as ideias de Cortesão como, sobretudo, as de Agostinho da Silva têm sido adotadas por alguns estudiosos, possuindo igualmente uma certa circulação junto de alguns sectores da Igreja Católica, que, no entanto, guardam em relação a ela algum tipo de distância (por exemplo, H. F. Mendes 2006). Mas têm contra elas, em primeiro lugar, a ausência de documentação segura que as suporte. Isso é particularmente evidente em Agostinho da Silva, cuja produção escrita sobre as festas é de cunho sobretudo ensaístico, mas é também claro em Jaime Cortesão, cujas fontes se parecem limitar às crónicas seiscentistas de D. Rodrigo da Cunha, Frei Manuel da Esperança e Frei Manuel Brandão (Cortesão 2016: 656). Talvez por isso um historiador contemporâneo da espiritualidade medieval em Portugal — José Adriano Carvalho (1991) — tenha manifestado algumas reservas em relação a elas. Em segundo lugar, parece haver algumas inconsistências entre a geografia da Ordem Franciscana e o que sabemos sobre a geografia das festas do Espírito Santo. Ao lado de áreas onde estas duas geografias se sobrepõem — como no caso dos Açores e certas regiões do Brasil —, há também geografias dissonantes. É o que se passa com a distribuição histórica e geográfica das festas em Portugal Continental, onde não há, diferentemente do que sugeria Jaime Cortesão, coincidência entre a geografia das festas — que se concentra no Centro e no Sul de Portugal (Leal 1994: 283–296) — e a geografia da implantação franciscana no país — que incluiu também o Norte do território. Em segundo lugar, nem a narrativa «franciscana» nem a narrativa «joaquimita» respondem à seguinte objeção: por que motivo só em Portugal os franciscanos espirituais — cuja ação se estendia entretanto ao conjunto da cristandade medieval — teriam criado as festas do Espírito Santo? Finalmente, em ambas as narrativas é possível detetar, embora de formas diferenciadas, o peso de uma leitura nacionalista das festas do Espírito Santo — marcada pela celebração (Cortesão) ou pela nostalgia (Agostinho da Silva) do Império — que leva a que devamos encará-las com alguma distância crítica.

Por estas razões, ambas as narrativas — tal como a narrativa «isabelina» — devem ser submetidas ao crivo de uma pesquisa mais completa sobre o tema. Recentemente, algumas investigações têm sido pautadas por essa preocupação. Numa parte delas — embora não seja dada tanta ênfase ao papel da rainha Santa Isabel — é sublinhada a ligação das festas à casa real portuguesa (L. Abreu 2004; Lourenço 2004; Penteado 2004). Comparativamente, as pistas franciscana e joaquimita têm sido menos exploradas, e há também autores que, embora sem base documental segura, têm sugerido que outras ordens religiosas — designadamente os Templários e, depois da sua extinção, a Ordem de Cristo — teriam tido um papel importante na difusão das festas.

As certezas sobre a origem e os processos de difusão inicial das festas do Espírito Santo em Portugal Continental são portanto poucas. Seja como for, há um ponto que é importante relevar. «Isabelinas», «franciscanas» ou «joaquimitas», as narrativas de origem das festas deixam em silêncio o eventual papel das próprias comunidades nos processos ligados à sua circulação. Sabemos da importância desses processos na atualidade — por exemplo, no caso do Brasil (ver adiante) —, e algo de idêntico se pode ter também passado no período inicial de implantação das festas. A confirmar-se este quadro, isso significa que, a par de mecanismos de difusão «a partir de cima», deverá ser dada mais atenção em pesquisas ulteriores a mecanismos de difusão das festas do Espírito Santo «a partir de baixo».

Viagens de proximidade

Seja como for, uma vez fundadas, as festas do Espírito Santo parecem ter tido uma difusão gradual, primeiro em Portugal Continental — onde tiveram lugar as primeiras viagens do Divino, ainda terrestres e para destinos próximos — e depois fora de Portugal Continental — onde tiveram lugar as viagens do Divino subsequentes, para destinos gradualmente mais longínquos, por via marítima, primeiro, e por via aérea, depois. De facto, tanto quanto sabemos, as primeiras viagens do Divino foram viagens de proximidade, por intermédio das quais as festas se foram instalando em várias localidades portuguesas.

Os testemunhos sobre a difusão do culto do Espírito Santo em Portugal Continental entre os séculos XIII e XIX são entretanto — no estado atual da pesquisa — fragmentários, e informação mais completa surge sobretudo a partir de finais do século XIX, em associação com o desenvolvimento do campo de estudos da etnografia local.

Com base nessa informação, é de qualquer modo possível desenhar um mapa aproximado da distribuição das festas do Espírito Santo em Portugal Continental (Leal 1994: 283–296). O primeiro aspeto a reter nesse mapa é que — como ficou sugerido — este concentra as festas do Espírito Santo no Centro e Sul do país e deixa de fora o Norte. No interior deste mapa, é também possível falar de áreas de maior concentração das festas do Espírito Santo: na Beira Baixa, em Tomar, nas imediações de Lisboa, no Algarve, etc. Isto é: não se pode falar de uma geografia homogénea das festas do Espírito Santo, mas antes da sua distribuição em núcleos descontínuos. Haverá alguma relação entre algumas dessas áreas e as áreas de implantação de ordens religiosas que terão contribuído para a difusão do culto? Esta ideia foi defendida em relação a Tomar e à Beira Baixa — coincidentes com uma das áreas de maior implantação dos Templários —, mas mais uma vez sem base documental segura. Noutros casos, parece haver uma relação — sugerida por Paula Lourenço (2004) — entre as festas e as terras da Casa das Rainhas, como em Torres Vedras ou em Sintra. Mas deve notar-se que essa ligação não é sistemática. Seja como for, qualquer resposta à questão da difusão das festas do Espírito Santo deve dar conta desta peculiar geografia das festas: a sua distribuição exclusiva no Centro e Sul em núcleos sub-regionais de densidade variável. Porquê essa geografia e não outra? Estas viagens continentais do Espírito Santo, se foram em certa medida viagens de proximidade, devem ter sido igualmente viagens que se estenderam no tempo, com festas mais antigas a serem abandonadas e festas novas a serem criadas, de acordo com cronologias que é difícil reconstituir no estado atual da pesquisa. Seja como for, combinando referências que se reportam a diferentes períodos, uma estimativa por baixo permite calcular em perto de 100 o número de festas do Espírito Santo existentes em Portugal Continental ao longo do período que vai do século XIV até ao início do século XX. Esse número é entretanto provisório e, graças a pesquisas recentes (por exemplo, Henriques 1996; A. Lopes 2004), tem tendência para aumentar.

Uma observação suplementar deve ser feita: a maior parte dessas festas parece ter entrado em declínio a partir de finais do século XIX. Isso não quer dizer que as festas do Espírito Santo tenham desaparecido por completo de Portugal Continental, mas que o seu número é hoje em dia bastante mais baixo do que presumivelmente foi no passado. As razões para esse declínio são difíceis de apurar, mas a repressão por parte da Igreja é uma explicação possível e que foi defendida, por exemplo, para a Beira Baixa (Henriques 1996: 297) e para o Sul de Portugal (Gascon 1921/22). Deve de qualquer forma ser notado que, em alguns casos, se assistido a processos de revitalização recente das festas do Espírito Santo, como no Penedo (Sintra) e em Alenquer.

Escalas atlânticas

Depois de iniciado este primeiro ciclo de viagens, as festas do Espírito Santo entraram, a partir do século XVI, num segundo ciclo de viagens — ligado à expansão portuguesa e àquilo a que se tem chamado primeira globalização —, que as irá conduzir para cada vez mais longe.

A primeira escala nesse novo ciclo tem lugar nos arquipélagos atlânticos da Madeira e, sobretudo, dos Açores. Nenhum destes arquipélagos se encontrava habitado, e ambos foram colonizados pela Coroa portuguesa a partir de finais do século xv, tendo a sua organização religiosa sido entregue aos franciscanos. No caso da Madeira, são escassas as referências históricas, mas no caso dos Açores é possível admitir — com recurso à crónica seiscentista de Frei Gaspar Frutuoso intitulada *Saudades da Terra* — que as festas do Espírito Santo terão surgido logo no início da colonização portuguesa do arquipélago (Frutuoso 1971: 106–107, 1977: 281, 1981: 240–241, 1978: 351). Parece provável que o mesmo tenha acontecido na Madeira. Seja como for, as festas do Espírito Santo, a partir da colonização da Madeira e dos Açores, devem ter conhecido uma gradual difusão em ambos os arquipélagos e persistiram até aos nossos dias.

Mas uma diferença importante separa a Madeira dos Açores. Enquanto na Madeira as festas do Espírito Santo parecem ter entrado em declínio — tal como no continente — a partir da viragem do século xix para o xx e a sua presença é hoje mais pontual (cf. Veríssimo 1985, 1994), nos Açores mantiveram (e eventualmente reforçaram) a sua importância na vida religiosa, social e cultural dos açorianos (Leal 1994). Hoje em dia, todas as freguesias dos Açores celebram o Espírito Santo, e em muitas freguesias são várias as festas do Espírito Santo que têm lugar. Embora seja difícil fornecer dados exatos, o número total de festas nos Açores deverá ser certamente superior a 400. Uma expressão de uso corrente nos Açores designa este fenómeno de multiplicação destas festas: «a cada canto seu Espírito Santo». Isto é: muitas festas — «a cada canto» —, mas celebradas de maneiras diferentes — «seu Espírito Santo». Por essa razão, as festas do Espírito Santo tornaram-se o símbolo por excelência da identidade regional açoriana, de acordo com um processo que se iniciou com a sua tematização etnográfica a partir de finais do século xix e que culminou com a sua tematização política nos anos oitenta do século xx.

Os Açores terão portanto constituído uma das primeiras escalas — a qual virá a revelar-se de grande importância — neste segundo ciclo de viagens do Divino. Essa importância não se deve exclusivamente ao relevo que o Espírito Santo ganhou nos Açores e entre os açorianos. Deve-se também ao facto de os Açores, com o decorrer do tempo, terem passado de espaço de receção das festas do Espírito Santo vindas do continente a espaço de difusão das festas do Espírito Santo para outros destinos. Um deles, desde pelo menos o século XVIII, será o Brasil. Aí é razoavelmente segura a origem açoriana das festas, em finais do século XVIII, em Santa Catarina e no Rio Grande do Sul (L. S. Nunes 2007). É igualmente admitido, embora com base documental insatisfatória, que tenham sido também colonos açorianos a introduzi-las no Maranhão na primeira metade do século XVII (C. Lima 2002a, 2002b). E, para o século XX, são conhecidas festas de origem açoriana no Rio de Janeiro e em São Paulo. O outro destino das festas do Espírito Santo açorianas será, a partir de finais do século XIX e ao longo do século XX, a América do Norte. Mas aqui entramos já nos ciclos seguintes de viagens do Divino.

Passagem para o Brasil

De facto, é com um terceiro ciclo de viagens — justamente para o Brasil — que o movimento de cosmopolitização e globalização das festas do Espírito Santo, iniciado com a colonização dos arquipélagos atlânticos da Madeira e dos Açores, se amplia decisivamente. Até aí as viagens das festas do Espírito Santo seriam, apesar de tudo, para destinos (relativamente) próximos. A partir de então, amplia-se decisivamente o espaço de implantação das festas do Espírito Santo em destinos cada vez mais longínquos. Do Atlântico Norte, as festas passam ao Atlântico Sul; de Portugal, da Madeira e dos Açores, passam ao Brasil.

No Brasil, a geografia atual das festas do Espírito Santo — onde são geralmente conhecidas pela designação de festas do Divino — é uma geografia que, embora seja difícil determinar

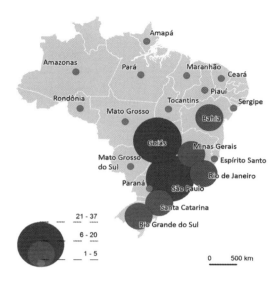

MAPA 2 — Referências a festas do Divino em *webpages* (2011)

de modo exato, é muito ampla. Essa amplitude pode ser surpreendida com recurso a dois tipos de fontes. Por um lado, as mais «convencionais»: livros, artigos, teses académicas. Embora haja estudos de carácter mais geral — como os de Câmara Cascudo (2002 [1999], 2004 [1964]) e Alceu Maynard Araújo (1973, 2004 [1964]) —, a maior parte da bibliografia disponível incide sobre festas em localidades ou estados precisos e é já extensa. Apesar de algumas lacunas para certas áreas, é pois possível traçar, a partir dela, uma cartografia aproximativa das festas([4]). Por outro lado, o recurso a estas fontes mais usuais pode ser complementado com a pesquisa a partir de fontes menos convencionais, de que são exemplo as referências a festas disponíveis na Internet (cf. mapa 2). Essa cartografia digital das

---

([4]) Sublinho o carácter aproximativo da cartografia proposta. De facto, não tenho dúvidas de que, apesar das suas preocupações de abrangência, a pesquisa bibliográfica que realizei deixou referências importantes de fora. Estudos posteriores permitirão certamente completar e corrigir o retrato de conjunto agora apresentado sobre as festas do Divino no Brasil.

festas tem necessariamente algumas lacunas. Entre elas conta-se a sobrerrepresentação de estados mais desenvolvidos do Brasil, no Sul e Sudeste, em detrimento de estados menos desenvolvidos, no Nordeste e no Norte. É também maior a visibilidade das festas do Divino organizadas em municípios que apostam na sua valência turística, em detrimento de comunidades mais pequenas, em que as festas configuram espaços de maior intimidade religiosa e social. Embora útil, essa *extensive survey* digital deve ser portanto utilizada com prudência.

Cruzando os dois tipos de fontes, deparamos com uma geografia certamente ampla, mas também descontínua das festas do Divino no Brasil. Ao lado de estados com um elevado número de referências às festas, há estados onde estas são mais escassas e pontuais e, finalmente, estados para os quais não foi possível encontrar indicações. É o que sucede em alguns estados do Nordeste — como Alagoas, Pernambuco, Paraíba e Rio Grande do Norte — e do Norte — como o Acre e Roraima.

No Norte, existem referências mais espaçadas a festas do Espírito Santo no Pará (D. Ribeiro 1996: 49–60; N. Pereira 1989), no Amapá (N. Pereira 1989; Tassinari 2003; Boyer 2008), na Amazónia (N. Pereira 1989; M. Y. Monteiro 1983; M. A. Costa 2012; L. Carvalho 2016), na Rondónia e em Tocantins (Sousa & Oliveira 2007). No caso do Amapá e da Amazónia, os estudos de Nunes Pereira, Mário Ypiranga Monteiro, Maria Augusta Costa e Luciana Carvalho referem-se a rituais de espectro mais largo — como o Sahiré e o Marabaixo — que incorporaram elementos do culto ao Divino Espírito Santo, sendo alguns desses rituais apresentados como tendo já desaparecido. A importância das festas entre grupos indígenas deve ser sublinhada (cf. sobretudo Tassinari 2003; N. Pereira 1989), assim como a sua presença — no Pará e no Amapá — entre grupos afrodescendentes (D. Ribeiro 1996: 49–60; N. Pereira 1989).

No Nordeste, é sobretudo no Maranhão que as festas do Espírito Santo têm uma presença particularmente forte, de resto uma das mais significativas no conjunto do Brasil. Aí, o número total de festas do Espírito Santo — que o levantamento digital está longe de refletir — é habitualmente estimado em pelo menos 200, 80 das quais em São Luís, a capital do estado (Gonçalves & Leal 2016). Embora a festa de Alcântara seja usualmente considerada a mais emblemática do Maranhão (por exemplo, C. Lima 1988 [1972]), as festas do Divino distribuem--se por todo o estado, onde têm — em muitos casos — uma ligação muito forte a grupos afrodescendentes. Essa ligação é particularmente evidente em São Luís, onde a maioria das festas faz parte do *script* ritual dos terreiros de tambor de mina (por exemplo, Eduardo 1948; S. Ferretti 1995, 1999a, 2009 [1985]). Duas outras particularidades devem ser mencionadas a propósito das festas do Divino do Maranhão: a presença, sobretudo no litoral do estado, de modalidades de acompanhamento e direção musical dos festejos a cargo de mulheres (as chamadas caixeiras) (por exemplo, M. Barbosa 2006; Pacheco, Gouveia & Abreu 2005) e, nos municípios do interior, a sua articulação com formas rituais de culto aos mortos (Gonçalves & Oliveira 1998; Gonçalves & Leal 2016) ([5]).

Noutros estados do Nordeste, as referências a estas festas tornam-se mais escassas, como acontece no Piauí, em Ceará e Sergipe ([6]). Mas voltam a ganhar alguma expressão na Bahia. Aí — como noutros estados do Norte e Nordeste —, as referências do levantamento digital remetem para festas com um certo grau de institucionalização municipal (ver também E. Silva 2011). Mas a expressão das festas — embora não refletida numa bibliografia extensa — parece ser, pelo menos em certas áreas, mais ampla, como mostram as pesquisas de Thiago Mendes (2016) no município de Brotas de Macaúbas e de Susana Viegas (2010) entre os tupinambá. Este último caso, mais uma vez, põe em evidência o modo como as festas foram incorporadas — à

([5]) Ver também a importância dos estudos de Domingos Vieira Filho (por exemplo, 1977, 1982, 2005 [1954]). Uma bibliografia mais completa dos estudos sobre festas do Divino no Maranhão — parcialmente retomada nos capítulos 9 e 10 deste livro — pode encontrar-se em Leal (2012).

([6]) Em Sergipe, pude assistir, em 2013, a uma festa do Divino que teve lugar em Indiaroba, um município situado junto à fronteira de Sergipe com a Bahia.

semelhança do que aconteceu na Amazónia — por grupos de ascendência indígena. Mais rarefeitas nos estados do Nordeste situados a sul do Maranhão, as festas do Divino voltam a ter uma expressão mais importante no Centro-Oeste. Para além dos estados do Mato Grosso e do Mato Grosso do Sul (por exemplo, J. L. Lima 2000), é sobretudo em Goiás que a sua presença é mais forte. A festa de Pirenópolis, em particular, é uma das mais conhecidas (e estudadas) em todo o Brasil (por exemplo, C. R. Brandão 1978; Veiga 2008; Deus & Silva 2002; M. M. Silva 2001; Spinelli 2010) e faz parte, desde 2001, da lista do Património Cultural Imaterial do Brasil. Mas as festas do Divino aparecem referidas digitalmente para perto de 30 municípios, tendo algumas delas sido também objeto de estudos antropológicos (por exemplo, C. R. Brandão 1985; R. Amaral 1998: 199–226; G. Veloso 2009; Pinto s/d). A sua presença em grupos afrodescendentes nesta região deve de novo ser referida (Silva Júnior 2008).

O Sudeste é uma das áreas no Brasil com maior densidade de festas do Divino. Embora no estado do Espírito Santo a única referência conhecida seja a festa do Divino de Viana (F. Mariano 2010) — um município de colonização açoriana —, a presença das festas é particularmente expressiva nos restantes estados da região. Assim, apesar da bibliografia relativa a Minas Gerais não ser muito abundante, existem de qualquer forma referências a várias festas, em particular nas regiões «do Serro, Diamantina e Conceição do Mato Dentro» (Etzel 1995: 94; ver também Magalhães 2001; Machado Filho 1951). A importância das festas do Divino neste estado é também confirmada pelo número de *webpages* recenseadas, relativas a um total de 17 municípios([7]). Mas é sobretudo em São Paulo e no Rio de Janeiro que a presença de festas se encontra mais documentada, tanto em fontes

---

([7]) No seu livro sobre as folias em Urucuia (Minas Gerais), Luzimar Pereira (2011: 67) indica que os responsáveis pelos festejos que celebram os Reis e outros santos recebem a designação de imperador e imperadeira, sendo as festas designadas por impérios. Tratar-se-á de uma influência da linguagem das festas do Divino, onde estas designações são usuais?

convencionais como em fontes digitais. Em São Paulo, as festas mais emblemáticas são as de São Luís de Paraitinga (C. R. Brandão 1981; J. R. Lopes 2007; J. C. Santos 2008; A. Silva 2009) e Mogi das Cruzes (Moraes 2003; N. Mariano 2007; H. Rodrigues 2006), mas estas surgem igualmente documentadas noutras localidades (Etzel 1995; A. M. Araújo 2004 [1964]), como Cunha (Willems 1949), Anhembi (Paula 1978; L. N. Almeida 2008), Lagoinha (A. Silva 2009) ou Piracicaba (Meira 2009; C. Pires 2009) ([8]). No Rio de Janeiro, para além dos estudos pioneiros de Mello Moraes Filho (1999 [1983]) e da pesquisa histórica de Martha Abreu (1999; cf. também W. S. Martins 2013), a festa de Paraty — também inscrita na lista brasileira de Património Cultural Imaterial — está razoavelmente documentada (por exemplo, Souza 2008 [1994]; Nadruz 2008), e há também — como em São Paulo (Angelo 2009) — bibliografia sobre as festas do Divino realizadas por imigrantes açorianos recentes (Gonçalves & Contins 2008).

No Sul — com exceção do estado do Paraná —, a presença das festas do Divino é também de grande importância. Em Santa Catarina, em particular, as festas têm uma expressão muito relevante. Com um total de 60 festas, Santa Catarina é de facto, a seguir ao Maranhão, um dos estados brasileiros onde estas são mais expressivas (L. S. Nunes 2007; ver também Ávila 1999, Michelute 2000; Schauffert 2003; S. Ferreira 2010). Mas também no Rio Grande do Sul é forte a sua presença, particularmente em alguns municípios da grande Porto Alegre e do litoral norte do estado (por exemplo, Jacquemet 2002; Graebin 2004; Cruz 2010, 2013; R. Braga, 2002).

Estes vários estudos — e outros que continuam a ser produzidos, designadamente sob a forma de teses de mestrado e doutoramento — permitem sublinhar a importância das festas do Divino na cultura brasileira.

([8]) Eduardo Etzel (1995) refere ainda as seguintes localidades do estado de São Paulo onde se realizam festas: Ubatuba, Santo Amaro, Tremembé, Santa Isabel e Igaratá. Alceu Maynard Araújo (2004 [1964]), para além de algumas das localidades mencionadas, refere ainda Pindamonhangaba, Araré, Itanhaém, Jacupiranga, Nazaré Paulista, Areias e Natividade.

Dois factos suplementares testemunham esta importância. Um primeiro prende-se com a designação de imperador dada aos monarcas brasileiros. Segundo José Bonifácio — citado por Mello Moraes Filho (1999 [1893]) e Câmara Cascudo (2002 [1999]: 199) e retomado depois por diversos autores —, o título de imperador — em vez de rei — do Brasil, atribuído aos monarcas brasileiros, teria sido escolhido pelo facto de «aquele ser mais conhecido e amado pelo povo» (Moraes Filho 1999 [1893]: 55), graças às festas do Divino. Esta «narrativa» tem sido encarada com reservas por alguns autores. Mas não deixa de ser significativa a sua existência e o modo como deixou marcas na literatura etnográfica sobre as festas do Divino. De resto, não é essa a única relação entre a monarquia brasileira e as festas do Espírito Santo. Algumas narrativas de origem de festas precisas incluem de facto referências ao imperador como herói fundador. O caso de Alcântara (Maranhão) é conhecido. Segundo o «mito de origem» da festa mais difundido, esta ter-se-ia realizado na sequência de uma visita prometida — mas não concretizada — do imperador D. Pedro II a Alcântara. Mas outros casos, como por exemplo Santo Amaro da Imperatriz (Santa Catarina), podem ser citados. Segundo Lélia Nunes, «Santo Amaro orgulha-se do título de Imperatriz no seu nome e a cada ano, une o fato histórico da inesquecível visita imperial àquele território aos festejos religiosos e profanos em louvor do Espírito Santo» (L. S. Nunes 2007: 64).

Um segundo facto que sugere a importância histórica das festas do Divino na cultura popular brasileira prende-se com a importância que o Espírito Santo — e em muitos casos símbolos materiais relacionados com as festas do Divino — teve no desenvolvimento, ao longo da segunda metade do século xix e na viragem para o século xx, de importantes movimentos messiânicos — para retomar a expressão de Maria Isaura Pereira de Queiroz (2003 [1966]) — no Brasil. Entre esses movimentos estão os de Canudos (Bahia), Juazeiro (Ceará) e do Contestado (planalto de Santa Catarina).

O movimento de Canudos, centrado na figura de António Conselheiro, foi detalhadamente descrito por Euclides da Cunha no livro *Os Sertões* (2003 [1902]), usualmente considerado uma das obras-primas da literatura do Brasil. Pela sua descrição, percebe-se que o culto do Divino — em conjunto com outros cultos do catolicismo popular — foi de grande importância no movimento. Ao descrever as «errâncias» de Conselheiro pelo interior da Bahia entre 1877 e 1887, Euclides da Cunha nota que «a entrada [de Conselheiro] nos povoados seguido pela multidão contrita, em silêncio, alevantando imagens, cruzes e *bandeiras do Divino*, era solene e impressionadora» (2003 [1902]: 160; os itálicos são meus). É também Euclides da Cunha que transcreve informação que permite deduzir que os fiéis de Conselheiro o identificavam com o Espírito Santo (2003 [1902]: 166; ver também Queiroz 2003 [1966]: 228). Mais adiante, Euclides da Cunha descreve do seguinte modo a rebelião dos seguidores de Conselheiro contra uma missão de frades capuchinhos encarregada de conter o movimento de Canudos: os fiéis «reunidos arrancaram em algazarra estrepidante de vivas ao Bom Jesus e ao Divino Espírito Santo» (2003 [1902]: 197). E, em 1896, naquele que foi um dos primeiros combates travados em Canudos contra o exército brasileiro, os sertanejos enfrentaram-no com «símbolos de paz: *a bandeira do Divino* e [...] grande cruz de madeira» (E. Cunha 2003 [1902]: 213; os itálicos são meus).

A identificação entre profetas e o Espírito Santo volta a reencontrar-se, segundo Maria Isaura Pereira de Queiroz (2003 [1966]: 228), em Juazeiro, no movimento do Padre Cícero. E foi também muito forte no movimento do Contestado. Como sublinha Tânia Welter, o «segundo» São João Maria, profeta que atuou no planalto catarinense entre 1886 (ou 1893) e 1908,

> pregava penitências, anunciava que o fim do mundo estava próximo e que viria precedido por castigos de Deus, como pragas, escuridão, guerra, pestes, discórdia, entre outros. *Era ele que trazia consigo a Bandeira do Divino e a usava para curar* (Welter 2007: 44; os itálicos são meus).

No decurso do seu trabalho de campo em 2004 e 2005, a autora pôde por isso confirmar a importância do Divino no culto contemporâneo de João Maria:

Conheci outro pouso de João Maria com águas santas, numa propriedade rural, na localidade de Dela Costa, município de Campo Belo do Sul. O local é repleto de árvores à beira de um riacho. Após passar o riacho, encontra-se uma pequena capela de madeira, pintada de azul, com aparência de nova, embora os moradores afirmem ser antiga. No interior, há um altar com várias imagens de santos, entre eles João Maria, *e uma Bandeira do Divino bastante antiga* (Welter 2007: 141; os itálicos são meus).

O que estes dados permitem confirmar é — de novo — a importância do culto ao Divino na cultura brasileira ou, se se preferir, no chamado «catolicismo popular» brasileiro. Este é um ponto que não é demais sublinhar. Segundo ponto: Como, quando e de que modo as festas do Divino viajaram para o Brasil? Sobre este tema sabemos menos. Sabemos, claro, que as primeiras festas do Espírito Santo viajaram a partir de Portugal Continental e também dos Açores. Mas sobre datas há muitas incógnitas. Vários autores referem que a primeira festa do Divino no Brasil teria tido lugar na Bahia, em 1765, introduzida por açorianos, mas foram já identificadas festas anteriores, por exemplo, em São Paulo (A. M. Araújo 2004 [1964]: 27; W. S. Martins 2013: 22) ou em Minas Gerais (A. M. Araújo 2005: 30). De qualquer modo, os dados existentes sugerem que foi sobretudo a partir do século XVIII que este ciclo de viagens transatlânticas do Divino foi mais importante. Em alguns casos, as viagens das festas do Espírito Santo podem estar relacionadas com os Açores e com os açorianos. É o que defendem alguns autores — mas sem base documental segura — para o Maranhão, que recebeu durante o século XVII centenas de colonos oriundos dos Açores (Rodrigues & Madeira 2003; Hawthorne 2010: 30). Seria também o caso — aqui com mais segurança — de Santa Catarina e do Rio Grande do Sul, onde se estabeleceram em meados do século XVIII cerca de 6000 açorianos, numa grande operação de colonização financiada pela Coroa portuguesa([9]). Algumas festas

---

([9]) Sobre a colonização açoriana de Santa Catarina, ver Piazza (1988) e Farias (1998, 2000).

mais recentes — com origem nos séculos XIX e XX — em São Paulo, no Rio de Janeiro e no estado de Espírito Santo foram fundadas também por imigrantes açorianos (Gonçalves & Contins 2008; Angelo 2009; F. Mariano 2010). Porém, noutros estados — Goiás, São Paulo, Minas Gerais —, não sabemos com exatidão como e quando as festas surgiram. Podemos admitir que algumas das primeiras terão vindo de Portugal (ou eventualmente dos Açores), mas não sabemos exatamente quem as trouxe ou porquê e quando. De qualquer forma, é provável que muitas festas tenham também sido iniciadas — por exemplo em Minas Gerais — por luso-brasileiros provenientes de outras regiões do Brasil. Neste campo há todo um trabalho de pesquisa histórica por realizar, e nada de definitivo pode por enquanto ser afirmado. Nesse trabalho de pesquisa há entretanto algumas hipóteses que valeria a pena explorar. A primeira tem que ver com a identificação de alguns períodos mais fortes de implantação e desenvolvimento das festas. No eixo Minas Gerais/Goiás, por exemplo, seria importante pesquisar a eventual importância do ciclo do ouro na difusão das festas do Espírito Santo durante o século XVIII (R. Amaral 1998: 200). Mais tarde — na primeira metade do século XIX —, a relação entre a instauração do Império e a fundação de muitas festas do Espírito Santo merece também aprofundamento, na linha daquilo a que Lilia Schwarcz (2008) chama entrelaçamento entre reis reais — o Imperador brasileiro — e reis imaginados — os imperadores do Divino —, característico desse período. Outra linha de pesquisa teria por seu lado a ver com o exame do eventual papel que a missionação teria tido na difusão das festas do Espírito Santo em certas regiões do Brasil. Nunes Pereira (1989) defende essa perspetiva relativamente ao Sahiré da Amazónia, mas provavelmente as suas ideias podem aplicar-se a outros contextos. Dito isto, não deve ser desprezada — mais uma vez — a importância de mecanismos de difusão das festas do Divino a partir de baixo.

Como ficou sugerido, também não podemos reduzir a difusão das festas do Espírito Santo no Brasil exclusivamente a um movimento de importação a partir de Portugal (e dos Açores).

As primeiras festas terão tido essa origem, mas tornaram-se depois independentes da metrópole e começaram a viajar autonomamente no interior do Brasil. Um bom exemplo, embora relativamente recente, é o da festa do Divino entre os karipuna (Amapá) estudados por Antonella Tassinari (2003). A comunidade terá sido fundada em 1870 por duas famílias de migrantes vindos do Pará, e a fundação da mesma teria sido da iniciativa de uma dessas famílias. Mas aquilo que se passou com a festa dos karipuna ter-se-á provavelmente passado com muitas outras festas, que rapidamente se associaram aos movimentos de deslocação de populações internos ao próprio Brasil. Esses movimentos persistiram até hoje, como mostram a recriação das festas do Divino maranhenses no Rio de Janeiro — e mais recentemente em São Paulo — e também a revitalização recente de algumas festas do Divino em Santa Catarina (L. S. Nunes 2007).

Viagens norte-americanas

Tendo-se eventualmente iniciado no século XVII — mas mais seguramente a partir do século XVIII —, este ciclo «brasileiro» de viagens do Divino mantém-se até à atualidade. Como foi referido, em São Paulo e no Rio, imigrantes açorianos criaram mais festas do Espírito Santo tanto no século XIX como no século XX. Mas o período que se inicia em finais do século XIX e que se estende pelo século XX adentro é sobretudo marcado por um quarto ciclo de viagens das festas — mais uma vez transatlântico — que as levou dos Açores para a América do Norte.

Este movimento de criação das festas na América do Norte — que teve maioritariamente origem nas próprias comunidades migrantes e não envolveu necessariamente uma intervenção significativa da Igreja — fez-se em dois momentos distintos. Entre 1870 e 1930, acompanhou a primeira vaga migratória açoriana para os EUA (e também para o Havai). No caso dos EUA, os imigrantes fixaram-se na Califórnia e na Nova Inglaterra. Embora a caça à baleia tenha sido o motor inicial desta primeira imigração, o declínio dessa atividade a partir de finais do século XIX determinou a passagem dos imigrantes para outras atividades: agricultura e criação de gado no caso da Califórnia, trabalho assalariado na indústria têxtil na Nova Inglaterra. Com a Grande Depressão dos anos vinte do século XX, a emigração açoriana para os EUA foi interrompida para ser retomada entre os anos sessenta e os anos oitenta. Nos EUA, a Califórnia e a Nova Inglaterra mantiveram-se como os destinos principais dos emigrantes[10]. Simultaneamente, esta segunda vaga migratória abrangeu um conjunto de novos destinos, com destaque para o Canadá (e a Bermuda). No Canadá, os primeiros imigrantes foram trabalhar como assalariados na construção dos caminhos de ferro e em quintas, mas rapidamente se deslocaram para as grandes cidades — como Toronto, Montréal e Vancouver —, onde passaram a trabalhar na indústria e na construção (os homens) ou em serviços domésticos e limpezas (as mulheres) [11]. Em consequência destas duas vagas migratórias, deverão viver hoje na América do Norte cerca de 1,8 milhões de pessoas de origem portuguesa: 1,4 milhões nos EUA (90% das quais de ascendência açoriana) e 420 000 no Canadá (60 a 70% das quais de ascendência açoriana).

Ligado a estas duas vagas migratórias, o movimento de recriação das festas foi particularmente precoce na Califórnia, onde a primeira festa surgiu em Carmelo, em 1865. Nas décadas seguintes, assistiu-se a uma rápida multiplicação das festas neste estado norte-americano, de tal modo que, no final do século XIX, o seu número total era de 26. Mas foi sobretudo nas primeiras décadas do século XX que o número de festas, acompanhando o crescimento da imigração, se tornou mais expressivo: entre 1910 e 1930, o ritmo de crescimento das festas foi de 30 por

---

[10] A bibliografia sobre imigração portuguesa para os EUA é já razoavelmente extensa. Entre os títulos mais significativos, ver, por exemplo, Pap (1981), McCabe & Thomas (1998), Williams (2007) e Holton & Klimt (2009).

[11] Sobre a imigração portuguesa para o Canadá, ver, por exemplo, Teixeira & Rosa (2000, 2009).

década. Como consequência, no final da década de vinte do século XX, o número total de festas do Espírito Santo na Califórnia era de 120 (cf. quadro 1).([12])

QUADRO 1
Décadas de criação de festas do Espírito Santo na Califórnia
(1860-1930)

Década	Número de novas festas
1860	1
1870	2
1880	7
1890	16
1900	34
1910	31
1920	29

Na Nova Inglaterra (estados de Massachusetts, Rhode Island, Connecticut e New Hampshire), a primeira festa surgiu mais tarde, em 1877, em Fall River. O crescimento das festas ao longo do século XIX foi também mais lento: em 1900, existiam apenas cinco festas. Mas, com o advento do século XX, o ritmo de fundação dos festejos aumentou, e, embora os números não sejam tão expressivos como na Califórnia, em 1929 era de 30 o número total de festas na Nova Inglaterra([13]).

([12]) Estes cálculos — bem como o conjunto da informação apresentada neste capítulo sobre as festas do Espírito Santo na Califórnia — baseiam-se na informação recolhida por Tony Goulart no âmbito do livro *The Holy Ghost Festas* (Goulart 2002a), de importância decisiva para o estudo das festas neste estado norte-americano.

([13]) Estes dados foram recolhidos no âmbito do projeto «Ritual, etnicidade, transnacionalismo: as festas do Espírito Santo na América do Norte» e, diferentemente dos dados publicados por Tony Goulart (2002), reportam-se apenas a festas com existência atual. Isto quer dizer que o estudo não inclui festas criadas nesse período, mas que depois foram descontinuadas.

Este movimento de criação das festas — de que faz também parte uma festa no Havai (Starkey 2010) — atenuou-se a partir dos anos trinta, com o fim da primeira vaga migratória açoriana. Tanto na Califórnia como na Nova Inglaterra, o número de festas criadas no decurso das décadas de trinta a cinquenta tornou-se residual, e, com a crescente assimilação de muitos açorianos de segunda geração à sociedade norte-americana, houve mesmo um declínio no número de festas, relativamente bem documentado para a Califórnia. Aí, o número total de festas descontinuadas entre 1860 e 2000 foi de 45, tendo a maioria provavelmente terminado nos anos que se seguiram à Segunda Guerra Mundial.

A partir dos anos sessenta, com a segunda vaga migratória açoriana, o movimento de recriação das festas ganhou um novo fôlego. Festas moribundas ou interrompidas foram revitalizadas, e outras foram criadas. Entretanto, contrariando a tendência prevalecente no período compreendido entre 1860 e 1940, o ritmo de criação de novas festas foi mais significativo na Nova Inglaterra do que na Califórnia. Entre 1960 e 1990 — quando esta segunda vaga migratória chegou também ao fim —, foram iniciadas nove novas festas na Califórnia e 34 na Nova Inglaterra. Depois de 1990, a criação de festas tem sido mais residual, mas, mesmo assim, foi mais significativa na Nova Inglaterra — com 15 festas — do que na Califórnia —, onde apenas duas festas foram iniciadas. Novas festas foram entretanto lançadas noutros estados norte-americanos, para onde têm vindo a deslocar-se imigrantes açorianos provenientes da Califórnia e da Nova Inglaterra. É o caso da Florida, onde muitos imigrantes reformados — provenientes maioritariamente da Nova Inglaterra — têm vindo a estabelecer-se nas últimas décadas e onde se realizam anualmente seis festas (Phelan 2010). E é também o caso dos estados de Idaho (H. Matos 2010) e Colorado (J. Bettencourt 2010), onde novas festas foram criadas por grupos de imigrantes provenientes da Califórnia[14].

---

[14] Este movimento de criação de festas em estados vizinhos da Califórnia remonta aos anos trinta, quando foram fundadas as primeiras festas em Nevada (Carty 2010).

É também dos anos sessenta que datam as primeiras festas do Espírito Santo no Canadá. A primeira festa foi criada em 1962, em Cambridge (Ontário). Durante a década de sessenta, cinco outras festas foram iniciadas, mas foi sobretudo no decurso das décadas de setenta e oitenta que o movimento acelerou: 50 novas festas foram então criadas. Depois de 1990, com o declínio da imigração açoriana para o Canadá, o movimento de recriação de festas tornou-se — à semelhança do que aconteceu nos EUA — mais residual, mas mesmo assim 19 novas festas surgiram nesse período([15]).

Em resultado deste quarto ciclo de viagens do Divino, existem hoje na América do Norte cerca de 290 festas do Espírito Santo. Nos EUA, o número total de festas é de 201: 99 festas têm lugar na Califórnia, 91 na Nova Inglaterra, seis na Florida e cinco noutros estados vizinhos da Califórnia (Colorado, Idaho, Montana, Nevada). No Canadá, por seu turno, realizam-se anualmente 87 festas: 59 na província do Ontário, 11 no Quebeque, sete na Colúmbia Britânica e em Alberta e três em Manitoba. Há ainda festas no Havai e na Bermuda (cf. mapa 3).

Para além de numerosas, as festas do Espírito Santo coincidem quase totalmente com a geografia da imigração açoriana na América do Norte não apenas em termos macroscópicos, mas também em termos da sua geografia mais detalhada. Na Nova Inglaterra, por exemplo, as cidades com maior número de festas são aquelas — como Fall River (14 festas), New Bedford (oito), Taunton (seis), East Providence (cinco) — onde a imigração açoriana é mais forte, mas a sua existência em numerosas outras cidades e vilas sinaliza com segurança a existência de núcleos mais reduzidos de imigrantes provenientes do arquipélago. Passa-se o mesmo na província de Ontário

---

([15]) Estes dados foram também recolhidos no âmbito do projeto «Ritual, etnicidade, transnacionalismo: as festas do Espírito Santo na América do Norte», mas reportam-se exclusivamente às províncias de Ontário, Quebeque e Colúmbia Britânica. Por razões logísticas, não foi possível alargar a pesquisa às províncias de Manitoba e Alberta. Sobre as festas do Espírito Santo na Colúmbia Britânica, ver Mapril (2016).

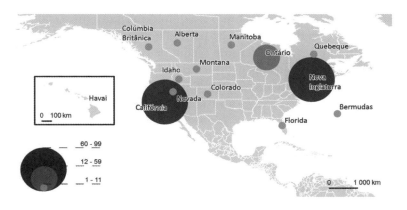

MAPA 3 — Festas do Espírito Santo na América do Norte

(Canadá). Aí, a cidade com mais festas é Toronto — que é em termos absolutos a cidade da América do Norte com maior número de festas (18) —, mas a sua existência em Cambridge (seis festas), Hamilton (quatro), Mississauga e London (três) indica a importância dessas cidades do Sul de Ontário na geografia canadiana da imigração açoriana. Em resumo: se se quiser encontrar açorianos na América do Norte, um bom método será procurar festas do Espírito Santo.

Embora haja algumas festas — sobretudo nos EUA — organizadas por açorianodescendentes de terceira e quarta geração (Faria 2014; Sá 2014), a maioria das festas na América do Norte é organizada por imigrantes de primeira geração que as estruturaram inicialmente de acordo com os diferentes modelos prevalecentes nas suas ilhas de origem([16]). Assim, na Califórnia — onde predominam imigrantes provenientes das ilhas do grupo central do arquipélago dos Açores (Terceira, Pico, São Jorge, Faial, Graciosa) —, a maioria das festas deve ter começado por

---

([16]) Nos Açores, podem ser identificadas quatro grandes variantes de organização das festas do Espírito Santo, correspondentes a: Santa Maria; São Miguel; grupo central (Terceira, Pico, Faial, São Jorge, Graciosa); e grupo oriental (Flores e Corvo). Ver Leal (1994: 165–190).

se organizar de acordo com o modelo dominante nestas ilhas, mas parece ter depois evoluído para soluções mais padronizadas, cuja emergência pode ter sido facilitada pela existência de uma estrutura federativa agregadora das diferentes festas, a IDES (Irmandade do Divino Espírito Santo) do estado da Califórnia (Camara 2010) ([17]). Na Nova Inglaterra e no Canadá, onde são maioritários os imigrantes originários de São Miguel, a maioria das festas obedece, por seu turno, ao modelo micaelense. Tal facto não significa que não haja espaço para festas organizadas por referência a modelos prevalecentes noutras ilhas. Um bom exemplo é o das festas organizadas por imigrantes de Santa Maria, que se distribuem pela Nova Inglaterra (Waterbury CN, East Providence RI, Bridgewater MA, Hudson MA e Saugus MA), pela Califórnia (Oakdale, Redlands) e pelo Canadá (Cambridge ON). Exemplos similares aos de Santa Maria poderiam ser acrescentados, testemunhando a transferência para a América do Norte do espírito localista que caracteriza as festas do Espírito Santo nos Açores.

Ao mesmo tempo que se organizam por referência às ilhas de origem dos imigrantes, as festas do Espírito Santo conheceram também na América do Norte modificações importantes. Uma das mais notáveis foi a introdução das rainhas (ou *queens*) na sua sequência ritual: crianças ou adolescentes do sexo feminino, vestidas luxuosamente, passaram a assumir um papel central nos festejos (Carty 2002a). Iniciada na Califórnia nas primeiras décadas do século XX, esta inovação espalhou-se depois para muitas festas da Nova Inglaterra e do Canadá e acrescentou uma feição marcadamente norte-americana aos festejos. Mas, paralelamente às rainhas, outras inovações significativas tiveram lugar, respeitantes às datas e modalidades organizativas dos festejos, ao seu *script* ritual e aos seus significados religiosos, culturais e sociais. Por seu intermédio, as festas do Espírito Santo

---

 ([17]) Fundada em 1889, na Mission San Jose, a IDES desdobra-se em concelhos locais que foram de grande importância no sucessivo lançamento das festas na Califórnia, podendo por isso ter favorecido a formulação de algumas soluções rituais comuns.

na América do Norte tornaram-se distintivamente norte-americanas e configuraram-se gradualmente como dispositivos essenciais para a produção de novas formas de religiosidade, sociabilidade e identidade dos portugueses de origem açoriana e como instrumentos importantes de negociação da sua inserção cultural e social na paisagem multicultural da «terra de acolhimento».

Outras viagens

Com este quarto ciclo de viagens, a história da circulação das festas do Espírito Santo ao longo do espaço e do tempo parece por enquanto ter-se fechado. Mas a história das viagens do Divino não ficaria completa sem uma referência às suas viagens de retorno. Estas têm ocorrido em várias direções: da América do Norte e do Brasil para os Açores e dos Açores para Portugal Continental.

Em que consistem essas viagens de regresso? No caso dos trânsitos entre a América do Norte e os Açores, estão relacionadas com o peso que os emigrantes tiveram, em particular nos anos sessenta a oitenta, na promoção de festas no arquipélago. Na base dessa participação transnacional dos emigrantes nas festas encontram-se muitas vezes promessas ao Divino Espírito Santo relacionadas com a migração: «se eu embarcar para a América e tiver sorte, prometo uma festa ao Espírito Santo». Em resultado, foi importante o movimento de regresso dos emigrantes aos Açores para pagar essas promessas. Por exemplo, numa das freguesias açorianas onde fiz trabalho de campo (Santa Bárbara, na ilha de Santa Maria), cerca de 80% de um total aproximado de 90 festas que tiveram lugar entre 1960 e 1980 foram promovidas por emigrantes (Leal 1994: 41). Mas esta tendência é mais geral. Reencontrei-a também em Santo Antão, na ilha de São Jorge (1994: 191–220), e foi importante um pouco por todo o arquipélago. Em muitos casos, ao regressarem, os emigrantes adotavam uma postura tradicionalista e realizavam as festas «como era da tradição». Mas, noutros casos, estes constituíram um fator da sua transformação. As festas passaram a ser muitas vezes utilizadas como instrumento de exibição do sucesso obtido na América e, como consequência, generalizou--se a tendência para o aumento dos gastos requeridos para a sua realização. Pontualmente, algumas transformações introduzidas na América do Norte viajaram também para os Açores. Por exemplo, na ilha do Pico, as rainhas (ou *queens*) foram adotadas localmente e passaram a ser — sobretudo na freguesia das Ribeiras — um aspeto definidor das festas. Isto é, depois de viajarem num sentido, as festas viajaram também no sentido inverso.

Verifica-se o mesmo movimento de retorno — embora menos intenso — do Brasil para os Açores. Os seus contornos são entretanto diferentes. Por exemplo, em Santa Catarina, desenvolveu-se desde a década de quarenta um movimento de redescoberta das raízes açorianas do litoral do estado (Leal 2007, 2011a). Este movimento acentuou-se nos anos noventa, ganhando uma expressão popular vincada que se mantém até ao presente e que conduziu a uma objetificação açorianista das festas do Espírito Santo, vistas como um dos melhores exemplos da herança açoriana do estado. Por conseguinte, abriu-se uma «segunda vida» (Kirshenblatt-Gimblett 1998) para as festas do Espírito Santo — como emblemas da açorianidade —, com repercussões na reinvenção de algumas festas a partir do modelo açoriano.

Finalmente, um terceiro movimento de retorno das festas do Espírito Santo — bastante mais pontual — fez-se dos Açores para Portugal Continental. Como referi, no continente, as festas entraram em declínio a partir de finais do século xix. Mas tem--se assistido em algumas localidades a um movimento de revitalização das festas do Espírito Santo que adota frequentemente como modelo as festas açorianas. Foi o que se passou nos anos oitenta no Penedo (Sintra), com a introdução de tapetes de flores inspirados nas festas açorianas. E, mais recentemente, foi o que se passou também em Alenquer. Aí, depois de 200 anos de interregno, a festa — dinamizada pela autarquia local — voltou a ser realizada, e, para tanto, foi estabelecida uma rede de contactos importante com os Açores, que visou sancionar a legitimidade da renascida festa de Alenquer (Folgado 2010).

A estas viagens mais usuais — envolvendo a deslocação física de pessoas e de festas —, outras, mais inesperadas e mais recentes, poderiam ainda ser acrescentadas. Assim, nas últimas décadas — como ficou indicado —, muitas festas do Espírito Santo migraram para o ciberespaço, onde o número de *sites* consagrados às festas ou contendo referências às mesmas se cifra em milhares. Imagens das festas circulam também no *YouTube*, sendo que em ambos os casos são as festas do Divino brasileiras aquelas que aparentam maior capacidade de circulação no ciberespaço.

A cada canto seu Espírito Santo

A história do Divino é pois uma história de trânsitos, de circulação, de movimentos que se desenvolveram num espaço largo e num tempo longo. Estes movimentos podem ser associados à cronologia da globalização. A difusão das festas para os arquipélagos atlânticos e para o Brasil associa-se à primeira globalização e à expansão do Ocidente no Atlântico. As suas viagens para a América do Norte, na viragem do século XIX para o século XX, articulam-se com a segunda globalização e com a grande migração europeia para a América. Movimentos mais recentes antecipam aquela a que se tem chamado terceira globalização ou inserem-se nela. Ao longo destes momentos diferenciados do processo de globalização, para além de mercadorias, capitais e força de trabalho, circularam também ideias e formas culturais. As festas do Espírito Santo — como as religiões afro-americanas no Brasil e nas Caraíbas ou o sistema religioso de cargos no México — fazem parte destes processos de circulação de ideias e formas culturais, através dos quais o Atlântico se formou como um dos mais importantes sistemas regionais associados à globalização.

Estes processos de difusão das festas do Espírito Santo refletem dois modos diferenciados de inserção de Portugal nos circuitos da globalização. Quando as festas do Espírito Santo viajaram para os arquipélagos atlânticos e para o Brasil, os seus trânsitos refletiam a condição de Portugal como um dos principais atores da expansão europeia no Atlântico entre os séculos XVI e XVIII. As festas do Espírito Santo parecem ter sido aí importantes dispositivos que acompanharam a apropriação do espaço e a construção de coletivos pelos colonizadores. No caso do Brasil, podem também ter operado em muitos casos — como na Amazónia ou no Maranhão — como instrumentos de construção da hegemonia política e religiosa dos colonizadores relativamente a populações negras ou ameríndias. As viagens das festas do Espírito Santo na viragem do século XIX para o XX e a partir da segunda metade do século XX, dos Açores para a América do Norte, ilustram outra condição de Portugal no sistema-mundo: a de um país semiperiférico, forçado a escoar os seus excedentes populacionais com recurso a uma emigração que nos países de acolhimento ocupará lugares social e simbolicamente subalternos. As festas do Espírito Santo operaram neste caso como um dispositivo que permitiu a construção de espaços de autonomia religiosa e social dos imigrantes, espaços que com o tempo se transformaram em mecanismos importantes para contrariar a sua posição subalterna e negociar os termos da sua inserção nas sociedades e nas culturas da terra de acolhimento. Seja como for, as festas do Espírito Santo podem ser vistas como um instrumento importante de construção de um Atlântico «branco», que, em alguns casos, como no Brasil, se cruza e se mistura com o Atlântico negro de que fala Paul Gilroy (2002 [1993]).

Circulando, as festas do Espírito Santo conheceram inúmeros processos de transformação, de diferenciação, de hibridização. Também aqui se aplica a expressão «a cada canto seu Espírito Santo». Provavelmente, esses processos de diferenciação acompanharam desde cedo o desenvolvimento inicial das festas. Seja qual for a sua origem, a diversidade deve ter sido à partida uma característica das festas do Espírito Santo. Mas, à medida que o espaço e o tempo dessas viagens se ampliaram, alargaram-se também os processos de diferenciação. De facto, ao viajarem, as festas do Espírito Santo transformaram-se, deixaram cair certas sequências e ganharam outras, adquiriram incessantemente novos significados e sentidos. Diversidade é aqui a palavra-chave.

Alguns exemplos dessa diversidade foram já sugeridos no início deste capítulo. Mas merecem agora um maior desenvolvimento, que explicite também o modo como se desdobra no espaço a multiplicidade de soluções rituais que as viagens das festas do Espírito Santo foram gerando.

Comecemos pelas datas. O domingo de Pentecostes tende a ser data preferencial (e lógica) para as festas, mas, como foi referido, outras datas são também possíveis. Nos Açores, para além do domingo de Pentecostes, as festas realizam-se muitas vezes no domingo da Trindade — uma semana depois —, e, devido à influência da emigração, há ilhas onde as festas podem convergir para qualquer domingo compreendido entre o Pentecostes e o final do verão, como no caso de Santa Maria, ilha onde a grande maioria das festas entre 1960 e 1980 se realizou «fora do tempo» (para recorrer à expressão localmente utilizada a esse respeito; cf. Leal 1994: 42). Nos EUA, embora com maior concentração no domingo de Pentecostes, as festas estendem-se ao longo dos meses de maio, junho, julho, agosto e vão por vezes até setembro. No Canadá, o modelo é idêntico, mas o final de junho surge como data-limite para a realização dos festejos. No Brasil, encontramos de novo a centralidade do domingo de Pentecostes, mas articulada em muitos casos com uma grande diversidade de datas alternativas. Em muitos contextos rurais, por exemplo, as festas foram deslocadas para setembro ou outubro, de modo a coincidirem com o ciclo das colheitas. Em casos-limite — como em São Luís do Maranhão —, as festas realizam-se durante quase todo o ano.

A coroa do Espírito Santo é, como vimos, a forma dominante de representação da divindade. Mas são vários os modelos de coroas: em prata e em latão, grandes e pequenas, encimadas por uma pomba ou, mais raramente, por uma cruz, de cinco ou de quatro braços. Ao lado de festas com uma ou poucas coroas, existem festas com muitas coroas. É o caso de Toronto, onde chega a haver festas com 23 coroas. Em associação com a coroa, é também geral a importância do altar ou, no caso do Brasil, da tribuna. Mas ambos assumem formas muito variáveis. Assim, no Canadá, os altares são geralmente decorados de forma mais simples, ao passo que tanto nos Açores como nos EUA se articulam frequentemente com cenografias mais elaboradas. Mas é sobretudo no Brasil que essa exuberância cenográfica — de acordo com a linguagem barroca (Cavalcanti 1995) que estrutura as festas brasileiras — se torna mais evidente. Em muitos casos, também, a coroa partilha o protagonismo com outras representações materiais da divindade. É, como vimos, o caso da bandeira do Espírito Santo, que, na Beira Baixa (em Portugal Continental) e sobretudo em certas áreas do Brasil, ganha uma expressão particularmente importante. Também no Brasil ganha grande relevância o mastro, um tronco de árvore decorado, geralmente encimado por uma pequena bandeira, que, ao mesmo tempo que assinala o lugar de realização da festa, é também uma das formas de simbolização do Espírito Santo. Mas existem ainda casos — mais uma vez no Brasil — em que uma pomba de madeira é a principal representação do Espírito Santo. Se geralmente os símbolos de que temos vindo a falar coexistem com a coroa, noutros casos — embora minoritários — podem substituir-se à mesma, como na Beira Baixa e em várias áreas do Brasil. É o que se passa em Amapá, onde a pomba de madeira substitui a coroa (Tassinari 2003), ou em Mossâmedes (Goiás), onde a bandeira é o símbolo único do Divino (C. R. Brandão 1981). Mas outros exemplos poderiam ser dados.

O *script* político-religioso das festas é também variável. Em alguns — poucos — casos, é mais discreto, seja porque a coroa está ausente, seja porque ocupa um lugar mais secundário, como em certas áreas do Brasil, na Madeira ou — em Portugal Continental — na Beira Baixa. Mas, quando é um traço marcante das festas, são inúmeras as variações que apresenta. Em certas ilhas dos Açores e também na América do Norte, o imperador — ou quem coroa — é um adulto. Mas, em muitos outros casos, é uma criança escolhida pelo imperador ou pelo mordomo (ou festeiro). Na América do Norte, como vimos, em muitas festas

— em particular na Califórnia — o protagonismo vai para as *queens* (ou rainhas). Em muitas festas do Brasil, os papéis de imperador e outros cargos associados às festas são desempenhados por crianças ou adolescentes que usam sofisticados trajes reais. A capacidade de anexação de terminologias nobres designando outras personagens das festas do Espírito Santo é também variável: festas mais exuberantes — com mordomos régios, mordomos-mores, alferes, pajens da mesa, mestres-sala, etc. — coexistem com festas mais discretas — nas quais se fala apenas de mordomos ou festeiros.

Simultaneamente, ao lado de personagens rituais «reais», as festas do Espírito Santo dão em muitos casos grande protagonismo a outro tipo de personagens. Entre essas personagens encontram-se as folias. Em alguns casos — como na Beira Baixa —, esta designação aplica-se ao conjunto de festeiros envolvidos nas festas do Espírito Santo. Mas, na sua aceção mais generalizada, a folia designa o grupo de músicos que são responsáveis pelo acompanhamento e direção musical dos festejos, que consiste num conjunto de toques, cantares, etc., que são próprios das festas do Espírito Santo. Desaparecidas do continente, as folias eram de regra nos Açores até aos anos cinquenta, quando começaram em muitos casos a ser substituídas por bandas filarmónicas. Na América do Norte, embora se encontrem casos pontuais de presença de folias, as bandas filarmónicas também se generalizaram e, em alguns casos, passaram mesmo a organizar as suas próprias festas do Espírito Santo. As folias são também muito comuns no Brasil. Mas aí a sua esfera de ação pode ampliar--se substantivamente — como em Goiás e São Paulo —, e os foliões transformam-se em personagens principais dos festejos, realizando peditórios, visitando as casas dos devotos e conduzindo vários rituais de homenagem ao Espírito Santo (que possuem em muitos casos um *design* similar àquele que encontramos nas danças de São Gonçalo ou nos Reis). Como vimos, no Maranhão — sobretudo em São Luís e na Baixada Maranhense —, as folias são substituídas pelas caixeiras do Divino. A estas diferenças somam-se outras: relativas à composição dos grupos, aos instrumentos musicais utilizados e ao repertório mobilizado. A capacidade de reciclagem erudita dos géneros musicais associados às festas do Espírito Santo — como mostra a *Bandeira do Divino* de Ivan Lins — deve ser igualmente sublinhada. Também no tocante à articulação das festas do Espírito Santo com a circulação do alimento, as diferenças são muitas de um e do outro lado do Atlântico. Nos Açores e na América do Norte, as sopas do Espírito Santo — confecionadas de diferentes formas mas concedendo sempre relevo à carne de vaca — têm um lugar central na economia alimentar das festas e são muitas vezes secundadas por dádivas de vários tipos de pão doce (roscas, rosquilhas, pães de massa sovada, etc.), biscoitos, doces, etc. Em Portugal Continental, embora seja mais pronunciada a diversidade alimentar das festas, encontra-se também — sob várias formas e designações — o pão doce. No Brasil, ao lado de alimentos confecionados com carne de vaca, o destaque vai em muitos casos para a doçaria, como em São Luís, onde as mesas de bolos — ricamente decoradas — são um dos elementos centrais das festas do Divino. O carácter tradicional dos alimentos é também variável, e, ao lado de festas que reclamam a sua fidelidade ao guião tradicional, em muitos casos a inovação é a nota dominante, como na Califórnia — onde aparecem os grelhados de peixe e marisco e as *potato salads* (Goulart 2002a) — ou no Canadá — onde recenseei pelo menos duas festas com *sushi*. Os modos de circulação do alimento assentam também em modalidades várias. Entre elas ocupam lugar de relevo as refeições e outras distribuições abertas de alimentos em recintos fechados ou ao ar livre e as distribuições «porta a porta» de alimentos crus ou cozinhados. Simultaneamente, têm lugar refeições mais restritas, reservadas aos ajudantes das festas ou aos convidados do imperador e do mordomo (ou festeiro). No Brasil — por exemplo em Santa Catarina —, estas refeições mais restritas esgotam em alguns casos o *script* alimentar das festas, enquanto noutros casos coexistem com as mencionadas dádivas alimentares de âmbito mais alargado acima. Estas últimas são de regra na América do Norte e reencontram-se também nos Açores, embora de forma não tão generalizada. Em muitos casos, são também importantes formas específicas de circulação do alimento — destinadas a pessoas pobres ou mais necessitadas — colocadas sob o signo da caridade. No Brasil, em particular na Amazónia, surgem as chamadas «mesas dos inocentes», refeições em que participa um número variável de crianças e, em muitas áreas do Maranhão, os impérios — designação dada a cargos rituais exercidos por crianças ou pré-adolescentes —, participam também em refeições que lhes são exclusivamente destinadas.

Embora estruturado em torno do alimento, o *script* ritual das festas do Espírito Santo não se esgota nele. Inclui, como vimos, vários tipos de procissões e cortejos com modos de composição e sentidos variados. O «arraial» é também obrigatório, embora assuma diferentes formas. Simultaneamente, as festas podem ainda compreender sequências rituais mais específicas e/ou com formatos mais diversificados. Cerimónias de homenagem à coroa — e, em alguns casos, ao mastro — são muito difundidas, mas, enquanto em alguns casos são simples terços ou novenas, noutros assentam em toques das folias ou, no caso do Maranhão, das caixeiras do Divino. É entretanto no Brasil que essa diversificação do *script* ritual das festas assume formas mais pronunciadas. Por exemplo, no Maranhão, o «buscamento», o batizado, o levantamento e o derrubamento do mastro integram com regularidade a sequência ritual das festas. Como foi referido, os peditórios das folias — embora com tendência para desaparecer — assumem também grande protagonismo. Nos casos em que existem várias folias que realizam peditórios nas áreas rurais dos municípios, é também de grande importância o encontro das bandeiras, quando, antes da festa — geralmente junto à igreja — as folias se juntam. É significativo ainda, em diferentes contextos brasileiros, o peso de procissões e cortejos fluviais, em que os símbolos do Divino e os seus devotos se fazem transportar em canoas e/ou barcos. Também no Brasil, os géneros performativos mobilizados pelas festas podem abrir-se para a dança e para a «brincadeira», como no caso do Maranhão, em que o buscamento, o levantamento e o derrubamento do mastro se realizam num registo de folguedo e de excesso.

Os contextos organizativos das festas do Espírito Santo são também diferenciados. Nos Açores, em certas ilhas, é o imperador — ou o mordomo — o organizador principal das festas. Noutras, é uma irmandade do Espírito Santo, no quadro da qual é escolhido, em cada ano, o responsável pela festa. Já na América do Norte as festas são tendencialmente da responsabilidade dessas irmandades, que têm sedes próprias, organizam atividades diversificadas ao longo do ano e funcionam como polos agregadores das comunidades açorianas em diferentes vilas e cidades. Se a maioria dessas irmandades é independente da Igreja, algumas delas baseiam-se nas paróquias portuguesas. Em Toronto, os clubes açorianos — baseados no modelo da *hometown association* (Moya 2005) — organizam também festas do Espírito Santo. No Brasil, o peso das irmandades é mais reduzido, e as festas do Espírito Santo voltam a depender de festeiros. Esta oscilação organizativa das festas do Espírito Santo — ora encabeçadas por festeiros ora dirigidas por irmandades — articula-se entretanto com formas várias de participação das comunidades e não significa que não existam outras soluções organizativas, por vezes surpreendentes. Assim, em São Luís (Maranhão), como vimos, as festas do Divino são organizadas no quadro de terreiros de tambor de mina. E, no Sul do Brasil, com o surgimento do movimento carismático, em muitos casos o padre e a Igreja tendem a assumir um maior protagonismo institucional — por vezes objeto de contestação — na realização das festas do Espírito Santo.

A capacidade de diversificação do *script* ritual das festas do Espírito Santo desenvolve-se por vezes em direções mais inesperadas. Assim, em alguns casos — em particular no Brasil — é evidente a sua capacidade de inclusão e agregação de outros rituais. O caso mais evidente — e mais estudado — é o de Pirenópolis, onde as festas do Divino se articulam com as Cavalhadas. Em Goiás há também casos de articulação das festas com Congados, recenseados nas pesquisas de Carlos Rodrigues Brandão (1978, 1981). Já no interior do Maranhão, como vimos, as festas do Divino articulam-se com celebrações ligadas ao dia de Finados. Em Anhembi (São Paulo), por seu turno, as promessas de amortalhados são um dos pontos altos da festa (Paula 1978: 34). E outros exemplos poderiam ser dados, testemunhando a capacidade agregativa que as festas evidenciam no Brasil.

Para além do Espírito Santo «mais usual», há também Espíritos Santos «diferentes», isto é, festas e celebrações que homenageiam o Espírito Santo de formas mais imprevistas. Os casos do Sahiré e do Marabaixo — estudados por Nunes Pereira (1989) — são os mais conhecidos. Enquanto o Sahiré era um ritual praticado por grupos indígenas do Amazonas, do Pará e do Amapá, composto por cânticos, danças e circulação de comida e em que o culto ao Divino — muitas vezes representado através da coroa do Espírito Santo — ocupava um lugar de relevo, o Marabaixo, ligado a grupos afrodescendentes dos estados do Amazonas e do Amapá, envolvia danças e cânticos em articulação com a festa do Divino ([18]). Em São Luís, embora o *script* das festas seja, em muitos aspetos, idêntico ao prevalecente noutras áreas do Brasil, articula-se de formas contraditórias com o *script* do tambor de mina. Nestes e noutros casos, a capacidade de diversificação e de improvisação cultural associada às festas do Espírito Santo atinge o seu ponto máximo.

Isto é: ao viajar, o culto ao Divino diversificou-se, diferenciou-se, transformou-se. Os processos através dos quais essa diversificação ocorreu não são fáceis de identificar, devido à escassez de fontes. Mas, onde existe informação, esta sugere que esses processos envolvem, em quantidades variáveis, inspiração — em modelos rituais preexistentes — e improvisação cultural (Ingold & Hallam 2007) — criadora de novas soluções rituais. Essa improvisação cultural tanto pode ser pragmática, procurando criar ajustamentos a novas condições materiais e sociais, como *playful*, isto é, orientada para a exploração de novas

---

([18]) O Sahiré (ou Sairé), outrora muito difundido na Amazónia, entrou em declínio no decurso do século xx, subsistindo apenas num número muito restrito de localidades. Para exemplos contemporâneos de realização do Sahiré, em Santarém e em Alter do Chão (Amazónia), ver, respetivamente, M. A. Costa (2012) e L. Carvalho (2016).

potencialidades expressivas. A recriação — e a sua lógica de autenticidade — é importante em muitos contextos, mas a hibridização é em muitos casos a nota dominante. Há também casos de «regressos às origens». Alguns desses processos de transformação têm uma autoria que pode ser conhecida. Noutros casos, sabemos que aconteceram, mas não como nem por influência de quem.

Seja como for, ao viajarem, as festas do Espírito Santo transfiguraram-se, deixaram cair certas sequências e ganharam outras, adquiriram novos significados e sentidos, num incessante processo de diferenciação e transformação. No decurso desses seus trânsitos, as festas ganharam também protagonistas variados. Embora possam ser ainda maioritariamente caracterizadas como festas «populares» — isto é, protagonizadas maioritariamente por grupos subalternos e objeto, sobretudo até ao século XX, de processos de transmissão tradicional —, a sua capacidade de circulação entre outros grupos sociais — designadamente dominantes — não pode ser ignorada. Nos Açores, é conhecida a importância dos chamados impérios dos nobres — ligados às elites locais — no Faial e em São Miguel (Mello 2009: 21-24). De igual forma, no Brasil, muitas festas — como a de Pirenópolis (Goiás) ou a de Indaroba (Sergipe) — mantêm uma ligação forte às elites locais. Mas estes casos estão longe de serem únicos. Também no Brasil, o eventual envolvimento da Igreja Católica na difusão das festas como instrumento de «enculturação religiosa» de grupos indígenas e afrodescendentes sugere que estas circulavam com relativa facilidade em alguns sectores eclesiásticos e faziam parte do seu arsenal litúrgico. Mais recentemente, os processos de patrimonialização da festa a nível local, regional ou estadual que se têm desenvolvido tanto nos Açores como no Brasil podem ser vistos — em termos sociais e políticos — como processos de cooptação de um ritual de base popular pelas elites intelectuais e políticas. De igual forma, nos EUA — em particular na Califórnia —, as festas têm vindo a acompanhar os processos de ascensão social dos imigrantes e, em alguns casos, transformaram-se mesmo em dispositivos importantes de exibição do seu sucesso, como em San Diego.

*

É justamente à apresentação e análise de alguns dos resultados — sempre provisórios — desses processos de composição, diversificação e recomposição cultural e social das festas do Espírito Santo que são dedicados os capítulos seguintes deste livro. Como foi referido, o percurso proposto é simultaneamente seletivo e representativo e acompanha a ordem da minha própria pesquisa. Começa nos Açores, misturando camponeses que não emigraram e emigrantes. Acompanha depois as viagens das festas dos Açores para a América do Norte, com particular destaque para a Nova Inglaterra e para Toronto (Canadá). Regressa de novo aos Açores, não só explorando composições rituais precisas — influenciadas pelo trânsito transnacional das festas no Atlântico Norte —, mas trabalhando também discursos identitários construídos em torno das festas, ligados a elites regionais. E termina no Brasil, em São Luís (Maranhão), onde o Divino se cruza e articula com religiões de matriz africana e com grupos afrodescendentes.

Viagens na América do Norte

Capítulo 2

Festas do Espírito Santo, emigração, transnacionalismo

Santa Bárbara é uma das cinco freguesias da ilha de Santa Maria, a ilha simultaneamente mais meridional e oriental do arquipélago dos Açores. Com uma área de 90 quilómetros quadrados — que faz dela a terceira ilha mais pequena ilha dos Açores —, Santa Maria foi a primeira a ser descoberta e colonizada. Severamente atingida pelo surto migratório que se desenvolveu entre os anos sessenta e oitenta do século XX, a ilha passou de uma população de cerca de 12 000 habitantes, em 1960, para os atuais 5000 habitantes.

Situada no Nordeste da ilha, a freguesia de Santa Bárbara abrange uma área de cerca de 27 quilómetros quadrados e era considerada uma das freguesias mais rurais da ilha. Foi uma das freguesias mais atingidas pelo movimento emigratório iniciado nos anos sessenta, tendo a sua população decrescido de 1750 habitantes em 1960 para cerca de 500 na atualidade. Tanto em consequência da emigração como, mais recentemente, da implementação das políticas agrícolas europeias, a atividade agrícola na freguesia tornou-se residual e centra-se sobretudo na criação de gado.

Os impérios

Em Santa Bárbara, como no resto da ilha de Santa Maria, as festas do Espírito Santo — onde são conhecidas pela designação de impérios — obedecem ao modelo mais geral prevalecente nos Açores. De acordo com esse modelo, as festas do Espírito Santo desenrolam-se ao longo de um período de cerca de sete a oito semanas e tendem tradicionalmente a convergir para o domingo e a segunda-feira de Pentecostes e para o domingo da Trindade. A sua dimensão religiosa é particularmente forte. Se em alguns casos o encargo de realizar as festas assenta numa irmandade informal independente da Igreja — cujos membros assumem, à vez, a responsabilidade da festa —, em muitos outros decorre de promessas feitas ao Espírito Santo. Simultaneamente, as festas proporcionam o contexto ritual para o pagamento de outras promessas menores ao Espírito Santo, e é também relevante a sua ligação a ideias de bem-estar coletivo, em particular em relação com os terramotos e crises vulcânicas que assolam periodicamente os Açores. No centro das festas encontra-se o imperador (ou mordomo), que é auxiliado por um numeroso grupo de ajudantes que se forma para o efeito e também, nos casos em que existe irmandade, pelos membros desta. A articulação das festas com uma linguagem de tipo político-religioso é forte e tem uma das suas expressões nas designações, variáveis de ilha para ilha, dadas a alguns dos componentes do grupo de ajudantes e nas insígnias — varas, espadins, etc. — que estes usam. No decurso das festas, o imperador (ou mordomo) entra na posse da coroa do Espírito Santo, que instala em sua casa, num altar — o altar do Espírito Santo — montado expressamente para esse fim. É, além do financiador dos festejos, o seu principal oficiante. Se em algumas ilhas é o imperador (ou mordomo) que é coroado, noutras é uma criança por ele escolhida. Em todo o caso, a coroação — que tem lugar no termo da missa dita da coroação — é sempre um dos pontos nodais do *script* das festas e aquele onde, por um momento, é mais saliente a participação da Igreja. Além de procissões, terços e outras orações junto à coroa, o *script* ritual das festas do Espírito Santo concede lugar de grande relevo a modalidades várias de partilha e circulação de alimentos, baseadas na linguagem da dádiva. Entre esses alimentos encontram-se as sopas do Espírito Santo, feitas à base de carne de vaca cozida e que apresentam de ilha para ilha uma certa diversidade na sua composição e modos de confeção. Diversos pães de massa sovada — pães de mesa, roscas, rosquilhas — ocupam também um lugar relevante nas festas, bem como doces e biscoitos vários. Em alguns casos, essas distribuições de alimentos, embora abrangendo centenas de pessoas, destinam-se a convidados do imperador ou do mordomo, noutros têm um âmbito mais alargado e abrangem a totalidade da população da freguesia e mesmo forasteiros que assistem à festa. Seja como for, as festas requerem um investimento particularmente forte, suportado parcialmente pelo imperador (ou mordomo), que beneficia, no entanto, de ofertas — muitas vezes resultantes de promessas — feitas por um número relevante de membros da comunidade. Finalmente, é grande a autonomia organizativa das festas face à Igreja. Mesmo quando as festas são realizadas por irmandades, estas possuem um carácter informal e são completamente autónomas da Igreja, cingindo-se a intervenção do padre à coroação e à bênção dos alimentos.

Os impérios do Espírito Santo em Santa Bárbara apresentam, no interior do quadro geral que acabei de esboçar, um certo número de particularidades ([19]). Sob o ponto de vista organizativo, deve ser sublinhada a sua dependência exclusiva de promessas individuais que trocam a graça divina solicitada pela promoção de um império numa determinada igreja ou ermida da freguesia. Não há, portanto, irmandade, e o imperador é a figura central do império. Entrando na posse da coroa durante o período consagrado à realização dos festejos, é também ele que é coroado, no domingo para o qual convergem os festejos. Simultaneamente, as particularidades locais das festas do Espírito Santo são definidas por outros aspetos. Uma delas tem que ver com o extenso grupo de ajudantes — cerca de 20 a 30 — requerido pelas festas. Neste grupo destacam-se os ajudantes grados — mestre-sala, trinchante, dois *briadores* (corruptela de vereadores) — e a folia, composta por três elementos e responsável pela direção e acompanhamento musical dos festejos. Nas cerimónias de homenagem à coroa, para além de procissões diversas,

---

([19]) Para uma apresentação mais completa dos impérios em Santa Bárbara, ver Leal (1984, 1994: 37–63).

deve ser destacada a importância da alumiação, que tem lugar junto ao altar do Espírito Santo, montado em casa do imperador, no decurso da qual a folia tem um forte protagonismo. Mas a particularidade mais relevante que caracteriza os impérios tem a ver com a sua articulação com um extenso e elaborado conjunto de dádivas e contradádivas alimentares que exigem a realização de uma despesa particularmente elevada em cabeças de gado, em géneros vários e em dinheiro. Nessa rede de dádivas destaca-se a chamada irmandade, designação que aqui ganha um sentido diferente do prevalecente noutras ilhas açorianas, uma vez que se refere simultaneamente a um conjunto de ofertas alimentares e/ou em dinheiro feitas por membros da comunidade ao imperador e às contradádivas alimentares com que o imperador retribui essas ofertas. As distribuições de sopas do Espírito Santo — e ainda de massa sovada e de vinho — que têm lugar no dia de império assumem também um carácter aberto, de acordo com uma solução que, embora se tenha generalizado nas festas do Espírito Santo norte-americanas, era, nos Açores, específica de Santa Maria. O mesmo se pode dizer dos elevados gastos em cabeças de gado e em outros géneros requeridos pelos festejos. Em alguns casos mais significativos, um império pode envolver o abate de treze cabeças de gado.

Os impérios e a emigração

Tradicionalmente, as festas do Espírito Santo em Santa Bárbara — como no conjunto dos Açores — estendiam-se ao longo do período de sete a oito semanas que medeia entre o domingo de Páscoa e os domingos de Pentecostes e da Trindade. Contudo, quando fiz o meu trabalho de campo em Santa Bárbara, no decurso dos anos oitenta, este calendário tinha mudado. Por um lado, a fase preparatória das festas passara de sete ou oito para duas ou três semanas. Por outro lado, o período consagrado à realização das festas — o chamado «tempo dos impérios» — estendia-se agora do domingo de Pentecostes até ao final do verão. A par dos impérios «no seu tempo» — como se diz na freguesia —, haviam-se multiplicado os «impérios fora do tempo». Assim, entre 1980 e 1995, num total de 38 impérios realizados na freguesia, metade — 19 — foram «impérios fora do tempo». Esta dupla transformação no «tempo dos impérios» deve-se à emigração, que marcou a vida da freguesia entre os anos sessenta e oitenta. Nesse período, abandonaram a freguesia cerca de 1200 pessoas, 49% das quais para o Canadá e 42% para os EUA. Tendo tido um impacto significativo na vida económica e social da freguesia, a emigração não deixou também de afetar as festas do Espírito Santo. Mas fê-lo de uma forma singular. De facto, contrariamente à tendência prevalecente em muitos outros contextos rurais portugueses e europeus, em que a emigração dos anos sessenta e setenta acelerou um processo — embora reversível — de declínio da festa (Boissevain 1992), em Santa Bárbara, pelo contrário, a emigração teve sobre os impérios um efeito de reforço e dinamização. Com ela assistiu-se à emergência de uma nova ordem ritual marcada pelo peso que os emigrantes passaram a ter na realização das festas.

Essa nova ordem ritual desenvolveu-se em consequência da multiplicação das chamadas «promessas de emigrantes», isto é, de promessas de impérios relacionadas elas próprias com a emigração: «se eu for para a América (ou para o Canadá) e que tenha sorte, prometo um império». Visto usualmente como um dos garantes principais do bem-estar dos indivíduos e da comunidade, o Espírito Santo passou simultaneamente a ser encarado como o «protetor» por excelência do sucesso do projeto migratório. Em consequência, os emigrantes passaram a deter um papel fundamental na promoção das festas. A este respeito, repetiam-me muitas vezes em Santa Bárbara que, «se não fossem os emigrantes, os impérios já tinham acabado». Embora formulada num tom excessivamente categórico, esta afirmação não deixa, entretanto, de corresponder à realidade. Entre 1964 e 1995, de facto, num total de 96 impérios que tiveram lugar na freguesia, 71 foram promovidos por emigrantes.

Marcada pelo peso que os emigrantes passaram a ter na realização dos impérios, esta nova ordem ritual não pôs em causa as linhas fundamentais que caracterizam os festejos, mas determinou um conjunto de ajustamentos e modificações no seu *script* tradicional.

A mais importante dessas modificações prende-se com a calendarização dos festejos e passou por esse duplo movimento de encurtamento da sua fase preparatória e de alargamento — para datas posteriores aos domingos de Pentecostes e da Trindade — das datas em que passaram a ter lugar. As razões para estas mudanças decorrem do facto de os emigrantes não disporem senão do período de férias para realizarem os impérios.

Simultaneamente a esta transformação maior, deram-se outras mudanças menores. Assim, com a emigração, assistiu-se ao gradual desenvolvimento de uma tendência para o aumento dos gastos envolvidos nos impérios, sobretudo daqueles que são suportados diretamente pelo imperador. O aumento do número de cabeças de gado abatidas nas festas é resultado direto da influência dos emigrantes. À semelhança do que ocorreu noutros contextos portugueses afetados pela emigração (cf. Brettell 1983), também em Santa Bárbara houve uma certa tentação para utilizar os impérios como instrumento de ostentação da riqueza obtida com a emigração.

A influência dos emigrantes na promoção dos impérios refletiu-se igualmente naquilo que pode ser considerado um processo de «americanização» de certos aspetos dos festejos, traduzido na importação e reciclagem local de elementos provenientes das culturas dos Estados Unidos e do Canadá. Assim, por exemplo, a decoração do altar do Espírito Santo passou a combinar motivos de inspiração tradicional — flores próprias da época, castiçais — com padrões introduzidos pelos emigrantes, baseados em decorações natalícias trazidas dos EUA ou do Canadá. Da mesma maneira, cresceu significativamente o número de ofertas em dinheiro feitas ao imperador em dólares norte--americanos ou canadianos.

Entretanto, este processo de «americanização» teve alguns limites. Assim, em 1987, houve um imperador que, numa das refeições dedicadas aos ajudantes, resolveu substituir as sopas do Espírito Santo por hambúrgueres, feitos com carne de vaca abatida para o império. A reação de desagrado por parte dos ajudantes a esta espécie de tentativa de «macdonaldização» das festas foi de tal maneira forte que tiveram de ser preparadas à pressa sopas do Espírito Santo para substituir os hambúrgueres que todos eles se recusavam a comer. Por outro lado, em muitos casos, este processo de «americanização» foi contrabalançado pela tendência, exibida por muitos emigrantes, para atuarem como os mais apaixonados defensores da «tradição». O facto de a organização prática dos impérios estar a cargo de especialistas rituais locais — os chamados copeiros —, que encaram com desconfiança mudanças no *script* tradicional das festas, fortaleceu essa tendência tradicionalista. Nessa medida, a par das transformações que acabámos de registar, a emigração teve simultaneamente um efeito de retração de mudanças que, noutras condições, não teriam deixado de ocorrer.

A transnacionalização dos impérios

Quanto à forma, pode, portanto, dizer-se que a emigração teve, apesar de tudo, um impacto limitado no *script* tradicional das festas do Espírito Santo. Houve mudanças, mas estas não foram sentidas localmente como roturas, mas como ajustamentos naturais aos novos tempos.

Entretanto, por detrás desta linha de aparente continuidade formal das festas, os seus sentidos religiosos e sociais conheceram modificações importantes. Para entendermos essas modificações, é importante introduzir na análise o conceito de transnacionalidade (ou transnacionalismo), proposto nos anos noventa por Nina Glick Schiller, Linda Basch e Cristina Blanc-Szanton (1992) como instrumento analítico para a interpretação das migrações contemporâneas. Para estas antropólogas,

> um novo tipo de populações migrantes tem vindo a emergir, composto por migrantes cujas redes sociais, actividades e padrões de vida envolvem simultaneamente a sua terra de

acolhimento e a sua terra de origem. As suas vidas atravessam as fronteiras nacionais e integram sociedades diferentes num só campo social (1992: 1).

Neste quadro, o transnacionalismo definir-se-ia como o conjunto de «processos por intermédio dos quais os imigrantes constroem campos sociais que juntam a sua sociedade de origem e a sua sociedade de acolhimento» (Glick Schiller, Basch & Blanc-Szanton 1992: 2), baseados em «múltiplas relações — familiares, económicas, sociais, organizacionais, religiosas e políticas — que atravessam as fronteiras» (1992: 2)([20]).

Embora tenha vindo a generalizar-se no quadro dos estudos sobre migrações, o conceito de transnacionalismo tem sido objeto de aproximações conflituais, com divergências em relação aos modos mais precisos de definição do seu campo empírico. Alguns autores têm proposto aquilo que poderíamos classificar como uma aproximação em banda larga ao transnacionalismo. Para eles, os processos migratórios contemporâneos seriam estruturalmente transnacionais, e o transnacionalismo, definido de uma forma abrangente, não envolveria necessariamente processos materiais de efetiva circulação em (ou entre) dois contextos nacionais diferenciados. Outro conjunto de autores tem vindo a desenvolver uma aproximação ao transnacionalismo em banda mais estreita, insistindo na necessidade de uma definição mais delimitada do conceito. Entre estes autores, o mais destacado é sem dúvida Alejandro Portes, para quem «é preferível circunscrever o conceito de transnacionalismo a ocupações e atividades que requerem contactos sociais transfronteiriços *regulares e sustentados ao longo do tempo* para a sua implementação» (Portes, Guarnizo & Landolt 1999: 219; os itálicos são meus)([21]). Seja nesta aceção mais estreita, seja na aceção mais

---

([20]) Destas três autoras, cf. também o clássico *Nations Unbound* (Basch, Glick Schiller & Szanton Blanc 1994) e Glick Schiller, Basch & Szanton Blanc (1999).

([21]) A distinção entre aproximações em banda estreita e em banda larga ao transnacionalismo apoia-se na distinção proposta por José Itzigsohn *et al.* (1999) entre práticas transnacionais estreitas (*narrow*) e alargadas (*broad*).

alargada que lhe imprimiram Basch, Glick Schiller e Szanton Blanc, o conceito de transnacionalismo tem-se caracterizado pela sua polivalência, isto é, pelo facto de possuir um campo múltiplo de aplicações, extensivas aos domínios económico, político, social, religioso, etc. Dessas aplicações, três em particular são relevantes para o argumento deste capítulo. A primeira tem que ver com a dimensão religiosa do transnacionalismo. Numa aceção em banda estreita, pode falar-se de transnacionalismo religioso no caso de atividades religiosas que implicam o trânsito sustentado de fiéis, especialistas, objetos e crenças religiosas entre dois contextos nacionais diferenciados ([22]). A segunda prende-se com a importância que redes sociais transfronteiriças têm no transnacionalismo, isto é, no modo como tanto migrantes como não migrantes mantêm entre si formas de relacionamento e sociabilidade — baseadas em linguagens como o parentesco, a vizinhança ou a amizade — que atravessam fronteiras. A terceira, por fim, tem que ver com a dimensão localista do transnacionalismo, relativa ao modo como as práticas transnacionais envolvem a comunidade de origem dos emigrantes e as comunidades que estes formam no país de acolhimento. Estas práticas assentam frequentemente na interlocução entre as chamadas *hometown associations* (nos países de acolhimento dos emigrantes) e diferentes instituições de características locais (nos países de origem dos emigrantes). ([23])

([22]) Entre os títulos mais relevantes sobre transnacionalismo religioso, veja-se Ebaugh & Chafetz (2002), Hagan & Ebaugh (2003) e Levitt (2003).

([23]) Estes «espaços sociais transnacionais» (Faist 2000) unindo localidades precisas têm vindo a ser alvo de pesquisas diversificadas, a partir das quais a teoria transnacional tem vindo a ser adaptada a novos desafios empíricos — por exemplo, Fitzgerald (2004, 2008), Moya (2005), Waldringer, Popkin & Hagana (2007) e Waldringer (2015).

Transnacionalismo religioso

É justamente a partir da chave analítica fornecida por estes três campos de aplicação do transnacionalismo que é possível interpretar o impacto que a emigração teve nas festas do Espírito Santo em Santa Bárbara. Comecemos pelo transnacionalismo religioso. Até aí confinados a uma dimensão localista, os impérios passaram a operar, com a emigração, como um importante mecanismo para o estabelecimento de conexões religiosas de tipo transnacional entre os emigrantes e a terra de origem. Três aspetos devem a este respeito ser sublinhados. O primeiro tem que ver com a natureza ela própria transnacional da promessa: a graça de uma ida é paga com a promessa de um retorno. O segundo prende-se com a importância assumida pelo pagamento da promessa na terra de origem. De facto, alguns emigrantes, confrontados com a despesa necessária à realização de um império em Santa Maria — a qual, além dos gastos requeridos pela festa, envolve avultados custos de transporte para o imperador e sua família —, confessaram-me que haviam considerado a hipótese de pagar a promessa, não nos Açores, mas nos EUA (ou no Canadá), onde poderiam ter assumido — com uma despesa menor — o encargo de imperador numa das inúmeras festas do Espírito Santo organizadas localmente. Mas, receosos de que a promessa não fosse aceite — por não respeitar os termos territoriais do contrato com a divindade —, acabou por prevalecer entre eles a interpretação de que o império devia ter lugar na ermida ou igreja para a qual havia sido prometido. Terceiro e último aspeto que deve ser sublinhado a propósito da relação entre impérios de emigrantes e transnacionalismo religioso: o regresso a Santa Bárbara para o cumprimento da promessa era, na maioria dos impérios, o primeiro retorno à freguesia depois de muitos anos na América (ou Canadá). A prioridade dos imperadores, como de outros emigrantes, era a compra de um carro — sem o qual «não se pode governar a vida lá» — e, a seguir, a de casa própria. Só quando estes dois indicadores da «sorte» solicitada na promessa eram atingidos as poupanças entretanto obtidas passavam a ser canalizadas para

o cumprimento da promessa. Entre a ida e o regresso para o
império estendia-se em geral um período longo, que em alguns
casos podia ir até dez anos. Só então esses emigrantes reatavam
fisicamente o contacto com a terra de origem.

As expressões sociais do transnacionalismo

Para além desta vertente religiosa, a ligação entre os impérios
e a transnacionalidade tem também dimensões sociais importantes. Se as festas são primariamente um dispositivo de
comunicação ritual entre os homens (e as mulheres) e os deuses,
são também um dispositivo de comunicação ritual dos homens
(e das mulheres) entre si. Para entendermos essa relação dos
impérios com o domínio do social, é importante ter presente o
estreito vínculo que — por intermédio da linguagem da dádiva
alimentar — estes mantêm com algumas grandes linhas da
organização social local.

Duas dimensões são a esse respeito particularmente
relevantes ([24]). A primeira tem que ver com a estreita vinculação
desses circuitos de dádiva às redes sociais dos imperadores,
baseadas no parentesco e na vizinhança de perto. Esse vínculo
é estabelecido sobretudo por intermédio do grupo de ajudantes.
Os parentes representam entre 50 e 70% de um total de 20 a
30 ajudantes (Leal 1994: 89), e os vizinhos de perto — os cerca
de quatro a cinco moradores das casas geograficamente mais
próximas da casa do imperador — são também convidados a
ajudar o império. Entre este grupo e o imperador estabelece-se
uma teia complexa de dádivas e contradádivas, onde se misturam
prestações de trabalho ritual e circulação de alimentos, cuja
importância deve ser sublinhada. Além de numerosas refeições
informais e formais — estas últimas conhecidas pela designação

---

([24]) Desenvolvi anteriormente a análise desta dimensão dos impérios
(Leal 1994: 77–127). Sem alterar a substância do argumento, revejo aqui
algumas formulações mais «pesadas» que aí usei. Regresso a este ponto
no próximo capítulo.

de ceia dos ajudantes —, os ajudantes recebem do imperador uma oferta alimentar especial e, adicionalmente às suas tarefas rituais, contribuem com ofertas várias em alimentos ou em dinheiro para o império, depois retribuídas pelo imperador. Simultaneamente, os impérios constroem também uma relação forte com círculos de sociabilidade mais alargados, coincidentes com o lugar e com a freguesia, as duas unidades de base geográfica mais significativas na organização social local. Caracterizada por um forte índice de endogamia, a freguesia define o grupo social mais lato de interconhecimento e relacionamento face a face. É também grande a sua importância na identificação coletiva das pessoas (Leal 1994: 110–111). Quanto ao lugar, este constitui a unidade base do povoamento e da organização espacial da freguesia e opera como um quadro definidor de relacionamentos e sociabilidades caracterizadas, comparativamente com a freguesia, por uma maior intensidade e frequência no interconhecimento e na comunicação face a face.

De formas diferentes, estes dois grandes círculos de relacionamento social estão fortemente implicados nos impérios. Os vizinhos de lugar e de freguesia desempenham — por intermédio de ofertas em alimentos ou em dinheiro depois retribuídas pelo imperador — um papel importante na constituição do fundo cerimonial requerido pelas festas. Entre 50 e 80% das ofertas recebidas pelo imperador são feitas por casas da freguesia, com especial incidência para os vizinhos do local de residência do imperador (Leal 1994: 112). Estes recebem também algumas dádivas alimentares que lhes são especialmente destinadas, e a totalidade dos enfermos e pessoas enlutadas à escala da freguesia recebe em sua casa sopas do Espírito Santo oferecidas pelo imperador. Este envolvimento dos vizinhos de lugar e de freguesia nas festas é sobretudo evidente no chamado dia de império, marcado pela missa da coroação e, sobretudo, pela distribuição aberta, durante todo o dia, de sopas do Espírito Santo, assim como de fatias de massa sovada e de vinho, e pelo arraial que tem lugar junto à igreja ou ermida onde se faz o império. A festa, embora se abra a forasteiros — que acorrem em grande número —, é sobretudo um evento em que participam os vizinhos da freguesia. A distribuição aberta de sopas do Espírito Santo ganha contornos de grande refeição comunitária, e a participação de todos ao longo do dia é significativa. De resto, na véspera do dia de império, quando os alimentos reunidos para o império são transportados por meio de uma procissão organizada para o efeito, é já notória esta adesão muito significativa das casas da freguesia aos festejos. Isto é: para além do seu vínculo com as redes sociais mais restritas de cada imperador, as festas do Espírito Santo abrem-se também a círculos de sociabilidade — como a vizinhança de lugar e de freguesia — mais alargados.

Com a emigração, estes principais círculos de relacionamento social conheceram um significativo processo de reconfiguração transnacional. Foi justamente esse novo desenho transnacional das relações sociais que os impérios passaram a articular. Para entendermos estes processos de reconfiguração transnacional das relações sociais é útil recorrermos ao conceito de «localidade» proposto por Arjun Appadurai (2000). Por seu intermédio, Appadurai visa descrever uma qualidade da vida social baseada na proximidade e interação. Quando essa qualidade da vida social possui amarras territoriais fortes, a localidade pode ser vista como uma «vizinhança» (*neighborhood*, no original). Chamando a atenção para o carácter eminentemente frágil da localidade como algo que não é imediatamente dado, mas que tem de ser constantemente produzido, Appadurai debruça-se sobre a fragilidade acrescida que caracterizaria a localidade no mundo contemporâneo. Uma das razões para essa fragilidade decorreria da disjunção entre localidade e vizinhança, associada à mobilidade crescente de pessoas e ao surgimento de comunidades translocais. Malgrado essa fragilidade acrescida, Appadurai insiste sobre a capacidade de produção de novos sentidos de localidade nas condições — de crescente mobilidade de pessoas e formas culturais — características da sociedade contemporânea.

É a partir dessa perspetiva que podemos olhar para a nova ordem ritual instaurada na freguesia pela emigração. De facto, com a emigração, os impérios tornaram-se o lugar ritual onde novos sentidos de localidade — transnacionais — passaram a ser produzidos. Eles passaram, por um lado, a ser, a partir dos anos sessenta, os lugares por excelência onde se deu a rearticulação transnacional das redes sociais de proximidade dos imperadores, baseadas no parentesco e na vizinhança de perto. O que eles proporcionavam era uma reunião ampla — e tendencialmente exaustiva — de parentes separados pela emigração, residentes nos Açores, nos EUA ou no Canadá. Esta era de resto uma dimensão particularmente valorizada dos impérios. «Nunca mais nos voltamos a juntar todos» ou «é a última vez que a família se reúne» eram comentários recorrentes que pude ouvir a esse respeito. Tal como num casamento, a ocasião era utilizada para produzir registos fotográficos e em vídeo, os quais, uma vez terminado o império, alimentavam a memória dessa reunião familiar transnacional. Alguns imperadores faziam mesmo depender a marcação da data do império da possibilidade prática de juntar o maior número de parentes emigrados, de forma a fazer coincidir datas de férias e disponibilidade financeira para a viagem aos Açores. Tirando partido desta concentração de parentes, a realização de um império era frequentemente aproveitada para a realização de outros ritos familiares, com destaque para casamentos.

Simultaneamente, os impérios transformaram-se no lugar ritual de produção da nova comunidade transnacional em que, com a emigração, Santa Bárbara se converteu. De facto, durante os anos de apogeu da emigração, a freguesia passou a ser vista como o conjunto dos presentes e ausentes, isto é, dos migrantes e dos não migrantes. Embora vazias fisicamente, as casas dos emigrantes continuavam a ser vistas como casas socialmente habitadas. Facilitado pelas políticas de reunião familiar, desenvolveu-se também um ativo «mercado» matrimonial transnacional, em que jovens emigrantes do sexo masculino, uma vez na América (ou no Canadá), mandavam «chamar» noivas que tinham «ficado para trás». A má-língua ganhou também dimensões transnacionais, assentes em telefonemas, cartas ou informações trazidas diretamente por emigrantes de visita à freguesia. A vida social passou a ser permeada por trocas — de presentes, de dinheiro, mas sobretudo de vestuário — que viajavam da América do Norte para Santa Bárbara. Isto é, Santa Bárbara tornou-se uma comunidade transnacional, dotada entretanto — adaptando a formulação proposta por Beatriz Rocha Trindade (1976) — de características multipolares: de um lado estavam as pessoas residentes na freguesia, do outro os emigrantes distribuídos por diferentes cidades da Nova Inglaterra — como Taunton, Hudson, Saugus (Massachusetts) e East Providence (Rhode Island) — ou do Canadá — como Cambridge (Ontário) ou Winnipeg (Manitoba).

É neste novo quadro que se inserem os impérios de emigrantes: estes tornaram-se o espaço onde a produção ritual dessa nova comunidade transnacional ocorria. Essa sua aptidão pode ser detetada a dois níveis principais. Por um lado, muitos emigrantes que não podiam deslocar-se a Santa Bárbara num determinado ano associavam-se mesmo assim ao império, fazendo ofertas em «dólas» ou, recorrendo aos préstimos de parentes seus residentes na freguesia, em alimentos ou géneros. Estas irmandades de emigrantes correspondiam geralmente a 15 a 20% do total de irmandades (Leal 1994: 103). Algumas delas — feitas em cabeças de gado — correspondiam ao pagamento de promessas menores ao Espírito Santo feitas por muitos emigrantes. Em muitos casos, na impossibilidade de retribuir diretamente essas ofertas, o imperador fazia um reconhecimento, isto é, retribuía com uma oferenda a um parente ou vizinho indicado pela pessoa que fizera a irmandade. Simultaneamente, o alargamento do tempo dos impérios para os meses do verão teve como efeito indireto fazê-los coincidir com o período em que o regresso dos emigrantes à freguesia era mais intenso. Muitos deles podiam assim associar-se de formas diversas às festas, particularmente no dia de império. Este acrescentou à sua capacidade de juntar o maior número de vizinhos da freguesia a aptidão para reunir os não migrantes e os migrantes. Quer isto dizer que o sentido de comunidade produzido pelos impérios passou a ser produzido já não apenas por referência à freguesia em si, mas por referência à comunidade transnacional em que Santa Bárbara se transformara. Neste aspeto, os impérios ganharam um perfil similar àquele que noutros contextos marcados pela emigração caracteriza as festas de padroeiros de verão, como resulta dos trabalhos de Caroline Brettell (1983) e de Francisco Cruces e Angel Díaz de Rada (1992). Para estes últimos autores, em Navaconcejo (Espanha),

> O retorno recorrente dos emigrantes alterou o ritmo da vida social, passando a marcar muitas festas patronais. [...] Durante todo o verão, e mais especificamente durante os dias das festas de verão, existe uma reconstituição de muitas famílias [separadas pela emigração] assim como existe uma reconstituição da comunidade (Cruces & Díaz de Rada 1992: 68).

Foi algo de semelhante que ocorreu com as festas do Espírito Santo.

O fim do transnacionalismo

O padrão que passámos em revista não se circunscreve a Santa Maria, estendeu-se igualmente à maioria das freguesias dos Açores. Trata-se, entretanto, de um padrão que começou a entrar em declínio no decurso dos anos noventa. No caso de Santa Bárbara, o primeiro alarme foi dado em 1995, ano em que, pela primeira vez em mais de três décadas, se perfilou o fantasma da não realização de qualquer império na freguesia([25]). E, de facto, nesse ano, nenhum império resultante de promessa teve lugar em Santa Bárbara, um facto que foi encarado localmente com grande preocupação. Esta situação não se repetiu. Mas, a partir daí, afirmaram-se duas tendências indissociáveis em relação às festas do Espírito Santo. Por um lado, assistiu-se à diminuição do número total de impérios, de cerca de três por ano entre 1964 e 1995 para um por ano entre 1996 e 2007.

([25]) Para uma primeira reação «a quente» a esse ano em que não houve impérios, cf. Leal (1996), artigo cujos argumentos retomei parcialmente neste capítulo.

Por outro lado, assistiu-se a uma contração significativa do peso que os emigrantes assumiam anteriormente na promoção de impérios. Assim, de um total de 12 impérios realizados na freguesia entre 1995 e 2007, oito foram organizados por residentes, e apenas quatro foram promovidos por emigrantes. Invertendo a tendência anterior, «se não fossem os não migrantes», não teria havido impérios em seis anos. Entre uma e outra tendência a relação é clara: foi porque os «emigrantes deixaram de fazer impérios» que o número total de impérios na freguesia decresceu de forma tão significativa.

A nova ordem ritual, marcada pela importância da emigração na promoção das festas do Espírito Santo, chegava assim ao seu termo. Com ele encerrava-se também o transnacionalismo religioso que durante décadas alimentara os impérios. E, da mesma maneira que o triunfo dos impérios de emigrantes assinalara a reconfiguração transnacional das redes locais de relacionamento social iniciada na década de sessenta, o seu fim marcava o gradual enfraquecimento do transnacionalismo na freguesia.

Capítulo 3

As festas na América do Norte: identidades e sociabilidades

Em Santa Bárbara são dadas duas explicações para o declínio do perfil transnacional das festas do Espírito Santo. Uma delas assinala o fim da emigração para a América do Norte ocorrida a partir de final dos anos oitenta. A outra sublinha o modo como as promessas ao Espírito Santo tradicionalmente pagas em Santa Bárbara começaram a ser pagas na América (ou no Canadá). Após um período em que os imigrantes colocavam reservas a essa possibilidade, teria gradualmente triunfado uma aproximação mais permissiva, e um número significativo de promessas feitas para Santa Bárbara — e para Santa Maria em geral — teria começado a ser pago na América do Norte[26].

A primeira explicação permite chamar a atenção para o facto de o transnacionalismo ser algo que tem um ciclo de vida, parcialmente associado à própria dinâmica dos fluxos migratórios, que pode envolver — como no caso de Santa Bárbara — o seu eventual enfraquecimento e declínio.

Este ponto merece um comentário mais alargado. A ideia de que os processos migratórios se desenrolam no tempo e de que este é uma variável importante para a sua análise é um pressuposto antigo nas ciências sociais, em particular nos EUA. Assim, independentemente das revisões a que foram sujeitas, as formulações clássicas do paradigma assimilacionista evidenciavam uma forte sensibilidade histórica aos processos sociais e

[26] Neste capítulo e no próximo, substituo a expressão «emigrantes» pela designação de «imigrantes» sempre que estiver a falar sob o ponto de vista dos migrantes quando nos países de acolhimento.

culturais relacionados com as migrações. O que os assimilacionistas diziam era que, com o tempo, a etnicidade dos grupos migrantes daria lugar à sua assimilação no *melting pot* norte--americano. No apogeu do assimilacionismo, algumas vozes mais renitentes privilegiavam também a dimensão temporal dos processos migratórios. É o caso da famosa «lei da terceira geração» de Marcus Hansen (1996 [1923]), de acordo com a qual a assimilação não seria um processo completamente irreversível. Segundo Hansen, depois da americanização da segunda geração, «quando qualquer grupo imigrante atinge a terceira geração, um impulso espontâneo e quase irresistível» (1996 [1923]: 209) força os descendentes de imigrantes a uma redescoberta da sua herança: aquilo que «o filho quer esquecer [as suas origens migrantes], o neto deseja lembrar» (1996 [1923]: 206). As discussões iniciadas nos anos sessenta sobre a resiliência da etnicidade nos EUA — tanto na obra de Glazer e Moynihan (1963) como no artigo de Herbert Gans (1996 [1979]) sobre a etnicidade simbólica — eram também discussões sobre os efeitos da passagem do tempo na reformulação da etnicidade entre os grupos migrantes europeus nos EUA. Progressivamente, a etnicidade forte da primeira geração de migrantes assumiria novas formas, mas não desapareceria por completo. O regresso recente do assimilacionismo — rebatizado neoassimilacionismo (Alba & Nee 2003) — à sociologia norte-americana das migrações mostra a persistência do vetor temporal nos estudos sobre migrações e identidades, e o mesmo acontece com o modelo da assimilação segmentada proposto por Alejandro Portes (1999).

Relativamente ao transnacionalismo, esta sensibilidade temporal tem vindo a desenvolver-se de modo mais gradual à medida que diferentes pesquisadores se distanciam dos ambiciosos modelos teóricos dos anos noventa, para os quais o transnacionalismo era, não tanto uma formação irregular, mas mais um traço estrutural dos processos migratórios contemporâneos. Essa sensibilidade aparece em alguns estudos históricos sobre o transnacionalismo na viragem do século XIX para o século XX, como o de Nancy Foner (1997). Abrange investigações que examinam a eventual continuidade de laços transnacionais na segunda geração (R. Smith 2000; Glick Schiller & Fouron 2001). E, mais recentemente, tem passado por pesquisas que analisam a relação entre o ciclo de vida dos imigrantes e o seu envolvimento transnacional (Warnes & Williams 2006; Waters 2011; Waldringer 2015).

É justamente para a importância do tempo nos ciclos de desenvolvimento do transnacionalismo que apontam os dados sobre o envolvimento dos emigrantes nas festas do Espírito Santo, em Santa Bárbara. Tendo atingido a sua máxima expressão nos anos de apogeu da emigração, esse envolvimento declinou de forma significativa quando esta chegou ao fim. Isto é, há um nexo causal entre ciclos migratórios e transnacionalismo, que faz com que este dependa daqueles.

Mas é sobretudo a segunda explicação — o modo como o declínio das festas em Santa Bárbara é atribuído ao desenvolvimento das festas na América do Norte — que pretendo explorar neste capítulo. De facto, o declínio dos impérios de emigrantes na freguesia açoriana não significou o fim da ligação entre os migrantes e as festas do Espírito Santo. Ao mesmo tempo que dinamizavam as festas do Espírito Santo no país de origem, os imigrantes recriavam-nas também na terra de acolhimento.

No caso dos impérios organizados nos EUA por imigrantes naturais de Santa Maria, esse movimento de recriação remonta à primeira vaga migratória para esse destino (1870–1930). O primeiro império a ser fundado nos EUA — apesar do carácter mais residual da emigração de marienses para este estado — surgiu em Redlands, no Sul da Califórnia (Mishak 2000; Dutra 2002). Iniciado em 1919, o império continua a ser realizado no domingo de Pentecostes. Em 1927, em Saugus — atualmente um subúrbio de classe média a norte de Boston —, foi fundado um segundo império que tem lugar geralmente no segundo fim de semana de julho([27]). Mas foi sobretudo durante a segunda

---

([27]) As datas das festas que não calham nos domingos de Pentecostes e da Trindade são indicativas, podendo haver ligeiros ajustamentos e mudanças de ano para ano. Além dos impérios mencionados no corpo

vaga migratória para a América do Norte que este movimento de recriação das festas do Espírito Santo por imigrantes vindos de Santa Maria ganhou proporções mais significativas. Em 1962, foi iniciada a primeira festa no Canadá, em Cambridge (Ontário), uma cidade situada a noroeste de Toronto, onde o império se realiza no domingo da Trindade. Na mesma década, foram fundados mais dois impérios: em Hartford (Connecticut), em 1976 (Rosa 2010), e em Hudson (Massachusetts), em 1978, duas cidades onde é particularmente forte a presença de marienses. O primeiro império realiza-se no penúltimo fim de semana de julho, enquanto o segundo tem usualmente lugar no primeiro fim de semana de junho. Este movimento de recriação das festas tem prosseguido na atualidade. Assim, em 1986, foi fundado o império mariense de East Providence (Rhode Island), que tem lugar no primeiro fim de semana de junho, e, em 1990, a festa do Espírito Santo de Bridgewater (Massachusetts), até então realizada por imigrantes vindos de São Miguel, passou a ser organizada por marienses, «à moda de Santa Maria». No Canadá, em 1996, foi também iniciada, perto de Toronto, uma festa em Brampton (Ontário) — entretanto descontinuada —, e, em 1999, foi fundado um segundo império mariense em Oakdale, na Califórnia (Goulart & Chaves 2002). O último império mariense a ser fundado — no ano 2000 — teve lugar em em St. Petersburg (Florida) (Phelan 2010) e é uma consequência da crescente deslocação de imigrantes açorianos reformados provenientes da Nova Inglaterra para este estado norte-americano.

Em suma, ao contrário do envolvimento dos emigrantes com as festas do Espírito Santo na terra de origem, em processo de claro recuo, na América do Norte tornou-se cada vez mais significativo o envolvimento dos imigrantes na recriação de festas do Espírito Santo. Não só os impérios mais antigos se mantiveram

---

do texto, existem também referências a um «império das crianças» em Woburn (Massachusetts) e a uma festa do Espírito Santo em Taunton (Massachusetts), que teria sido organizada durante muitos anos por marienses. Não consegui, porém, confirmar nenhuma destas referências.

ativos, como novas festas — não obstante o fim da imigração — têm vindo a ser criadas.

Por detrás desta multiplicação de impérios norte-americanos encontra-se, como sugerem as explicações locais, o crescimento de promessas que passaram a ser pagas na América do Norte. Como me diziam em Santa Bárbara, «os emigrantes agora já podem pagar as suas promessas lá, até os padres já autorizam». Durante muito tempo considerei essa afirmação um pouco retórica, até que pude confirmar que assim era. De facto, alguns impérios norte-americanos a que pude assistir tinham na sua direção marienses que, tendo feito inicialmente a promessa de um império para Santa Maria, optavam por pagá-la na América do Norte. Como ficou sugerido, essa decisão era muitas vezes difícil e havia sempre o receio de que «o império não fosse aceite». Daí que muitos dos imperadores que optam por «pagar a promessa na América» tendam a proteger-se recorrendo ao parecer dos padres das paróquias portuguesas locais. Como me explicou um dos diretores da irmandade de Saugus, «desde que a promessa fique paga, tanto faz cá como lá». A essas promessas transferidas de Santa Maria para a América do Norte somam-se depois outras que já são realizadas para serem pagas nos EUA ou no Canadá, geralmente relacionadas com motivos de saúde.

Inicialmente, este movimento de recriação das festas do Espírito Santo na América do Norte envolveu algum tipo de transnacionalismo religioso. Algumas das primeiras coroas foram compradas nos Açores, e eram feitos convites a padres e folias originários dos Açores para participarem nos festejos. Mas hoje este transnacionalismo é esporádico. Em 2000, por exemplo, a irmandade da Bridgewater fez deslocar um padre açoriano para o seu império. Mas, no mesmo ano, os impérios promovidos pelas restantes irmandades da Nova Inglaterra contaram exclusivamente com recursos locais. Em 2002, a irmandade de Saugus — uma vez que se comemoravam 75 anos da sua fundação — convidou também uma folia de Santa Maria, que se deslocou aos EUA com o apoio financeiro da Câmara Municipal de Vila do Porto. Mas tratou-se de uma exceção: a maioria dos impérios marienses na Nova Inglaterra, depois de um período, nos anos oitenta, em que recorria muito a folias da ilha, é hoje completamente autossuficiente nessas — e noutras — matérias.

Por outras palavras, oscilando inicialmente entre os Açores e a América do Norte, o Espírito Santo tornou-se, com o tempo, norte-americano, permitindo desta forma a emergência de contextos étnicos de religiosidade que — como as pessoas me diziam em Santa Bárbara — tiveram como consequência significativa o declínio dos impérios de imigrantes em Santa Maria.

Festas e etnicidade

Ao mesmo tempo que possibilitou a afirmação destes contextos de religiosidade imigrante, a recriação de festas do Espírito Santo na América do Norte teve também um papel decisivo na gradual estruturação dos açorianos como grupo étnico. Esse seu papel pode desde logo ser surpreendido a partir de uma perspetiva barthiana da etnicidade. Para Barth, um grupo étnico é um grupo cujos membros se veem a si próprios e são vistos pelos outros como culturalmente distintos. Como o autor escreveu, a etnicidade não se refere tanto à «soma das diferenças [culturais] objetivas», mas às diferenças culturais «que os atores eles próprios encaram como significativas», isto é, «aqueles traços culturais [que] são usados pelos atores como sinais e emblemas de diferença» (1969: 14). As festas do Espírito Santo podem ser vistas, no interior deste quadro de análise, como o mais importante instrumento de construção deste sentido de distintividade cultural sobre o qual repousa a etnicidade açoriana na América do Norte.

Esse processo de construção de distintividade cultural fez-se pelo menos a dois níveis. Um primeiro tem que ver com a celebração do ritual em si. O conjunto articulado de soluções rituais que integram o *script* das festas do Espírito Santo — a coroa, as sopas, os pães de massa sovada, os cortejos — é de facto, e antes de mais, a expressão visível de uma herança cultural que é tida como exclusivamente açoriana. A simples realização das festas afirma isso mesmo. Estas tornaram-se, nessa medida, o emblema identitário por excelência da etnicidade açoriana na América do Norte.

Um segundo nível de construção dessa distintividade cultural tem que ver com os valores e conceções culturalmente mais densos a que as festas se encontram associadas, ligados ao modo como são pensadas na cultura açoriana as relações dos homens (e das mulheres) com a divindade ou as relações dos homens (e das mulheres) entre si. Ideias sobre reciprocidade e sobre maneiras de construção da proximidade social, sobre género ou sobre o modo de imbricar os deuses na vida dos homens (e das mulheres) são aqui decisivas. São essas conceções — que fazem dos açorianos na América do Norte americanos ou canadianos diferentes — que as festas do Espírito Santo de algum modo põem em relevo e atualizam.

O papel das festas do Espírito Santo não se reduz entretanto à produção de distintividade cultural. Estende-se também à produção dos contextos sociais da etnicidade ou, se se quiser, à produção da infraestrutura social das identidades étnicas. Este é um aspeto frequentemente negligenciado na literatura antropológica sobre etnicidade. Para Barth, a etnicidade não tinha apenas que ver com a identidade, mas com a organização social da identidade. Apesar disso, as aproximações antropológicas à etnicidade influenciadas por Barth, sobretudo durante os anos noventa, colocaram mais ênfase na identidade do que na sua organização social. Em resultado, tem sido prestada uma atenção insuficiente à dimensão social dos grupos étnicos e ao modo como estes circunscrevem quadros para o desenvolvimento de diferentes tipos de sociabilidade, uns mais regulares, outros mais efémeros, uns mais alargados, outros mais restritos, mas em que o que é importante é estar e relacionar-se com coétnicos. Entretanto, «sob o ponto de vista nativo», esta dimensão das etnicidades migrantes é fundamental, como é revelado pela importância dos enclaves migrantes ou das igrejas e clubes étnicos[28].

---

[28] Sobre igrejas étnicas, cf. Ebaugh & Chafetz (2000), sobre clubes étnicos, ver Moya (2005) e Fitzgerald (2008).

É nessa perspetiva que é possível analisar as festas do Espírito Santo. Para além de produzirem os marcadores da identidade étnica do grupo, elas produzem os grupos e os contextos da sociabilidade açoriana na América do Norte.

Um império americano: etnografia dos impérios de East Providence

Tomemos o caso de uma das festas do Espírito Santo organizadas por imigrantes originários de Santa Maria nos EUA: o império mariense de East Providence, uma cidade no estado de Rhode Island em que 30% da população é de origem açoriana. Embora maioritariamente originários da ilha de São Miguel, os açorianos de East Providence — cujo número total é calculado em aproximadamente 15 000 pessoas — compreendem também naturais de outras ilhas, entre os quais um grupo de cerca de mil imigrantes provenientes de Santa Maria. Tendo sido iniciado em 1986, o império mariense de East Providence teve à sua frente alguns dos membros mais ativos desta pequena comunidade.

A sua criação encontra-se devidamente registada por um dos fundadores — Manuel de Sousa Braga —, que, numa pequena brochura policopiada, a refere nos seguintes termos:

> No dia do império mariense em Connecticut [em 1986], o Sr. José P. Cunha e o Sr. José M. Resendes [dois imigrantes marienses residentes em East Providence] foram comer umas sopas do Espírito Santo e matar saudades das nossas festas Marienses. Estando a falar um com o outro, lembraram-se que também podiam fazer um Império em East Providence. [E]mbora a comunidade Mariense fosse pequena, o que contava era a boa vontade.
> O Sr. José P. Cunha comunicou a sua ideia ao Sr. John Medina, que a acolheu com agrado, e de seguida chamaram os Senhores Manuel F. Braga, João F. Braga, João L. Marques, José M. Braga e Manuel S. Braga. Reuniram-se todos mas eram poucos para poderem nomear uma comissão. Resolveram chamar todos os marienses de East Providence e arredores,

para ver se podiam formar uma comissão que idealizasse o projecto que tinham em vista.
Em resultado compareceram dezoito pessoas [...] [e] formou-se uma comissão. [...] Essa comissão [...] convocou uma Assembleia Geral onde se reuniram 38 pessoas e elaboraram o projecto de sociedade que pretendiam formar. Registaram a sociedade, para poderem iniciar os primeiros passos para a festa do Espírito Santo que na opinião de algumas pessoas, se devia realizar em 1987, mas outros queriam que fosse no corrente ano de 1986. Daí gerou[-se] uma divisão na comissão e na assembleia. Procedeu-se à votação e a maioria foi da opinião que a festa fosse feita em 1986.

A irmandade — que conta com cerca de 200 sócios — recebeu a designação de Holy Ghost Brotherhood Mariense e inicialmente recorreu às instalações de outras irmandades do Espírito Santo existentes em East Providence. Entretanto, a partir de 1998, passou a utilizar as suas próprias instalações. Estas, para além de serem utilizadas no quadro de outras atividades da irmandade — como jantares com ementas tradicionais marienses —, são alugadas para festas várias — casamentos, *showers* —, geralmente promovidas por membros da comunidade açoriana residentes em East Providence.

Mas a atividade central da irmandade é sem dúvida a realização do império, que, desde 1998, tem lugar no primeiro fim de semana de julho. O modelo dos festejos inspira-se diretamente nos impérios de Santa Maria, com preferência pela variante da freguesia de Santo Espírito. Assim, a sua personagem principal é o imperador, coadjuvado nas suas funções por um grupo de duas a três dezenas de ajudantes, entre os quais avultam os ajudantes grados. Tal como em Santo Espírito, faz também parte deste grupo de personagens mais destacados o «paz da mesa» (corruptela de pajem da mesa), geralmente um filho, sobrinho ou neto do imperador. O acompanhamento e a direção musical dos festejos estão a cargo de uma folia que é secundada por uma ou duas filarmónicas «portuguesas».

O ponto auge dos festejos é o fim de semana em que recai o dia de império. Este é marcado, antes de mais, pela coroação, realizada pelo padre no termo da missa e antecedida de dois cortejos. Simultaneamente, durante todo o dia, tem lugar uma distribuição gratuita de sopas do Espírito Santo no *hall* da irmandade, enquanto no exterior é oferecida massa sovada a quem o solicite. Para além destas ofertas generalizadas de alimentos, realiza-se ainda uma distribuição porta a porta de sopas de Espírito Santo, entre pessoas mais velhas ou acamadas, que não podem deslocar-se ao *hall* da irmandade. Finalmente, tal como em Santa Maria, os festejos de dia de império compreendem ainda um arraial, com barracas várias de comes e bebes e atrações musicais.

Para além das celebrações do dia de império, as festas do Espírito Santo de East Providence incluem um certo número de cerimónias preliminares. Na semana anterior ao dia de império, é rezado o terço em casa do imperador, junto ao altar do Espírito Santo; no *hall* da irmandade têm também lugar — em associação com o trabalho ritual requerido pelas festas — várias refeições de ajudantes.

Embora as pessoas insistam na fidelidade do *script* ritual das festas relativamente a Santa Maria (ponto ao qual regressarei mais tarde), este sofreu entretanto um conjunto de mutações, relacionadas com a estrutura organizativa dos festejos, o seu conteúdo e a sua forma.

No tocante à estrutura organizativa dos festejos, a modificação mais relevante diz respeito ao enfraquecimento do papel do imperador como promotor e financiador principal da festa. Embora a figura do imperador se mantenha, este passou a desempenhar um papel fundamentalmente cerimonial, estando a organização e o financiamento dos festejos a cargo da direção da irmandade. Embora o imperador pague em geral a carne que é necessária para as sopas de Espírito Santo, o essencial da despesa do império — que se elevava em 2001 a cerca de 30 000 euros — é suportado pela irmandade. A direção desta é ainda responsável pela escolha e direção do grupo dos ajudantes, com exceção dos ajudantes grados, geralmente escolhidos pelo imperador entre os seus familiares mais próximos. Finalmente, no caso da inexistência de promessas, é ainda a direção que procede à escolha do imperador entre os membros da irmandade.

No tocante ao conteúdo dos festejos, avulta, antes de mais, a introdução das chamadas domingas, originárias da ilha de São Miguel. Esta expressão designa um conjunto de celebrações preliminares ao império que têm lugar ao longo de cada uma das sete semanas que antecedem o dia de império e que consistem basicamente num terço em casa da pessoa que nessa semana guarda a coroa e num jantar para convidados realizado no *hall* da irmandade. Na ementa desse jantar — que pode agregar entre 50 e 150 convidados — figuram obrigatoriamente sopas do Espírito Santo. No seu termo realiza-se uma arrematação dos produtos oferecidos pelos convidados, cujos lucros revertem a favor do império. A escolha das pessoas que asseguram as domingas é geralmente feita por sorteio entre aqueles que se oferecem para o efeito, sendo as despesas suportadas pela pessoa a quem coube a coroa em sorte.

Ainda em relação ao conteúdo dos festejos, destaca-se também a introdução da distribuição de pensões (mais uma vez com origem em São Miguel): uma oferta porta a porta de alimentos em retribuição de ofertas monetárias feitas ao império, no valor de 25 dólares cada uma. Estas ofertas, que podem atingir o número de 700, são responsáveis por uma importante fatia das receitas do império. Existem ainda as pensões grandes, correspondentes a ofertas de valor superior a 250 dólares — geralmente em número de 30 ou 40 — e que são retribuídas por intermédio de uma oferta alimentar mais generosa. A distribuição das pensões é feita uma semana antes do dia de império por grupos de dois ajudantes, que se fazem acompanhar de uma pequena bandeira do Espírito Santo[29].

Finalmente, ocorreram também transformações importantes relativamente à organização das procissões e cortejos que integram a sequência das festas. Novas personagens — com destaque

---

[29] Embora em Santa Maria ocorra uma distribuição similar de alimentos, quer a sua designação — irmandade — quer o seu modo de funcionamento são distintos dos das pensões.

para a rainha da festa e respetivas damas de honor — foram acrescentadas. As autoridades locais fazem-se também representar nos cortejos. Novos adereços rituais — designadamente mais coroas, estandartes e bandeiras, com destaque para as bandeiras nacionais de Portugal e dos EUA e para a bandeira dos Açores — foram também introduzidos.

Religião e identidades

Caracterizado por estes traços, o império de East Providence tem uma importante dimensão religiosa. Tanto o imperador como as pessoas que se voluntariam para a organização das domingas fazem-no maioritariamente em resultado de promessas ao Espírito Santo. O mesmo acontece com muitas ofertas de pensões, que, mesmo quando não resultam de promessas, são frequentemente descritas como uma forma de devoção ao Espírito Santo que deve ser atualizada anualmente. O peso que nas festas têm os terços, os cortejos e a missa da coroação também testemunha esta vocação religiosa das festas, que é igualmente confirmada por alguns detalhes significativos. Assim, na distribuição de pensões é tão importante a oferta alimentar recebida como o facto de esta ser acompanhada de uma pequena bandeira do Espírito Santo. Muitas pessoas insistem que a bandeira entre em casa, como forma de assegurar a proteção divina da família. No decurso dos terços e dos cortejos, muitas pessoas, sobretudo mais idosas, insistem em beijar a coroa ou o ceptro do Espírito Santo. Isto é, tal como nos Açores, as festas são antes de mais, para sectores significativos da sua audiência, uma afirmação de fé no Espírito Santo.

Simultaneamente a esta dimensão religiosa, o império de East Providence é também interpretado pelos seus participantes a partir de um discurso que sublinha as suas virtualidades identitárias. Esse discurso identitário faz-se antes de mais por referência à cultura *mainstream* norte-americana. O império de East Providence — tal como muitas outras festas do Espírito Santo na América do Norte — é visto como a expressão por excelência da distintividade cultural açoriana e o lugar onde a singularidade dos açorianos fica mais bem demonstrada. Mais uma vez, essa distintividade cultural é anunciada não apenas por referência às particularidades do *script* ritual das festas, mas também aos valores mais densos que as festas mobilizam. Simultaneamente, as festas do Espírito Santo são importantes na marcação de outras diferenças identitárias decorrentes da composição das comunidades portuguesas nos EUA. Estas, embora maioritariamente de extração açoriana, comportam um sector minoritário de portugueses originários do continente. E possuem também, no que se refere aos Açores, uma certa diversidade regional: no caso da Nova Inglaterra, embora a maioria dos açorianos seja originária de São Miguel, há núcleos de imigrantes originários de outras ilhas. As festas são também utilizadas para enfatizar essas identidades, que, na literatura norte-americana, são geralmente designadas por «campanilistas», isto é, que reenviam para o «sentido de lealdade e ligação [dos imigrantes] às tradições da [sua] comunidade local (literalmente, ao campanário da igreja da sua comunidade natal), em detrimento da região mais vasta» (Cinel 1982: 197; cf. também Harney 1999). O contraste com os continentais — que participam em número reduzido nas festas — é particularmente enfatizado: «lá no continente eles não têm estas festas» foi uma frase que ouvi com frequência. Simultaneamente, existe a preocupação, em particular nas festas — como as de East Providence — promovidas por imigrantes vindos das ilhas mais pequenas dos Açores, de sublinhar o modo como detalhes específicos do ritual remetem para formas próprias de celebração das festas.

A importância deste ponto deve ser notada. Demasiadas vezes a literatura sobre etnicidades migrantes tem tratado as identidades étnicas como identidades de espectro largo, geralmente enunciadas por referência às origens nacionais dos migrantes. Mas deve ser igualmente sublinhado (regressarei a este ponto mais tarde) o modo como essas identidades convivem com tendências centrífugas que justamente o conceito de campanilismo permite captar.

Contextos sociais da etnicidade

Produzindo contextos para a expressão da religiosidade imigrante e para o desenvolvimento de identidades étnicas, o império mariense de East Providence é também, como sublinhei, um ritual crucial para o desenvolvimento de grupos e contextos de sociabilidade migrantes. Essa sua aptidão pode ser detetada a dois níveis principais. Um primeiro tem que ver com os bastidores da festa, isto é, com o conjunto de pessoas que organiza e dá corpo ao império. Desse grupo fazem parte os membros da direção e dos restantes corpos gerentes da irmandade. Abrange também as pessoas que têm a seu cargo a organização das domingas. E é ainda integrado pelo imperador e pelos diferentes ajudantes e personagens rituais essenciais para o desenrolar das cerimónias do dia de império. Estamos a falar de um conjunto de várias dezenas de pessoas, em que se incluem não apenas os titulares formais dos diferentes postos e cargos, mas os seus parentes próximos — esposas, filhos, irmãos — e voluntários que se oferecem para o desempenho de tarefas específicas, como, por exemplo, a distribuição porta a porta de pensões.

Este conjunto de pessoas pode ser encarado como um grupo no sentido mais usual do termo: entre os seus componentes existem relações face a face e uma interação social regular organizada de acordo com valores de tipo comunitário. «Aqui somos como uma família» era uma das expressões mais recorrentemente utilizadas para descrever os modos de sociabilidade prevalecentes entre os seus integrantes. Em alguns casos, a pertença efetiva ao grupo dura apenas o tempo das sete semanas dos festejos. Mas na maioria das situações é mais prolongada, uma vez que, para além do império, a irmandade mantém ao longo do ano atividades regulares, que implicam numerosas ocasiões de encontro entre as pessoas do seu «núcleo duro». Podemos chamar a este primeiro grupo os ativistas.

No entanto, para além deste grupo, as festas do Espírito Santo norte-americanas dão também a ver outro tipo de grupo, simultaneamente mais extenso e mais fluido. É o grupo em nome do qual e para o qual os ativistas — que atuam como seus porta-vozes — organizam as festas. No caso do império mariense de East Providence, esse grupo é constituído pelos marienses residentes em East Providence, que, na sua maioria, são também membros da irmandade. Comparativamente ao número de micaelenses, trata-se — como vimos — de um grupo reduzido. Mas é em nome dele e para ele que as festas existem. São eles que constituem a audiência principal da festa, à qual se associam de três formas. Por um lado, são marienses, na sua maioria, os convidados para os jantares que têm lugar ao longo das sete domingas que antecedem o império. Por outro, é importante a participação das famílias marienses no financiamento do império, seja por intermédio das pensões seja por intermédio da oferta de pães de mesa. Em 2001, o número total de ofertas de ambos os tipos realizadas por marienses situou-se perto das 150, isto é, englobou a maioria das famílias marienses residentes em East Providence. Finalmente, no dia de império, a assistência — entre 1000 a 1500 pessoas — é também maioritariamente composta por marienses. É verdade que há muitos não marienses que participam nas domingas e nas pensões, assim como há muitos não marienses que acorrem ao dia de império (Leal 2009). Mas o grupo de referência acionado por este império — tal como pelas restantes atividades desenvolvidas ao longo do ano pela Irmandade Mariense — é o grupo mariense de East Providence.

Como caracterizar este grupo? Trata-se de um grupo com um grau de consistência bastante menor do que o grupo de ativistas. As ocasiões de reunião são mais escassas, e as relações que as pessoas mantêm entre si enquanto membros do grupo são também mais livres. Mas trata-se mesmo assim de um grupo: um grupo onde existe algum grau de interconhecimento e proximidade social — similar àquele que existe nos Açores entre as pessoas de uma mesma freguesia, e que — tal como a freguesia nos Açores — pode ser encarado como uma «localidade», no sentido em que Appadurai (2000) definiu esta expressão. É justamente este grupo — que durante o ano tem uma existência mais virtual — que o império mariense produz.

O império mariense tem, portanto, um importante papel de produção de grupos e contextos de sociabilidade que oscilam entre contextos mais povoados e densos — as redes sociais formadas pelos ativistas — e contextos mais dispersos e soltos — o grupo em nome do qual as festas são organizadas. Citando o sociólogo norte-americano Rogers Brubaker (2002), no primeiro caso é possível falar de um forte sentido de *groupness*, ao passo que no segundo este seria mais fraco.

O primeiro ponto que deve ser sublinhado a este respeito é o seguinte: produzindo estes contextos de sociabilidade migrante, os impérios marienses atualizam virtualidades sociais presentes nas festas do Espírito Santo em Santa Maria e, de uma forma geral, nos Açores. De facto, como vimos no capítulo anterior, essa sua capacidade de produzirem em simultâneo contextos mais densos e restritos de sociabilidade e contextos mais alargados e fluidos de *groupness* é algo que faz parte das virtualidades das festas nos Açores. As festas do Espírito Santo podem, nessa ser medida, ser vistas como uma espécie de *template* que é colocado na América do Norte ao serviço da produção de novos contextos de sociabilidade migrante.

O segundo ponto que deve ser enfatizado prende-se com o facto de este trabalho de produção de contextos de sociabilidade étnica se reencontrar de uma forma geral nas festas do Espírito Santo norte-americanas (Leal 2016; Leal, Januário & Mapril [no prelo]). Todas elas têm essa capacidade de produzir contextos mais densos e saturados de sociabilidade e, simultaneamente, contextos de sociabilidade mais soltos. Em alguns casos, a origem nos Açores é — como nos impérios marienses — o critério determinante para a constituição dos grupos, e o campanilismo a linguagem dominante. Mas noutros casos é a área de residência nos EUA que prevalece. É o que acontece em muitas cidades da Califórnia, da Nova Inglaterra e do Canadá. As festas do Espírito Santo ganham aí uma capacidade de construir novos coletivos cuja referência principal é já a terra de acolhimento e que simultaneamente misturam pessoas de diferentes origens nos Açores.

Mas é sobretudo um terceiro ponto que gostava de sublinhar: é esta capacidade que as festas do Espírito Santo têm de produzir novas identidades e regimes de sociabilidade migrantes que permite explicar — para o caso de Santa Maria — o declínio dos impérios de emigrantes. Como notei no início do capítulo anterior, as razões invocadas nos Açores para o facto são de duas ordens: o fim da emigração e a multiplicação do número de promessas que passaram a ser pagas na América do Norte. Ambas as razões são importantes. Mas a estruturação étnica das comunidades açorianas na América do Norte é também decisiva. Pode de facto dizer-se que, à medida que os grupos migrantes se estruturam em torno de novos modos de identificação e de sociabilidade, os estímulos para o transnacionalismo e a sua necessidade têm tendência para enfraquecer: entre o declínio do transnacionalismo e a estruturação das comunidades migrantes há uma correlação forte. Este ponto foi posto em evidência por Milton Vickerman. Constatando a importância dos processos de recriação da cultura da terra de origem nos enclaves étnicos de Nova Iorque, Vickerman interessou-se pelo modo como tal facto se traduziu, «ironicamente», no decréscimo de incentivos para o efetivo desenvolvimento de conexões transnacionais (Vickerman 2002: 343). É também nesta direção que apontam os dados relativos aos impérios marienses nos Açores e na América do Norte: à maior capacidade de estruturação do grupo migrante — medida pela recriação dos impérios — correspondeu um tendencial enfraquecimento do transnacionalismo — avaliado pelo número de impérios promovidos por imigrantes na terra de origem.

Nesse sentido, a análise desenvolvida sugere a importância de articular etnicidade e transnacionalismo nas explicações antropológicas sobre as configurações sociais e identitárias das comunidades migrantes. De facto, a hegemonia do conceito de transnacionalismo tem-se feito muitas vezes à custa da secundarização dos processos de estruturação das identidades e sociabilidade migrantes na terra de destino (Waldringer 2015). Estas, ao mesmo tempo que envolvem processos de desterritorialização das identidades e relações sociais — que poderíamos justamente designar por transnacionais —, envolvem também processos de reterritorialização das identidades e relações sociais — expressos na constituição e na gestão de identidades e sociabilidades —, que, à falta de melhor expressão, podemos continuar a classificar como étnicas.

O grupo étnico como comunidade imaginada

Tal como foi apresentada até agora, a natureza dispersa — campanilista — das identidades e sociabilidades migrantes produzidas pelas festas do Espírito Santo deve ser sublinhada. O que elas deixam ver é uma etnicidade plural, assente numa variedade de contextos de atualização dos laços étnicos. Este é um traço mais geral das identidades e sociabilidades açorianas na América do Norte que é possível reencontrar na maioria das festas do Espírito Santo nos Estados Unidos (Leal 2016; Leal, Januário & Mapril [no prelo]) e ainda nos clubes açorianos — organizados de acordo com o modelo da *hometown association* (Moya 2005) — existentes na Nova Inglaterra e no Canadá, particularmente em Toronto (Leal 2011a, 2014).

Este carácter segmentar das etnicidades açorianas na América do Norte é algo que as lideranças açorianas sentem como uma limitação. Várias tentativas têm sido feitas para o contrariar. Por exemplo, o Governo Regional dos Açores tem apostado, em articulação com ativistas locais, na criação de Casas dos Açores, com capacidade de representação do grupo açoriano no seu conjunto. Nos casos que conheço, porém, o êxito desta iniciativa tem sido limitado. Em 2001, na Nova Inglaterra, a Casa dos Açores estava reduzida a uma atividade residual. E, em Toronto, em 2008, apesar dos esforços da sua direção, a Casa dos Açores era vista como mais um clube açoriano — dominado por micaelenses — e não como uma organização representativa do conjunto da comunidade. Mais recentemente, e com o mesmo objetivo, o Governo Regional lançou também o Dia dos Açores na diáspora. Mas de novo esta iniciativa teve um impacto limitado.

Foi neste quadro marcado pelas dificuldades em dar uma expressão unificada às etnicidades açorianas que surgiram em 1986 as Grandes Festas do Divino Espírito Santo da Nova Inglaterra, em Fall River (Massachusetts). Como mostrei mais detalhadamente noutro lugar (Leal 2011a), as Grandes Festas nascem precisamente contra o campanilismo, isto é, contra a fragmentação das comunidades açorianas na Nova Inglaterra. Essa sua orientação unificadora manifesta-se de várias maneiras.

Exprime-se no seu projeto fundador. As Grandes Festas foram pensadas desde o início como um evento com capacidade de congregação do conjunto da comunidade açoriana e luso-americana. Como me afirmou Clemente Anastácio (um dos seus responsáveis), foram concebidas «para fazer um elo de ligação, uma coisa que pudesse ligar melhor a comunidade a nível da América do Norte, incluindo o Canadá». Essa vontade unificadora exprime-se também na estrutura ritual das Grandes Festas, composta intencionalmente — à maneira de uma tradição inventada (Hobsbawm 1983) — de forma a integrar diferentes tradições de celebração do Espírito Santo nos Açores. É por essa razão que as Grandes Festas têm pensões — de origem micaelense — e um bodo de leite — de origem terceirense. Procura-se assim transmitir a mensagem de que as Grandes Festas se dirigem a todos os açorianos, sendo por isso capazes de neutralizar uma das principais linhas de fratura que dificulta uma representação unificada dos Açores: aquela que existe entre São Miguel — a maior ilha — e a Terceira — a segunda maior ilha.

A vontade unificadora das Grandes Festas expressa-se ainda no modo como estas preveem sequências rituais pensadas expressamente como ocasiões de congregação das organizações representativas da comunidade açoriano-norte-americana no seu conjunto. Entre estas sequências contam-se, no domingo, a missa e o cortejo da coroação, eventos para os quais são convidadas dezenas de irmandades do Espírito Santo de toda a América do Norte. No sábado, no quadro do cortejo etnográfico, essa vocação unificadora das Grandes Festas é ainda mais evidente: os convites, para além de se dirigirem de novo a um número elevado de irmandades do Espírito Santo, abrangem outras organizações da comunidade açoriana e luso-americana: clubes, ranchos folclóricos, bandas filarmónicas, paróquias, escolas portuguesas, empresas luso-americanas com mão de obra de origem maioritariamente açoriana, etc. A resposta da comunidade tem sido positiva ([30]). Assim, em 2000, entre irmandades do Espírito Santo e outras organizações açorianas ou luso-americanas, devem ter integrado os dois cortejos cerca de 70 a 80 delegações. A audiência das Grandes Festas, que inclui grande número de forasteiros, é também estimada em cerca de 80 000 pessoas e, por todas estas razões, estas tornaram-se um evento de peregrinação obrigatória para políticos açorianos, portugueses, luso-americanos e norte-americanos. Os sucessivos presidentes do Governo Regional dos Açores, em particular, têm sido convidados de honra regulares das Grandes Festas e, através da sua presença, têm sublinhado as características unificadoras que estas apresentam.

É claro que, observada mais de perto, esta vocação federativa das Grandes Festas de Fall River requer algumas especificações. Apesar de a sua ambição ser a de agregar as comunidades açorianas e luso-americanas de toda a América do Norte, a participação de delegações do Canadá e da Califórnia é residual. Mesmo na Nova Inglaterra, há cidades onde a presença açoriana é de grande importância — como New Bedford —, mas que, pelo menos em 2000, se encontravam sub-representadas nas Grandes Festas. Mas não é esse o ponto. O ponto é que os objetivos das Grandes Festas se situam ao nível da representação etnopolítica das comunidades açorianas da América do Norte como um todo. A sua ambição é somar os vários grupos e contextos sociais campanilistas da etnicidade açoriana e, a partir deles, representar o grupo açoriano na sua totalidade.

([30]) Observações mais recentes, realizadas no âmbito do projeto «Ritual, etnicidade, transnacionalismo: as festas do Espírito Santo na América do Norte» por Ilda Januário e Catarina Faria, indicam um certo recuo na audiência das Grandes Festas, imputado sobretudo à fraca capacidade de inovação do *script* dos festejos. Apesar disso, as Grandes Festas continuam a ser uma das maiores festas portuguesas fora de Portugal.

Que tipo de grupo é este? Há um conceito que nos pode ajudar a pensá-lo. Esse conceito é o conceito de comunidade imaginada, proposto inicialmente por Benedict Anderson para caracterizar a nação contemporânea. Para Anderson, a nação seria uma comunidade imaginada «porque embora os membros até da mais pequena nação possam nunca vir a conhecer os seus concidadãos, nem os encontrar ou mesmo ouvir falar deles, na mente de cada um deles vive, porém, a imagem da comunhão que os une» (Anderson 1991 [1983]: 6). Formulado inicialmente no contexto de uma reflexão sobre a nação, o conceito de comunidade imaginada pode, no entanto, ser aplicado a outros grupos, que, à semelhança da nação, não se baseiam em relações face a face — como aquelas que são típicas de uma comunidade —, mas que pressupõem um laço social, embora imaginado, de tipo comunitário.

Creio que é nestes termos que pode ser visto o grupo étnico açoriano ao qual as Grandes Festas apelam: como um grupo de pessoas que — embora não se conhecendo nem tendo ouvido falar umas das outras — podem pensar-se como estando ligadas entre si por um laço que pressupõe algum tipo de proximidade social, embora imaginada.

Nesse sentido, as Grandes Festas confirmam as virtualidades das festas do Espírito Santo na produção de identidades e contextos de sociabilidade étnica. Esse seu papel não se cinge a contextos sociais densos e baseados — de formas diferentes — no interconhecimento, mas estende-se a contextos e grupos sociais mais amplos, que operam mais como uma categoria identitária (Brubaker 2002) do que como um grupo com existência material efetiva.

Esta capacidade de produção de discursos de identidade e contextos de sociabilidade açoriana mais abrangentes não se limita às Grandes Festas de Fall River, mas reencontra-se também na Califórnia. Aí, a festa mais relevante da comunidade açoriana é a Festa de Nossa Senhora dos Milagres, em Gustine (Salvador 1981: 86–89; J. Bettencourt 2002), uma pequena cidade de cerca de 3000 habitantes, situada no vale de San Joaquín. Com um público de mais de 40 000 pessoas vindas de vários pontos da

Califórnia, a festa é considerada «uma das maiores celebrações portuguesas na Califórnia. É uma referência e um ponto de encontro para muitos membros da comunidade, especialmente para aqueles que vivem em lugares mais isolados» (J. Bettencourt 2002: 369). Embora a festa seja consagrada a Nossa Senhora dos Milagres, o que vale a pena sublinhar é o modo como confere particular relevo a símbolos e sequências relacionados com o Espírito Santo, reunindo também irmandades de toda a Califórnia, que integram a principal procissão da festa. Isto é, tal como na Nova Inglaterra, é sobre a linguagem das festas do Espírito Santo que repousa — também na Califórnia — o trabalho de produção da comunidade açoriana como uma comunidade imaginada.

Conclusões

As festas do Espírito Santo na América do Norte caracterizam-se, portanto, pela sua capacidade de produção de uma multiplicidade de grupos: uns mais amplos, outros mais circunscritos; uns mais densos, outros mais soltos. Num extremo, estão os ativistas, associados a contextos fortes de sociabilidade. No outro extremo, está o grupo étnico açoriano como comunidade imaginada. No meio, estão os grupos campanilistas que as festas circunscrevem e que operam como contextos mais soltos de identidade e sociabilidade.

Os açorianos da América do Norte podem, portanto, ser vistos como a composição complexa resultante da combinação destes vários tipos de grupos, aos quais se somam de resto outros, que, embora ausentes das festas do Espírito Santo, não são menos importantes na configuração das comunidades açorianas. É o caso dos grupos e contextos de sociabilidade étnica assentes no local de trabalho — sobretudo em empresas em que a mão de obra é maioritariamente açoriana — ou nas paróquias «portuguesas». É também o caso dos contextos de vizinhança ligados ao que resta dos antigos enclaves açorianos em cidades como New Bedford e Fall River.

Estes diferentes grupos, sendo importantes, não podem ser vistos como quadros de identidade e sociabilidade dados de uma vez por todas. Deles se sai e neles se entra, muitas vezes por razões que não derivam necessariamente de reflexões muito elaboradas sobre a identidade açoriana. Ao lado de ativistas que mantêm um empenhamento contínuo nas festas, há outros que, depois de um período de participação mais intensa, passam a meros frequentadores ocasionais do grupo campanilista ou se afastam completamente da comunidade açoriana. Inversamente, pessoas que durante muito tempo apenas fizeram parte da comunidade açoriana enquanto comunidade imaginada podem a qualquer momento sentir-se impelidas a ter uma participação mais ativa nas coisas açorianas. Isto é, não só o grupo étnico açoriano é uma composição complexa de vários tipos de grupos, como a circulação entre esses grupos é, se não uma regra, pelo menos uma forte possibilidade.

As festas do Espírito Santo são um bom posto de observação destas formas de circulação entre os grupos que compõem as comunidades açorianas. No império mariense de Saugus, em 2002, um dos ativistas mais empenhados era um antigo gerente de um banco norte-americano cuja atividade profissional o havia afastado durante muitos anos da comunidade mariense local. Agora que se havia reformado, passara a integrar o grupo dos ativistas de forma muito empenhada. Já em Hudson, por exemplo, o grande animador do império mariense local desempenhou continuamente esse cargo nas últimas décadas e não dava, em 2002, mostras de pretender abandonar o seu empenhamento na organização das festas. Em East Providence, pelo contrário, um dos principais ativistas do império local — com um papel fundamental no financiamento das instalações da irmandade mariense —, depois de um período de envolvimento intenso, optou — na sequência do seu divórcio — por se afastar completamente da irmandade. E mais exemplos como estes poderiam ser dados. Os grupos que as festas do Espírito Santo ajudam a definir — tal como outros grupos da comunidade açoriana — não são entidades fixas definidas de uma forma definitiva, mas contextos sociais abertos e flutuantes.

É sobre este papel que as festas do Espírito Santo desempenham na produção de grupos e contextos de identidade e sociabilidade açoriana na América do Norte que queria insistir. A tradição durkheimiana, ao mesmo tempo que teve o mérito — embora com o sacrifício dos deuses — de acentuar a importância do vínculo entre ritual e sociedade, tratou esse vínculo de forma passiva: o ritual era visto como um reflexo do social. É o contrário que as festas do Espírito Santo nos mostram: é o ritual que produz o social.

Essa produção é antes de mais uma produção literal ou, como diria Latour (2005: 27–42), um trabalho de *group-making* literal. De facto, foram as festas que produziram historicamente os diferentes contextos de identidade e sociabilidade em torno dos quais de estruturou gradualmente a etnicidade açoriana na América do Norte. Este facto pode ser surpreendido, antes de mais, a partir dos dados disponíveis sobre a implantação e desenvolvimento das festas do Espírito Santo fornecidos no primeiro capítulo. Na Califórnia, na Nova Inglaterra e no Canadá, à medida que grupos mais ou menos significativos de açorianos se vão estabelecendo, surgem com alguma rapidez festas do Espírito Santo. Este padrão mantém-se na atualidade. Nos EUA, à medida que os açorianos se vão deslocando para outros estados — Colorado, Idaho ou Florida —, a primeira técnica para produzir «localidade» (Appadurai 2000) corresponde de novo às festas do Espírito Santo[31].

Essa produção de grupos e contextos étnicos de sociabilidade não se esgota, entretanto, no momento da fundação da festa. Mesmo quando assume características cíclicas — aparentemente repetitivas e reiterativas —, a festa não se limita a reafirmar qualquer coisa que lá está, mas mantém-se como uma instância de produção ativa do social, um lugar onde os porta-vozes de um grupo o fazem e refazem. Corrigindo a perspetiva

---

[31] Sobre as festas no Colorado, ver J. Bettencourt (2010); no Idaho, V. Matos (2010); e, na Florida, Phelan (2010).

durkheimiana sobre o social como algo de preexistente, Bruno Latour definiu o social como um «movimento que necessita de continuação» (Latour 2005: 37). Como escreveu, «se se deixa de fazer e refazer grupos, deixa de haver grupos» (2005: 35). Da mesma maneira, Arjun Appadurai chamou a atenção para a fragilidade estrutural da «localidade» e para o modo como essa qualidade da vida social deve ser continuamente produzida. Para ele, a «localidade é um empreendimento social por definição frágil» (2000: 179) que requer a contínua mobilização de «um vasto leque de técnicas para [...] a produção de localidade» (2000: 180). As festas, mesmo as aparentemente repetitivas, são instâncias onde o social, como «um movimento que necessita de continuação», está em causa e onde a fragilidade do social é contrariada. Sem festa, não há grupo, é a festa que produz o grupo.

Uma confirmação de que é assim é dada pelo declínio das festas do Espírito Santo nos EUA depois da Segunda Guerra Mundial. Como vimos, as razões para esse declínio prendem-se tanto com a interrupção — até aos anos sessenta — da imigração açoriana como com o processo de gradual assimilação — favorecido pela ideologia do *melting pot* — das comunidades açorianas na sociedade norte-americana ([32]). Esta última razão é particularmente relevante: à medida que a assimilação progrediu e as sociabilidades e identidades migrantes declinaram, várias festas e irmandades do Espírito Santo foram descontinuadas. Esta descontinuação — o próprio ano em que a festa deixou de ser organizada — foi encarada e registada como o momento crítico em que aquele grupo preciso — de referência açoriana — deixou de existir.

Atualmente, o espectro do declínio voltou a rondar as festas do Espírito Santo. Enquanto nos EUA estas têm revelado uma boa capacidade para chegar à segunda geração, em Toronto, por exemplo, a participação de jovens é residual e, à medida que muitos imigrantes se deslocam para os subúrbios, as festas

---

([32]) Sobre a assimilação da primeira vaga migratória açoriana, ver M. E. Smith (1975, 1978).

têm vindo a registar um declínio nas suas audiências. O aspeto que deve ser notado é que a possibilidade de um eventual desaparecimento das festas é assumida como o fim da linha para as comunidades que as festas ajudaram a construir. Como me disse alguém, «quando não houver festas, não há açorianos». Boas para produzir etnicidade, as festas associam-se igualmente aos processos da sua reconfiguração e eventual declínio e desaparecimento. São, como diria Latour (2005: 27–42), técnicas para fazer, refazer e desfazer grupos.

Capítulo 4

Religião e etnicidade em Toronto: controvérsias sobre o Espírito Santo

As festas do Espírito Santo na América do Norte combinam três modelos organizativos. O primeiro, maioritário, é constituído por irmandades autónomas face à Igreja Católica, que, por imposição da legislação dos EUA e do Canadá, são — em grande parte dos casos — «incorporadas», isto é, constituem-se em entidades dotadas de personalidade jurídica. Essas irmandades correspondem na Nova Inglaterra a 45% e no Canadá a 47% do número total de irmandades. O segundo modelo é constituído por irmandades ligadas à Igreja Católica. Organizadas geralmente no âmbito de paróquias de dominância étnica portuguesa (as chamadas «igrejas» ou «paróquias portuguesas»), essas irmandades correspondem, na Nova Inglaterra, a 41%, e, no Canadá, a 31% do número total de irmandades. Finalmente, o terceiro modelo de organização das festas, mais residual, corresponde à sua promoção por clubes açorianos e filarmónicas: na Nova Inglaterra cabem nesse grupo 14% das festas do Espírito Santo e no Canadá 22% ([33]).

Qualquer um destes modelos corresponde a inovações organizativas. As irmandades autónomas configuram o modelo mais próximo daquele que podemos encontrar nos Açores, onde a independência das irmandades em relação à Igreja Católica é

([33]) Os cálculos sobre festas do Espírito Santo na Nova Inglaterra e no Canadá apresentados ao longo deste capítulo decorrem da informação recolhida no quadro do projeto «Ritual, etnicidade, transnacionalismo: as Festas do Espírito Santo na América do Norte». Essa informação estará brevemente disponível *online* em festasdoespiritosanto.com. Para a Califórnia, a informação disponível é mais parcelar (Goulart 2002).

muito forte. Mas, enquanto nos Açores as irmandades mantêm uma certa informalidade, na América do Norte a sua «incorporação» envolve um maior grau de formalização, inclusivamente jurídica. Em simultâneo, ganham um espectro de ação mais alargado. Dispondo muitas vezes de instalações próprias, organizam diversos eventos ao longo do ano, sendo também frequentemente usadas para outras atividades relacionadas com a comunidade. As irmandades ligadas às paróquias portuguesas possuem também alguma relação — embora menos forte — com modelos açorianos, uma vez que nos Açores a freguesia — correspondente à paróquia — é o quadro organizativo principal das festas, mas o grau de autonomia deste enquadramento é forte: as festas têm como referente a freguesia, mas é muito vincada a sua independência face à hierarquia da Igreja Católica. Na América do Norte, assiste-se a uma maior formalização deste vínculo com a Igreja. As festas organizadas por clubes e filarmónicas, por sua vez, representam uma inovação absoluta relativamente aos Açores. Embora sejam muito importantes na cultura açoriana, onde têm uma ligação particularmente forte com as festas do Espírito Santo, as filarmónicas não organizam nos Açores festas próprias. Quanto aos clubes — maioritariamente baseados no modelo da *hometown association* —, são obviamente uma inovação radical ligada ao novo contexto migratório. Mas trata-se de uma inovação com impacto limitado, em comparação com o que se passa noutros contextos da emigração portuguesa, como, por exemplo, a Grã-Bretanha (Melo 2007), a Bélgica (Melo 2009) ou a Suíça (Araújo 2009), países onde o número de clubes portugueses ascende a várias dezenas([34]). Na Nova Inglaterra, são dez os clubes açorianos que organizam festas do Espírito Santo e nove no Canadá. As razões para estes números residuais derivam diretamente do peso que as irmandades do Espírito Santo têm em ambos os países. De facto, na sua reformulação norte-americana, as irmandades — sobretudo as autónomas — desempenham um papel análogo ao que

---

([34]) Sobre a importância do associativismo na emigração portuguesa, cf. Melo & Silva (2009).

noutros contextos migratórios é desempenhado pelos clubes (ou *hometown associations*). Este padrão organizativo das festas do Espírito Santo conhece em Toronto algumas inflexões importantes. Aí, as festas do Espírito Santo apresentam, antes de mais, números relativamente impressivos que fazem de Toronto a cidade norte-americana com maior número absoluto de festas do Espírito Santo na América do Norte, com um total de 18 festas registadas em 2008. Tal facto decorre da própria importância que a imigração açoriana tem em Toronto, onde vivem atualmente 170 000 pessoas de ascendência portuguesa, 60 a 70% das quais de origem açoriana. Embora com núcleos provenientes de outras ilhas, a maioria desses imigrantes açorianos é originária, como no resto do Canadá e na Nova Inglaterra, de São Miguel, e não é portanto de estranhar que o modelo prevalecente de festas reserve um papel importante às domingas — que têm lugar em 67% das festas — e às pensões — que ocorrem em 72% das festas.

A par da sua maior presença, as festas do Espírito Santo em Toronto apresentam também um padrão com diferenças significativas relativamente ao que se passa geralmente na América do Norte. A diferença mais importante tem que ver com o número residual de irmandades autónomas: três em 18. Simultaneamente, verifica-se um maior peso das irmandades formalmente ligadas às paróquias portuguesas, correspondentes a mais de metade do total de irmandades, contra 31% no resto do Canadá e 41% na Nova Inglaterra. Finalmente, é também grande a importância dos clubes açorianos — em número de seis — que em 2008 promoviam celebrações ligadas ao Espírito Santo.

Isto é: face às tendências prevalecentes no resto da América do Norte, as festas do Espírito Santo em Toronto desenham um quadro algo atípico. Este quadro articula-se também com um conjunto de debates ou controvérsias (para recorrer a uma expressão cara a Latour, cf. 2005: 27–42) que este capítulo procura justamente reconstituir e problematizar. Nele argumentarei que tais controvérsias e debates, embora possuam uma dimensão mais ampla, estão também relacionados com o papel das festas do Espírito Santo como contextos preferenciais de produção das identidades e sociabilidades açorianas na América do Norte. Trata-se, nessa medida, de controvérsias e debates sobre o que é, como é definida e por quem é definida a etnicidade açoriana — ou açoriano-canadiana — em Toronto. Configuram-se, em particular, como debates sobre o vínculo entre religião e etnicidade tal como este se estabelece por intermédio das festas do Espírito Santo.

A Igreja e o Espírito Santo

O pano de fundo para esses debates e controvérsias está, antes de mais, ligado ao peso que a Igreja Católica — por intermédio das irmandades das paróquias portuguesas — tem como quadro preferencial para a realização das festas.

Em 2008, o número total dessas irmandades era de nove, correspondentes às nove paróquias que eram então identificadas como portuguesas de acordo com três critérios fundamentais: maioria portuguesa dos paroquianos, maioria de serviços dominicais em português e párocos de origem portuguesa (ou, em dois casos, falantes de português). A maioria destas paróquias situa-se ao longo do eixo de maior implantação portuguesa em Toronto, que, partindo das imediações do centro da cidade, se desenvolveu para oeste, ao longo da famosa Dundas Street: Santa Maria, Santa Inês, Santa Cruz e Santa Helena. Outras paróquias situam-se noutras áreas de maior concentração residencial dos portugueses: São Sebastião, Nossa Senhora dos Anjos, São Mateus e Santo António. Uma última paróquia — Nossa Senhora do Rosário — localiza-se nos subúrbios de Toronto, em Scarborough[35]. Em todos estes casos, embora servindo a comunidade portuguesa no seu conjunto, estas igrejas portuguesas têm uma expressiva maioria de paroquianos açorianos, o que se reflete designadamente no facto de todas elas terem uma irmandade do Espírito Santo.

---

[35] No passado, houve outras paróquias portuguesas, entretanto desativadas, devido nomeadamente à suburbanização de muitos imigrantes. Sobre este processo de suburbanização, ver J. C. Teixeira (1999).

As razões para esta forte vinculação das festas do Espírito Santo às «igrejas portuguesas» são várias. Mas decorrem sobretudo do papel que a Igreja Católica teve na estruturação da comunidade étnica luso-canadiana. Embora os primeiros imigrantes portugueses tenham chegado a Toronto no final dos anos cinquenta, foi sobretudo no decurso dos anos sessenta que a cidade se transformou no destino principal da imigração portuguesa no Canadá, atraindo não só imigrantes portugueses que tinham ido trabalhar inicialmente para *farms* (quintas) do estado do Ontário (e também muitos imigrantes envolvidos na construção dos caminhos de ferro canadianos), mas também novos imigrantes vindos diretamente dos Açores e de Portugal Continental. Ocupando maioritariamente trabalhos de baixa qualificação (em fábricas ou na construção, no caso dos homens; em serviços de limpeza, no caso das mulheres), os imigrantes portugueses organizaram-se inicialmente em torno da Augusta Avenue — situada perto do centro da cidade —, mas, à medida que o seu número aumentou, foram-se deslocando para áreas residenciais anteriormente ocupadas por imigrantes italianos, situadas ao longo da Dundas Street. Simultaneamente a esta expansão urbana, desenvolveu-se o processo de estruturação da comunidade, que, ao longo dos anos sessenta e setenta, ganhou uma crescente *institutional completeness* (Breton 1964).

QUADRO 2
Anos de fundação das paróquias portuguesas
e das festas do Espírito Santo em Toronto

Paróquia	Ano de fundação da paróquia	Ano de fundação da festa
Santa Maria	1966	1966
Santa Inês	1967	1970
Santa Cruz	1974	1975
Santa Helena	1970	1977
Santo António	1973	1983
Nossa Senhora dos Anjos	1981	1984
São Sebastião	1984	1984
São Mateus	1988	1990
Nossa Senhora do Rosário	1989	1991

O papel da Igreja Católica nesse processo de desenvolvimento inicial — e posterior consolidação — da comunidade portuguesa de Toronto foi de grande importância. De acordo com as informações que me foram fornecidas pelo Padre Alberto Cunha (um dos primeiros párocos portugueses no Canadá), logo no período inicial da emigração para Toronto houve a preocupação de assegurar assistência religiosa aos imigrantes portugueses, centrada inicialmente nas igrejas de Monte Carmelo (hoje uma paróquia chinesa) e de Santa Maria, ambas localizadas perto do centro de Toronto e que, em meados dos anos sessenta, se tornaram as primeiras paróquias portuguesas de Toronto. Acompanhando a expansão dos portugueses ao longo da Dundas Street, novas paróquias portuguesas surgiram nessa área ao longo dos anos sessenta e setenta: Santa Inês em 1967, Santa Helena em 1970, Santa Cruz em 1974. A partir dos anos setenta e oitenta, acompanhando a expansão da comunidade portuguesa para norte de Toronto, surgiram novas paróquias: Santo António em 1973, Nossa Senhora dos Anjos em 1981, São Sebastião em 1984 e São Mateus em 1988.

Neste processo de implantação da Igreja Católica entre os portugueses de Toronto, os imigrantes açorianos tiveram desde o princípio uma grande importância. Constituíam não apenas o segmento maioritário da população portuguesa, mas também aquele que, devido ao forte enraizamento de Igreja Católica nos Açores, se apresentava como mais disponível para o esforço de enquadramento religioso promovido pelas igrejas portuguesas. Foi nesse quadro que se estabeleceu uma articulação estreita entre as paróquias portuguesas e as festas do Espírito Santo. Como decorre do quadro 2, antes, ao mesmo tempo ou não muito depois da fundação das igrejas portuguesas, foram fundadas irmandades e festas do Espírito Santo.

Neste processo de desenvolvimento de irmandades e festas do Espírito Santo foi importante o papel de muitos imigrantes açorianos mais ligados ao culto e interessados na sua recriação na «terra de acolhimento». Mas foi também importante, pesem embora algumas reticências iniciais, o envolvimento de alguns padres portugueses, que viram nas festas do Espírito Santo um meio eficaz para chegar aos segmentos açorianos dos imigrantes. Assim, relativamente à primeira festa realizada em 1966 na igreja de Santa Maria, o Padre Alberto Cunha referiu-me nos seguintes termos o seu empenhamento na criação da festa:

> havia uma coroa na capela [...]. Eu perguntei, «Para que é esta coroa?», «É da Irmandade do Espírito Santo e assim, mas o Padre Lourenço não quer, não faz». «Bem, vamos ver se fazemos isso.» E então convoquei uma primeira festa do Divino Espírito Santo com dezenas, senão centenas de coroas. Digo assim: «As pessoas que têm coroa do Espírito Santo são convidadas a vir ao cortejo do Espírito Santo» — e apareceu gente com estandartes pequenos, grandes, tudo, que já tinham trazido dos Açores. [...] Outros tinham comprado aqui, já havia alguém que vendia coroas, mas ainda era restrito o mercado para isso. ([36])

O envolvimento deste padre nas festas — que se estendeu depois a outros padres portugueses — reflete-se também no facto de ser da sua autoria aquela que é a primeira publicação de síntese sobre as festas do Espírito Santo em Toronto, editada em 1992 sob o título *Em Louvor do Divino Espírito Santo* (Pe. A. Cunha 1992).

Como noutros contextos norte-americanos, esta articulação entre paróquias portuguesas e festas do Espírito Santo traduzia uma aliança mutuamente vantajosa para as partes envolvidas: para as irmandades, porque permitia alcançar infraestruturas que de outra forma seriam de difícil acesso; para a Igreja, porque, por intermédio das festas, garantia uma mais efetiva extensão do enquadramento religioso dos imigrantes de origem açoriana.

Esta aliança parece ter decorrido sem problemas no decurso dos anos sessenta e setenta, com preservação da autonomia organizativa e financeira das festas do Espírito Santo e das esferas

---

([36]) Outras fontes referem que, anteriormente ao Padre Alberto Cunha, outro padre — o Padre Antero de Melo — teria também estado envolvido no apoio às festas do Espírito Santo na paróquia de Santa Maria.

respetivas de atuação da Igreja e das irmandades, de acordo com a tendência geral prevalecente na América do Norte. Mas, no final dos anos setenta, a situação mudou. De facto, em 1978, a Arquidiocese de Toronto decidiu implementar um conjunto de orientações que restringiam a autonomia das festas, obrigando as irmandades a adotarem estatutos que punham em causa a sua autonomia e que as colocavam sob um controlo mais efetivo pelo pároco local. Em vigor desde esse ano, essas orientações foram renovadas em 1999, quando um novo modelo de estatutos — com a mesma orientação restritiva — substituiu o anterior.

Na pesquisa que realizei, não consegui senão ter acesso parcial à versão inicial do modelo estatutário definido pela Arquidiocese de Toronto, que fazia depender do bispo da diocese a confirmação ou rejeição da comissão de festas eleita (artigo 15.º), prevendo que o bispo ou um seu delegado — o pároco — presidisse às reuniões da comissão (artigo 20.º) e que ele fosse simultaneamente o presidente da assembleia-geral da irmandade (artigo 27.º) (M. Costa s/d, *Ameaçadas*...: 6–7). Quanto à versão de 1999 dos Estatutos de Irmandades do Espírito Santo, não se afasta muito da filosofia de 1978. O seu ponto de partida é a afirmação de um vínculo estreito entre as paróquias portuguesas e as irmandades do Espírito Santo. Em consequência, as irmandades são vistas como fazendo parte da orgânica da Igreja Católica de Toronto e colocadas sob a alçada da «Autoridade Eclesiástica competente, a quem compete velar para que nela se mantenha a integridade da Fé e dos costumes, para que não se introduzam abusos na disciplina eclesiástica» (*Estatutos*... 1999: 4). O facto de esta determinação não ser apenas uma afirmação de princípio torna-se claro em vários artigos subsequentes dos estatutos. Assim, no artigo VI (alínea a), define-se que os estatutos de cada irmandade têm de ser aprovados pela «autoridade eclesiástica competente» (1999: 4). Relativamente aos bens das irmandades, no ponto IX (§1) está também escrito que a «Autoridade Eclesiástica [...] reserva-se o direito de vigiar para que esses bens sejam utilizados para os fins da Irmandade» (1999: 6). À frente da irmandade é colocada uma comissão eleita cujo presidente é entretanto o pároco, que é também presidente da assembleia-geral (artigos IX [§2] e X [§1]). Para além destes seus poderes, «o Pároco tem direito de estar presente em todas as reuniões e de confirmar ou não, a Comissão» (1999: 6). Finalmente, estatui-se também (artigo IX [§11]) que «os lucros da Irmandade serão entregues à Paróquia, para fins caritativos e/ou para ajudar a Paróquia» (1999: 7).

As explicações que localmente são dadas para a implementação deste quadro restritivo da autonomia das irmandades e festas do Espírito Santo pela Arquidiocese de Toronto são várias. Muitas pessoas insistem no lado financeiro da questão. As festas do Espírito Santo — sobretudo por intermédio das pensões — têm de facto uma capacidade importante de geração de receitas e, por detrás da implementação dos estatutos, a questão central diria respeito ao controlo desse dinheiro. Do lado de alguns párocos portugueses, a tónica é colocada na existência de «abusos». Assim, na entrevista que me concedeu, o pároco de Santa Inês sublinhou que, quando «a irmandade se ligou de forma mais efetiva à Igreja, havia desvio de fundos, e por isso foi necessário intervir. Foi preciso limpar, havia abusos, não se sabia para onde ia o dinheiro». Esta ideia foi-me reiterada por vários párocos, entre os quais o Padre Alberto Cunha. A perspetiva de muitos açorianos críticos em relação aos estatutos, sem deixar de sublinhar o lado financeiro da questão, tem uma abordagem diferente. O problema decorreria mais das dificuldades financeiras das paróquias portuguesas, que encontrariam nos lucros das festas uma forma de acorrer a essas dificuldades, ficando «com o dinheiro do Espírito Santo». Como me disse o diretor de uma irmandade, «as coisas rendem mais quando são do Espírito Santo, por isso a Igreja quer tomar conta».

Muitas das pessoas com quem falei salientavam também a eventual inspiração açoriana desta legislação restritiva. De facto, no final dos anos cinquenta, o então bispo de Angra do Heroísmo, D. Manuel Afonso de Carvalho, desencadeou um conjunto de ações relativas ao culto do Espírito Santo, marcadas pela tentativa de institucionalização e controlo eclesiástico das irmandades do Espírito Santo. Contrariando o que se passava em muitos casos, em que estas não existiam ou tinham um carácter informal e costumeiro, as irmandades foram tornadas obrigatórias, devendo adotar um modelo de estatutos que as colocava sob a alçada direta da Igreja. Se em muitas ilhas o clero local, percebendo as dificuldades de implementação desta legislação, optou pelo princípio «obedeça-se mas não se cumpra», noutras, pelo contrário — sobretudo na Terceira —, gerou-se uma espiral de repressão e conflitos que até hoje permanece na memória daqueles que a protagonizaram.

O que se teria passado em Toronto a partir do final dos anos setenta seria uma réplica do que se tentou fazer nos Açores. É esse, por exemplo, o ponto de vista do Padre António Cunha (da paróquia portuguesa de Cambridge, ON), que me assegurou ser de inspiração açoriana o modelo de estatutos adotado pela Arquidiocese de Toronto: «os estatutos vieram de São Miguel, vieram da Diocese de Angra». Mas, enquanto nos Açores houve insucesso nas tentativas de controlo das irmandades e das festas, em Toronto — sublinham muitas pessoas — essas tentativas teriam surtido efeito.

Para além destas razões invocadas localmente com mais frequência, há uma terceira razão — não mencionada pela maioria das pessoas com quem falei — que parece ter pesado na adoção da legislação restritiva das festas e irmandades do Espírito Santo. De facto, as medidas da Arquidiocese de Toronto em relação às festas do Espírito Santo integram-se num padrão mais geral de regulamentação e domesticação de religião popular dos imigrantes católicos em Toronto. É pelo menos nesse sentido que aponta a análise desenvolvida por Nicholas Harney a propósito dos imigrantes italianos em Toronto, que, em 1971, «representavam um terço dos 841 740 católicos» (Harney 1999: 148) da área metropolitana de Toronto. Sublinhando a importância da «religião popular» (1999: 145) entre os imigrantes italianos em Toronto, baseada designadamente em festas religiosas organizadas por «clubes religiosos e sociais» autónomos, Harney mostra como, a partir dos anos setenta, a Arquidiocese de Toronto desenvolveu duas estratégias restritivas das «festas religiosas populares» italianas:

«Uma dessas estratégias baseia-se na incorporação burocrática das festas na esfera de influência da Igreja. [...] A segunda estratégia, similar à primeira, tenta controlar os elementos formais católicos das festas» (1999: 150).

Segundo Harney, a interferência da Arquidiocese de Toronto na religião popular dos imigrantes aumentou

«a autoridade religiosa da Igreja sobre aquilo [as festas] que era originalmente um evento popular e religioso comunal que usava os serviços de um padre mas que era na sua maior parte operado fora da estrutura formal da igreja» (1999: 151) [37].

Embora haja algumas diferenças formais entre as medidas restritivas adotadas relativamente às festas religiosas italianas e às irmandades e festas do Espírito Santo açorianas, são os aspetos comuns que sobressaem: em ambos os casos, o que parece estar em causa é o controlo da Igreja sobre expressões religiosas até aí dotadas de um grau considerável de autonomia. Nesse sentido, as medidas restritivas assumidas em relação às irmandades e festas do Espírito Santo podem ser vistas, não tanto como uma transposição transnacional das medidas adotadas nos anos sessenta, nos Açores, mas como parte integrante de uma estratégia mais geral de controlo da religião popular imigrante por parte da Arquidiocese de Toronto.

No caso italiano, Nicolas Harney refere a existência de alguma oposição às medidas tomadas pela Arquidiocese de Toronto. Mas o ponto não é desenvolvido pelo autor, o que de alguma forma deixa subentender que essa oposição teria sido difusa. No caso açoriano, entretanto, a legislação adotada pela Arquidiocese de Toronto provocou o desenvolvimento de uma

---

[37] Segundo Charles Hirschman (2004), estes conflitos entre a hierarquia católica e a religião popular dos imigrantes italianos encontram-se também nos EUA, onde resultariam da tentativa de imposição de um modelo de catolicismo decorrente do papel fundamental que o clero de origem irlandesa teve na estruturação da Igreja Católica no país. Provavelmente — embora Nicholas Harney seja omisso sobre este ponto —, o mesmo se aplica a Toronto.

resistência mais organizada. Esta resistência foi-me referida para as paróquias de Santa Inês e Santa Catarina de Siena. No caso de Santa Inês, o atual pároco referiu que, na sequência da adoção dos estatutos, «houve reação e houve mesmo quem se fosse embora da irmandade. Ficaram os homens com mais sentido religioso, os homens mais ligados à paróquia. Só os da direção é que saíram, os irmãos até aumentaram». O mesmo se teria passado em Santa Catarina de Siena e, segundo outra fonte, em Saint John (Scarborough), uma paróquia canadiana com um largo número de paroquianos dos Açores (M. Costa s/d, *Ameaçadas...*: 6–7).

Mas foi sobretudo na paróquia de Santa Helena que essa resistência foi mais efetiva. A irmandade desta paróquia — fundada em 1977 — tinha à sua frente um largo número de imigrantes da Terceira, com destaque para Manuel da Costa, que era então o seu presidente e um dos protagonistas da resistência à implementação dos estatutos. Segundo o que ele me disse:

> A partir de 1979, a seguir à festa, quando era para ser nomeada outra comissão, o padre inicia uma série de diligências no sentido de integrar as festas na paróquia, querendo que fossem adotados uns estatutos que vinculavam de forma mais efetiva a irmandade à igreja.

Foi então que se desencadeou o conflito entre a irmandade e o pároco. Em cima da mesa, de acordo com a documentação da época que me foi fornecida por Manuel da Costa, estava uma proposta da comissão da festa que pretendia construir uma solução de compromisso entre as medidas provindas da Arquidiocese de Toronto e o ponto de vista da comissão:

> A) As receitas líquidas devem ser administradas pela organização do Espírito Santo para fins beneméritos e organizações de caridade. / B) Das receitas líquidas, propõe-se que 25% seja doado à Igreja de Santa Helena ou à Diocese. / [...] D) Os Estatutos deverão ser aceites através de um voto da Irmandade em reunião geral. [...] / Após estes Estatutos haverem sido aceites pelas outras Irmandades, nós também os passaremos a aceitar através desse voto da reunião geral. / F) O pároco

ou o seu representante devem assistir às Assembleias Gerais mas a Direção e poder executivo devem ser reservados à Comissão da Irmandade do Espírito Santo (M. Costa s/d, À Irmandade...).

Realizou-se então uma reunião da Comissão de Festa e na primeira votação, vinte votaram contra o padre e apenas três a seu favor. Houve então uma segunda votação: neste caso, 23 pessoas votaram contra o padre e os mesmos três a favor. Então o padre disse: «retirem tudo da igreja que seja do Senhor Espírito Santo», tendo sido retiradas cinco coroas e estandartes (M. Costa s/d, À Irmandade...).

No ano seguinte (1980), os irmãos que estavam em oposição ao padre decidiram avançar com a festa fora da Igreja:

a festa teve coroação, a cargo do Pe. Fernando (da Agualva, na Terceira), que estava de visita na Califórnia e veio de propósito para a festa. Na festa participou também a filarmónica de Oakville, porque a da igreja tinha sido proibida pelo padre (M. Costa s/d, À Irmandade...).

Em 1981, voltou a haver festa na igreja de Santa Helena, já sob controlo eclesiástico. Nesse mesmo ano, Manuel da Costa dirigiu-se ao pároco de Santo António «para fazerem a festa lá, uma vez que não havia festa lá e este padre, pertencendo a uma ordem religiosa, não devia obediência à igreja de Toronto». Tanto nesse ano como em 1982 a festa realizou-se em Santo António, mas, em 1983, «o padre não aceitou a irmandade na igreja e botou o Espírito Santo fora da igreja». Consumava-se assim a separação entre a festa e a Igreja Católica.

A Irmandade do Imigrante em Louvor do Divino Espírito Santo

Foi em resultado deste conflito que nasceu a primeira irmandade autónoma em Toronto: a Irmandade do Imigrante em Louvor do Divino Espírito Santo (IILDES). Formalmente fundada em 1983, a IILDES dispõe de instalações alugadas na Dundas

Street, realizando a sua festa no domingo a seguir ao domingo da Trindade. Possui um total de 15 coroas e cerca de 680 irmãos, que residem maioritariamente em Toronto. Embora a direção da irmandade englobasse em 2008 pessoas de várias ilhas dos Açores — e até do continente —, as festas continuam a ter uma ligação privilegiada à ilha Terceira, que se reflete tanto na composição da direção da irmandade como na sequência ritual da festa.

O caso da Irmandade do Imigrante em Louvor do Divino Espírito Santo não é isolado. Outro exemplo é o da chamada Irmandade do Manuel Augusto — do nome do seu fundador — ou de Santo António —, uma vez que começou por ter lugar na paróquia de Santo António. Fundada no final dos anos setenta, na sequência da implementação dos estatutos na paróquia, esta irmandade — com cerca de 400 irmãos — realiza a sua festa no domingo da Trindade e tentou várias vezes um enquadramento paroquial alternativo à paróquia de Santo António. Mas chocou sempre com exigências inaceitáveis. Segundo o presidente da irmandade, «as paróquias portuguesas só querem uma irmandade por paróquia e o padre tem de ser o presidente. Também queriam ficar com tudo o que é nosso. Ora isto é tudo nosso e o padre é que ficava com tudo?»([38]).

Em suma, em Toronto, não só é comparativamente muito baixo o número de irmandades autónomas, como estas resultam de um quadro de conflitos opondo ativistas açorianos e sectores significativos da hierarquia da Arquidiocese de Toronto.

Esse quadro de conflitos não pertence apenas ao passado. Uma vez fundadas, estas irmandades autónomas continuaram a ser hostilizadas pela hierarquia da Igreja, que não as reconhece como irmandades «legítimas». Um dos párocos com quem falei

---

([38]) Para além destas duas irmandades, o quadro das irmandades autónomas em Toronto é completado pela Irmandade do Divino Espírito Santo dos Portugueses no Canadá, hoje em dia em declínio, organizada por imigrantes das Flores. No passado terão existido outras irmandades autónomas, entre as quais me foi referido o caso da Irmandade Amigos dos Açores, organizada por imigrantes do Pico.

foi muito claro a esse respeito: para ele, tanto a Irmandade do Imigrante em Louvor do Divino Espírito Santo como a Irmandade de Manuel Augusto seriam «duas pseudoirmandades que foram sempre independentes da Igreja» e que por isso não deveriam ser consideradas como irmandades, «porque a irmandade é sempre dentro da Igreja».

Em consequência desta orientação, as paróquias portuguesas recusam qualquer tipo de assistência religiosa a estas duas irmandades, proibindo a participação de sacerdotes católicos nas cerimónias. A estratégia da IILDES para contornar esta proibição passou, num primeiro momento, por mandar vir padres dos Açores ou de outras paróquias fora de Toronto. Mas o cerco apertou-se, e muitos deles começaram a ceder às pressões da arquidiocese para não participarem. Face a isso, a irmandade passou a recorrer — foi o que aconteceu em 2008 — a um padre ortodoxo. A Irmandade de Manuel Augusto seguiu a mesma estratégia, mas, depois de ter recorrido ao mesmo padre ortodoxo, optou, em 2008, por prescindir da missa e da coroação, assim como da bênção dos alimentos.

Resumindo, nascido nos anos setenta, o conflito entre a Igreja Católica e segmentos representativos da comunidade açoriano-canadiana estende-se até ao presente. E envolve não apenas a afirmação do princípio do controlo eclesiástico das irmandades das paróquias portuguesas, mas também o não reconhecimento das festas do Espírito Santo realizadas por irmandades autónomas.

Três aspetos suplementares devem ser referidos a esse respeito. Primeiro: para além destas expressões mais conhecidas, esse conflito está em muitos casos articulado com tentativas de controlo de aspetos rituais das festas baseadas nas igrejas portuguesas, que, embora não suscitando oposição expressa, são encaradas criticamente pelas pessoas que integram as direções das irmandades.

O segundo aspeto tem que ver com o efeito de contaminação da legislação adotada pela Arquidiocese de Toronto para outras áreas. Na entrevista com o Padre António Cunha (pároco da igreja portuguesa de Cambridge), foram-me referidos os casos de Oakville e Kitchener. Neste último caso, o Padre António Cunha já teria tido

> uma conversa com o padre português, a aconselhá-lo a ter uma aproximação diferente, mas sem resultados. No caso de Oakville, houve também problemas com o pároco, que entrou em conflito forte com os impérios. O resultado foi que foi para lá outro padre.

Fora da província do Ontário, em Winnipeg (Manitoba), de acordo com Agostinho Bairos,

> o pároco quis também adotar o sistema de Toronto, com irmandades controladas pela Igreja, o que suscitou grande resistência da parte de um dos impérios, que envolveu insultos ao padre [...]. Segundo [o padre], esse império, que era organizado a partir do clube, era promovido por pessoas bêbedas, com desvios de dinheiro, etc. Mas, apesar da resistência, esse império acabou por desaparecer e por um ano ou dois houve só um império na Igreja. A Casa dos Açores local quis então fazer uma festa do Espírito Santo, mas teve que recorrer a um padre canadiano, com missa e coroação na igreja desse padre. Entretanto, há dois anos houve uma conciliação e atualmente no Pentecostes há o império da Igreja e na Trindade o da Casa dos Açores.

O terceiro aspeto que deve ser enfatizado prende-se com as reticências críticas que alguns padres portugueses colocam à legislação restritiva adotada em Toronto. É o caso de Monsenhor Eduardo Resendes, que, depois de ter tido um papel importante na implementação dos estatutos, nos anos setenta, assume hoje uma opinião mais circunspecta sobre o tema:

> Existe uma ligação à Igreja mas ela não pode ser muito restrita. Fui secretário do bispo de Angra em 1961–1963, D. Manuel de Carvalho, que quis regulamentar as irmandades, mas [...] se se impõe demasiada regulamentação, o povo revolta-se [...]. O povo via nos estatutos uma maneira de os padres se meterem na contabilidade [...], o padre presidente poderia querer dominar as festas. Os estatutos aqui deram

origem a irmandades dentro e fora. Portanto, sempre que qualquer bispo intervenha, existem reações negativas, pelo que convém não mexer muito, pois o povo vê as festas como suas. O papel da Igreja deve ser para elevar as festas. Não sei se eram precisos os estatutos. [...] Não há consenso sobre os estatutos entre os padres, a legislação foi uma coisa melindrosa e ainda é um assunto melindroso entre os padres. Não vou dizer os nomes dos que estão em desacordo.([39])

Fora de Toronto, o Padre António Cunha é também crítico dos excessos intervencionistas da diocese de Toronto. A sua aproximação baseia-se «na aceitação das características próprias da festa: em primeiro lugar é uma festa cultural e só depois é uma festa religiosa. É uma festa cultural-religiosa, mas cultural em primeiro lugar. Faz parte da alma do povo. Nós acolhemos, mas não podemos controlar».

Clubes e festas

É também um quadro marcado por conflitos e controvérsias o que podemos encontrar a respeito dos clubes açorianos e das suas festas do Espírito Santo. Como foi referido, existem atualmente em Toronto seis clubes açorianos, fundados no decurso dos anos setenta e oitenta (cf. quadro 3), que, de acordo com as tendências campanilistas que caracterizam a emigração açoriana na América do Norte, reúnem imigrantes provenientes de diferentes ilhas dos Açores. No quadro das suas atividades, todos eles promovem festas do Espírito Santo.

Estas festas compreendem uma certa diversidade de soluções organizativas. Nuns casos, é realizado apenas um jantar do Espírito Santo, onde são servidas as respetivas sopas. Mas, na maioria dos casos, para além de um jantar, as festas compreendem um conjunto de rituais religiosos, centrados na coroa do Espírito Santo, envolvendo a montagem de um altar na sala

---

([39]) Entrevista realizada por Ilda Januário, a quem agradeço a autorização para aqui reproduzir este excerto.

principal do clube, a realização de terços, etc. Desse conjunto de rituais religiosos deveriam fazer parte uma missa e, no final desta, a coroação. Independentemente desta diversidade de soluções, estas festas do Espírito Santo são, tal como as festas das irmandades autónomas, objeto da atitude hostil da Arquidiocese de Toronto.

QUADRO 3
Anos de fundação e ilhas de referência dos clubes açorianos de Toronto

Clube	Ano de fundação	Ilha de referência
Amor da Pátria	1971	Pico
Asas do Atlântico	1973	Faial
Angrense	1974	Terceira
Lusitânia	1976	Terceira
Graciosa Community Centre	1980	Graciosa
Casa dos Açores do Ontário	1986	São Miguel

Essa hostilidade traduz-se na recusa em afetar padres católicos à bênção dos alimentos, à celebração da missa e à realização da coroação nas instalações dos clubes. Estes veem-se assim compelidos a recorrer às paróquias portuguesas para a missa e para a coroação. Mas os termos desse recurso são também condicionais. Os clubes podem levar as suas coroas à igreja, mas devem fazê-lo unicamente no quadro das festas organizadas pelas irmandades baseadas nas paróquias portuguesas. Porém, mesmo essa possibilidade é por vezes recusada, nomeadamente quando as festas organizadas por clubes preveem na sua sequência ritual a distribuição de pensões.

A atitude geral entre as lideranças dos clubes relativamente a esta linha de hostilização das festas que promovem é de crítica aberta à Arquidiocese de Toronto. Mas essa atitude não comove a hierarquia da Igreja Católica de Toronto, que, tal como em relação às irmandades independentes, se mantém fiel ao princípio segundo o qual as festas do Espírito Santo só se podem realizar no quadro da Igreja e nos termos determinados por ela.

Nesse sentido, as festas dos clubes, são — como as festas das irmandades autónomas — parte importante das controvérsias e debates suscitados pela intervenção da Igreja nas festas do Espírito Santo.

Quem define e como é definida a etnicidade?

O quadro que temos vindo a apresentar indica o modo como, em Toronto, as festas do Espírito Santo desenham um espaço de controvérsias e debates que, ao mesmo tempo que possuem uma certa espessura histórica, se projetam na atualidade.

Esse quadro de controvérsias e debates relaciona-se antes de mais — para retomar formulações empregues por Carlos Rodrigues Brandão (1981) a propósito das festas do Divino no Brasil — com o papel desempenhado pelos intermediários humanos, eclesiásticos e/ou populares, na relação com o Espírito Santo. Essas controvérsias são estruturais nestas festas. Sendo assim, o caso de Toronto pode ser visto como uma variante canadiana de uma tendência mais geral de disputas pela intermediação com o Espírito Santo que atravessa a história e, em muitos casos, a prática atual destas festas.

Mas, no quadro preciso de Toronto, essas controvérsias e debates ganham ainda outro significado. Se as festas do Espírito Santo definem — em Toronto como no resto da América do Norte — um quadro preferencial para a produção de contextos de sociabilidade e identidade migrante, as controvérsias em torno do seu controlo — eclesiástico ou popular — são também, inevitavelmente, controvérsias sobre quem detém o controlo sobre a definição das festas do Espírito Santo como espaço de produção da etnicidade: se as lideranças das diferentes organizações que integram a sociedade civil da emigração açoriana — clubes, irmandades autónomas e, no passado, irmandades de Igreja dotadas de algum tipo de autonomia —, se apenas algumas delas — as irmandades da Igreja, sob tutela eclesiástica. De um lado, estão aqueles que afirmam a dispersão desse controlo; do outro, os que o fazem depender da tutela eclesiástica. Nesse sentido, as controvérsias que rodeiam o Espírito Santo em Toronto podem ser encaradas como controvérsias sobre o papel de diferentes tipos de porta-vozes nos processos de «formação dos grupos» (Latour 2005: 27–42) étnicos açoriano-canadianos em Toronto. Mas o alcance dessas controvérsias não se reduz a esta dimensão política. Elas incidem também sobre modos diferenciados de definição da etnicidade açoriano-americana e, em particular, sobre a natureza do vínculo entre etnicidade e religião. Na entrevista que me concedeu, o Padre António Cunha distinguia entre dois significados — um «cultural», outro «religioso» — das festas do Espírito Santo. Para ele, como vimos, a Festa do Espírito Santo «é uma festa cultural e só depois é uma festa religiosa. É uma festa cultural-religiosa, mas cultural em primeiro lugar». No contexto da entrevista, a cultura de que o Padre António Cunha falava era uma «cultura» com aspas — como diria Manuela Carneiro da Cunha (2009) —, que sublinhava a importância das festas do Espírito Santo na definição das identidades açorianas. De facto, como vimos, as festas do Espírito Santo na América do Norte são tanto sobre religião como sobre etnicidade. Estas duas facetas estão articuladas, embora de formas contraditórias e variáveis. As controvérsias e debates sobre a intervenção da Igreja nas festas do Espírito Santo em Toronto são nessa medida controvérsias sobre a natureza deste vínculo.

As intervenções da Arquidiocese de Toronto criam um terreno favorável à reorganização desse vínculo entre religião e etnicidade, em favor da religião e em detrimento da etnicidade. Essa tendência começa por se exprimir no âmbito das festas do Espírito Santo organizadas nas paróquias portuguesas, em particular naquelas em que os párocos procedem a uma interpretação mais literal do poder de tutela eclesiástica sobre as festas do Espírito Santo que lhes é conferido pelos referidos estatutos.

Os estatutos de 1999 insistem, como vimos, no vínculo estreito entre as festas e as paróquias. Assim, na introdução, refere-se a importância das festas «em comunhão com uma paróquia» (*Estatutos...* 1999: 3) e, na secção VII (Admissão dos Irmãos), são excluídos da condição de membros da irmandade «os que notória e habitualmente não cumprem o preceito Dominical» (1999: 5). Se alguns párocos não são muito estritos no cumprimento deste articulado, noutras paróquias, pelo contrário, há uma grande insistência em relação a ele. Em pelo menos duas paróquias portuguesas, os párocos fazem ainda uma interpretação mais estrita deste vínculo entre festas e paróquias, não aceitando como membros das irmandades antigos paroquianos — católicos praticantes ou não — que se tenham mudado para os subúrbios de Toronto. Num caso e noutro, a implementação deste quadro de formalização eclesiástica da pertença às irmandades, fazendo-se em nome da religião, tem como consequência a limitação da capacidade de expressão étnica das festas do Espírito Santo. No primeiro caso porque, ignorando subtilezas das conexões entre religião oficial e religião não oficial já presentes nos Açores, tende a limitar o envolvimento de sectores importantes da comunidade — açorianos católicos não praticantes ou católicos ocasionalmente praticantes — nas festas. No segundo caso porque põe em causa a capacidade que as festas do Espírito Santo têm de, num contexto de crescente suburbanização dos açorianos de Toronto, operar como polos agregadores de comunidades étnicas crescentemente dispersas([40]). Este processo de reorganização do vínculo entre religião e etnicidade tem outras expressões. Manifesta-se, por exemplo, em intervenções que visam questionar modos de tematização e simbolização açoriana das festas. Por exemplo, numa das paróquias de Toronto — onde é importante a presença de imigrantes originários da Terceira —, o pároco tinha uma posição de hostilização das *queens* que impedia que as festas incorporassem aquele que, para todos os efeitos, se tornou um dos mais importantes símbolos da identidade açoriana na América do Norte.

Mais significativo é o caso de uma publicação do Conselho Pastoral Português da Arquidiocese de Toronto em que a

---

([40]) Este ponto foi sublinhado — para a festa italiana de Santo António de Toronto — por Jordan Stanger-Ross, que fala a esse respeito da capacidade que essa festa tem de criar «comunidade sem propinquidade» (2006: 382).

insistência é colocada não apenas na dimensão eclesiástica das festas, mas também na sua natureza não exclusivamente açoriana:

À luz da história e dos documentos, não podemos continuar a pensar que as festas em honra do Divino Espírito Santo, são património do povo dos Açores e que, no Continente já acabaram [...]. Percorrendo Portugal de Norte a Sul, encontramos hoje, pelo menos, 1800 localidades [sic] com a devoção ao Espírito Santo, com suas casas, bandeiras, medalhas e livros (*Irmandades...* 1999: 1).

A passagem seguinte leva o raciocínio mais longe, ao afirmar que, embora nessas localidades as festas não tenham «o aparato colorido, grandeza e *folclore* que encontramos nas ilhas dos Açores» (o itálico é meu), nelas seria possível encontrar «mais simplicidade e sobriedade. Encontramos a celebração da Eucaristia, a distribuição do pão, as flores, a música e os foguetes, como sinal de alegria, caridade, esperança e fé na Terceira Pessoa da Santíssima Trindade» (*Irmandades...* 1999: 1). Na sequência, confundindo celebrações eclesiásticas do Espírito Santo com festas do Espírito Santo, a publicação — significativamente intitulada «Irmandades do Divino Espírito Santo. Notas Históricas. *Na Europa. Em Portugal Continental.* Nos Açores e na *Madeira*» (os itálicos são meus) — dedica cinco páginas à Europa e a Portugal Continental, contra apenas duas páginas aos Açores (e Madeira).

Onde esta reorganização do vínculo entre religião e etnicidade é mais evidente é na atitude da hierarquia da Igreja Católica de Toronto em relação às festas do Espírito Santo organizadas pelos clubes e pelas irmandades autónomas. Em ambos os casos, trata-se de festas em que a capacidade de produção de identidades e sociabilidades migrantes é importante. Este aspeto nota-se principalmente no caso das festas dos clubes, dada a forte ligação que estes têm com a produção e a celebração de modos campanilistas de etnicidade. Mas também se aplica às irmandades autónomas. Estas não só representam segmentos importantes do grupo açoriano-canadiano de Toronto, como, num dos casos — a Irmandade do Imigrante em Louvor do Divino Espírito Santo de Toronto, de maioria terceirense —, têm também uma base campanilista similar à dos clubes. Sendo à partida festas em que dimensão étnica é muito importante, são condenadas à marginalização religiosa pela Igreja. Essa marginalização não impede, porém, que conservem uma dimensão religiosa importante. Mas o preço a pagar pela etnicidade — a não prestação de assistência religiosa católica às festas, incluindo a coroação — traduz-se num enfraquecimento dessa dimensão religiosa.

Religião e etnicidade

As controvérsias e debates que decorrem do projeto de intervenção da Igreja sobre as festas do Espírito Santo em Toronto são também sobre a etnicidade açoriano-canadiana. De que tipo de grupos se está a falar, como são definidos, quem os define e com recurso a que meios: é igualmente sobre estes aspetos que incidem essas discussões.

Mas não se trata apenas disso. A literatura antropológica e sociológica tem destacado o papel importante que a religião desempenha nos processos de desenvolvimento e gestão da etnicidade em contextos migrantes. Esta ligação entre etnicidade e religião remonta a Max Weber, que foi, entre os fundadores da teoria social moderna, aquele que de forma mais explícita reconheceu a importância da etnicidade na organização das sociedades e das culturas. Para Weber, «a regulação ritual da vida, tal como fixada por crenças religiosas comuns [...] é conducente a sentimentos de afinidade étnica» (1996: 37). Sublinhada por vários autores (por exemplo, A. D. Smith 1996; Enloe 1996), a articulação entre etnicidade e religião tem sido também trabalhada em numerosos estudos sobre contextos migratórios (por exemplo, Ebaugh & Chafetz 2000; Hagan & Ebaugh 2003; Levitt 2003; Hirschman 2004). A maior parte desses estudos sublinha as razões e as formas desse imbricamento entre religião e etnicidade, destacando em particular o papel das igrejas étnicas na sua montagem. O que o caso de Toronto mostra é que essa relação pode assumir várias formas, não necessariamente coincidentes. E que, ao lado de confissões religiosas de base étnica que favorecem essa articulação, há outras — como é o caso da Igreja Católica em Toronto — cuja ação contribui para uma separação entre esses dois domínios.

Capítulo 5

Queens, parades, mayors: transformações das festas

A recriação das festas do Espírito Santo na América do Norte obedece frequentemente a uma retórica de autenticidade, apoiada em discursos de tipo tradicionalista. O objetivo de muitas irmandades é reconstituir as festas do Espírito Santo tal como existem nos Açores, dando grande ênfase ao modo como a tradição seria seguida e respeitada.

Estes discursos tradicionalistas desdobram-se em dois argumentos principais. Um deles sublinha a fidelidade da réplica — as festas na América do Norte — em relação ao original — as festas nos Açores. Como me disseram muitas vezes, «as festas cá são como lá». O segundo vai mais longe e afirma que a réplica é já mais tradicional do que a cópia. Não só as festas «cá são como lá», como «cá» já seriam «melhores do que lá». Assim, na primeira conversa que tive, em 2000, com a direção da Irmandade do Império Mariense de East Providence não só me foi explicado que o objetivo era replicar os impérios de Santa Maria, como me foi sugerido que nos EUA a fidelidade à tradição era já maior do que na própria ilha de Santa Maria: «Nós cá talvez estejamos mais bem organizados do que lá». Ao longo do meu trabalho de campo em East Providence, esta última ideia foi-me constantemente repetida: «a tradição começa a estar do lado de cá», «lá, a tradição está a acabar», «cá, os impérios são mais completos». Em Saugus, o principal diretor da irmandade mariense local também insistia enfaticamente neste ponto: «O império cá é exatamente como o de Santa Maria». Comparativamente a outros impérios da Nova Inglaterra, o de Saugus seria o que melhor respeitaria a tradição: «Aqui na América este é o império mais perto de Santa Maria». Em Hudson, os membros da direção da irmandade insistiam na mesma ideia: «Neste império é tudo como em Santa Maria [...] a nossa preocupação é respeitar a tradição».

No interior do binómio *roots* (raízes) e *routes* (rotas) (Clifford 1997), as festas do Espírito Santo, ao fazerem sua esta ânsia tradicionalista, estariam do lado das raízes: o projeto, tal como é enunciado pelos seus protagonistas, consiste em recriar o mais fielmente possível a terra de origem na terra de acolhimento. Esta retórica da autenticidade desenvolve-se principalmente em dois planos. Um primeiro tem que ver com a fidelidade do conjunto do *script* ritual das festas relativamente aos Açores. Quando as pessoas me diziam que «cá, os impérios são mais completos», era isso que pretendiam sublinhar. Um segundo plano reporta-se — de acordo com uma lógica metonímica, em que a parte representa o todo — ao modo como certos pormenores do ritual, julgados mais típicos ou mais tradicionais, se encontram presentes nos EUA. Os detalhes rituais que recebem esta incumbência de representar a fidelidade à tradição variam de interlocutor para interlocutor. No caso das festas organizadas por imigrantes de Santa Maria, algumas pessoas valorizam, por exemplo, a presença da folia. Outras sublinham aspetos da ementa alimentar das festas: «Cá as sopas são como lá». Outras ainda enfatizam certas sequências rituais precisas: a realização do «caldo da meia-noite» — uma distribuição de sopas do Espírito Santo que tem lugar à meia-noite do dia de império —, os pães de mesa transportados à cabeça nos cortejos do império ou o chamado «provimento da mesa», uma cerimónia minuciosamente regulamentada que inaugura, em dia de império, a distribuição de massa sovada e vinho.

Mas, de todos estes motivos isolados de valor mais tradicionalista, o que é mais valorizado tem que ver com a presença de carros de bois decorados à moda de Santa Maria nos cortejos do império. É nas festas de Hudson e Saugus que essa opção é mais recorrentemente implementada. Em torno dela desenvolve--se uma retórica tradicionalista — aquilo a que se poderia chamar retórica do *ox cart* (carro de bois, em inglês) — que faz do carro de bois o emblema por excelência da tradição. Ao mesmo tempo que, numa sociedade tão fortemente motorizada como a dos EUA, o carro de bois pode, com êxito, surgir como a quintessência da tradição, introduz também nas festas algo que era essencial em Santa Maria e que nos EUA — devido a regulamentações estaduais restritivas — se perdeu: a presença física do gado nas festas não só através dos cortejos, mas também do seu abate e desmanche pelos ajudantes do império.

Seja por intermédio da retórica do *ox cart* seja através de valorização de outros aspetos das festas, o que está de qualquer maneira em causa é o modo como certas sequências rituais teriam uma aptidão particular para replicar de forma exata a «tradição dos impérios de Santa Maria», recriando no contexto dos EUA coreografias, gestos, sabores e cheiros que remetem para a terra de origem.

Mudanças, subtrações, adições, sínteses

Apesar desta retórica da autenticidade — que, além dos impérios marienses, se estende a muitas outras festas na Nova Inglaterra —, as festas do Espírito Santo conheceram inevitavelmente na América do Norte um conjunto de modificações e transformações.

Essas modificações dizem respeito, em primeiro lugar, a aspetos relacionados com a logística dos festejos que ficaram indicados, ainda que brevemente, em capítulos anteriores. A primeira dessas modificações diz respeito à calendarização das festas. Um número significativo de festas continua a convergir para as datas tradicionais representadas pelos domingos de Pentecostes e da Trindade. Mas, simultaneamente, ocorreu um alargamento do período consagrado à realização das festas do Espírito Santo, que — sobretudo nos EUA — passaram a ter lugar no período compreendido entre os domingos de Pentecostes e da Trindade e o final do verão. A segunda modificação diz respeito à infraestrutura organizativa das festas do Espírito Santo. Como foi notado, a realização das festas passou a estar a cargo de irmandades constituídas formalmente para o efeito. O modelo mais generalizado é constituído por irmandades independentes da Igreja, que dispõem de instalações próprias para as festas, simultaneamente utilizadas para outras atividades ao longo do ano. Mas, ao lado destas irmandades, existem também irmandades ligadas à Igreja Católica, e muitas festas são organizadas por clubes e por bandas filarmónicas.

A par de transformações na sua logística, as mudanças que as festas do Espírito Santo conhecem na América do Norte dizem também respeito ao conteúdo genérico do seu *script* ritual. Duas linhas de mudança são aqui relevantes. Por um lado, assiste-se em muitos casos ao desaparecimento de certas sequências. Na Califórnia, por exemplo, onde as festas do Espírito Santo foram introduzidas a partir das ilhas do grupo central, desapareceu toda a sequência ritual — com uma duração de sete ou oito semanas — que mediava entre o domingo de Páscoa e os domingos de Pentecostes e da Trindade; as festas do Espírito Santo tendem agora a concentrar-se no fim de semana em que tem lugar a festa ([41]). Noutros casos, as subtrações são mais cirúrgicas. É o que se passa com algumas festas organizadas de acordo com o modelo de São Miguel, em que desapareceu a chamada ceia dos criadores — que nos Açores reunia todos os lavradores que tinham criado gado prometido ao Espírito Santo. Em alguns casos, estas subtrações são de impacto reduzido na estrutura de conjunto dos festejos. Mas noutros podem ser vistas de acordo com uma lógica de simplificação ritual, que visa concentrar nas sequências-chave das festas os recursos humanos e financeiros necessários à sua realização. É o que se passa na Califórnia, com o declínio da fase preparatória na maioria das festas.

A par deste primeiro conjunto de transformações — que opera a partir de subtrações e cortes —, uma segunda linha de mudança no *script* ritual das festas traduz-se, pelo contrário, em vários acrescentos. O caso mais flagrante tem que ver com a generalização de distribuições abertas de sopas do Espírito Santo.

([41]) Em Goulart (2002), num total de 99 festas recenseadas, apenas seis tinham domingas.

Nos Açores, as sopas têm uma presença recorrente nas festas. Mas, embora se tenha assistido recentemente a uma tendência no sentido da sua abertura informal, estas eram tradicionalmente reservadas a convidados do imperador (ou mordomo). Não quer dizer que não houvesse outras distribuições generalizadas de alimentos — geralmente de massa sovada —, mas as sopas tinham em geral uma circulação mais restrita. A exceção encontrava-se em Santa Maria. Na América do Norte, por seu lado, assiste-se a um processo generalizado de democratização das sopas do Espírito Santo. Como me dizia uma vez um imigrante «canadiano», «todas as festas têm sopas, e as sopas são para toda a gente».

A par da generalização de distribuições abertas de sopas do Espírito Santo, outro acrescento — embora menos generalizado — tem que ver com a adoção das domingas e das pensões. Umas e outras constituem aspetos distintivos das festas do Espírito Santo de São Miguel. Mas, tanto na Nova Inglaterra como no Canadá, foram incorporadas em festas do Espírito Santo realizadas por naturais de outras ilhas. Foi já referido, para a Nova Inglaterra, o caso do império de East Providence. Mas a este somam-se outros casos. É o que se passa em Rhode Island com festas promovidas por irmandades ligadas a imigrantes originários do Faial e da Terceira ou em Toronto, onde as festas organizadas por naturais da Terceira também têm domingas e pensões[42].

Igualmente menos generalizada mas de grande importância é a inclusão no *script* ritual dos festejos de sequências que, embora originárias dos Açores, não estavam lá necessariamente associadas às festas do Espírito Santo. É o que se passa na Califórnia, com a inclusão de touradas e de bodos de leite nas festas. Embora sejam ambas tradições festivas importantes na Terceira, eram

---

[42] A percentagem de festas com pensões na Nova Inglaterra e no Canadá é de 61%. A percentagem de festas com domingas é na Nova Inglaterra de 76% e no Canadá de 71%. Estes cálculos — e outros que serão apresentados adiante — baseiam-se na informação recolhida no quadro do projeto «Ritual, etnicidade, transnacionalismo: as festas do Espírito Santo na América do Norte».

ali independentes destas celebrações. Entretanto, na Califórnia ganharam um papel de relevo: em onze festas há touradas e em nove há bodos de leite (cf. Goulart 2002a). A maior parte das modificações que tenho vindo a indicar prende-se com aspetos que afetam a estrutura genérica dos festejos. A par delas, entretanto, há outros acrescentos que se relacionam com aspetos mais precisos das festas. Alguns ocorrem por referência ao menu alimentar das festas. Em algumas festas da Califórnia, por exemplo, as sopas do Espírito Santo podem ser substituídas por *barbecues* de carne ou mesmo de peixe e marisco. No Canadá, os alimentos tradicionais são já, em alguns casos, substituídos por *sushi*. Foi o que se passou em 2008 na alumiação do império mariense de Cambridge. Organizada de acordo com a lógica norte-americana do *potluck* — em que cada convidado traz consigo comida, que é depois posta à disposição de todos —, teve o *sushi* como prato dominante, substituindo os biscoitos que em Santa Maria circulam especificamente nessa ocasião.

As adições podem também incidir sobre a coroação. Enquanto nos Açores as coroações são em número restrito e incidem quase sempre sobre adultos ou crianças cujos pais (ou outros parentes próximos) desempenham funções rituais precisas, em muitas festas na América do Norte as coroações democratizaram-se, e quem o pretenda — independentemente de desempenhar ou não um papel ritual nas festas — pode coroar. Resultantes geralmente de promessas, estas coroações múltiplas podem até, em certos casos, ser feitas com coroas não pertencentes às irmandades, mas às pessoas que coroam [43]. Nos altares do Espírito Santo são também recorrentes as inovações respeitantes aos padrões de decoração usados. Enquanto no Canadá predominam padrões florais caracterizados por uma certa contenção, nos

---

[43] Muitas pessoas possuem coroas em suas casas, adquiridas tanto nos Açores como nas «ourivesarias portuguesas» existentes nos enclaves portugueses da América do Norte. Essas coroas são geralmente benzidas por um padre e funcionam como uma imagem de devoção privada nas casas das famílias que as possuem.

EUA os altares desdobram-se em composições mais vistosas e sofisticadas, marcadas pela criatividade e pela experimentação com novas soluções.

No entanto, entre as inovações principais que as festas do Espírito Santo conhecem na América do Norte, o lugar de destaque vai para a organização das procissões que rodeiam as festas do Espírito Santo e para a introdução de novos *players* e objetos rituais. Desde logo, a par das personagens tradicionais nos Açores — imperador ou mordomo, crianças que coroam, principais ajudantes, folia, etc. —, a direção da irmandade, na sequência lógica da importância que estas assumiram na América do Norte, passou a ocupar um lugar de destaque. Os seus membros desfilam, vestidos a rigor e antecedidos geralmente por duas raparigas (mais raramente rapazes) que transportam consigo um pendão (ou estandarte) identificador da irmandade. Para além da irmandade que organiza a festa, as procissões passaram também a integrar delegações de outras irmandades com as quais existem relações de cooperação ritual. No caso de Nova Inglaterra, essas relações podem ser estabelecidas tanto entre irmandades baseadas na mesma cidade como entre irmandades ligadas ao mesmo local de origem nos Açores. Se em muitos casos o número de irmandades envolvidas não vai além de quatro ou cinco, noutros é mais extenso. Assim, em 2010, em San José (Califórnia), a festa promovida pela irmandade local contou com a presença de mais de 20 irmandades convidadas. Simultaneamente, sobretudo nos EUA, ocorreu uma politização generalizada das procissões, que passaram a contar — como ficou indicado para East Providence — com a presença de políticos luso-americanos e/ou norte-americanos: deputados estaduais, *mayors* e/ou outros representantes dos *city councils*, membros dos *school committees*. A presença de bandeiras nacionais de Portugal e dos EUA e, em alguns casos, da Região Autónoma dos Açores também se generalizou([44]).

([44]) No Canadá, esta etnopolitização dos cortejos também existe, sobretudo em cidades pequenas, mas é menos pronunciada; cf. Leal, Januário & Mapril [no prelo]).

Rainhas e *queens*

A principal inovação na América do Norte — com repercussões diretas não apenas nas procissões, mas também noutras sequências que integram o *script* ritual das festas — tem entretanto que ver com a introdução das rainhas ou *queens*. Estas são geralmente adolescentes escolhidas ora pelo imperador (ou mordomo) — de quem são filhas ou netas — ora pela direção da irmandade e além de desempenharem um papel central nas procissões e cortejos das festas do Espírito Santo, transformaram-se em personagens centrais na coroação, uma vez que, em conjunto ou em alternativa ao imperador (ou mordomo), são também coroadas pelo padre no termo da missa da coroação. São geralmente acompanhadas por damas de honor e usam vestidos especiais, em branco ou tons pastel, semelhantes a vestidos de noiva, ou, no caso da Califórnia, a vestidos das *quinceañeras* mexicanas. Recorrendo a penteados especiais, usam à cabeça uma tiara. Mas o elemento mais importante do seu traje cerimonial é uma longa capa de veludo ricamente decorada com motivos alusivos à festa (coroas, pombas, etc.). Valorizadas como o elemento esteticamente mais importante do traje das rainhas, estas capas, se em alguns casos pertencem à irmandade, noutros são confecionadas especialmente para a ocasião. São feitas à mão e, tanto por essa razão como em consequência dos preços elevados dos materiais utilizados na sua confeção, são bastante caras — embora o preço médio de cada uma se situe geralmente perto dos 8000 dólares, há capas que podem atingir valores muito mais elevados. No caso da Califórnia, é geralmente referido o caso da festa de San Diego, onde, em 2010, a despesa com as capas se teria situado perto dos 40 000 dólares.

Ocupando um lugar central na maioria das festas do Espírito Santo nos EUA, as *queens* são uma inovação local. Não é que as festas do Espírito Santo nos Açores não concedam algum destaque no seu *script* a personagens rituais femininos, sobretudo nas ilhas do grupo central. Mas o protagonismo pertence ao imperador (ou mordomo). Quando passamos para a América do Norte, não só se enfraquece o papel do imperador (ou mordomo), como, em seu lugar, surgem as *queens*, que passam não só a ser as personagens centrais das procissões e cortejos, mas também da própria coroação e da festa no seu conjunto. Assim definidas, as rainhas encontram-se desde logo na Califórnia, onde têm uma importância fundamental. Por um lado, porque a generalidade das festas do Espírito Santo tem rainhas. Por outro, porque as rainhas ganharam aí uma elaboração ritual que deve ser sublinhada. Para além das *queens* propriamente ditas — as *senior queens* ou rainhas grandes —, com idades situadas entre os 14 e os 18 anos, existem também as *junior queens* — com idades entre os 10 e os 14 anos — e as *small queens* ou rainhas pequenas — com idades compreendidas entre os quatro e os dez anos. Em algumas festas — como em San Diego —, existem também reis. É também na Califórnia que o *glamour* que rodeia o vestuário das *queens* e as somas de dinheiro investidas na sua confeção são mais significativos. Como consequência, as *queens* ganham um importante valor ostentatório, de afirmação do estatuto social das famílias a que pertencem. Por último, foi também na Califórnia que o complexo rainha/capa ganhou maior importância. Por exemplo, nos casos em que a capa é especialmente confecionada para a ocasião, é depois guardada pela rapariga que a usou como uma espécie de bem cerimonial inalienável, transmitido de geração em geração. Por ocasião de aniversários especialmente marcantes das irmandades, são também organizadas reuniões de *past queens*, decalcadas do modelo das reuniões de antigos estudantes de *high school*. Nas decorações dos *halls* — como em Saucelito —, as fotografias de *queens* ocupam um lugar de particular relevo. E a festa de Nossa Senhora dos Milagres em Gustine — referida no capítulo 3 —, mais do que uma concentração de irmandades do Espírito Santo, é sobretudo uma espetacular reunião de *queens* de toda a Califórnia.

Como consequência da importância que as *queens* assumem nas festas do Espírito Santo da Califórnia, estas ocupam também um papel central nas tematizações locais sobre a identidade açoriana. Estas não apenas conferem grande centralidade às festas, como — no interior das mesmas — dão particular protagonismo às *queens*. Assim, no livro *The Holy Ghost Festas*, organizado por Tony Goulart (2002), uma das contribuições mais relevantes — da autoria de Ascensão Carty (2002a) — centra-se nas *queens*, e na maioria dos artigos consagrados às diferentes festas são recorrentes as fotografias dessas figuras.

No IV Congresso Internacional sobre Festas do Espírito Santo que teve lugar em 2010 em San José, um dos principais eventos do programa era uma muito completa exposição de capas. Em obras de ficção étnica, as *queens* são também uma presença recorrente. O caso de Katherine Vaz é o mais conhecido. Na sua coletânea de contos *Our Lady of The Artichokes and Other Portuguese American Stories* (2008), um dos contos — «The man who was made of netting» — é a história de um imigrante que — mesmo por meios duvidosos — queria à força que a sua filha fosse *queen*([45]). No romance *Já não Gosto de Chocolates* (1999), escrito por Álamo Oliveira depois de uma prolongada estadia na Califórnia e dedicado à biografia ficcionada do imigrante açoriano Joe Sylvia, são frequentes as referências às *queens*. Em resumo, na Califórnia, as rainhas tornaram-se não apenas o elemento central das festas do Espírito Santo, mas também um dos marcadores essenciais da etnicidade e da cultura açorianas.

O particular relevo das *queens* na Califórnia não é replicado noutras áreas de maior concentração de açorianos na América do Norte. Mas isso não significa que não as possamos reencontrar num número significativo de festas do Espírito Santo, tanto na Nova Inglaterra (onde 51% das festas têm *queens*) como no Canadá (36%). Comparativamente à Califórnia, entretanto, é menos sofisticada e glamorosa a sua presença nas festas. O número de *queens* é mais limitado, e as capas, mais discretas e menos vistosas, são geralmente propriedade das irmandades ou, quando são propriedade de famílias precisas, circulam com mais facilidade. Seja como for, embora em modalidades mais contidas, as *queens* tornaram-se personagens centrais nas festas do Espírito Santo um pouco por toda a América do Norte.

([45]) Devo a Ilda Januário a indicação da importância deste conto para o tema das *queens*.

O que sabemos sobre o modo como estas personagens foram incorporadas nas festas do Espírito Santo norte-americanas comporta, entretanto, algumas incertezas. Há, claro, alguns dados seguros: as *queens* nasceram na Califórnia nas primeiras décadas do século XX, tendo-se aí generalizado com alguma rapidez. Teria sido também a partir da Califórnia que as *queens* passaram depois para a Nova Inglaterra e, mais tarde, para o Canadá.

Mas depois começam as incertezas. Em muitos casos, a origem das *queens* é explicada com recurso ao mito de fundação das festas, e as *queens* são vistas como figurações da rainha Santa Isabel. Muitas das pessoas com quem contactei, tanto na Califórnia como na Nova Inglaterra e em Toronto, insistiam nessa narrativa, que tem a dupla vantagem de ligar uma inovação recente a um passado remoto — como sucede geralmente com as tradições inventadas (Hobsbawm 1983) — e de acentuar a dimensão religiosa desta inovação. Entretanto, noutros casos, as *queens* eram explicadas — sobretudo por imigrantes mais sensíveis à origem norte-americana destas figuras — por referência à importância que os concursos de beleza têm nos EUA. Da parte dos mais críticos, esse paralelo surgia frequentemente ligado à denúncia da americanização das festas. Há mesmo uma narrativa de origem — com circulação oral relativamente difundida — que relaciona explicitamente as *queens* com os concursos de beleza. Segundo esta narrativa, a filha de um casal açoriano da Califórnia teria participado num concurso de beleza na sua *high school*, ficando, contra as expectativas da mãe, em segundo lugar. Desapontada, esta teria entretanto arranjado uma solução alternativa: fazer coroar a filha numa festa do Espírito Santo.

Tanto a narrativa de origem que relaciona as *queens* com a rainha Santa Isabel como a que mais prosaicamente faz delas uma espécie de avatares açorianos das rainhas de beleza norte--americanas são populares. Mas a elas soma-se uma terceira narrativa, de origem mais erudita, proposta por uma estudiosa açoriano-americana — Ascensão Carty (2002a) — e que é, no estado atual dos nossos conhecimentos, a mais plausível. Baseando-se num trabalho extensivo com fotografias da época e com a memória oral, Carty estabelece em primeiro lugar uma cronologia do aparecimento e expansão do fenómeno das *queens*. Estas teriam surgido na viragem do século XIX para o século XX. Já na altura, a escolha das *queens* recaía sobre adolescentes, mas as roupas usadas eram vestidos brancos de primeira comunhão. Gradualmente, vai-se dando uma sofisticação do vestuário: «os vestidos de primeira comunhão deram gradualmente lugar a bonitos vestidos de organdi com folhos e grinaldas de flores cor-de-rosa» (2002a: 452). Em 1905, aparecem as primeiras capas e, logo depois, as primeiras tiaras, de tal forma que «por volta de 1914/1915 um importante número das pessoas que transportavam as coroas e seus auxiliares eram adolescentes e a maioria das adolescentes eram *queens*». Este processo de generalização das *queens* teria, segundo Carty, coincidido com a adoção do modelo da *parade* cívica norte-americana nas procissões e cortejos das festas do Espírito Santo. Entre as personagens destas *parades* encontravam-se as rainhas de maio: «jovens raparigas vestidas de branco e com grinaldas de flores nos seus cabelos [que] atuavam como rainhas de maio nas *parades* cívicas locais [...] ([46]). As jovens, tanto as de ascendência portuguesa como outras, deverão ter sido influenciadas pela pompa e esplendor destas tradições americanas» (2002a: 454), e, desta forma, as *queens* ter-se-iam generalizado nas festas do Espírito Santo. Quanto à equivalência estabelecida entre as *queens* e a rainha Santa Isabel, seria uma racionalização *a posteriori* (2002a: 455). Isto é, embora Carty seja sensível ao «importante papel da beleza feminina nos cerimoniais americanos» (2002a: 454), nas festas, esta influência ter-se-ia exercido, pelo menos num primeiro momento, não através dos concursos de beleza — como insistem muitas pessoas —, mas através da adoção de aspetos da tradição europeia das maias, reciclados pela tradição norte-americana das *parades* cívicas.

([46]) Ascensão Carty (2002a) refere-se àquilo a que na tradição portuguesa se chama rainhas de maio — ou maias (cf. E. V. Oliveira 1984a, 1984b) — como *maypole queen*. Esta é uma tradição europeia relativamente generalizada e teria sido introduzida nos EUA por colonos provenientes do Norte da Europa.

Embora de origem erudita, a tese de Ascensão Carty (2002a) — ao mesmo tempo que suscita algumas reservas entre intelectuais da diáspora na Califórnia — tem uma circulação mais alargada, devido ao facto de ter sido publicada num livro — *The Holy Ghost Festas. A Historic Perspective of the Portuguese in California* — que se tornou obra de referência, com uma excelente circulação junto das comunidades açorianas da Califórnia. Foi por isso sem surpresa que a vi ser invocada na sessão de boas vindas ao IV Congresso Internacional sobre Festas do Espírito Santo pela oradora, que, em nome da Irmandade do Espírito Santo de San José, saudou os congressistas.

Seja qual for a sua origem, as *queens* foram uma invenção de sucesso. Na Califórnia, a sua expansão foi gradual, mas, segundo Carty, no período que se seguiu à Segunda Guerra Mundial, o processo estava completo. Como a autora escreve, «por volta dos anos 1950 e 1960, as *queens* e as *parades,* tal como as conhecemos hoje, estavam largamente difundidas» (Carty 2002a: 453) e, devido a acordos entre irmandades, havia-se multiplicado o número de *queens* em cada festa. Simultaneamente — de acordo como uma cronologia que está largamente por determinar —, iniciaram-se as viagens das *queens* para outros destinos norte-americanos, como a Nova Inglaterra, e, partir dos anos sessenta, o Canadá. Nestas três áreas de maior concentração dos açorianos na América do Norte, as *queens* tornaram-se o aspeto mais visível dos processos de reorganização ritual das festas do Espírito Santo.

Autenticidade e inovação: fronteiras indecisas

Este conjunto de processos não impede, como vimos, que os discursos sobre as festas continuem simultaneamente a ser construídos, em muitos casos, num registo de autenticidade e de fidelidade às origens. Mesmo que não sejam tecnicamente réplicas das festas açorianas, estas são de qualquer modo ideologicamente discursadas como se o fossem.

Um dos mecanismos que contribuem de forma mais eficaz para a viabilização dessa retórica da autenticidade tem que ver com a prevalência de modos de narrar as festas que ignoram o carácter inovador de muitas das mudanças introduzidas. É o que se passa, por exemplo, com as distribuições abertas de sopas do Espírito Santo. Embora nos Açores se limitassem à ilha de Santa Maria, isso não impede que na América do Norte sejam geralmente assumidas como fazendo parte do «ADN açoriano» das festas. Este mecanismo de açorianização retrospetiva das inovações norte-americanas nas festas é também muito forte no caso das *queens*, muitas vezes naturalizadas como fazendo parte do *script* ritual das festas nos Açores. Se muitos açorianos não ignoram que se trata de uma inovação, em muitos casos as *queens* são encaradas como fazendo naturalmente parte das festas nos Açores. Em 2010, algumas comunicações ao IV Congresso Internacional sobre Festas do Espírito Santo exploravam as origens californianas das *queens*. Tendo retomado o assunto com uma das organizadoras do império mariense de St. Petersburg (Florida), foi com surpresa que descobri que só no decurso desse congresso ela se apercebera de que as *queens*, que em nome da tradição açoriana faziam parte da festa que organizava, eram afinal estranhas a essa tradição. Em 2011, também, tive ocasião de proferir uma conferência na Universidade de Massachusetts (Dartmouth) centrada justamente nos processos de inovação associados à introdução das *queens* nas festas norte-americanas. No final, um dos organizadores do império mariense de East Providence, presente na assistência, veio ter comigo dizendo-me algo como o seguinte: «O que o senhor esteve a dizer é que as *queens* não são açorianas e as devíamos então tirar do império». Também para ele, as *queens* faziam parte da legítima tradição açoriana das festas do Espírito Santo e foi com surpresa que, através da minha apresentação, percebeu que não era assim.

 Estes processos de açorianização retrospetiva das *queens* — assim como de outras inovações norte-americanas das festas — são particularmente significativos entre açorianos da segunda geração e também da chamada geração 1,5 (designação dada na literatura aos imigrantes que chegaram ainda crianças à América do Norte), isto é, entre pessoas que tiveram pouco ou nenhum contacto com as festas nos Açores.

Esta coexistência contraditória de inovação — objetiva — e autenticidade — subjetiva — deve ser sublinhada. Sugere, por um lado, a necessidade de articular, na análise dos processos de transformação e criatividade cultural, o ponto de vista *etic* — do etnógrafo que olha de fora — e o ponto de vista *emic* — dos atores estudados pelo etnógrafo. Não se trata de escolher entre o que o etnógrafo diz e o que as pessoas envolvidas afirmam, mas de aceitar que os dois registos coexistem contraditoriamente nas práticas e discursos das pessoas, tornando imprecisas as fronteiras entre o que se diz ser «autêntico» e o que é transformado. Aqui, como em muitos outros casos, as coisas não são apenas aquilo que são, mas também o que as pessoas acham que são. Seja como for, estamos perante processos que não cabem no quadro de oposições binárias assentes em polos mutuamente exclusivos — autenticidade/inovação, original/ transformado — e que, nessa medida, são mais complexos e elaborados do que alguma literatura antropológica está disposta a admitir.

Mas este é apenas um dos lados da medalha. De facto, a par desta espécie de desfocagem das fronteiras entre o que se diz ser «autêntico» e o que é transformado, existe noutros sectores das comunidades açorianas a consciência de que as festas do Espírito Santo na América do Norte se teriam afastado — em muitos dos seus aspetos — do «original» açoriano. Dois ou três exemplos podem ser dados. Assim, em San José (Califórnia) existem duas irmandades do Espírito Santo: a Irmandade do Espírito Santo de San José, que promoveu a sua primeira festa em 1914 (Carty 2002b), e a Aliança Jorgense, fundada em 1978 por imigrantes originários da ilha de São Jorge (Goulart 2002b). Enquanto a primeira concede um papel central às *queens* no seu *script* ritual, a segunda constituiu-se em larga medida em torno de um discurso tradicionalista, no qual avulta a rejeição das *queens*. Numa conversa que teve comigo, um dos seus diretores foi particularmente enfático a esse respeito:

> Quando cheguei cá não gostei das festas; não só pelas *queens*, mas também pelas raparigas em *shorts* [sic]. Embora a irmandade não tenha só pessoas de São Jorge, fazemos tudo

como se fazia em São Jorge. A obrigação estatutária é fazer como em São Jorge. Por isso, não temos *queens*, mas só três raparigas novas no quadro. Por isso não convidamos ninguém nem vamos às festas dos outros.

No pequeno artigo que escreveu sobre esta irmandade, Tony Goulart sublinhou também esta orientação tradicionalista da festa da Aliança Jorgense. A festa foi fundada por imigrantes de São Jorge

> Que decidiram celebrar e recriar a festa tal como esta era celebrada na sua ilha de origem. Eram de várias freguesias, com diferenças menores relativas ao modo como as celebrações eram organizadas, mas [...] reconciliaram essas diferenças e adotaram as melhores estratégias para serem o mais possível fiéis à festa original que tinham conhecido quando eram jovens. [...] As *queens* [...] não fazem parte to programa da celebração anual, que tem sempre lugar no domingo de Pentecostes. Trata-se de uma tentativa de reconstruir a tradição original açoriana (Goulart 2002b: 256).

Ainda na Califórnia, são também significativas as diferenças entre as duas festas organizadas por imigrantes vindos de Santa Maria. Enquanto em Redlands — a festa mais antiga — os festejos incluem *queens*, em Oakdale — uma festa mais recente, fundada em 1997 — também não há *queens*, de forma a garantir, como me assegurou uma das organizadoras, que «a festa é mesmo como em Santa Maria».

Nos impérios marienses da Nova Inglaterra, voltamos a encontrar a mesma dualidade entre impérios com e sem *queens*. Enquanto em East Providence estas ocupam um lugar de destaque e são vistas como pertencendo à tradição original das festas do Espírito Santo, tanto em Hudson como em Saugus não só não há *queens*, como a sua ausência resulta da vontade deliberada das respetivas irmandades de manter os impérios «o mais tradicionais possível».

Em Toronto, também, ao lado de irmandades sem *queens*, há outras que adotaram essa inovação e desenvolvem a esse respeito uma argumentação tradicionalista. É o que se passa em muitas festas organizadas por irmandades ligadas às paróquias portuguesas. Mas aqui, devido ao enquadramento eclesiástico mais apertado, são muitas vezes os padres que adotam essa postura tradicionalista. É o que se passa em São Sebastião, cujo padre me afirmou enfaticamente não haver rainhas porque «nós não deixamos, não é da tradição. É uma coisa que veio da Califórnia, sem relação com a rainha Santa Isabel». Também na paróquia portuguesa de Scarborough — nos subúrbios de Toronto —, embora haja uma rapariga que desfila no cortejo de coroação com uma capa, não há *queens*. Como me disse uma das diretoras da irmandade, insinuando que as *queens* não tinham a ver com a fé, «as celebrações são para o Divino Espírito Santo. As irmandades que têm rainha é porque estão fora da paróquia». Em todos estes casos, as *queens* — e eventualmente outras inovações introduzidas no *script* das festas na América do Norte — são vistas como elementos estranhos que subvertem a autenticidade das festas. E a sua recriação autêntica — mesmo que mais imaginada do que real — é a resposta a essa deriva comprometedora.

O que estes dados sugerem, mais uma vez, é a complexidade das práticas e discursos sobre autenticidade e transformação. Para além de em muitos casos se assistir a uma desfocagem das fronteiras entre uma e outra, quando as transformações são reconhecidas como tal podem articular-se com comportamentos que visam defender ou reinstituir a pureza. Com o objetivo de instaurar uma autenticidade ameaçada, estas iniciativas tradicionalistas são, no entanto, tão criativas como aquelas que não escondem a sua apetência pela inovação. Contrariamente ao que por vezes supomos, há tanta criatividade e improvisação na inovação como na *performance* da tradição (cf. Ingold & Hallam 2007). No caso das festas do Espírito Santo que optam pelo tradicionalismo, a autenticidade, mais do que meramente reproduzida, é realmente produzida e ressignificada. Nada é portanto simples neste domínio, que nos desafia — mais uma vez — a complexificar a abordagem antropológica que dele fazemos.

Transformações e resistências

Seja como for, a reorganização ritual das festas do Espírito Santo é, sem dúvida, o traço mais saliente da sua recriação na América do Norte. Subjacentes ao conjunto de mudanças que as festas conheceram, é possível surpreender várias lógicas sobrepostas.

Em alguns casos, estamos perante processos que exprimem uma adaptação de tipo «ecológico» a novos constrangimentos institucionais. É o que se passa com a centralidade que as irmandades passaram a ter na organização das festas. Embora essa possibilidade estivesse contida nos modelos de cooperação vicinal mobilizados pelas festas nos Açores, em particular quando estes previam a existência de irmandades informais, a institucionalização de irmandades formais como instâncias organizativas centrais das festas na América resulta em larga medida de exigências jurídicas ali existentes, que tornam obrigatórias a existência de organizações com personalidade jurídica — dotadas de estatutos próprios em conformidade com requisitos predefinidos — como pré-condição legal para a realização de festas.

Noutros casos — mais relevantes —, estamos perante processos de articulação de elementos e tradições rituais que poderiam ser descritos com recurso a conceitos como os de crioulização (Hannerz 1987) ou hibridização (García Canclini 1998 [1989]; Palmié 2013b).

Esses processos de articulação começam por dizer respeito à circulação, adoção e rejeição de soluções rituais internas às festas do Espírito Santo, por intermédio das quais são produzidas novas sínteses. Foi provavelmente o que se passou na Califórnia, onde um modelo mais ou menos unificado de organização das festas é hoje dominante, em contraponto com a diversidade que as festas do Espírito Santo apresentavam no grupo central dos Açores. É o que se passa também na Nova Inglaterra e no Canadá com a adoção das domingas e das pensões em muitas festas organizadas por não micaelenses. Neste caso, pode falar-se do carácter aglutinador do modelo micaelense em relação a outras festas. É ainda de acordo com a mesma lógica que pode ser interpretada a adoção generalizada de distribuições abertas de sopas do Espírito Santo. Em todos estes casos, ora são elaboradas novas sínteses dos festejos a partir de pontos heterogéneos de partida ora se generalizam soluções rituais inicialmente específicas de tal ou tal ilha. Em ambas as situações, a articulação entre elementos e sequências rituais começa por operar no interior de diferentes tradições de celebração do Espírito Santo e conduz à formação de dois grandes modelos de festas na América do Norte: o modelo da Califórnia e o modelo prevalecente na Nova Inglaterra e no Canadá. Entre os dois, mantêm-se algumas soluções singulares localizadas, como acontece com alguns impérios marienses.

Simultaneamente, ocorrem outros processos de hibridização que inscrevem no *script* das festas do Espírito Santo alguns objetos, coreografias e soluções rituais associados àquilo que podemos designar genericamente como «cultura norte-americana». Seria esse, flagrantemente, o caso das *queens*, a aceitarmos a interpretação que delas propôs Ascensão Carty (2002a). Mas, mesmo que não seja essa a sua origem precisa, a sua rápida circulação entre festas não pode ser interpretada — como reconhecem algumas das narrativas de origem indicadas — sem o quadro fornecido pela importância da cultura do *glamour* adolescente feminino dominante nos EUA e das formas que passou a assumir a partir da institucionalização, nos anos vinte, dos concursos de Miss América (ver, por exemplo, Banner 1983). O facto de, paralelamente às *queens*, muitos clubes açorianos na Nova Inglaterra e no Canadá promoverem até aos anos noventa concursos de misses e de minimisses é um testemunho suplementar desta recetividade das comunidades açorianas a esse tipo de formulação cultural. É nesse sentido revelador que seja no Canadá — onde a cultura popular norte-americana é objeto de processos de reciclagem que arrefecem algumas das suas formulações mais emblemáticas — que as *queens* encontram um eco mais fraco.

É no interior deste quadro marcado pela abertura das festas do Espírito Santo a formulações importadas da cultura norte-americana que é possível entender também as transformações que tiveram lugar nos cortejos e procissões que integram o *script* ritual das festas. Nestes, para além da presença destacada que as *queens* passaram a ter, é possível detetar — sobretudo no caso dos EUA — duas grandes transformações. Uma — ainda associada às *queens* — passa pela sua espetacularização, decorrente quer da multiplicação de outras personagens e adereços rituais quer da participação das delegações de outras irmandades. Outra — resultante da presença de políticos luso-americanos e norte-americanos e também das bandeiras nacionais dos EUA e de Portugal (ou da Região Autónoma dos Açores) — vai no sentido da sua politização. Por detrás dessas transformações é possível detetar — na linha do que Carty argumentou para as *queens* da Califórnia — uma passagem do modelo açoriano da procissão religiosa para o modelo norte-americano da *parade* étnica([47]). Não é que o valor religioso dos cortejos tenha desaparecido, mas passou a articular-se com o modelo da *parade*, onde vários outros significados convergem([48]).

É também neste quadro que podemos finalmente analisar os processos de resistência às mudanças de que falámos anteriormente. O que neles parece estar em causa — adaptando uma formulação de Rosalind Shaw e Charles Stewart — é uma postura antissincrética marcada pelo «antagonismo em relação à síntese [cultural] evidenciado por agentes preocupados com a defesa das fronteiras [culturais]. O antissincretismo encontra-se frequentemente associado à construção da "autenticidade", que por sua vez está ligada a noções de "pureza"» (Stewart & Shaw 1994: 7).

([47]) O modelo da *parade* étnica é geralmente considerado como resultando da apropriação, por vários grupos migrantes, do modelo da *parade* cívica norte-americana; ver Ryan (1989).

([48]) Sobre a *parade* como aspeto central da cultura festiva étnica e cívica norte-americana, ver ainda Fabre & Heydeking(2001); Litwicki (2004).

Identidades hifenizadas

Operando em vários registos entrelaçados, a reorganização ritual das festas do Espírito Santo na América do Norte articula--se com duas lógicas socioculturais sobrepostas. Uma delas tem que ver com aquilo que podemos designar — no seguimento da análise proposta no capítulo anterior — como a reformatação étnica das festas do Espírito Santo. Como vimos, as festas ligam-se de forma significativa à produção de contextos de sociabilidade e identidade étnica. O ponto que interessa agora sublinhar é o modo como várias das modificações introduzidas nas festas do Espírito Santo se relacionam justamente com essa sua reconfiguração étnica. O caso mais óbvio é o das irmandades. Ao mesmo tempo que a sua importância nas festas resulta dos constrangimentos institucionais e legais prevalecentes na América do Norte, ela decorre também da sua relevância na organização regular da vida social das comunidades onde se encontram implantadas. É também a esta luz que pode ser interpretado o novo calendário das festas, que se estende desde o domingo de Pentecostes até ao final do verão. A dispersão das festas ao longo deste período longo visa facilitar a circulação de irmandades e pessoas pelo máximo número de festas, permitindo que estas funcionem como pontos de encontro mais alargados de diferentes segmentos das comunidades açorianas. É na mesma linha que pode ser interpretada a democratização das distribuições de sopas do Espírito Santo: estas passaram a ser um garante de que as festas, ao mesmo tempo que operam como instrumento de produção de modos mais restritos de sociabilidade étnica, conseguem envolver o máximo número de pessoas e famílias no seu projeto de produção de modos mais alargados dessa sociabilidade. É, finalmente, de acordo com estes pressupostos que pode ser entendido o processo de «paradização» dos cortejos. Sobretudo nos EUA, não se trata apenas de reciclar alguns grandes motivos da *parade* étnica norte-americana, mas de os transformar no principal evento onde tem lugar a *performance* pública — e politizada — da etnicidade açoriana[49].

---

[49] Para a análise desta lógica nos cortejos que integram as Grandes Festas do Divino Espírito Santo de Fall River, ver Leal (2011a: 13–82).

A «americanização» dos festejos remete, por seu turno, para a natureza das identidades açorianas que as festas do Espírito Santo ajudam a formar. Os açorianos na América do Norte não são apenas açorianos na América, mas açoriano-americanos (ou açoriano-canadianos). Como sugeriu Onésimo Teotónio de Almeida (2010), as identidades migrantes na América do Norte são identidades hifenizadas não apenas no sentido nominal do termo, mas num sentido mais substancial. Mais do que uma transposição «linear» de aspetos da cultura e identidade açorianas para a América do Norte, são o produto de interações estabelecidas entre os imigrantes, a cultura da terra de origem e a cultura da terra de acolhimento. É justamente dessas interações que nascem novas práticas e discursos de identidade — hifenizados —, que, mais do que um mero somatório de atributos «açorianos» e de atributos «americanos» (ou «canadianos»), constituem um universo dotado de autonomia própria.

A natureza hifenizada destas práticas e discursos de identidade sugere a necessidade de rever algumas conceptualizações mais usuais em antropologia e em sociologia acerca da etnicidade imigrante, excessivamente presas ao modelo do «enclave étnico» como definidor das experiências identitárias migrantes. É o caso da proposta de Alejandro Portes, para quem a etnicidade — que se opõe à assimilação — se reduziria a dois tipos: a etnicidade «linear» e a etnicidade «reativa». A primeira é vista justamente como «a continuação das práticas culturais aprendidas no país de origem» (Portes 1999: 106), ao passo que a segunda resultaria da «emergência de um sentimento de pertença a um nós, favorecido pela experiência de [os imigrantes] serem amalgamados numa mesma categoria, definidos em termos depreciativos e sujeitos a uma discriminação comum pela sociedade de acolhimento» (1999: 106). O caso açoriano — tal como o podemos entender a partir das festas do Espírito Santo — sugere justamente a necessidade de uma aproximação às identidades migrantes baseada em modelos mais plásticos e menos dependentes de uma visão fechada da cultura e da etnicidade.

Este ponto deve ser tanto mais sublinhado quanto se tem vindo recentemente a assistir à generalização da ideia segundo a qual práticas e discursos de identidade étnica contribuem para processos de «autoguetização» — encarados negativamente — de diferentes grupos migrantes. O que o caso açoriano mostra é que essas práticas e discursos podem, pelo contrário, constituir-se em plataformas de construção de compatibilidades sociais e culturais entre os migrantes e a sociedade mais larga onde se passaram a inserir.

Capítulo 6

Viagens de regresso: as festas do Espírito Santo como remessas culturais

Foi antes referido que a emigração, apesar do impacto que teve nos significados sociais das festas nos Açores, teve um efeito mais limitado sobre o seu *script* ritual. Este permaneceu no essencial intacto, graças, designadamente, à própria insistência dos emigrantes em realizarem as festas de acordo com a tradição.

No entanto, em alguns casos, os impactos da emigração sobre o enredo ritual das festas nos Açores foi mais significativo. É o que se passa nas Ribeiras, uma freguesia do concelho das Lajes do Pico com 975 habitantes (dados do Censo de 2011), distribuídos por diferentes lugares, entre os quais avultam Santa Cruz, Santa Bárbara, Pontas Negras e Ribeira Grande. A freguesia tem uma forte tradição piscatória, em particular em Santa Cruz, onde se localiza o seu principal porto. Essa tradição começou por assentar na caça à baleia e, a partir do final dos anos cinquenta, na pesca à albacora, que, no entanto, com a adesão de Portugal à União Europeia, ganhou uma expressão residual. Tal como a generalidade das freguesias dos Açores, Ribeiras é uma freguesia marcada por uma forte emigração, que remonta às décadas finais do século XIX e que prosseguiu até aos anos oitenta. Num primeiro momento, essa emigração dirigiu-se sobretudo para a Califórnia, em particular para San Diego, e, a partir dos anos sessenta, também para o Canadá.

Nas Ribeiras, as festas do Espírito Santo apresentam uma geografia dispersa, que cobre os principais lugares da freguesia. Assim, no lugar de Santa Bárbara têm lugar duas festas, uma no domingo de Pentecostes e outra no domingo da Trindade.

Em Santa Cruz, realizam-se também duas festas, uma na segunda--feira e outra na terça-feira de Pentecostes. Nas Pontas Negras, as festas tinham tradicionalmente lugar no domingo imediatamente anterior ao domingo de Pentecostes, mas, devido à influência dos emigrantes, passaram a realizar-se no mês de julho. Há ainda uma festa no lugar da Ribeira Grande.

A estrutura organizativa das festas é também variável. Em Santa Bárbara e na festa de segunda-feira de Santa Cruz, a realização das festas encontra-se a cargo de irmandades, com modos e regras de funcionamento distintos, nomeadamente no tocante à escolha dos mordomos que, em cada ano, tomam conta da festa. Noutros casos, as festas estão dependentes de promessas. É o que se passa nas Pontas Negras, na Ribeira Grande e na festa de terça-feira de Santa Cruz. Esta última — conhecida como a festa dos marítimos — era realizada até aos anos oitenta por uma irmandade que reunia os pescadores de Santa Cruz. Mas, com o declínio da atividade piscatória, a festa passou a ser realizada por promessa.

Quanto ao seu *script* ritual, as festas do Espírito Santo nas Ribeiras dispensam o longo período preparatório característico de outras festas nos Açores, tendendo, portanto, os festejos a concentrar-se em torno do dia no qual a festa se realiza. Em alguns casos, durante a semana anterior à festa, é rezado o terço junto à coroa, que tanto pode ser instalada em casa do mordomo como ficar em exposição no recinto onde a festa terá lugar. Este tanto pode ser um edifício próprio para a festa e que é propriedade da irmandade — como no caso da festa de segunda-feira de Santa Cruz — como a sede de uma coletividade local — como em Santa Bárbara e na festa de terça-feira de Santa Cruz. Em todos os lugares onde ocorrem festas existe também um império, um pequeno edifício onde a coroa fica em exposição na tarde do dia da festa.

Como na generalidade das freguesias açorianas, também nas Ribeiras as festas do Espírito Santo compreendem dois tipos interligados de festejos. Por um lado, compreendem um certo número de sequências rituais centradas na coroa do Espírito Santo, com destaque para procissões, cortejos e para a missa da

coroação. Por outro, são caracterizadas por um conjunto de
refeições e dádivas alimentares entre as quais se destaca, no dia
da festa, uma grande refeição com sopas do Espírito Santo, na
qual participam centenas de pessoas, destinada aos membros
da irmandade e aos convidados do mordomo. Durante a tarde
do dia da festa tem também lugar uma distribuição generalizada
de rosquilhas a partir do império, que tradicionalmente atraía
muitas pessoas de fora da freguesia. Ainda durante a tarde, há
um arraial, geralmente animado por uma filarmónica local, que
acompanha também as procissões e cortejos que antecedem a
missa da coroação e se seguem à mesma. No dia seguinte à festa,
em certos casos, realizam-se alguns festejos suplementares. É o
que se passa em Santa Cruz: na quarta-feira, para além das
merendas finais que põem termo à festa, tem lugar junto ao
império uma refeição informal de peixe e realiza-se também
uma visita da festa de terça-feira à festa de segunda-feira, num
registo carnavalesco que descrevi desta forma no meu diário
de campo:

> Acompanhamento de alguns elementos da Filarmónica,
> voluntariamente desafinados, com músicas a abandalhar, hino
> do Espírito Santo a brincar, etc. [...] Um quadro em que as
> varas foram substituídas por toalhas e uma rapariga mascarada
> de chinesa, várias outras mulheres com atavios burlescos
> — uma com uma caixa *happy meal* enfiada na cabeça, outra
> com roupa berrante de tipo palhaço a pedir esmola com um
> chapéu de cores também berrantes, etc. — um cortejo des-
> composto, de risota, ritmos brasileiros, etc. (excerto do diário
> de campo).

As festas das rainhas

Embora com particularidades, as festas do Espírito Santo
das Ribeiras obedecem, pois, a alguns dos grandes motivos que
caracterizam as festas do Espírito Santo nos Açores. Apresentam
entretanto um forte elemento de singularidade: a participação
de rainhas — inspiradas nas *queens* norte-americanas — nos

festejos(⁵⁰). Alguns exemplos podem ser dados. Assim, em 2010, na festa de domingo de Pentecostes do lugar de Santa Bárbara (Ribeiras), a rainha — com um vestido branco e uma capa dourada — era uma das filhas adolescentes do mordomo da festa, um emigrante residente em San José (Califórnia). Já tinha sido rainha em San José, «a capa foi feita lá», e — para além de ter coroado — era a responsável pelo transporte de uma das quatro coroas da irmandade. Seguia num quadro formado por seis damas de honor vestidas de branco, «*side maids*, como dizem lá». Em 2012, com a festa a cargo de outro mordomo, desta vez residente na freguesia, foram três as rainhas que integraram os cortejos, «todas elas pequenas», isto é, com idades inferiores a oito anos: duas das capas tinham sido feitas localmente, mas a capa da rainha mais pequena vinha, mais uma vez, da América. Em 2010, na festa de segunda-feira, havia duas rainhas grandes, uma rainha pequena — ladeada por um príncipe — e ainda uma criança representando a rainha Santa Isabel. Noutros quadros que integravam as procissões, a predominância era também de raparigas vestidas de branco — por vezes acompanhadas de rapazes com fatos coloridos feitos de propósito para a festa —, e o cortejo abria com uma composição dos sete dons do Espírito Santo, assegurada por crianças vestidas também a rigor. Nesse mesmo ano, na festa de terça-feira, havia quatro rainhas, uma das quais pequena, e ainda uma rainha Santa Isabel e dois príncipes. O número total de quadros era nove, e eram 60 as crianças e adolescentes envolvidos nas procissões. Todos usavam vestidos e fatos feitos para a ocasião, muitas vezes formando — para cada quadro — conjuntos baseados na mesma cor e no mesmo tipo de corte. As cores dos quadros eram também escolhidas de acordo com uma conceção de conjunto, de forma a evitar repetições. Embora em 2010 e 2012 o número de rainhas nas Ribeiras

---

(⁵⁰) Uma parte significativa da informação relativa às rainhas foi recolhida em 2012, em conjunto com Filomena Silvano, que teve uma participação decisiva, em particular nas entrevistas com as costureiras ligadas à confeção das capas. Agradeço-lhe a autorização para usar aqui o material por ela recolhido, assim como as conversas e discussões que tivemos sobre o tema, sem as quais este subcapítulo seria certamente diferente.

— incluindo a rainha Santa Isabel — nunca tenha excedido as quatro, na freguesia foram muitas as pessoas que me disseram que no passado o número de rainhas chegara a dez. E acrescentavam: vinha então «muita gente de fora da freguesia a Santa Cruz só para ver os cortejos». Por outras palavras, não só a presença das rainhas é uma das peças fundamentais das festas do Espírito Santo nas Ribeiras, como esta é acompanhada de um processo de esteticização das procissões que fez delas o elemento-chave da festa.

Fora do Pico, este recurso às rainhas é uma solução rara. E, embora no Pico haja outras freguesias com rainhas, as festas das Ribeiras — em particular as de Santa Cruz — são conhecidas em toda a ilha — e por vezes fora da ilha — como «as festas das rainhas». Foi lá que elas começaram, foi a partir de lá que elas migraram para outras freguesias, nomeadamente do concelho das Lajes, e é lá — onde elas são mais antigas — que ganham maior brilho.

A origem das rainhas remonta, nas Ribeiras, a 1935, ano em que desfilou — na festa de segunda-feira — a primeira rainha. A sua fotografia — juntamente com a do fundador da Irmandade de Segunda-Feira — encontra-se hoje em dia no salão principal da Casa da Segunda-Feira. Por baixo da fotografia está o nome dessa primeira rainha: Emily Cabral, filha de um emigrante ribeirense de San Diego que nesse ano foi um dos mordomos da festa de segunda-feira. Se só algumas pessoas mais idosas conseguem indicar ainda hoje a casa que era dos Cabrais, situada numa rua estreita junto ao porto de Santa Cruz, a recordação dessa primeira rainha está mais difundida na freguesia. É também lembrado que Emily Cabral, além de ter sido a primeira rapariga a vestir de rainha, com vestido e capa trazidos dos EUA, foi também a primeira rapariga na freguesia a usar um fato de banho, outra inovação trazida da América do Norte.

Ambas as inovações, uma vez introduzidas, foram rapidamente adotadas na freguesia. Deixo para trás o fato de banho para me concentrar nas rainhas. No ano seguinte, saiu uma segunda rainha — uma adolescente local — em Pontas Negras. E, dois anos depois, de novo na festa de segunda-feira de Santa

Cruz, surgiu a terceira rainha da freguesia, Dona Berta, hoje com 90 anos:

> A capa era azul (um azul bonito, muito bonita!), de cetim azul e depois era toda ornamentada com arminho. Arminho branquinho. E bordada a lantejoulas brancas, ainda naquele tempo nem sequer havia douradas, mas também fui... também fui fininha. [Quem fez a capa] foi uma senhora costureira que havia aqui. Como já tinha visto, fez à sua maneira, sim, a imitar, mas não veludo, nem esses luxos que havia. Mas também estava muito jeitosa. Fez-me [também] o vestido, assim tudo *concheado* branco, de crepe.

A partir daí, tanto quanto a memória oral regista, as rainhas tornaram-se um elemento central das festas do Espírito Santo, primeiro ainda restritas à Irmandade de Segunda-Feira de Santa Cruz e às Pontas Negras, mas depois — a partir dos anos cinquenta — estendendo-se à Irmandade de Terça-Feira de Santa Cruz, onde a primeira rainha foi Dona Adélia Jorge, que usou uma capa «em cetim cor-de-rosa e com vestido branco, feita cá com fazendas de cá, com exceção das lantejoulas, que vieram da América». Quanto à introdução das rainhas em Santa Bárbara, é mais tardia e ocorreu nos anos sessenta.

A adoção das rainhas nas festas das Ribeiras parece ter obedecido a algumas linhas de força. Se algumas rainhas continuaram a vir da América — como tinha acontecido com Emily Cabral —, na maior parte dos casos eram locais. Quando as rainhas eram da ilha, algumas capas vinham da América, mas outras — como no caso de Dona Berta — eram confecionadas na freguesia, originando a formação de um circuito local de costureiras especializadas nas capas. Durante muito tempo existiu alguma dependência da América em relação à matéria-prima para as capas, em particular nos veludos e lantejoulas. Entretanto, recentemente, generalizou-se o recurso a lojas da Madalena, de Angra do Heroísmo, de Lisboa e até, em alguns casos, a catálogos de vendas *online*.

De início — nomeadamente nas festas de segunda-feira (Santa Cruz) —, desfilava apenas uma rainha, mas na década de sessenta o número de rainhas aumentou, até chegar — como ficou referido — às dez, estando hoje estabilizado em cerca de três ou quatro. Simultaneamente ao aumento do número de rainhas, triunfou também — embora aqui as datas precisas sejam mais difíceis de obter — a tendência para a complexificação estética dos cortejos e procissões, com a introdução de novas personagens e a procura de outras soluções ao nível do vestuário. É assim que, a par das rainhas grandes, aparecem as rainhas pequenas e que às rainhas — grandes e pequenas — é acrescentada a rainha Santa Isabel. Foi também aumentando o número de quadros, com a participação de um grupo cada vez maior de crianças e adolescentes nos cortejos e procissões. Aparecem igualmente quadros alusivos ao Divino Espírito Santo (Fé, Esperança e Caridade, por um lado, e os sete dons do Espírito Santo, por outro). A par destas grandes mudanças, ocorrem outras mais subtis, como a substituição, em certos quadros, das varas por cordões de tecido. Outras ainda, pelo contrário, tiveram dificuldade em vingar e foram posteriormente abandonadas. Foi o que aconteceu com a introdução de Santo António entre as figuras do cortejo ou dos vestidos de rainha com as cores das bandeiras dos EUA, do Canadá, de Portugal e dos Açores. Adotadas num ano, ambas as inovações foram abandonadas no ano seguinte. Mas outras experiências com o vestuário parecem ter tido mais sucesso: entre elas, a adoção do mesmo padrão de vestuário — cores e corte — para cada quadro e a planificação de conjunto do vestuário da totalidade dos quadros. Um dos exemplos mais expressivos é o de uma festa de terça--feira de Santa Cruz, promovida por uma costureira local — Dona Silvina Azevedo —, que «vestiu» todo o cortejo.

Mas o domínio principal de inovação parece ter-se centrado nas capas das rainhas[51]. O confronto entre fotografias antigas de rainhas e a observação das atuais permite surpreender algumas dessas mudanças. A primeira diz respeito ao material de base usado nas capas: inicialmente — pelo menos nas capas

---

[51] Sobre o vestuário das rainhas, com destaque para as capas, ver Silvano (2015, [2017]).

produzidas a nível local — usava-se o cetim, mas depois generalizou-se a utilização do veludo, acompanhado da gradual adoção do arminho na composição das bordas da capa. A diferença dos materiais corresponde a dois modos diferenciados de desfile da rainha. Enquanto a cauda das capas de cetim — mais leve — podia ser transportada pelas damas de honor, as capas de veludo — mais pesadas — arrastam pelo chão. Esse facto está na origem de outra inovação, de natureza mais prática: a adoção de um forro em plástico transparente que permite que as capas sejam arrastadas pelo chão sem se sujarem ou danificarem. Outra novidade foi a do cabeção armado, que, ao mesmo tempo que deu mais firmeza à gola, abriu para soluções de desenho mais variadas e vistosas. Simultaneamente, as capas que inicialmente caíam pelas costas passaram a ser presas debaixo dos braços.

Para além de novas soluções no corte das capas, a inovação incidiu também sobre a seleção de cores e o tipo de motivos decorativos usados. Inicialmente, as capas exploravam sobretudo cores claras, e a decoração — sob a forma de motivos desenhados com recurso a lantejoulas, vidrilhos e outras aplicações — era mais discreta. Em anos mais recentes, aumentou a diversidade cromática das capas — vermelho, azul-celeste, cor de vinho, etc. —, e generalizou-se o preenchimento exaustivo da capa com motivos decorativos como coroas, pombas, cruzes, hóstias, motivos vegetais e figuras geométricas.

Por detrás deste conjunto de inovações esteve — como ficou indicado — um circuito local de costureiras. Este deveria ser inicialmente mais restrito, mas, a partir do final dos anos cinquenta — com a generalização de festas com rainhas na freguesia e com o aumento do número de rainhas por festa —, alargou-se, integrando hoje em dia quatro costureiras. Três delas — Dona Lurdes, Dona Silvina e Dona Noélia — são já senhoras com mais de 60 anos, e uma quarta — Dona Elina — é mais jovem. A mais antiga e famosa na freguesia é Dona Lurdes, hoje menos ativa, mas que ao longo da sua vida fez para cima de 100 capas. Começou desde muito cedo como costureira e foi a partir de então que passou a fazê-las. Entre 1975 e 1985, viveu em San Diego e lá pôde aperfeiçoar a sua arte, trabalhando com novos materiais e ensaiando novas soluções. As restantes costureiras também começaram com outros trabalhos de costura, e foi como parte da sua atividade que se iniciaram na confecção de capas. Embora Dona Lurdes contasse com colaborações de outras pessoas — entre as quais dividia o trabalho —, a maior parte das costureiras trabalha sozinha, apenas com a eventual ajuda de um ou outro parente ou de familiares da própria rainha. Para além das capas, são também as costureiras que concebem e confecionam os vestidos das rainhas, das aias e das meninas que seguram as varas. Uma capa requer cerca de dois meses de trabalho a tempo inteiro, sendo a parte mais substancial do trabalho a aplicação das lantejoulas e vidrilhos. Trata-se geralmente de um trabalho pago, de acordo com valores que parecem ter uma certa constância: a capa em si pode custar entre 300 e 400 euros, e o quadro, no seu conjunto, pode ir até aos 1000 euros. Mas, em muitos casos, para pessoas de família ou amigas, as costureiras podem cobrar apenas os materiais.

Foi a partir destes circuitos locais de costureiras que se desenvolveu o conjunto de inovações indicadas. Nesse sentido, pode falar-se da inovação nas festas do Espírito Santo nas Ribeiras como sendo sobretudo uma inovação «no feminino». Para as inovações mais antigas — como a passagem do cetim para o veludo —, não há indicações seguras sobre a autoria, embora muitas das atuais costureiras refiram recorrentemente o nome de Dona Arlinda Cabral. Para as mais recentes, porém, as reivindicações de autoria individual são mais frequentes. Por exemplo, Dona Lurdes reclama para si a autoria de um novo corte para os vestidos de rainha — com manga curta num dos lados e sem manga noutro. Quanto a Dona Silvina, parece ter sido a costureira que levou mais longe a ideia da conceção conjunta da totalidade dos quadros que compõem os cortejos. Outras inovações são entretanto de autoria mais difusa: é o que se passa com o alargamento do cromatismo das capas ou com o seu enriquecimento decorativo, processos que devem resultar de diálogos criativos entre solicitações das mães das rainhas e sugestões das próprias costureiras. Tão importantes como os processos de inovação devem ter sido os processos de cópia e competição. A cópia pode ser ilustrada com o processo de difusão generalizada do cabeção. A competição é o grande motivo por detrás do alargamento da escala cromática das capas e do enriquecimento do seu campo decorativo. Por isso, nos anos sessenta, as capas eram rodeadas de grande segredo. Como me foi dito, «dantes, a competição pela melhor rainha era tanta que escondiam os vestidos umas das outras. Mas houve um ano em que tanto esconderam que saíram duas rainhas de capa preta». As fontes da inovação são também variáveis. Há costureiras — como Dona Silvina — que dizem inspirar-se em revistas e programas de televisão, ao passo que outras acentuam a sua autossuficiência criativa. É o caso de Dona Lurdes: «Nem sequer via revistas! Era coisas que me dava no juízo! Nem sequer via revistas nenhumas». Há estilos individuais que no decurso destes processos de invenção e cópia se cristalizaram. O caso mais expressivo é o de Dona Lurdes, que no preenchimento do campo decorativo das capas não inclui — a não ser a pedido — a coroa do Espírito Santo «porque ela já lá está, é a rainha que a leva».

Tendo-se tornado o principal motivo distintivo das festas do Espírito Santo das Ribeiras, as rainhas são responsáveis pela dimensão espetacular que os festejos ali adquiriram, como é sublinhado dentro e fora da freguesia. Fora da freguesia — como ficou indicado — as festas das Ribeiras, e em particular as de Santa Cruz, são vistas como as «festas das rainhas». E, se hoje as visitas de forasteiros para ver as rainhas são menos frequentes do que no passado, as festas das Ribeiras permanecem como referência incontornável da «festa com rainhas».

Com o processo de democratização das tecnologias visuais, esta dimensão espetacular dos cortejos e procissões das Ribeiras gerou um conjunto de novas dinâmicas rituais, cuja importância deve ser sublinhada. Uma delas tem que ver com a multiplicação de telemóveis com capacidade de captação de imagem, de máquinas fotográficas e de câmaras de vídeo nos cortejos. Alguns desses dispositivos são usados por forasteiros, turistas de passagem ou antropólogos, mas a maioria é usada por familiares das crianças e adolescentes que desfilam. As imagens captadas por estes últimos têm usos locais. Mas outras têm uma circulação mais ampla, de características transnacionais. Assim, tanto em 2010 como em 2012, as festas das Ribeiras foram acompanhadas por uma equipa de dois *cameramen* que transmitiam em direto os festejos via Internet, tendo como público-alvo emigrantes ribeirenses residentes nos EUA e no Canadá ([52]). Se é verdade que este processo é transversal ao campo das festas populares em geral, ele assume nas Ribeiras características particularmente relevantes. O ritmo dos cortejos e os modos de desfilar foram adaptados a esta saturação visual das festas. Nos cortejos, o ritmo tornou-se mais lento, e a distância entre os vários quadros é agora maior, de modo a permitir a operação dos fotógrafos e *cameramen*. Quando algum fotógrafo procura obter imagens de frente dos quadros que passam — com destaque para aqueles onde seguem as rainhas —, as crianças e adolescentes param e sorriem e só depois retomam a marcha. Ao mesmo tempo que tem efeitos nos modos de desfile dos cortejos, a saturação visual das festas é também responsável pela importância que tem vindo a assumir uma «fotografia de grupo» tomada quando, no termo do cortejo que se segue à missa da coroação, este se perfila no exterior do salão da festa. Tradicionalmente, esta paragem do cortejo era usada para homenagear o Espírito Santo: com o cortejo perfilado, a filarmónica executava o «Hino ao Espírito Santo». Hoje em dia, porém, foi acrescentado um significado adicional a esse momento ritual. Ele transformou-se na ocasião para uma fotografia de grupo, tirada enquanto o hino é executado: de um lado estão as dezenas de integrantes do cortejo — arrumados de forma a caberem na fotografia — e, do lado

---

([52]) Esta equipa era integrada e dirigida por José Gabriel Ávila, que filmava em direto e transmitia *online*, através da Lajes TV, outras festas do concelho das Lajes. O seu propósito é chegar aos emigrantes: «Os emigrantes gostam de ver os parentes de cá, pedem para falar com eles». A equipa que está envolvida no projeto — «por gosto» — envolve três pessoas e, em 2010, para além da cobertura das festas das Ribeiras, havia também transmitido o Festival Baleia de Marfim e a inauguração do Shopping Lajes. Existe também uma *webpage* dedicada à freguesia das Ribeiras, feita a partir do Canadá, onde estão disponíveis centenas de imagens sobre as festas do Espírito Santo da freguesia.

oposto, dezenas de fotógrafos e *cameramen*, por vezes em número superior aos primeiros. À homenagem ao Espírito Santo acrescentou-se o registo visual como parte integrante do *script* ritual da festa. Esta preocupação com o registo visual não é completamente nova. Se nas paredes da Casa de Segunda-Feira existe uma fotografia da primeira rainha é porque ele foi importante desde o início. Na mesma linha, é também muito valorizado localmente o facto de, logo em 1935, uma fotografia de Emily Cabral ter sido publicada num jornal da Horta (Faial). E, no decurso da pesquisa, foi relativamente fácil encontrar imagens de rainhas cobrindo diferentes períodos de tempo. O que é novo é a escala que o uso da imagem assumiu contemporaneamente e o modo como esta foi incorporada no *script* ritual das festas. Pode dizer-se que, num casamento, o registo fotográfico — muitas vezes num cenário convencional, envolvendo várias composições e ocupando uma larga fatia do tempo disponível — é, em conjunto com a missa — ou a cerimónia do registo civil — e a boda, um dos principais elementos do seu *script* ritual. Passa-se o mesmo com as festas do Espírito Santo das Ribeiras: a fotografia e o filme foram de alguma forma inseridos no seu *script* ritual, tornaram-se algo que faz parte da ordem convencional, como a refeição que se segue à missa da coroação ou a imposição da coroa às rainhas e mordomos([53]).

Para além das suas consequências propriamente rituais, a introdução das rainhas nas festas do Espírito Santo das Ribeiras teve ainda outro tipo de efeitos. Determinou a emergência de um desempenho ritual — ser rainha — e de um objeto cultural — a capa —, que se tornaram muito importantes na formulação das identidades femininas nas Ribeiras. A importância de ser rainha pode ser ilustrada com esta passagem do diário de campo

---

([53]) No meu diário de campo, registei da seguinte forma esta ideia, agora mais domesticada: «isto também é festa, os fotógrafos também são personagens da festa e a festa e os seus personagens vivem também em função deles. Estes elementos "impuros" não são enxertos de fora, mas parte integrante da narrativa».

de 2010, em que começava por referir o caso de uma rapariga
de 19 anos que transportava a bandeira da filarmónica:

quer muito ser rainha mas nunca foi convidada. A família
também não é das irmandades, o que torna a possibilidade
ainda mais remota. [...] Já foi muitas vezes aia e gosta tanto
das festas que chegava a dormir com os vestidos. Acha que
agora, com 19 anos, é tarde para ser rainha. A propósito: a
Márcia [que nesse ano fazia parte da mordomia da festa de
segunda-feira] também nunca foi rainha e por isso quer muito
que a filha seja, embora a possibilidade também seja remota,
uma vez que vai ter que esperar pela altura de a sua irmandade
fazer a festa e depois esperar que lhe saia o lugar de rainha
no sorteio (excerto do diário de campo).

Nas memórias individuais, a importância de ter sido rainha
é também grande. Mesmo as mulheres mais idosas relembram
com facilidade o ano em que foram rainha e conseguem descrever com algum pormenor o vestido e a capa que usaram, assim como outros aspetos da festa. Muitas ex-rainhas guardam fotografias da ocasião, e, depois de um período inicial em que as capas eram recicladas para produzir vestidos e outras peças de roupa, a partir do final dos anos cinquenta, estas passaram a ser guardadas como uma espécie de artefactos de memória. A própria circulação das capas faz-se com reservas e cuidados. Podem circular — e circulam — na família. Podem também ser emprestadas a pessoas amigas de confiança. Mas é mais difícil a sua circulação fora desse quadro balizado pela proximidade familiar e social. Nessa medida, é possível que sejam vistas como um bem cerimonial inalienável (Weiner 1992) que é retirado dos circuitos de troca ou que circula neles com relutância. É de resto também na mesma perspetiva que pode ser analisado o carácter por vezes gratuito do trabalho de algumas costureiras, sobretudo quando trabalham para familiares mais chegados.

Há outros dois pontos que devem ser sublinhados. Um deles diz respeito ao modo como a propriedade e a circulação das capas detidas individualmente refletem os diferentes níveis de prosperidade das famílias das Ribeiras. As capas custam dinheiro, e, para algumas famílias de rainhas, a despesa é mais difícil de suportar. Para esses casos, parecem ter-se desenvolvido mecanismos formais e informais de ajuda. Assim, a irmandade de Pentecostes de Santa Bárbara possui duas capas que pode emprestar às rainhas da festa. Da mesma forma, uma das costureiras — Dona Lurdes — tem também duas capas que disponibiliza para famílias que o solicitem. O ideal é que cada rainha use a sua capa — que é uma afirmação de estatuto social e de orgulho individual —, mas, caso isso seja impossível, estão previstos mecanismos que garantem que as famílias com menos disponibilidade financeira possam, mesmo assim, cumprir o seu encargo ritual. Um segundo ponto que deve ser sublinhado prende-se com o futuro desta configuração. Muitas pessoas na freguesia chamavam a atenção para o facto de hoje em dia ser cada vez maior o número de adolescentes que declinam o convite para ser rainha. Como consequência, ter-se-ia assistido nos últimos anos a uma diminuição da idade média das rainhas grandes. Os dados da observação são a esse respeito contraditórios. Houve festas — como a de terça-feira em 2012 — em que a totalidade das rainhas correspondia a crianças ou pré-adolescentes. Mas noutras festas de 2010 e 2012 havia pelo menos uma adolescente como rainha. Por enquanto, é difícil fazer vaticínios acerca do futuro das rainhas. Não só os dados da observação não são conclusivos, como pode ser que as tendências recentes no sentido da patrimonialização das rainhas — que serão abordadas adiante — venham a modificar os termos em que a questão se coloca hoje em dia.

A difusão das rainhas: cópias e resistências

Com foi assinalado, entre 1935 e finais dos anos cinquenta, as rainhas estavam circunscritas à festa de segunda-feira de Santa Cruz, e foi a partir dessa década que passaram para a festa de terça-feira — e, já nos anos sessenta, para as festas de Santa Bárbara.

Foi também nos anos sessenta que se iniciou o processo de expansão das rainhas para outras freguesias da ilha do Pico.

Assim, hoje é possível encontrar rainhas em freguesias como a Piedade — onde conduzi trabalho de campo no final dos anos noventa (cf. Leal 1994: 221-237) — ou nas Silveiras — onde tive ocasião de acompanhar a festa de 2010. Várias pessoas me indicaram que estes não seriam casos únicos, sendo-me referido o exemplo das festas de São Pedro das Lajes. De qualquer forma, era recorrentemente sublinhado o modo como durante muito tempo o processo de difusão das rainhas a partir das Ribeiras se teria circunscrito ao concelho das Lajes, sendo recente a sua expansão — mais pontual para outras freguesias do Pico e ainda mais esporádica para fora da ilha do Pico. Essa presença das rainhas fora das Ribeiras faz-se entretanto em modo menor, isto é, não surge rodeada do *glamour* que é possível detetar nas Ribeiras, em particular em Santa Cruz. É o que se passa na Piedade, onde, em 1989, apesar da presença de duas rainhas — ambas pequenas —, existiam apenas cinco quadros, todos eles marcados por uma certa contenção decorativa. É também o caso das Silveiras, onde a festa de 2010 comportava apenas uma rainha — pequena — e apenas cinco quadros, mais uma vez marcados pela circunspeção.

Este processo de expansão das rainhas para fora da freguesia das Ribeiras não é isento de resistências. Nas Silveiras, por exemplo, as rainhas foram introduzidas nos anos oitenta por um jovem ex-emigrante «que queria inovar». Mas, em 2010, a aproximação do responsável pela festa — apesar de a festa integrar uma rainha — era diferente: «aqui não [ligamos tanto às rainhas]; queremos manter a tradição, não fazer muito folclórico. Não é que não haja uma ou outra rainha, a gente não vai dizer que não». Na Prainha também, de acordo com Rodrigo Lacerda, um antropólogo que em 2010 realizava uma pesquisa em várias freguesias do Pico, «não só não há rainhas, como são contra a sua introdução: é uma americanice». Um dos padres que procedeu à coroação nas Silveiras, em conversa comigo, manifestou-se também contra a presença de rainhas.

Mas onde estas resistências se tornaram mais evidentes e estão mais documentadas é no caso da Criação Velha, uma freguesia do concelho da Madalena (Pico), onde a introdução das rainhas em 1998 — por iniciativa da comissão de festas — suscitou uma intensa polémica, que ganhou expressão mais visível em reportagens e colunas de opinião publicadas pelo jornal local *Ilha Maior*, entre 1998 e 2000([54]). Logo em 1998, o jornal realizou um inquérito de alguma forma precondicionado por uma posição crítica em relação às rainhas, definidas no texto de abertura do inquérito como «novas "modas" que não se integram nas festas do Espírito Santo» na Criação Velha («No rescaldo e para reflexão», in *Ilha Maior*, 26 de junho de 1998, p. 5). Dada a posição crítica do jornal, não foi difícil encontrar opiniões negativas sobre as rainhas. Um ano depois, em abril de 1999, um colunista do jornal, referindo-se às rainhas, escreveu que «as introduções dos modernismos vêm prejudicar sobremaneira a parte etnográfica destas festas» (*Ilha Maior*, 30 de abril de 1999, p. 12). Noutro artigo, o mesmo colunista já havia tentado contrariar o argumento de que as rainhas seriam tradicionais por representarem a rainha Santa Isabel:

> Não me venham dizer que as rainhas simbolizam a rainha Santa Isabel. Que eu saiba esta não se coroava a si própria, mas sim um pobre. Esta não tentava pavonear-se frente à multidão, mas sim dar, generosamente, aos desfavorecidos do seu tempo. Que eu saiba só houve uma rainha Santa Isabel e não três («As festas do Divino», in *Ilha Maior*, 28 de maio de 1999, p. 12).

Outro dos argumentos usados sublinhava o mau gosto das rainhas. Estas seriam uma expressão daquilo «que de mais triste e *foleiro* se faz na terra do antigo "novo mundo"» («As festas do Espírito Santo», in *Ilha Maior*, 9 de junho de 2000, p. 2, itálicos meus). Como nos casos estudados por David Fitzgerald, também neste a «dissimilação» dos emigrantes — isto é, «as diferenças relativas a práticas culturais entre os imigrantes e os grupos na terra de origem» (2013: 118) — foi vista por alguns como «uma

---

([54]) Agradeço ao diretor do jornal *Ilha Maior* a ajuda prestada na pesquisa e o posterior envio por correio das matérias referentes à polémica sobre as rainhas da Criação Velha.

ameaça cultural» (2013: 120) aos modos locais de organização das festas.
Neste debate vale a pena sublinhar dois pontos. O primeiro está ligado ao lugar social da oposição às rainhas. Um dos colaboradores da *Ilha Maior* que escreveu contra as rainhas era diretor do Centro de Interpretação da Cultura da Vinha (Lajido) e outro um pároco local. A oposição às rainhas parece, portanto, ser conduzida a partir das elites locais. O segundo ponto tem que ver com o lugar que nessas críticas desempenham as diferenciações, microconflitualidades e rivalidades que opõem os diferentes concelhos do Pico e, em particular, as suas elites locais. Embora as rainhas tenham tido uma certa capacidade de expansão recente para outros concelhos, continuam a ser vistas como algo que é das Ribeiras e que é considerado exterior à tradição local dos concelhos de São Roque e da Madalena. Este ponto surge particularmente bem expresso num dos depoimentos ao jornal *Ilha Maior*:

> A minha opinião é contrária. *Costumo ir à segunda-feira do Espírito Santo às Ribeiras, gosto de ver o cortejo,* afinal as raízes são as mesmas, mas têm uma evolução que trouxeram dos Estados Unidos. Porque é que na Criação Velha andam a importar as rainhas, seja lá de onde for? (*Ilha Maior*, 15 de maio de 1998, p. 6, itálicos meus).

O património das rainhas

Se no Norte da ilha as rainhas se viram envolvidas em polémica, nas Ribeiras — e no concelho das Lajes, de uma forma mais geral —, as rainhas tornaram-se recentemente um importante emblema identitário colocado sob o signo do património e encarado localmente — incluindo pelas elites — com orgulho.
Esse processo de patrimonialização remonta a 2011. Nesse ano, realizou-se nas Ribeiras uma primeira exposição de capas por ocasião de um evento chamado *Maré Cheia*, organizado em agosto pela Sociedade Filarmónica União Ribeirense. Em 2012,

no âmbito do evento *Ribeiras com Vida*, tiveram lugar outras iniciativas centradas nas festas do Espírito Santo, coincidentes com o período consagrado à realização das festas e organizadas pela associação de defesa do património *Mare Apertum*. Uma dessas iniciativas foi uma exposição, apresentada na sede da festa de segunda-feira e organizada a partir de objetos e fotografias pedidas às seis irmandades da freguesia. Para além de outros objetos — louças, coroas, rosquilhas —, a exposição concedia de novo grande protagonismo às capas e às rainhas, quer através da exibição de fotografias antigas quer através da exibição de vestidos e capas usados por elas.

Paralelamente a estas iniciativas «a partir de baixo», as rainhas e as capas foram também patrimonialmente cooptadas «a partir de cima». De facto, em 2011, sob o título *Capas do Espírito Santo: tradição e modernidade*, teve lugar uma exposição de capas no Museu dos Baleeiros das Lajes. Com um muito elogiado projeto de arquitetura de Paulo Gouveia, o museu é não só o principal equipamento cultural do concelho das Lajes, como, a par da observação de cetáceos (L. Silva 2014), um dos seus principais motivos de atração turística. Foi no quadro da política de exposições temporárias do museu que nesse ano foi apresentada essa exposição. Segundo o seu diretor, Manuel Francisco Costa,

> já havia a ideia de fazer uma exposição sobre o Espírito Santo mas nunca mais se fazia. Então, numa reunião em que estava a Helena Ormonde [então Diretora do Museu de Angra do Heroísmo] ela falou-me na ideia de organizar uma exposição de capas no Museu de Angra. Eu disse-lhe que antes do Museu de Angra a exposição tinha que ser organizada no Pico.
> [...] Para a exposição foi feito um levantamento de capas, foram entrevistadas as costureiras e a exposição acabou por ser também uma homenagem a elas, em particular à Dona Lurdes, de quem eram seis das sete capas exibidas. A escolha das capas foi feita em conjunto entre o museu e a Dona Lurdes. Fizemos também uma pequena brochura e a exposição foi um êxito. Foi uma exposição de dentro para dentro e foi o maior êxito do museu em doze anos, visitada por 6860 pessoas

[a população da ilha é de 15 000 habitantes]. Famílias inteiras que nunca tinham entrado no museu vieram ver a exposição.

Diferentemente da polémica que rodeou a introdução das rainhas na Criação Velha, para as elites culturais do concelho das Lajes, portanto, as rainhas configuram-se como património: são uma «americanice» bem-vinda, que particulariza e valoriza as festas das Ribeiras e de outras freguesias das Lajes.

Bumerangue cultural

As rainhas nas Ribeiras constituem, portanto, uma história de sucesso. Assumiram e mantêm grande proeminência local. Tornaram-se — apesar das reservas e da contestação — um produto de exportação, com as Ribeiras a funcionarem como placa giratória entre a América e o Pico e — mais pontualmente — outras ilhas do grupo central. Finalmente, foram transformadas no elemento patrimonial mais importante da freguesia.

Para caracterizar os primórdios desta história de sucesso — iniciada em 1936 com Emily Cabral e a influência das *queens* norte-americanas —, podemos utilizar duas ideias. Uma delas — a de bumerangue cultural — é uma metáfora feliz proveniente da história da arte, mas que não deixa de ser adequada ao caso das rainhas, uma vez que as capas possuem também um estatuto de objeto artístico.

Essa metáfora foi utilizada por Kirk Varnedoe em *A Fine Disregard: What Makes Modern Art Modern* (1990). Nesse livro, Varnedoe desafiou um conjunto de teses geralmente aceites acerca da história da arte moderna. Uma delas tem que ver com a suposta influência que as gravuras japonesas teriam tido na *road to flateness* da pintura moderna, isto é, no desenvolvimento de uma nova forma de pintar que punha em causa o princípio clássico da perspetiva. Uma das fontes dessa nova forma de pintar teria sido — de acordo com muitos historiadores da arte moderna — a gravura japonesa. Não só «há provas sólidas de que os primeiros pintores modernos desde Manet conheciam muito bem estas gravuras», como

«uma e outra vez, em livro após livro, este tipo de gravuras é apresentado ao lado de pinturas de Degas, ou Gauguin, ou Van Gogh para demonstrar a influência de estruturas do Extremo Oriente, não ocidentais, sobre a visão ocidental».

Mais do que isso, acrescenta Varnedoe, «as comparações retomam recorrentemente o mesmo artista japonês e a mesma série de gravuras» (1990: 56). Em vez da influência genérica da gravura japonesa, deveria então falar-se da influência de um gravador japonês específico, Ando Hiroshige. Mas não é esse o ponto mais importante do argumento de Varnedoe. Hiroshige seria um dos representantes de uma longa linhagem de artistas japoneses inseridos numa «tradição de envolvimento japonês com a perspetiva ocidental» (1990: 56) que teria conduzido a vários tipos de acomodação entre a tradição japonesa e a tradição europeia:

«a manipulação notória dos primeiros planos ampliados, assim como o jogo dramático entre o perto e o longe que parece antecipar Degas e tanto intrigava Van Gogh, são ramificações de uma linhagem da perspetiva do Ocidente» (1990: 70)

que se encontrava no Japão desde as primeiras décadas do século XIX. Como escreve Varnedoe,

Quando olhamos para gravuras como estas e consideramos o seu impacto sobre a pintura ocidental em finais do século XIX, não estamos perante uma invasão como a dos bárbaros às portas de Roma. Será antes como a invasão da América pela música *rock* britânica no início dos anos sessenta — ou seja, um *bumerangue cultural*. Este tipo de transações de importação-exportação implica lançar para fora uma tradição, porventura inquestionada ou desprezada localmente, que depois regressa à origem comportando ligeiros mal-entendidos, mas reavivada e fértil (1990: 76, itálicos meus).

Em suma, aquilo que na história da arte moderna era visto como uma viagem numa só direção — do Oriente para o Ocidente — é afinal o resultado de viagens mais complexas de ida — do Ocidente para o Oriente — e de volta — do Oriente para o Ocidente —, numa espécie de bumerangue cultural. Acontece o mesmo com as rainhas das Ribeiras. Na sua origem começa por estar uma viagem de ida — que leva as festas do Espírito Santo das Ribeiras para San Diego, para onde haviam emigrado os pais de Emily Cabral —, a que se segue uma viagem de volta — que traz as *queens* entretanto introduzidas nas festas de San Diego para as Ribeiras. Pelo meio, várias outras viagens de ida e volta — de rainhas, de tecidos, de capas, de especialistas rituais — mantiveram abertos os circuitos de trânsito de formas culturais e ideias entre os Açores e os EUA.

Alternativamente, se nos colocarmos no espaço das ciências sociais — e se em vez de uma imagem, mesmo que feliz, optarmos por um conceito —, a introdução das rainhas nas Ribeiras pode ser descrita como uma remessa cultural. Este conceito adapta o de remessas sociais proposto por Peggy Levitt. Para esta autora, «as remessas sociais são as ideias, comportamentos, identidades e capital social que fluem da comunidade no país de acolhimento para a do país de origem» (Levitt 2001: 54). No caso dos Açores, essas remessas culturais — embora mal estudadas — são múltiplas. Afetam desde logo a língua, que revela uma grande capacidade de absorção de palavras inglesas. Afetam a arquitetura, em particular em certas ilhas do grupo central — como o Faial e o Pico —, por intermédio das chamadas casas com torre construídas nas primeiras décadas do século XX (P. Gouveia s/d) ou de casas de emigrantes mais recentes, embora se deva sublinhar o carácter mais circunscrito das arquiteturas migrantes nos Açores em comparação com o continente. Afetaram, mais significativamente, o vestuário, uma vez que eram muito frequentes os presentes de roupa para parentes e vizinhos quando os emigrantes visitavam a sua freguesia natal. E, no caso das Ribeiras — por intermédio das rainhas —, afetaram de forma significativa as festas do Espírito Santo.

Uma comunidade transnacional

Quer falemos das rainhas em termos de efeito de bumerangue cultural quer falemos nelas como uma remessa cultural, o que vale a pena sublinhar é a singularidade da sua história de sucesso nas Ribeiras. Não são de facto conhecidos — ou pelo menos não se encontram documentados — casos idênticos de sucesso precoce e sustentado da introdução de rainhas noutras ilhas dos Açores. Pelo contrário, noutras freguesias açorianas, tentativas de introdução das rainhas fracassaram, como em Santa Bárbara (na ilha de Santa Maria), nos anos quarenta. Algures nessa década, um emigrante na Califórnia trouxe os vestidos e capas necessários para uma coroação com rainhas, mas tudo o que restou dessa tentativa foram algumas fotografias pouco nítidas na posse de familiares desse emigrante e uma vaga memória oral — entre as pessoas mais velhas — dessa «festa americana».

Nas Ribeiras, a maior parte das pessoas tem consciência da singularidade cultural que as rainhas representam. Quando procuram teorizá-la, recorrem em primeiro lugar a um discurso que, à falta de melhor termo, podemos classificar como historiográfico e que consiste na simples invocação da figura de Emily Cabral, a «primeira rainha», o momento em que tudo começou. Mas a este discurso historiográfico soma-se frequentemente um discurso — mais antropológico — que sublinha dois pontos. O primeiro chama a atenção para a ligação particularmente forte existente entre as Ribeiras e a América, em particular com San Diego. «Aqui na freguesia iam muito para a América», foi uma frase que ouvi repetidamente no decurso da pesquisa, tanto nas Ribeiras como fora das Ribeiras. Por exemplo, nas Silveiras, explicando a existência de uma só rainha na festa de 2010, um dos mordomos dizia-me: «aqui não é como nas Ribeiras que há muitos emigrantes». Quanto ao segundo ponto, realça a riqueza dos emigrantes e a sua prodigalidade quando regressavam à freguesia. Tal facto passava não só por um protagonismo grande nas festas do Espírito Santo, mas por vários outros comportamentos situados entre a ostentação e a beneficência. Em Santa

Bárbara (Ribeiras), por exemplo, disseram-me que dantes «os emigrantes rasgavam notas, nas festas deitavam confeitos pelo chão, os pobres — como os cães — é que os iam apanhar». Ou, noutra reconstituição desse tempo de riqueza e prodigalidade, elaborada num tom mais intelectualizado:

Os emigrantes vinham todos fortes. Ainda nos anos quarenta eram recebidos com a filarmónica no cais, faziam matanças do porco, brindavam as pessoas com cerveja e chocolate. Eram assim recebidos porque eram ricos. Vinham para mostrar que estavam bem, também para matar saudades e ver famílias, mas havia toda uma iconografia de ostentação, vinham também para celebrar o triunfo (Manuel Francisco Costa).

Nesta evocação dos «emigrantes muito ricos que gostavam de voltar para as festas» surgiam repetidamente os mesmos nomes, de três ou quatro famílias particularmente ricas. Seria o caso do pai de Emily Cabral, que, antes de embarcar para a América, era dono de um barco usado para transporte de passageiros entre ilhas. Mas os nomes mais referidos por muitas pessoas com quem falei eram os Garcias, os Medinas e os Silvas (estes últimos das Pontas Negras):

era gente que fazia muito dinheiro [...]. Faziam fortunas rápidas, e vinham cá. Os outros demoravam 15 a 20 anos a vir, mas estes não. Vinham de visita mas não voltavam. Nos anos sessenta — ainda me lembro — faziam festas para a freguesia inteira, matavam bois, convidavam a freguesia, havia música, serenatas para os americanos, bailava-se e dançava-se e eles é que patrocinavam (Manuel Francisco Costa).

Entre estes nomes, um ganha destaque: o dos Medinas e, em particular, o de Manuel Oliveira Medina (também conhecido com M. O. Medina). De acordo com Ema Porto,

os Medinas eram muito benfeitores. Um deles — o Manuel Oliveira Medina — deixou 600 000 dólares para a Igreja, outro tanto para o seminário de Angra e outro tanto para a igreja de Santa Bárbara [Ribeiras]. Davam ofertas, matavam bois, davam jantares na Casa de Segunda-Feira para toda a população, eram muito benfeitores. Traziam prendinhas para todos: os Medinas chegavam e ficava toda a gente na freguesia vestida de igual, brindavam todos com a mesma roupa. Todos vieram casar aqui. Já os Garcias demoraram mais a vir de visita, eram bons para os seus próprios. Mas, em geral, os emigrantes vinham muito no verão, tinham uma ligação forte com a freguesia.

Estas explicações locais para o êxito das rainhas nas Ribeiras devem ser levadas a sério. A primeira explicação — que refere o nome de Emily Cabral — sublinha a importância de pessoas concretas nos processos de inovação cultural. De facto, muitas das abordagens de processos de inovação cultural — em particular na antropologia moderna — sofrem de um certo holismo: os sujeitos da inovação são grupos, tradições culturais distintas que entram em contacto, e assim sucessivamente. Esse holismo é em muitos casos uma consequência de a observação desses processos de inovação ser feita *a posteriori* — sabe-se que houve inovação, mas torna-se impossível discriminar os agentes concretos desses processos inovadores. Mas é também consequência de um olhar que supõe o primado dos coletivos sobre as pessoas concretas que os compõem. O que há que sublinhar, contra este modo de ver as coisas, é que a inovação cultural — como mostra o caso das rainhas nas Ribeiras — assenta antes de mais na iniciativa individual: são sempre pessoas concretas que decidem experimentar novas soluções.

Para triunfarem, entretanto, as inovações têm de contar com um ambiente favorável. É nessa direção que apontam as explicações — antropológicas — que ligam o triunfo das rainhas a algumas características da emigração nas Ribeiras.

Estas explicações — transcritas para o jargão da antropologia — não só sugerem o peso do transnacionalismo no relacionamento entre os emigrantes e a terra de origem, como põem em evidência a importância que uma configuração especial desse transnacionalismo assume nas Ribeiras. Essa configuração é marcada por dois traços principais. O primeiro tem que ver com o carácter acentuadamente dipolar (Trindade 1976) da emigração ribeirense para os EUA. Este conceito — que antecipa o de transnacionalismo — sublinha o modo como, em certos casos, se estabelece uma ligação privilegiada entre uma localidade precisa na terra de origem e uma localidade precisa na terra de destino. É o que se passa nas Ribeiras. Ao contrário da emigração em muitas outras freguesias açorianas, que tende a dispersar-se por várias localidades nos EUA e no Canadá, a emigração ribeirense — até pelo menos aos anos sessenta, quando alguns emigrantes começaram a emigrar para o Canadá — era uma emigração que se dirigia fundamentalmente para San Diego[55].

Ribeiras e San Diego podem, pois, ser vistas como um tipo específico de «espaço social transnacional» (Faist 2000), a que Peggy Levitt (2001) chama «comunidade» ou «aldeia transnacional»: uma comunidade unificada assente em relações privilegiadas entre uma localidade ou uma região específicas na terra de origem e uma localidade ou uma região específicas na terra de acolhimento. Cada uma dessas localidades constituiria um polo de uma entidade mais larga que seria a aldeia — ou comunidade — transnacional. Tal facto parece ter facilitado — como nos casos estudados por Beatriz Rocha Trindade e Peggy Levitt — um funcionamento mais efetivo de modos de circulação transnacional de pessoas e formas culturais.

O segundo traço que caracteriza a configuração específica que o transnacionalismo apresenta nas Ribeiras tem que ver com a prosperidade de um segmento importante dos ribeirenses emigrados em San Diego. Estabelecida inicialmente em Point Loma e Roseville e formada, para além de ribeirenses — e outros emigrantes do Pico —, por contingentes mais reduzidos de emigrantes madeirenses e algarvios, a comunidade portuguesa construiu a partir de finais do século XIX uma ligação forte e economicamente muito rentável com a pesca do atum. Iniciada em 1893 (E. M. Dias 2009: 3), a pesca do atum conheceu um importante salto em frente após a Primeira Guerra Mundial,

---

[55] Um bom exemplo do carácter disperso da emigração açoriana é o de Santa Bárbara (Santa Maria), freguesia de onde a emigração se dirigiu para várias localidades nos EUA (Boston, Hudson, East Providence, Tauton, Redlands) e no Canadá (Cambridge).

com o aumento da procura deste pescado. Tirando partido dessa procura, os portugueses — em particular os picoenses — irão construir barcos cada vez maiores e com um mais amplo raio de ação. Entre esses barcos estão o *Oceana* (1919), o *Atlantic* (1922) e o *Lusitânia* (1927). Interrompida com a Segunda Guerra Mundial — os barcos atuneiros foram então requisitados para o esforço de guerra norte-americano no Pacífico —, a pesca do atum conheceu um novo *boom* após esse confronto global, com muitos capitães portugueses a reforçarem as suas posições. Em 1955, a frota atuneira de San Diego era composta por 228 barcos, operados na sua maioria por portugueses. Foi também importante o contributo dos portugueses para a inovação tecnológica na pesca do atum. Na viragem do século XIX para o século XX, foram eles que introduziram a pesca «de salto e vara». Em 1940, foi um barco português o primeiro a adotar um sistema de refrigeração a bordo (E. M. Dias 2009: 7). Em 1949, um barco português — curiosamente batizado *Espírito Santo* — utilizou o helicóptero como método de localização dos cardumes (2009: 8). E, em 1950, os capitães portugueses desempenharam um papel importante na generalização da pesca com cerco, por intermédio de arrastões.

Em consequência deste seu envolvimento na pesca do atum, a comunidade de San Diego tornou-se uma das mais prósperas da Califórnia. Muito do dinheiro obtido com a pesca do atum

> foi investido na área de Point Loma, onde residia a maioria dos portugueses. Belas mansões com vista sobre a baía foram adquiridas ou construídas por valores elevados. Alguns portugueses tornaram-se homens de negócios astutos e fizeram fortuna (Batista 2002: 424).

Ligados desde o início à pesca do atum, muitos emigrantes ribeirenses serão os principais beneficiários da prosperidade por ela gerada. Já familiarizados na terra de origem com a atividade piscatória, dotados de espírito de iniciativa, muitos emigrantes das Ribeiras tiveram de facto um percurso marcante na pesca do atum, tendo alguns deles ascendido a lugares importantes na frota atuneira de San Diego. É neste quadro que surgem os Medinas, os Garcias e os Silvas:

> Esta freguesia sempre foi de pescas. Eles chegaram lá e trabalhavam muito. Havia as oportunidades, só faltava quem construísse barcos maiores. Os Garcias eram filhos de [...] um homem instruído, que tinha sido chefe de baleeiros, tinha estado na América e levou para lá uma das filhas e os cinco filhos. Era uma família muito unida, todos tiveram barcos seus e punham-lhes nomes como *Santa Cruz*, *Açoriana*, *Portuguesa*. Foram milionários, todos. Os Medinas também embarcaram todos e enriqueceram com o atum (Ema Porto).

Ou, como me disse outro interlocutor, o senhor Quaresma, da Irmandade de Segunda-Feira, «Os Medinas enriqueceram depressa. Começaram por ter um barco de 200 toneladas, depois outro de 500, depois outro de 1000. Mandavam vir gente das Ribeiras para compor as tripulações».

Estes emigrantes que compunham as tripulações também faziam dinheiro muito rapidamente: «numa só viagem (tripa), mas podiam fazer três por ano, ganhavam o que os outros demoravam um ano a ganhar» (Manuel Francisco Costa).

A literatura disponível sobre a comunidade portuguesa de San Diego confirma e permite especificar esta informação. M. O. Medina — o mais conhecido dos Medinas, como referido —, por exemplo, foi proprietário do *Oceana* e do *Atlantic* (além do *San Joaquin*); quanto aos irmãos Rosa, eram os proprietários do *Lusitânia*.

Prosperidade imigrante e festas em San Diego

O que estes dados sugerem é que as Ribeiras e San Diego funcionaram de forma particularmente densa como uma «comunidade transnacional», em grande medida oleada pela prosperidade económica dos emigrantes.

As festas do Espírito Santo participaram desde cedo nesta «comunidade transnacional» marcada pela prosperidade. Como vimos, as festas em San Diego remontam a 1909 (eventualmente a 1906), ano em que se realizou — embora de um modo informal — a primeira festa do Espírito Santo em Point Loma. Em 1920, a festa ganhou uma expressão comunitária e formal mais vincada e, em 1921, devido a uma cisão no grupo que organizava a festa, passou a realizar-se, para além da festa de Point Loma — no domingo de Pentecostes —, uma festa na *downtown* de San Diego — no domingo da Trindade. Mas o ponto importante a sublinhar é o modo como a institucionalização das festas é acompanhada por uma linha de constante enriquecimento estético dos festejos e pelo aumento da despesa que estes requeriam. Cruzando a informação escrita e a documentação fotográfica que acompanha os artigos sobre as festas de San Diego publicados no livro *The Holy Ghost Festas* (Batista 2002; L. Alves 2002), é possível fornecer alguns marcos temporais relativos a esse processo. Assim, a introdução da primeira rainha é provavelmente anterior aos anos vinte do século xx. Em 1921, um *drill team* é incorporado na festa. Em 1930, tem lugar a primeira *official parade*, com a participação de dezenas e dezenas de meninas vestidas de branco. Em 1937, a festa passou a contar com a sua primeira *little queen* e também — facto inédito noutras festas da Califórnia — com o primeiro rei. Em 1940, a festa é enriquecida com os *parasol groups*. A par destas inovações, ocorreram outras de mais difícil datação. Umas dizem respeito à *parade*, que se enriquece sucessivamente com estátuas de santos, com a figura da rainha Santa Isabel, com a introdução de *floats* (a designação norte-americana para carros alegóricos) e a iluminação dos barcos atuneiros. Outras relacionam-se com outros aspetos das festas. É o que se passa com a introdução do *fish fry*, com semelhanças com a refeição de peixe junto ao império que tem lugar nas Ribeiras na quarta-feira após o domingo de Pentecostes. Simultaneamente, desenvolveu-se uma linha de constante «glamorização» das rainhas, cujo número aumentou para dois nos anos setenta e que passaram a usar vestidos e capas cada vez mais caros e vistosos. Como consequência, as festas do Espírito Santo de San Diego transformaram-se numa das mais ricas da Califórnia, compreendendo atualmente festejos no domingo de Pentecostes e no domingo da Trindade e alargando-se também — solução rara na Califórnia — às sete semanas que medeiam entre a Páscoa e o Pentecostes.

Estes dados sugerem que as festas do Espírito Santo de San Diego parecem ter assumido, sobretudo após a Primeira Guerra Mundial, uma aptidão especial para refletir, por intermédio do seu sucessivo enriquecimento estético, a prosperidade de sectores significativos da comunidade, decorrente do seu crescente peso na pesca do atum. Esta relação entre a festa e a pesca do atum remonta a 1914, uma vez que a primeira coroa foi oferecida à irmandade por um terceirense que «era também o primeiro português a possuir uma fábrica de conservas de peixe» (L. Alves 2002: 426). Mas é nos anos vinte que parece ter-se consolidado. A partir de 1928, a frota atuneira portuguesa ficou com a responsabilidade de financiar a festa e, como consequência,

> De 1928 a 1948, a festa evoluiu de um tipo de celebração muito tradicional, como acontecia nos Açores, mais especificamente na ilha do Pico, para as modalidades bastante elaboradas de hoje [...]. O espírito competitivo da comunidade sempre foi manifesto na festa, desde o seu início. Todos os anos havia mudanças ou no cortejo ou na maneira como os participantes iam vestidos (L. Alves 2002: 428).

As capas das *queens* foram uma das arenas em que se manifestou de forma mais flagrante este «espírito competitivo da comunidade»:

> Desde o início, as capas das rainhas da festa de San Diego foram admiradas pela sua beleza, elaboração dos bordados, tamanho e corte. Eram muito diferentes das capas de outras festas na Califórnia, ou em qualquer outro lugar. Não se poupava a despesas para fazer da capa uma verdadeira obra de arte (L. Alves 2002: 431–432).

O que vale a pena sublinhar é o papel central que alguns ribeirenses irão desempenhar neste processo de sucessivo enriquecimento estético das festas de San Diego. M. O. Medina, em particular, foi a figura decisiva na implantação e desenvolvimento da festa de Pentecostes a partir de 1922. Foi ele o fundador e o primeiro presidente — entre 1922 e 1932 — da United Portuguese Sociedade do Espírito Santo, que assegura a realização da festa, cargo que voltou a ocupar entre 1938 e 1977. Foi pelas suas mãos que as festas do Espírito Santo de San Diego iniciaram o seu percurso ascensional. Entre os mordomos das festas o apelido Medina é também recorrente [56].

É neste quadro que as festas do Espírito Santo das Ribeiras se «americanizam», num primeiro momento pela introdução e consolidação da rainha como personagem central da festa e, mais tarde, pela adoção de uma linha de enriquecimento estético das festas, idêntica à ocorrida em em San Diego. Parte deste processo de acréscimo de valor estético das festas nas Ribeiras foi financiado pelo dinheiro dos emigrantes e juntou remessas culturais com remessas económicas. É a essa luz que pode ser encarada a participação nas festas de rainhas vindas da América, a cedência de capas norte-americanas a rainhas das Ribeiras ou ainda a circulação de materiais e tecidos adquiridos na América.

Mas uma parte significativa das remessas culturais associadas às festas do Espírito Santo parece ter envolvido mecanismos de emulação local com o «espírito competitivo da comunidade» de San Diego referido por Lomelino Alves no artigo citado. Essa emulação local terá sido facilitada por alguns fatores. Localmente, muitas pessoas sublinham o espírito de abertura cultural — ou o «gosto pela novidade» — existente nas Ribeiras, decorrente das escalas regulares de navios de passageiros no seu pequeno porto:

> [nas Ribeiras] havia muita abertura para o exterior, as pessoas sempre foram abertas à inovação. Os barcos de passageiros faziam aqui escala e as pessoas movimentavam-se com alguma facilidade. Eram barcos de cabotagem de porto em porto: vinham de São Miguel, iam para a Horta e depois para as Flores (João Tavares).

---

[56] Ver os dados publicados em www.presd.org/projects/festa/.

Na primeira metade do século XX, a frequência da festa de segunda-feira por famílias vindas de barco do Faial — facto que me foi referenciado por algumas pessoas dessa irmandade — faria parte desse padrão de abertura cultural da freguesia ao exterior. Mas na emulação com San Diego deve ter também contado a capacidade económica de certas famílias locais. Não é por acaso que foi na festa de segunda-feira — fundada por um emigrante e usualmente vista como sendo mais elitista — que as rainhas começaram. Como também não é por acaso que a introdução das rainhas na festa de terça-feira teve lugar nos anos cinquenta e foi iniciada por um ex-emigrante que, tendo sido responsável pela introdução da pesca ao atum nas Ribeiras, desencadeou um pequeno *boom* económico na freguesia. Provavelmente, a própria difusão das rainhas para Santa Bárbara — um lugar de lavradores — reflete também a inserção mais tardia do lugar nestes circuitos de prosperidade local.

Conclusões

Em suma, para explicarmos o sucesso das rainhas no Pico, somos não só confrontados — de novo — com a importância do transnacionalismo nas festas do Espírito Santo, mas, sobretudo, com a necessidade de um exame mais detalhado do transnacionalismo para explicar — neste caso — o êxito de um conjunto de remessas culturais que — noutros casos — não o tiveram.

De facto, aquilo que o caso das Ribeiras mostra é a importância de um regime transnacional específico entre Ribeiras e San Diego, caracterizado por «laços fortes, geograficamente bem definidos» (Levitt 1998: 930), entre duas localidades específicas, alimentado pelo sucesso económico dos imigrantes e secundado pela capacidade local de emulação.

A importância deste último ponto deve ser sublinhada. Confirma a relevância das formulações de Portes sobre o transnacionalismo como um fenómeno dependente da capacidade económica e social dos imigrantes para circularem entre dois mundos:

Os migrantes mais envolvidos em iniciativas transfronteiriças não são os mais explorados ou marginalizados. Pelo contrário, o transnacionalismo emerge nas suas diferentes formas [...] principalmente por iniciativa de homens de família sólidos — educados, com relações sociais e firmemente estabelecidos no país de acolhimento. São eles, mais do que os recém-chegados ou os que se encontram em mobilidade descendente, que coordenam empreendimentos transfronteiriços, que apoiam partidos políticos e organizações cívicas nos seus países, e que lideram as festividades culturais e os eventos desportivos e religiosos que ligam cada diáspora migrante à respetiva nação (2003: 887; os itálicos são meus).([57])

Não sei se algumas das expressões usadas por Portes (como «homens de família sólidos») se aplicam aos emigrantes ribeirenses envolvidos nas viagens de regresso do Espírito Santo aos Açores. Por outro lado, no caso das Ribeiras, o que Portes escreveu aplica-se genericamente não apenas aos emigrantes, mas também aos não migrantes: como sugeri, os membros das elites locais ribeirenses foram muito ativos nos processos de circulação transnacional das festas. Seja como for, o que o caso das Ribeiras mostra é a existência de uma forte correlação entre a economia política da imigração, a importância do transnacionalismo e o sucesso das remessas culturais.

Thomas Soehl e Roger Waldringer (2010) lembraram que os «campos sociais transnacionais» podem ser vistos como combinações flexíveis de relações transfronteiriças caracterizadas por diversos tipos de atores e atividades, envolvendo diferentes graus de intensidade. O que procurei mostrar foi a relevância de «um padrão de atividade transfronteiriça» (Soehl & Waldringer 2010: 1498) formatada pelo ritual e cuja eficácia está dependente de fatores relacionados tanto com a morfologia social do grupo migrante como com as microeconomias políticas do grupo migrante e da comunidade de origem.

([57]) Ver, na mesma linha, Waldringer (2015: 57–81).

Identificações de uma festa

Capítulo 7

Região e diáspora: etnografia e política

Em 2003, foi elaborada e submetida à UNESCO uma proposta de candidatura das festas do Espírito Santo a Património Imaterial da Humanidade. A proposta, intitulada O Espaço Cultural dos Impérios do Espírito Santo nos Açores, foi apresentada no âmbito da Segunda Proclamação das Obras-Primas do Património Oral e Imaterial da Humanidade, que dava continuidade à política, inaugurada pela UNESCO nos anos noventa, de valorização das expressões imateriais da cultura. A história desse novo interesse da UNESCO pelo património imaterial já foi feita (por exemplo, Blake 2006; Hafstein 2007), e dela valerá a pena reter aqui apenas alguns passos mais importantes. Embora as primeiras expressões desse interesse remontem aos anos sessenta, será sobretudo no final dos anos noventa que ele ganhará uma expressão mais institucional e visível, nomeadamente por intermédio do programa Proclamação das Obras-Primas do Património Oral e Imaterial da Humanidade, lançado em 1997, o qual conheceu três edições (respetivamente em 2001, 2003 e 2005), de que resultou uma lista de 90 obras-primas distribuídas por 69 países([58]). Este programa — ao qual as festas do Espírito Santo foram candidatas — visava distinguir formas tradicionais de expressão cultural, com destaque para

as tradições e expressões orais […]; o património cultural; as artes performativas; os acontecimentos festivos, os ritos e as

---

([58]) Este programa foi extinto aquando da entrada em vigor da Convenção para a Salvaguarda do Património Cultural Imaterial, em 2006.

práticas sociais; os conhecimentos e práticas relativos à natureza e ao universo; o artesanato tradicional (in Blake 2006: xii).

De um total de 60 candidaturas apresentadas, foram selecionadas 28. Uma das candidaturas apresentadas — a primeira proposta por Portugal no âmbito do Programa da UNESCO — foi justamente a das festas do Espírito Santo nos Açores[59]. A candidatura foi preparada no âmbito da Secretaria Regional de Educação e Cultura do Governo Regional dos Açores, e na sua elaboração teve um papel de destaque Antonieta Costa, autora com um trabalho continuado de pesquisa sobre as festas do Espírito Santo, em particular na Terceira, ilha de onde é natural e onde reside (ver A. Costa 1999, 2008).

Festas, cultura, identidade

A candidatura das festas do Espírito Santo à Proclamação das Obras-Primas do Património Oral e Imaterial da Humanidade — à qual iremos regressar — pode ser analisada nos termos do conceito de objetificação da cultura proposto por Richard Handler (1988). Por seu intermédio, Handler visa designar o modo como determinados traços da cultura popular — dança, arquitetura popular, etc. — «são transformados em coisas discretas que devem ser estudadas, catalogadas e exibidas» por intermédio de processos de «seleção e reinterpretação» (1988: 77) que os retiram dos seus contextos locais de circulação para os ressignificarem no quadro de projetos identitários mais

---

[59] Em 2005, foi apresentada outra candidatura portuguesa — em colaboração com o Governo Autónomo da Galiza — sobre Tradições Orais Galego-Portuguesas. Em 2011, a candidatura do Fado — apresentada pela Câmara Municipal de Lisboa — fez-se ao abrigo de outro programa da UNESCO — o qual se encontra atualmente em vigor — subordinado ao título Lista do Património Cultural Imaterial da Humanidade. Foi também no quadro desse programa que o Cante Alentejano (2014) e a Arte Chocalheira (2015) foram reconhecidos como património cultural imaterial da humanidade.

abrangentes, nacionais, étnicos ou — no caso dos Açores — regionais. De aspetos culturais objetivos ligados à pequena tradição, esses elementos da cultura popular transformam-se assim em emblemas identitários que passam a circular na grande tradição. De cultura — sem aspas — transformam-se em «cultura» — com aspas (M. C. Cunha 2009).

Estes processos acompanharam desde cedo a ascensão da modernidade. As suas primeiras formulações remontam ao romantismo e, no decurso dos séculos xix e xx, foram centrais tanto na emergência de tradições nacionais de folclore e etnografia como no desenvolvimento de nacionalismos de tipo etnogenealógico (A. D. Smith 1991). Mas conheceram um conjunto de novos desenvolvimentos com o advento da sobremodernidade e, em particular, com a generalização da ideia da cultura como expediente (Yúdice 2003), isto é, como recurso suscetível de se tornar objeto de políticas culturais e económicas que, enfatizando a singularidade cultural, são conduzidas à escala global e de acordo com *templates* globalmente formatados.

Se o reconhecimento do património cultural imaterial pela UNESCO foi uma das faces mais visíveis deste novo curso da objetificação pós-moderna da cultura, a candidatura dos impérios açorianos foi, pelo seu lado, o primeiro sinal da recetividade nacional a esses novos modos da sua tematização, por intermédio dos quais a cultura ganha uma espécie de «segunda vida» (Kirshenblatt-Gimblett 1998) como património identitário local que deve ser exibido, gerido e consumido à escala global.

Mas, da mesma forma que estes processos contemporâneos de objetificação global da cultura se situam numa linhagem que remonta pelo menos ao romantismo, a candidatura das festas do Espírito Santo também deve ser vista como um dos mais recentes episódios — embora não o último — de um conjunto de tematizações sobre as festas do Espírito Santo que do século xix à atualidade foram contribuindo para a sua ressemantização — tanto no plano etnográfico como no plano propriamente político — como símbolos da identidade açoriana.

As festas do Espírito Santo constituem um dos temas centrais da tradição etnográfica açoriana. Esta constitui, no quadro português, uma das mais consistentes tradições etnográficas regionais, cujas origens remontam a finais do século XIX, isto é, àqueles que são também os anos iniciais de desenvolvimento de uma tradição etnográfica e antropológica à escala nacional (cf. Leal 2000). Uma das primeiras coletâneas de literatura popular portuguesa — embora recolhida por João Teixeira Soares de Sousa — foi publicada por Teófilo Braga (1982 [1869]) sob o título *Cantos Populares do Arquipélago Açoriano*. Mas, se quiséssemos escolher um pai fundador para os estudos etnográficos e antropológicos açorianos, esse mérito recairia sobre Arruda Furtado, um naturalista açoriano fortemente influenciado por Darwin (com quem manteve correspondência) que consagrou à psicologia étnica açoriana um dos seus principais ensaios (Furtado 1884). Foi entretanto no decurso do século XX que se assistiu a um desenvolvimento mais sustentado da tradição etnográfica açoriana, animada por um conjunto de autores cujos interesses abrangiam uma grande diversidade de géneros — desde as ciências naturais à literatura, passando pela história e pelo jornalismo —, mas que tinham em comum uma forte atração pelas coisas populares do arquipélago. Logo no início do século XX, destaca-se a atividade de Francisco Afonso Chaves. Nascido em Lisboa, mas desde muito cedo residente em Ponta Delgada, Afonso Chaves foi, além de militar, naturalista e meteorologista, um dos primeiros etnógrafos a escrever sobre festas populares açorianas (Chaves 1904, 1906). A partir dos primeiros anos do século XX, começaram a publicar sobre etnografia autores como Leite de Ataíde (1973–76) e Urbano Mendonça Dias (1948). Ambos se manterão ativos nas décadas seguintes, quando se lhes juntam, a partir dos anos trinta, Armando Côrtes--Rodrigues — *compagnon de route* de Fernando Pessoa no movimento Orpheu e com recolhas significativas na área da literatura popular e do adagiário (Côrtes-Rodrigues 1982) —, Frederico Lopes — um militar com interesses etnográficos diversificados (F. Lopes 1979a) — e, sobretudo, Luís da Silva Ribeiro (1982–1996). Este último, com uma extensa e diversificada obra etnográfica, pode ser visto como o mais importante etnógrafo açoriano do século XX. Republicano, maçom e jornalista, escreveu, a par de vários contributos etnográficos, dois ensaios que se revelaram decisivos para a tematização dos fatores de unidade e diversidade da cultura açoriana. Embora mais tardio, o trabalho de Carreiro da Costa (1989–1991) foi também importante para a sedimentação desta tradição etnográfica que chegou aos anos setenta com um assinalável grau de maturidade e diversidade.

No desenvolvimento desta tradição etnográfica avultam alguns traços. O primeiro tem que ver com algumas recorrências no perfil biográfico dos seus protagonistas. Referi que todos eles eram polígrafos. Deve ser acrescentado que faziam também parte das «forças vivas» locais. E é igualmente de mencionar que quase todos estudaram no continente (em Lisboa ou em Coimbra) e que foi no seu regresso às ilhas que construíram esse seu interesse pelas coisas açorianas, designadamente populares. O segundo traço saliente desta etnografia regionalista tem que ver com a sua geopolítica. Todos estes etnógrafos se baseavam fundamentalmente nas duas principais ilhas dos Açores: São Miguel e Terceira. Historicamente, o centro de gravidade desta etnografia começou por se localizar em São Miguel — de onde eram naturais ou onde residiram Afonso Chaves, Leite de Ataíde, Mendonça Dias e Côrtes-Rodrigues — para se deslocar depois — com Frederico Lopes e Silva Ribeiro — para a Terceira, tendo regressado de novo — com Carreiro da Costa — a São Miguel. Isso não significa que as restantes ilhas do arquipélago não tenham produzido os seus etnógrafos. Mas, quer por estarem baseados em ilhas mais pequenas quer pelo facto de, em muitos casos, as suas contribuições terem sido pontuais, tiveram uma importância mais reduzida. Finalmente, um terceiro traço deve ser relevado: a tensão entre localismo e regionalismo que caracterizava esta tradição etnográfica. Quase todos os etnógrafos açorianos investigavam num quadro que raramente ultrapassava a sua ilha e, em alguns casos, as escalas de análise privilegiadas eram o concelho (no caso das ilhas maiores) ou a freguesia. Mas, mesmo escrevendo a partir destas escalas localistas, a sua curiosidade etnográfica era praticada com a convicção de que, pedaço a pedaço, pudesse emergir uma visão simultaneamente diversificada e unificada das coisas populares açorianas. Esta última tendência, embora particularmente visível em autores que escreveram sobre os Açores como um todo — como Arruda Furtado, Silva Ribeiro ou Carreiro da Costa —, reencontra-se também nos autores amarrados a escalas mais modestas de observação. Com estas características, a tradição etnográfica açoriana foi essencial para o desenvolvimento de um conjunto de práticas e discursos orientados para a construção da identidade açoriana.([60]) Três direções principais avultam nesse trabalho identitário. A primeira e mais evidente prende-se com a gradual seleção e tematização de aspetos que eram vistos como peculiares da cultura popular açoriana. O carácter heterogéneo desses objetos é evidente e cobre elementos tão diferentes como a literatura popular, as festas e os rituais, a arte popular, aspetos do modo de vida rural ou práticas económicas e sociais. Mas, em qualquer dos casos, o projeto que anima este colecionismo das coisas populares é a convicção das suas comuns propriedades insulares: é sobre elas que repousa a descoberta gradual dos Açores como espaço que, embora diversificado, seria também percorrido por singularidades diferenciadoras em relação ao todo nacional. A segunda direção de trabalho — que sobressai com particular clareza em textos mais ambiciosos — tem que ver com uma elaboração de tipo etnogenealógico dessas particularidades. A atenção dada a eventuais contribuições não portuguesas para o povoamento dos Açores — sobretudo flamengas e francesas — ou as teorizações de Silva Ribeiro (1983a [1919]: 3) sobre as supostas características específicas do «elemento português» que se fixou nos Açores nos primórdios do povoamento inserem-se nesta linha de trabalho, que visa construir os açorianos como uma comunidade de descendência específica. Finalmente, a terceira grande direção de trabalho que é possível surpreender nesta tradição etnográfica relaciona-se com as tentativas de caracterização de uma psicologia étnica

---

([60]) Apresento aqui ideias que tive ocasião de desenvolver com maior detalhe em Leal (2000: 227–244).

especificamente açoriana. Aqui são de particular importância os trabalhos de Arruda Furtado (1884) e sobretudo de Silva Ribeiro (1983a [1919], 1983b [1936]), que tentará, a partir da geografia e da cultura popular dos Açores, definir a «açorianidade» como um conjunto de traços psicológicos coletivos que seriam específicos dos açorianos.

Fixados nestas três grandes direções de trabalho, os etnógrafos açorianos contaram com a colaboração de autores situados no exterior desta tradição etnográfica insular. Algumas dessas colaborações vieram de fora. É o caso de Leite de Vasconcelos e do seu *Mês de Sonho* (1926). É o caso ainda — mais tardio — de algumas pesquisas de Ernesto Veiga de Oliveira e de Benjamim Pereira sobre tecnologias tradicionais ou sobre instrumentos musicais populares (E. V. Oliveira 1986; Oliveira & Pereira 1987). É também o caso — na área da geografia humana — de Orlando Ribeiro (1955), cujas teorias sobre a origem geográfica dos povoadores açorianos exerceram grande fascínio junto de muitos intelectuais açorianos. Outras colaborações, embora vindas de dentro, partiram de açorianos situados fora do campo da etnografia. É o caso de Vitorino Nemésio (1986a [1940], 1986b [1929], 1986c [1932]), cujas preocupações com a caracterização da «açorianidade» — termo que ele próprio cunhou —, ao mesmo tempo que ecoam ideias inicialmente desenvolvidas por Arruda Furtado, irão influenciar decisivamente Silva Ribeiro. Mas é também o caso mais recente de autores como Natália Correia ou Onésimo Teotónio de Almeida, que, tal como Nemésio, se inscrevem no campo da literatura e a partir desse campo desenvolvem análises de tipo culturalista sobre as particularidades açorianas([61]).

Neste trabalho de gradual construção de uma identidade açoriana a partir da cultura popular, as festas do Espírito Santo desempenharam um papel importante. As primeiras referências às festas aparecem logo no final do século XIX. Entre elas sobressai um breve ensaio de Gabriel d'Almeida (1889), que interpreta

---

([61]) Ver, em particular, O. T. Almeida (1980, 1987, 1989). Sobre Natália Correia, ver A. P. Costa (2005).

o culto ao Espírito Santo — e em particular a importância da pomba como símbolo central das festas — como um vestígio do totemismo ([62]). Mas foi sobretudo no decurso do século XX que as referências às festas cresceram de forma significativa. Na primeira década do século XX foram publicados seis estudos sobre o tema, entre os quais se destaca o de Afonso Chaves sobre as festas do Espírito Santo nas Flores (Chaves 1904) ([63]). Seguiu-se um breve interlúdio, mas a partir da década de vinte as festas transformaram-se numa presença regular na etnografia açoriana, particularmente no decurso dos anos quarenta e cinquenta. Como seria de esperar, este trabalho de pesquisa foi mais intenso nas grandes ilhas. Em São Miguel, as festas concentraram a atenção de Leite de Ataíde (por exemplo, 1973 [1918]), Mendonça Dias (por exemplo, 1946) e Carreiro da Costa (por exemplo, 1957). Na Terceira, tanto Silva Ribeiro (por exemplo, 1982 [1942]) como Frederico Lopes (por exemplo, 1979b [1950], 1979c [1957]) escreveram sobre elas. Numa e noutra ilha, a par destes etnógrafos mais conhecidos, outros trataram igualmente o tema, como o Pe. João José Tavares (1979 [1944]), em São Miguel, ou Gervásio Lima (1932), o Padre Inocêncio Enes (1948) e Evaristo Marques (1950), na Terceira. Algumas pequenas ilhas encontram-se também bem representadas, como Santa Maria (Pe. J. C. Cabral 1921; Figueiredo (1957), São Jorge (Castro 1946) ou o Faial (M. Lima 1940).

Este conjunto de estudos é muito heterogéneo. Desde logo no formato: artigos específicos sobre o tema alternam com secções consagradas às festas em obras mais gerais. Por vezes as informações são relativamente detalhadas, noutros casos são mais breves. Ao lado de visões de conjunto das festas, surgem muitas vezes notas mais curtas sobre aspetos específicos do ritual (por exemplo, foliões, teatros, varas). Os estudos de conjunto — como os de Carreiro da Costa e Silva Ribeiro — são raros, predominando as contribuições de âmbito localista, centradas

---

([62]) Para esse período, ver também Nogueira (1894).

([63]) Outras referências às festas do Espírito Santo neste período são as que encontramos em J. M. Costa (1913), Vieira (1903), Avelar (1902) e Pe. M. Cunha (1981 [1906]), estas duas últimas sobre São Jorge.

nas festas em tal ou tal ilha ou, no caso das ilhas maiores, nesta ou naquela freguesia. Embora o tom seja essencialmente descritivo, assiste-se à emergência de algumas recorrências analíticas que vão contribuindo para a tematização das festas do Espírito Santo como algo de especificamente açoriano. Uma dessas recorrências toma a forma de uma constatação. Embora com origens no continente, impõe-se a ideia de que as festas seriam uma particularidade da cultura e da religiosidade populares dos Açores. Essa constatação é por vezes dobrada por uma explicação: a força que o culto ao Espírito Santo teria nos Açores resultaria do vulcanismo que caracteriza o arquipélago. É sobretudo nos anos cinquenta, entre autores da Terceira, que esse tema se torna mais recorrente, em particular na obra de Frederico Lopes e de Silva Ribeiro. A importância desta explicação «geológica» para a força das festas do Espírito Santo nos Açores deve ser sublinhada: por um lado, porque ecoa um tema recorrente nos tratamentos dados à psicologia étnica açoriana, que explicam as suas singularidades como resultando das particularidades geográficas dos Açores; por outro, porque produz um efeito — eventualmente involuntário — de autoctonização das festas do Espírito Santo, que faz com que estas se enraízem na própria terra (açoriana).

Pode pois dizer-se que, sobretudo a partir do final dos anos cinquenta, as festas do Espírito Santo surgem — entre os etnógrafos e os membros das elites locais que os leem — como algo que já é visto como especificamente açoriano. Mais do que isso: no quadro do recorte frequentemente localista da etnografia açoriana, as festas do Espírito Santo — apesar da sua diversidade regional — seriam um dos grandes fatores de unidade da cultura açoriana. Enquanto as romarias quaresmais e o culto ao Senhor Santo Cristo — em São Miguel — ou as danças do Carnaval e as touradas à corda — na Terceira (e noutras ilhas do grupo central) — seriam particulares de tal ou tal ilha, as festas do Espírito Santo encontrar-se-iam em todos os Açores e — com o seu declínio no continente — apenas nos Açores. É desta dupla constatação que partem de alguma forma os ensaios mais genéricos que Silva Ribeiro e Carreiro da Costa consagraram ao tema.

Objetificação etnográfica e objetificação política

Consolidada etnograficamente ao longo de um arco temporal que se estende do final do século XIX até aos anos sessenta do século XX, a ideia das festas do Espírito Santo como um dos aspetos definidores da identidade cultural dos Açores foi também de grande importância nos processos mais explicitamente políticos de tematização da identidade açoriana, em particular nos decorrentes da institucionalização da autonomia político-administrativa dos Açores a partir dos anos setenta.

Esta articulou-se de facto com a construção de diversos dispositivos simbólicos e rituais, que podem ser analisados à luz das ideias de Orvar Löfgren (1989) sobre o nacionalismo como um *DIY kit*. Segundo Löfgren, o nacionalismo seria uma espécie de gramática internacional adotada para fins nacionais, de acordo com a qual cada nação possui um certo número de elementos que a qualificam como distinta e singular:

> uma língua comum, um passado e um destino comuns, mas também uma cultura popular nacional, um carácter ou uma mentalidade nacional, valores nacionais, talvez ainda alguns gostos nacionais e uma paisagem nacional [...], uma galeria de mitos e de heróis (e vilões) nacionais, um conjunto de símbolos, incluindo bandeira e hino, textos e imagens sagradas, etc. (1989: 9).

Formuladas a propósito do nacionalismo, estas ideias podem ser também aplicadas à quase-nação que a Região Autónoma dos Açores passou a constituir desde 1976. A construção dos Açores como região envolveu de facto alguns dos processos identificados por Löfgren. E neles as festas do Espírito Santo desempenharam um papel central. Prontas para objetificar etnograficamente uma cultura própria, elas serviram ainda de matéria-prima a partir da qual puderam ser construídos alguns dos símbolos mais explicitamente políticos da identidade açoriana, como o brasão de armas da região ou o seu feriado regional. No brasão de armas, um dos símbolos usados é a bandeira do Espírito Santo. Quanto ao feriado regional, tem lugar na segunda-feira de Pentecostes, que em muitas ilhas do arquipélago é tradicionalmente dedicada à realização de festas do Espírito Santo. Do protocolo do presidente do Governo Regional para esse dia faz parte, geralmente, a sua participação numa dessas festas, variável de ano para ano. Esta prática parece ter sido instituída por Mota Amaral (primeiro presidente do Governo Regional), mas foi continuada — apesar do mais declarado laicismo do Partido Socialista — por Carlos César (presidente do Governo Regional entre 1996 e 2012) e, desde 2012, por Vasco Cordeiro.

Em suma, para além de uma objetificação etnográfica, pode também falar-se de uma objetificação política das festas do Espírito Santo. Penso que esta distinção é importante. As utilizações mais correntes do conceito de objetificação da cultura, inspiradas em Richard Handler (1988), tendem a centrar-se em discursos situados na área da etnografia, do património e da museologia. Mas, com raras exceções, a sua importância não tem sido explorada para além destes domínios discursivos. A ideia de objetificação política refere-se justamente ao momento em que se dá a passagem desses domínios para os usos explicitamente políticos de ideias sobre identidade e cultura. Essa passagem não é obrigatória. Mas, quando se dá — como no caso das festas do Espírito Santo —, representa um salto qualitativo que deve ser identificado como tal.

Esta objetificação política, para além destes episódios mais conhecidos, articula-se também com outros menos conhecidos, mas igualmente significativos, como os relacionados com a fundação das Grandes Festas do Divino Espírito Santo de Ponta Delgada: uma festa que, embora de criação recente, tem vindo a tornar-se uma das maiores da ilha de São Miguel. Tendo tido a sua primeira edição em 1976, as Grande Festas voltaram a realizar-se em 1977 e 1978, período ao qual se seguiu um interregno de dez anos até que novas edições tiveram lugar, em 1988 e 1989, e, depois de uma nova paragem, a partir de 2004([64]).

([64]) Sobre as Grandes Festas de Ponta Delgada, ver Moniz (2008) e Mello (2009), ambos escritos por autores ligados à organização das festas.

As narrativas relativas à fundação das Grandes Festas desdobram-se numa versão oficial e numa versão oficiosa. A versão oficial liga a origem das festas a uma solicitação da Comissão Regional de Turismo das Ilhas de São Miguel e Santa Maria. Como me disse Humberto Moniz — um dos fundadores das festas, que em 2010 desempenhava ainda funções de relevo na sua organização —, «a Comissão Regional de Turismo é que teve a iniciativa. Eles estavam a pensar em vários eventos, e eu lembrei-me desta festa». O objetivo das Grandes Festas — que podem ser vistas como uma tradição inventada — era o de reunir o máximo número de representações de festas do Espírito Santo dos Açores. Na primeira edição da festa, estiveram presentes representantes de doze freguesias de São Miguel (Moniz 2008: 16) e participaram também delegações de Santa Maria, Faial e Corvo (2008: 18). Para além de Humberto Moniz, a comissão organizadora das festas envolveu, entre outros, Victor Cruz (mais tarde presidente do PSD Açores) e Heitor de Sousa. Este último era um dos representantes da freguesia de Rabo de Peixe e será mais tarde o principal impulsionador das Grandes Festas do Divino Espírito Santo de Fall River (Nova Inglaterra), parcialmente inspiradas no modelo adotado em 1976 nas Grandes Festas de Ponta Delgada([65]).

A par desta narrativa oficial sobre a génese das Grandes Festas de Ponta Delgada, existe outra narrativa, oficiosa, que sublinha as suas raízes políticas. Circulando de forma difusa entre várias pessoas ligadas às Grandes Festas, essa narrativa foi elaborada de forma mais detalhada por José de Mello, uma das figuras centrais no relançamento das Grandes Festas a partir de 2004 e que tem vindo a atuar como um dos seus mestres de cerimónias e principal ideólogo. Para José de Mello, haveria

---

([65]) Entre os aspetos mais visíveis dessa influência contam-se a montagem de uma grande coroa iluminada no recinto das festas, a distribuição de pensões por pessoas carenciadas, o bodo de leite e a existência de dois cortejos: o cortejo da coroação — com desfile das coroas e de representantes de diferentes festas — e um desfile etnográfico, envolvendo carros alegóricos e ranchos folclóricos.

uma ligação importante entre as Grandes Festas e a FLA (Frente de Libertação dos Açores), que, sobretudo em 1975 e 1976, teve um papel central no desenvolvimento de ideias separatistas no arquipélago:

No período pós 25 de Abril de 1974 e no ambiente quente do Movimento da Frente de Libertação dos Açores — FLA — houve [...] um grupo de pessoas [...] que encenaram uma «mordomia» com o intuito de realizar uma festa do Espírito Santo, com a participação de várias coroações das ilhas de São Miguel e de Santa Maria, tendo alcançado grande êxito (Mello 2009: 28).

Nas conversas que tive com Humberto Moniz, essa ligação entre o projeto das Grandes Festas e a FLA foi-me negada, embora de forma não totalmente convincente: «as primeiras festas não tiveram nada a ver com a FLA», disse-me ele, embora pessoalmente então «gostasse» da FLA. Quanto a José de Mello, ao longo das conversas que tivemos em 2010, manteve a sua interpretação:

a FLA tinha como objetivo afirmar os valores culturais açorianos, e as festas do Espírito Santo eram algo que unia todos os açorianos. [...] Era muito importante a identidade cultural açoriana para os separatistas. Foi por isso que surgiram as Grandes Festas em 1976. Por detrás estava a ideia de uma afirmação dos Açores através da cultura. Era uma festa com intenção de união das ilhas, onde a consciência açoriana era baixa. [...] Só que os da FLA ainda não querem falar.

É difícil saber quando «os da FLA» se resolverão a falar. O ponto que interessa destacar é, entretanto, essa coincidência entre gente que se encontrava então próxima da FLA e o lançamento das Grandes Festas do Espírito Santo de Ponta Delgada, essa mistura entre as festas e a construção política de ideias sobre a singularidade dos Açores.

Dos impérios açorianos à vinha do Pico: regresso à UNESCO

Tematizadas por intelectuais e políticos, as festas do Espírito Santo tornar-se-ão também centrais no modo como, a uma escala mais generalizada, um grande número de açorianos fala da identidade do arquipélago. Para isso contribuíram outros fatores. Entre eles conta-se a importância de uma vaga mais recente de publicações (ocorrida a partir dos anos oitenta) sobre as festas do Espírito Santo, entre as quais ocupam lugar de destaque os álbuns organizados por Oliveira Martins (por exemplo, 1985). Colecionador de arte da Terceira que instalou em sua casa um pequeno museu da cultura açoriana, Oliveira Martins procurava que os seus álbuns sobre as festas do Espírito Santo cobrissem todas as ilhas do arquipélago, misturando fotografias antigas com fotografias recentes e reeditando excertos das etnografias mais significativas sobre as festas. Mais acessíveis e atraentes do que os artigos e livros anteriormente disponíveis sobre o tema — muitos deles esgotados —, as suas obras deram uma visibilidade acrescida às festas. Mas outros fatores mais difusos — e também mais importantes — devem ser destacados. Por exemplo, ao regressarem dos EUA e do Canadá para celebrarem festas do Espírito Santo, os emigrantes, que na América tinham entrado em contacto com emigrantes de outras ilhas açorianas e do «continente», foram importantes para difundir duas ideias: o carácter generalizado das festas nos Açores e o facto de só os açorianos fazerem as festas, que os continentais desconhecem. O desenvolvimento do turismo continental para os Açores foi também importante para sedimentar essa ideia da singularidade açoriana das festas. Quer junto das elites locais quer junto de especialistas rituais ligados às celebrações, reforçou-se — com um olhar admirativo — a ideia de que as festas do Espírito Santo eram um património especificamente açoriano.

Foi também muito importante o papel da RTP Açores neste processo de gradual perceção alargada das festas do Espírito Santo como expressão principal da identidade açoriana. A RTP Açores — que, até ao advento da televisão por cabo, no final da década de noventa, era o único canal de televisão a que os açorianos tinham acesso — fez de facto seu o lema «já temos os Açores, falta termos açorianos». Esse trabalho de açorianização televisiva dos açorianos desenvolveu-se em várias frentes. Mas nele as festas do Espírito Santo ocuparam um lugar importante, graças à sua presença nos noticiários regionais e em programas de divulgação cultural dedicados às festas. No meu trabalho de campo em Santa Bárbara (Santa Maria), pude apreciar o impacto dessas referências televisivas ao Espírito Santo. Algumas pessoas preferiam acentuar — por referência àquilo que a televisão mostrava — as singularidades das festas em Santa Maria. Mas, para muitas delas, foi também então que nasceu a consciência da importância destas festas em todas as ilhas açorianas, por contraste com o continente, onde estas não existiam.

Por outras palavras, embora elaborada inicialmente em círculos intelectuais e políticos mais restritos, a objetificação regionalista das festas do Espírito Santo acabou com o tempo por se estender ao conjunto da população açoriana. Hoje, qualquer açoriano enfatiza pelo menos duas coisas acerca das festas do Espírito Santo: que são açorianas e que são «só» açorianas.

É neste quadro geral de consensualização da importância das festas do Espírito Santo na representação da identidade açoriana que é possível interpretar a candidatura das festas do Espírito Santo à Proclamação das Obras-Primas do Património Oral e Imaterial da Humanidade. Essa candidatura, de alguma forma, parecia reunir as condições para se transformar no ponto culminante destes processos de objetificação das festas do Espírito Santo como emblema da identidade açoriana.

Só que — contra as expectativas dos seus promotores — a candidatura foi recusada pela UNESCO. Algumas razões para isso podem ser avançadas. Por um lado, havia algum desalinhamento entre a fundamentação empregue na candidatura e alguns dos requisitos definidos pela UNESCO. Não só pontos como o contributo das festas para a «diversidade cultural» do mundo e para a «identidade cultural» dos grupos depositários do património cultural imaterial (UNESCO 2001: 5) estavam insuficientemente tratados, como a candidatura não estava em condições de usar a seu favor um dos critérios determinantes da UNESCO: os riscos de desaparecimento das festas (2001: 6). Por outro lado, a candidatura não parece ter obtido um envolvimento consistente do Governo Regional, como de resto resulta do muito modesto plano de ação proposto («Impérios na Escola»), baseado num conjunto de iniciativas a desenvolver em escolas da Região Autónoma dos Açores e para o qual se previa uma dotação anual de 5000 euros. O envolvimento de outros organismos relevantes de ação cultural nos Açores — como os museus e a própria universidade — era também residual.

Este fraco envolvimento do Governo Regional dos Açores contrasta com o forte investimento que, no mesmo período, o executivo de Carlos César colocou na candidatura da «Paisagem da Cultura da Vinha do Pico» a património natural da humanidade, classificação que viria a ser aprovada pela UNESCO em 2004. Promovida no quadro da Secretaria Regional do Ambiente, essa candidatura era uma aposta estratégica do Governo Regional inscrita de forma clara na política de promoção dos Açores como destino preferencial para o turismo de natureza (L. Silva 2014). Comparativamente, as festas do Espírito Santo — embora recorrentemente publicitadas nos materiais de promoção dos Açores — são de difícil utilização turística. Por um lado, as suas datas são móveis, dificultando o seu eventual *marketing* turístico. Por outro, funcionam maioritariamente por todo o arquipélago como espaços de intimidade social que se prestam mal à fruição turística, tanto mais que as sequências de maior impacto visual que as integram — as procissões e os cortejos — são relativamente breves.

Mas, entre as eventuais razões para a não aprovação da candidatura, aquela que sobressai de forma mais evidente é o pouco ou nulo envolvimento popular que os próprios protagonistas do ritual evidenciaram em relação a ela. Esta parece ter sido uma candidatura construída a partir de cima, não envolvendo as comunidades. No trabalho de campo que realizei no Pico em 2010, muitas pessoas, quando interrogadas sobre a candidatura das festas do Espírito Santo a Património Imaterial da Humanidade, oscilavam entre o desconhecimento e a indiferença.

Por estas ou por outras razões, certo é que a candidatura das festas do Espírito Santo a Património Oral e Imaterial da Humanidade não foi aprovada pela UNESCO. O insucesso da candidatura não invalidou, entretanto, que as festas do Espírito Santo continuem a ser consensualmente vistas nos Açores como um dos símbolos por excelência da identidade açoriana. E também não impede que, fora dos quadros da patrimonialização segundo a UNESCO, continuem a fornecer a matéria-prima para processos de objetificação etnográfica e política da identidade açoriana. Contrariamente ao que sugere a corrente fixação de alguma literatura antropológica no tema, há mais património para além do património cultural imaterial nos termos definidos pela UNESCO.

Religião, política, cultura: as festas como tradição inventada

De facto, a utilização das festas do Espírito Santo em processos de objetificação etnográfica e política da identidade açoriana manteve até hoje a sua importância nos Açores, como mostra a retoma das Grandes Festas do Divino Espírito Santo de Ponta Delgada, em 2004. A iniciativa coube a Berta Cabral, presidente da Câmara Municipal de Ponta Delgada desde 2003, que, na sequência das eleições regionais de 2007, se tornou também líder regional do PSD e candidata (embora derrotada nas eleições regionais de 2012) a presidente do Governo Regional dos Açores. Na entrevista que me concedeu, Berta Cabral sublinhou que a retoma das Grandes Festas não fazia parte do programa com que se apresentou às eleições, mas resultou de

> insistentes solicitações das pessoas nesse sentido. Sobretudo nas freguesias, onde as Grandes Festas eram muito populares, as pessoas falavam muito disso. Quando eu ia às mordomias em Santo António, em São Vicente, as pessoas perguntavam: Por que não se fazem as Grandes Festas?

Daí até à organização da primeira festa, o caminho foi rápido: «houve um contacto com os fundadores, foram recolhidas fotos, documentação» e, depois de algum trabalho preparatório em 2003, a primeira festa arrancou, «ainda à experiência», em 2004. Desde então, as Grandes Festas realizam-se todos os anos, no primeiro fim de semana de julho, estando a sua organização a cargo da Câmara Municipal de Ponta Delgada. Embora os organizadores insistam na importância da festa para a animação turística da cidade e na sua capacidade de atração dos emigrantes de visita à ilha, o principal objetivo das Grandes Festas é, segundo Berta Cabral, «consolidar o espírito de equipa das freguesias do concelho» ou, como me referiu José de Mello, reforçar «a união das freguesias da ilha».

Contando na sua comissão organizadora com a participação de pessoas ligadas à organização das festas realizadas nos anos setenta, a composição ritual vigente das Grandes Festas recupera o essencial das soluções então ensaiadas. Para além de um programa cultural — introduzido a partir de 2008 —, os pontos altos das Grandes Festas compreendem: uma distribuição de pensões por instituições particulares de solidariedade social; uma gigantesca distribuição de sopas do Espírito Santo no Campo de São Francisco; um cortejo etnográfico em que participam delegações das 24 freguesias do concelho; a missa da coroação, uma missa campal realizada junto à igreja matriz de Ponta Delgada, que em 2010 foi presidida pelo bispo dos Açores; o bodo de leite; e o cortejo da coroação, com a participação de um elevado número de impérios. Durante as Grandes Festas — cuja mordoma é a presidente da Câmara Municipal —, é também instalado nos paços da Câmara o quarto do Espírito Santo, onde ficam depositadas as coroas dos impérios participantes nos festejos.

Nesta composição ritual, há alguns pontos que merecem ser sublinhados. O primeiro tem que ver com a proeminência que no cortejo etnográfico têm carros de bois preparados pelas diferentes freguesias. Esta ênfase nos carros de bois — com semelhanças com a retórica do *ox cart* presente nas festas do Espírito Santo norte-americanas — vem das primeiras edições das Grandes Festas, mas atingiu hoje uma expressão particularmente saliente. Em 2010, terá desfilado um total de 55 carros de bois, e uma das exposições que integrava o programa cultural das Grandes Festas propunha uma mostra de miniaturas de carros de bois feitas por um ex-emigrante. Um segundo ponto que deve ser referido tem que ver com a adesão das populações às Grandes Festas. Embora otimistas, os números oficiais fornecidos pela Câmara Municipal não deixam de ser expressivos. Mais de 70 000 pessoas teriam assistido em 2010 ao cortejo etnográfico; na distribuição de sopas do Espírito Santo foram servidas cerca de 12 000 sopas; além de 55 carros de bois, integraram ainda o cortejo etnográfico cerca de 48 carros alegóricos, e, na procissão da coroação, teriam desfilado cerca de 80 irmandades. Estes números são evidentemente capitalizados pela organização da festa, que, recorrendo a eles, insiste na ideia — como afirmou Berta Cabral num breve discurso em 2010 — de que «a festa é do povo e para o povo».

Apesar do seu êxito, as Grandes Festas são entretanto um projeto rodeado de alguma polémica, sobretudo pela sua alegada politização ou mesmo partidarização. Em sectores significativos da Igreja açoriana, há uma certa desconfiança em relação às Grandes Festas. Numa entrevista que me concedeu em 2010, o então bispo dos Açores, D. António de Sousa Braga — que, como foi referido, presidiu à missa da coroação das Grandes Festas de 2012 —, reconheceu isso mesmo:

> há na Igreja quem não pense ser importante a participação do bispo dos Açores: aceito a crítica dos padres e do próprio vigário geral. No princípio hesitei, mas é uma grande concentração de pessoas e é por isso importante estar presente para dar uma perspetiva cristã.

Isso não significa, entretanto, que a Igreja subscreva muitos dos aspetos das Grandes Festas. Estas, segundo D. António de Sousa Braga, teriam

> um defeito. O mordomo é o presidente da Câmara, devido ao facto de as festas envolverem as irmandades de todo o concelho, e a organização compete ao pelouro de cultura da Câmara. O ideal seria que a organização fosse de todas as irmandades,

com o apoio da Câmara. Como nas festas há um predomínio da iniciativa laica, nem a Igreja nem a Câmara devem substituir-se a esta.

Também sob o ponto de vista político as Grandes Festas estão longe de ser um tema consensual. Organizadas por uma Câmara que era presidida pela líder da oposição social-democrata e candidata a presidente do Governo Regional dos Açores, suscitavam reservas em sectores significativos do Partido Socialista. Embora me tenha sido impossível conversar sobre o tema com o vereador socialista na Câmara Municipal de Ponta Delgada, várias pessoas com quem falei insistiam nesta desconfiança do Partido Socialista em relação às Grande Festas[66]. O próprio bispo dos Açores a reconheceu quando, no decurso da entrevista que tive com ele, tentou rebater a acusação de que «o PS diz que o bispo vem coroar a Berta Cabral».

As Grandes Festas não se afiguram portanto como um tópico consensual. É nesse quadro que podem ser entendidas algumas tentativas de construção da sua legitimidade ritual, suscetíveis de as pôr ao abrigo de algumas acusações de que são alvo. Na entrevista que me concedeu, Berta Cabral traçou um paralelo entre as Grandes Festas e o Império dos Nobres do Faial: só que aí, acrescentou ela, «não há protestos». Mas é sobretudo no livro de José de Mello — que, como vimos, pode ser considerado o ideólogo e um dos mestres de cerimónias das festas — que essa tentativa de construção de legitimidade ritual das Grandes Festas se torna mais evidente. Depois de referir — recorrendo a um artigo de Leite de Ataíde — a fundação no século XVII de um império em Ponta Delgada, à frente do qual se encontrava o capitão donatário de São Miguel, José de Mello escreve, estabelecendo um vínculo genético entre esse império e as atuais Grandes Festas:

---

[66] Tentei repetidamente, por *e-mail* e telefone, marcar uma entrevista com José Bento, o então líder da bancada socialista na Câmara Municipal de Ponta Delgada, mas nunca obtive resposta.

O capitão donatário era a autoridade máxima da época em toda a ilha de São Miguel, sendo por outro lado um nobre. Assim, esta festividade nasce, não no seio das populações de então, mas no seio da nobreza [...]. Por outro lado houve na cidade de Ponta Delgada um império, que se chamava o «império dos nobres» [...]. Na atualidade, estas festas realizam-se de uma forma popular [...]. O primeiro imperador menino foi o capitão donatário. Na atualidade, nas Grandes Festas, a imperatriz é a Presidente da autarquia (Mello 2009: 24).

Este texto é, a vários títulos, notável. Já vimos que as Grandes Festas podem ser encaradas como uma tradição inventada, isto é, algo que, sendo inovador, se reclama entretanto da tradição e do passado. Este texto cumpre antes de mais essa função: constrói uma genealogia imaginada para as Grandes Festas, que, situando-as na longa duração da história, omite o seu carácter recente e a ausência de precedentes históricos de um ritual que, para todos os efeitos, é uma inovação. Mas são sobretudo os termos em que é feita essa ancoragem das Grandes Festas na tradição que são significativos. As Grandes Festas, situando-se na continuidade dos Impérios dos Nobres, teriam democratizado essa tradição. Posto isto, a centralidade que a presidente da Câmara Municipal desempenha nas Grandes Festas não é nada que não existisse já. Num novo contexto democrático e de participação popular, limitar-se-ia a repetir algo que viria de trás, quando o mordomo das festas era o capitão donatário. Seria a própria história a sancionar a cooptação política das festas do Espírito Santo que é possível reconhecer nas Grandes Festas de Ponta Delgada.

As festas e a quase-nação açoriana transnacional

Mas é sobretudo no plano transnacional que os processos de emblematização das festas do Espírito Santo — simultaneamente etnográficos e políticos — têm assumido expressões mais importantes. Esses processos estão desde logo presentes nas Grandes Festas do Divino Espírito Santo da Nova Inglaterra (Fall

River). Sublinhei anteriormente o modo como o objetivo expresso das Grandes Festas é a construção dos açorianos na América do Norte como comunidade imaginada. Simultaneamente, a sua realização articula-se também com um discurso — produzido sobretudo a partir do Governo Regional dos Açores — de construção dos Açores como uma quase-nação transnacional.

Esse discurso pode ser analisado a partir do conceito de transnacionalismo político. Reportando-se mais usualmente ao envolvimento dos emigrantes em atividades políticas da terra de origem, este conceito engloba também as políticas, implementadas a partir de cima, de vinculação de migrantes e não migrantes à ideia de um coletivo transfronteiriço — geralmente nacional —, englobando todos aqueles que, independentemente do país em que vivem, reconhecem uma identificação de tipo primordialista com o lugar onde eles — ou os seus ascendentes — nasceram.

É justamente no quadro de uma política deste tipo que o Governo Regional dos Açores se envolve nas Grandes Festas de Fall River[67]. Além de apoiar financeiramente as festas, o Governo Regional faz-se representar pessoalmente através do seu presidente, que ocupa um lugar de destaque nos vários cortejos que integram a sequência ritual das festas, usando também da palavra no seu decurso. Subjacente a esta participação do Governo Regional nas Grandes Festas encontra-se uma ideologia de «regionalismo à distância» claramente transnacional[68]. Esta ideologia tende a sublinhar a maneira como os imigrantes açorianos na América do Norte se definiriam como membros transnacionais da quase-nação açoriana. Assim, em 2000, ao transmitir aos imigrantes presentes «um abraço de fraternidade [e] de saudade», a breve intervenção de Carlos

---

[67] Para uma aproximação mais detalhada à relação entre as Grandes Festas e o transnacionalismo político, ver Leal (2011a: 47–60).

[68] Procedo aqui a uma adaptação, para o caso açoriano, do conceito de «nacionalismo de longa distância» proposto por Benedict Anderson (1998).

César nas Grandes Festas deu particular relevo a essa cidadania açoriana transnacional, baseada no sangue e na partilha de um sentimento de pertença comum:

> todos os que aqui estão ou que aqui vivem, continuam a sentir os Açores e os açorianos que vivem nas nossas nove ilhas como seus irmãos. […] Muitos dos que aqui estão têm às vezes tantas saudades dos Açores, mas muitos dos que lá estão têm também às vezes tantas saudades dos seus amigos e parentes açorianos que aqui estão.

No mesmo ano, em declarações ao semanário étnico luso--americano *Portuguese Times*, Carlos César teve oportunidade de sublinhar a mesma ideia de outra maneira:

> Fall River e as Grandes Festas do Divino Espírito Santo da Nova Inglaterra *são o documentário mais impressionante e mais vivo do que significa a açorianidade* […]. Fall River torna-se nesta altura a capital dos Açores. Normalmente nos Açores temos dificuldade em apontar uma capital, ninguém quer que seja em outra ilha. Esta festa é muito conveniente para todos os açorianos, porque *temos uma capital em que todos estão de acordo, que é Fall River*. Como tal o Presidente do Governo não pode nem deve faltar (*Portuguese Times*, 30 de agosto de 2000, «Especial Grandes Festas», p. 15; os itálicos são meus).

Este investimento do Governo Regional nas Grandes Festas de Fall River e na construção de uma açorianidade transnacional não é um caso isolado. De facto, a ideia dos Açores como uma quase-nação transnacional foi fundamental desde 1976 para a construção ideológica da autonomia açoriana e continua a desempenhar hoje em dia um papel central na «política externa» do Governo Regional dos Açores.

Foi com o objetivo de implementação dessas políticas que foi criado em 1989 o Gabinete de Emigração e Apoio às Comunidades Açorianas (GEACA), substituído, em 1998, pela Direção Regional das Comunidades (DRC). A estes organismos foram confiadas funções de apoio às organizações da diáspora açoriana em três grandes áreas: apoio instrumental; formação;

informação e divulgação. No tocante ao apoio instrumental, para além de ajudas financeiras diretas a iniciativas promovidas por diferentes associações, conta-se o envio de bibliotecas de temática açorianista, de trajes regionais, de partituras musicais de canções populares açorianas, de violas «regionais» e de artesanato vário. A área da formação, por seu lado, envolve a realização de seminários e cursos destinados a ativistas, com destaque para o curso anual Açores: à Procura das Raízes. Finalmente, a área de informação e divulgação compreende ações como o envio de jornais açorianos para as organizações de imigrantes, o apoio à imprensa étnica açoriana ou a produção de programas de rádio e televisão para as estações e canais étnicos. Tanto o GEACA como a DRC têm tido também um papel destacado na promoção de reuniões internacionais de organizações e ativistas da diáspora açoriana. Entre essas reuniões ocuparam lugar de relevo, durante os governos de Mota Amaral, as sucessivas edições do Congresso das Comunidades Açorianas (realizado em 1978, 1986, 1991 e 1995), substituído posteriormente pelas Jornadas Emigração/Comunidades (que tiveram lugar em 2002, 2004 e 2007) e, mais recentemente, pelos encontros mundiais das Casas dos Açores.

A orientação norte-americana do trabalho inicial destes organismos encarregados de produzir o transnacionalismo açoriano deve ser sublinhada. Gradualmente, entretanto, irá ocorrer um maior envolvimento de ativistas ligados a outros destinos da emigração açoriana, com destaque para Santa Catarina e Rio Grande do Sul, no Brasil. Entre o segundo e o terceiro Congressos das Comunidades Açorianas, realizados respetivamente em 1986 e 1991, o número de delegados brasileiros quase triplicou e, no último, em 1995, os delegados vindos do Brasil representavam já 15% do total de congressistas.

No quadro das atividades desenvolvidas pelo GEACA e pela DRC, as festas do Espírito Santo começaram por ter uma presença pontual, sob a forma de comunicações apresentadas aos Congressos das Comunidades Açorianas ou de apoios dispersos concedidos a festas ou irmandades do Espírito Santo. Mas, a partir de final dos anos noventa, assiste-se a um gradual reforço e autonomização dos processos de emblematização transnacional das festas do Espírito Santo, assentes sobretudo na institucionalização dos Congressos Internacionais sobre Festas do Espírito Santo.

O primeiro desses congressos teve lugar em Florianópolis (Santa Catarina, Brasil), em 1999, e resultou de uma iniciativa de organizações e ativistas etnoculturais do litoral do estado de Santa Catarina, então envolvidos num intenso processo de redescoberta das raízes açorianas do estado, que tinha no resgate das festas do Espírito Santo uma das suas estratégias principais[69]. Nesse processo convergiam tanto as razões autóctones dos ativistas — interessados na demonstração das raízes açorianas das festas — como as razões transnacionais do Governo Regional dos Açores — interessado no alargamento da ideia de uma diáspora açoriana distribuída no tempo e no espaço. Por essa razão, o congresso teve um apoio financeiro e político relevante do Governo Regional dos Açores, de acordo com um modelo que combinava a iniciativa local com o apoio do Governo da Região Autónoma e que teve seguimento no II Congresso Internacional sobre Festas do Espírito Santo (Porto Alegre, Rio Grande do Sul, 2006) e no IV Congresso Internacional sobre Festas do Espírito Santo (San José, Califórnia, 2010). Entretanto, noutros casos — como no III e no V Congressos realizados em 2008 e em 2012 nos Açores —, a iniciativa coube inteiramente ao Governo Regional, por intermédio da DRC[70].

---

[69] Tive ocasião de analisar detalhadamente o processo de redescoberta das raízes açorianas de Santa Catarina — que remontam aos anos quarenta (Leal 2011a: 91–164; ver também 2007).

[70] Os congressos de Florianópolis e de San José conduziram à publicação de livros de atas — cf., respetivamente, J. C. Alves (2000) e Rodrigues & Goulart (2010). As atas do congresso de Porto Alegre nunca foram publicadas sob a forma de livro, mas estão disponíveis em formato eletrónico (cf. *Anais do III Congresso Internacional sobre Festas do Divino Espírito Santo* s/d). O III Congresso — realizado nos Açores — também não teve livro de atas, mas a DRC produziu um DVD com os textos e/ou suportes das comunicações em PowerPoint, que circulou depois entre os congressistas.

Dois traços devem ser sublinhados a propósito desta linha de trabalho. Por um lado, deve destacar-se o envolvimento do Governo Regional na sua realização, em particular nos congressos realizados nos Açores. Por outro, deve também enfatizar-se que, com o fim dos Congressos das Comunidades Açorianas, ocorrido após a tomada de posse do primeiro governo de Carlos César, os Congressos Internacionais sobre Festas do Espírito Santo tornaram-se as principais ocasiões regulares de reunião alargada de ativistas da diáspora açoriana.

O *script* destes congressos foi estabelecido no congresso de Florianópolis, tendo sido posteriormente replicado nas sucessivas edições do evento. Um primeiro aspeto que sobressai nesse *script* prende-se com a preocupação de abrangência e representatividade geográfica dos delegados e comunicações, de forma a sublinhar o carácter transnacional das festas do Espírito Santo. Esse traço foi particularmente visível no congresso de San José (em 2010). Não só o número de comunicações cobria de forma equilibrada as principais áreas da colonização e emigração açorianas, como foi concedido particular cuidado no estímulo à participação de delegados oriundos de países — como o Canadá — que se encontravam sub-representados em edições anteriores do evento. Um segundo aspeto que deve ser enfatizado tem que ver com a heterogeneidade dos participantes. Embora alguns se tenham tornado *habitués* do evento e outros sejam participantes ocasionais, em ambos os casos os seus perfis são variados, englobando académicos, eruditos interessados, simples curiosos, padres, membros de irmandades e organizadores de festas. Como consequência, é também grande a heterogeneidade de participações: desde a comunicação de perfil mais académico ao registo etnográfico, passando pela história, pelo apontamento curioso e pela quase homilia teológica.

Outra particularidade dos Congressos do Espírito Santo prende-se com o modo como a sua componente científica se articula com um programa de «turismo da diáspora», marcado pela preocupação de dar a conhecer as comunidades locais de origem açoriana aos congressistas. Estes roteiros dão muitas vezes relevo ao culto do Espírito Santo, como no caso do congresso de San José, em que muitas das excursões propostas envolviam uma paragem nos *halls* de diferentes irmandades. A terceira mais importante particularidade destes congressos prende-se com a preocupação de fazer coincidir as suas datas com o momento da realização — na localidade escolhida — de uma ou mais festas do Espírito Santo. Uma parte importante do congresso consiste na participação dos congressistas no ritual, onde ocupam um lugar de destaque, sobretudo nas procissões e cortejos que o integram. Convidados na sua qualidade de comentadores das festas, os congressistas assumem simultaneamente o papel de participantes ativos na sua *performance*.

Nesse sentido, os Congressos Internacionais sobre Festas do Espírito Santo podem ser vistos como uma espécie de metafesta: uma celebração construída em cima de uma celebração. Mas não é apenas nesse sentido que os congressos falam a linguagem da festa. Os congressos, em si, podem ser vistos como uma celebração laica do Espírito Santo. Recorrendo a linguagens heterogéneas, os congressistas tornam-se, durante o tempo do congresso — e mesmo que não seja essa a sua intenção —, *performers* de uma nova forma de cultuar o Espírito Santo, baseada em comunicações e em apresentações em PowerPoint, posteriormente convertidas em livros de atas. Entre esta nova forma de «adorar» o Espírito Santo e as velhas formas de o fazer, as fronteiras são imprecisas, como resulta da simultânea participação dos congressistas na festa do Espírito Santo coincidente com o congresso. Muitos congressistas, de resto, são eles próprios devotos do Espírito Santo, e a sua participação na festa não é meramente de ordem protocolar. No congresso de San José, por exemplo, muitos deles não se limitaram a participar na *parade* da festa, mas assistiram à própria missa da coroação, no decurso da qual comungaram. Outros detalhes confirmam esta imprecisão de fronteiras. No congresso de San José, uma pequena coroa — a mais antiga da Califórnia — foi colocada em cima da mesa que reunia os participantes em cada um dos painéis. Uma das intervenções mais aplaudidas foi a intervenção de uma congressista da Califórnia cujo pai estivera ligado à criação de uma festa em Kátofe (Angola) (V. Matos 2010). Com a descolonização, a família teve de abandonar o local, fugindo pela Namíbia e levando consigo a coroa do Espírito Santo: esta, no decurso da fuga, foi usada como uma espécie de proteção espiritual:

> Após a perigosa fuga através do sul de Angola até à Namíbia, sei que os meus pais se «agarraram» à devoção pelo Espírito Santo para poderem enfrentar e sobreviver à tragédia do fim de uma vida de trinta anos numa terra que eles fizeram sua e que amaram sem limites. E que deixou marcas profundas sobretudo no meu pai, que nunca mais conseguiu falar de Angola sem chorar, dizia: «Eu de Angola, trouxe a maior riqueza do mundo, a minha mulher e as minhas seis filhas todas vivas e sem nenhuma ser violada» (Manuela Aguiar in V. Matos 2010: 90).

Tendo provocado uma onda de comoção entre os congressistas e a assistência, o relato desta experiência situou momentaneamente o congresso num espaço de absoluta imprecisão: a narrativa da existência de um império num lugar improvável — Angola — era tanto um apontamento etnográfico como, sobretudo, um testemunho religioso de uma experiência de aflição e salvação. Não é por isso de estranhar que alguns congressistas, talvez perplexos com o tom mais abertamente académico da minha comunicação ao congresso de San José, tenham tentado, através de perguntas laterais e comentários ambíguos, apurar se eu «acreditava no Espírito Santo».

Em resumo: não tendo alcançado o estatuto de património cultural imaterial da humanidade, as festas do Espírito Santo tornaram-se, alternativamente, o património identitário da quase-nação açoriana transnacional.

O Divino nos trópicos

Capítulo 8

O Espírito Santo entre os voduns: história e etnografia

O tambor de mina é a religião afro-brasileira predominante no Maranhão, particularmente em São Luís. Tal como outras religiões afro-brasileiras, o tambor de mina é orientado para o culto de entidades espirituais, designadamente (mas não exclusivamente) para o culto de entidades espirituais de origem africana. Esse culto assenta em terreiros (ou casas) dirigidos por uma mãe ou pai de santo e integrados por um número variável de filhas e filhos de santo (também conhecidas pela expressão «dançantes»). Embora os terreiros mais tradicionais apenas aceitem mulheres como filhas de santo, a maioria das casas de culto inclui também homens, embora em menor número. O culto assume várias formas, a mais importante das quais é o transe ritual: no decurso de celebrações públicas conhecidas pela designação genérica de toques de mina, as filhas de santo (ou filhos de santo) são «possuídas» pelas entidades espirituais que cultuam. Simultaneamente, o *script* ritual dos terreiros de tambor de mina reserva um papel importante a outras «obrigações» para com as entidades espirituais cultuadas, algumas das quais incluem o sacrifício de animais e outras oferendas. Em muitos terreiros, os pais e mães de santo disponibilizam também os seus serviços religiosos a pessoas que os procuram para o efeito.

O terreiro de tambor de mina mais conhecido e estudado é a Casa das Minas (N. Pereira 1979 [1947]; Eduardo 1948; S. Ferretti 2009 [1985], 1995), provavelmente fundado na primeira metade do século XIX. Este terreiro possui uma origem jeje, etnónimo que se aplica a um conjunto de grupos localizados no atual Benim e no Sudoeste da Nigéria que, no decurso do século XVIII e em inícios do século XIX, integravam a área de influência do antigo Reino do Daomé ([71]). As divindades africanas cultuadas recebem como consequência a designação de voduns, e o panteão apresenta, em relação a outras religiões afro-brasileiras, inúmeras particularidades, expressas na sua composição e nas designações e atributos dos diferentes deuses.

Entretanto, a grande maioria das casas de tambor de mina de São Luís segue hoje em dia um modelo que teria a sua origem mais recuada noutro terreiro célebre de São Luís: a Casa de Nagô (M. Ferretti & Sousa 2009), onde influências iorubá se somam às influências jeje e onde, para além de divindades de origem africana — orixás iorubá e voduns jeje —, são cultuadas outras entidades espirituais de origem brasileira. Pesquisas recentes sugerem a importância que teria tido, na difusão deste modelo, o terreiro do Egito (M. Ferretti 2015, 2016; S. Ferretti 2016). Teria sido graças à sua influência que o culto a novas entidades de origem brasileira se teria ampliado e estabilizado.

Estas entidades são genericamente designadas como «encantados»: não correspondem a espíritos de antepassados, mas a espíritos de pessoas que, depois de uma existência terrena, se encantaram. Vivem em encantarias, universos paralelos ao universo dos humanos, associadas a áreas ou acidentes geográficos precisos, localizados no mar, em rios ou debaixo da terra. Na maioria dos terreiros, essas entidades incluem caboclos, princesas, nobres (ou gentis) e turcos. Entre os nobres, incluem-se reis e outros nobres europeus, como D. Sebastião (mais conhecido por Rei Sebastião) ou D. Luís, e um dos turcos

---

([71]) Sobre os jeje, ver em particular Parés (2011a [2007]: 23–62). Segundo este autor, «a denominação "jeje", no início restrita a um grupo adja particular, provavelmente localizado na região de Porto Novo [no Sudoeste da Nigéria] ou imediações, com a expansão do Daomé e no contexto do tráfico lusófono passou a adquirir um significado mais genérico, para designar aqueles povos controlados ou sob a influência desse reino, mas que podiam ser embarcados como escravos em portos fora desse território» (2011a [2007]: 56).

mais famosos é Ferrabrás de Alexandria. Se em alguns casos os nobres podem ser associados a personagens com existência histórica efetiva — como o Rei Sebastião ou D. Luís, correspondentes respetivamente ao rei D. Sebastião de Portugal e ao rei D. Luís XIII de França —, noutros casos essa correspondência não existe ou é equívoca. Muitas dessas entidades estão organizadas em famílias. Por exemplo, Rei Sebastião é o chefe da família dos Lençóis — uma ilha situada no litoral norte do Maranhão, onde ele se teria encantado —, que integra várias outras entidades, entre elas vários filhos e filhas de Rei Sebastião.

Estas diferentes divindades e entidades religiosas estão tendencialmente organizadas de modo hierárquico: os voduns e orixás situam-se no topo da hierarquia, depois vêm os nobres e princesas e, por fim, os caboclos. Quanto aos turcos, ocupam uma posição instável entre os nobres e os caboclos. Muitos deles têm uma origem nobre, mas optaram por renunciar a essa condição, passando a viver em aldeias indígenas, onde casaram e tiveram filhos. Estes encantados de origem europeia apenas se manifestam no tambor de mina. No estudo que Otávio Eduardo (1948) consagrou aos terreiros de tambor de mina de São Luís, o autor designa o modelo que tem origem na Casa de Nagô como iorubá e apresenta-o como sendo o modelo dominante na grande maioria dos terreiros — cerca de 20 — então existentes em São Luís. Sérgio Ferretti (2001a: 89) distingue também entre o modelo mina-jeje (Casa das Minas) e o modelo mina-nagô (originário da Casa de Nagô, mas predominante, com modificações, na grande maioria dos terreiros de São Luís). Mais recentemente, Luis Nicolau Parés, constatando o modo como muitos terreiros influenciados pelo modelo nagô adotaram um conjunto de novas entidades e rituais, propôs a distinção entre três modelos de tambor de mina: dois deles corresponderiam à Casa das Minas e à Casa de Nagô, e um terceiro, embora mais recente, seria o modelo de «mina do caboclo». Este modelo seria hoje em dia dominante na maioria das casas de mina de São Luís e seria marcado não só pela importância dos caboclos entre as entidades espirituais cultuadas (Parés 1997: 3), mas também pela sua capacidade de agregação de outras entidades espirituais. A abertura destes terreiros a rituais originários da pajelança é também importante ([72]). Deve entretanto sublinhar--se que a expressão «mina de caboclo» não corresponde a uma expressão *emic* usada pelos próprios «mineiros». Estes evidenciam, em geral, nas suas lutas pela «autenticidade», uma considerável flexibilidade, que só é posta de lado quando se trata de diferenciar o tambor de mina da umbanda.

Apesar da sua importância em São Luís e noutras áreas do Maranhão, o tambor de mina tem recebido, comparativamente com outras variantes regionais das religiões afro-brasileiras — com particular destaque para o candomblé da Bahia —, uma atenção mais difusa na pesquisa antropológica. Os primeiros estudos sobre o tambor de mina remontam à década de quarenta e são da autoria de Nunes Pereira (1979 [1947]) e de Otávio Eduardo (1948) ([73]). Nunes Pereira — com formação em veterinária, mas autor de uma obra etnográfica e antropológica diversificada — escreveu um estudo pioneiro sobre a Casa das Minas, com a qual tinha uma relação emocional forte, uma vez que a sua mãe fora

---

([72]) A pajelança foi definida por Gustavo Pacheco como «um conjunto heterogêneo de práticas e representações que reúne elementos do catolicismo popular, das culturas indígenas, do tambor de mina, da medicina rústica e de outros componentes da cultura e da religiosidade populares do Maranhão. Caracteriza-se, entre outros aspetos, pela ênfase no tratamento de doenças e perturbações, por um transe de possessão característico, com "passagem" de diversas entidades espirituais em uma mesma sessão, e pela presença de certas práticas como o uso de tabaco e outras substâncias para defumação. Esses elementos associam a cura ou pajelança maranhense a outras manifestações encontradas no Norte e no Nordeste brasileiros, como o catimbó, a jurema, o toré e especialmente a pajelança cabocla encontrada em diversas regiões da Amazônia» (2004:3–4).

([73]) Registem-se ainda alguns artigos do pesquisador português Edmundo Lopes (1942, 1945, 1947), com uma formação de linguista, que se interessou pela comparação entre as doutrinas africanas da Casa das Minas e a língua jeje. Em 1938, a famosa Missão de Pesquisas Folclóricas dirigida por Mário de Andrade também recolheu informação sobre o tambor de mina (Alvarenga 1948).

dançante da casa([74]). Quanto a Otávio Eduardo, foi um dos «discípulos brasileiros» de Melville Herskovits e consagrou a sua tese de doutorado — apresentada na Northwestern University (EUA) — ao estudo comparado dos processos de aculturação em Santo António dos Pretos (um contexto rural) e em São Luís (um contexto urbano). Nos capítulos consagrados a São Luís, deu grande ênfase ao tambor de mina, que abordou a partir de informação recolhida em vários terreiros. Foi sobretudo a partir dos estudos de Nunes Pereira e de Otávio Eduardo que Roger Bastide consagrou ao tambor de mina uma secção do seu livro *Les Religions Africaines au Brésil* (1960: 254-265). Nesta, deu particular destaque à Casa das Minas, sobre a qual o seu amigo Pierre Verger (1952) também havia escrito.

Depois destas primeiras aproximações, o tambor de mina só voltou a suscitar a atenção dos antropólogos a partir de final dos anos setenta, por intermédio dos estudos de Maria Amália Barretto (1977, 1987) e de Maria do Rosário Santos e Manuel dos Santos Neto (1989). Mas foi sobretudo graças à extensa obra de Sérgio Ferretti (por exemplo, 2009 [1985], 1995, 2001a) e de Mundicarmo Ferretti (por exemplo, 2000) que o tambor de mina ganhou uma maior expressão na literatura sobre religiões afro-brasileiras([75]). Da bibliografia recente mais relevante sobre o tambor de mina fazem também parte as teses de doutorado de Daniel Halperin (1995) e de Luis Nicolau Parés (1997) e, mais recentemente, o estudo monográfico de Gerson Lindoso (2014) sobre a Casa Ilê Ashé Ogum Sogbô.

Tal como noutros estudos disponíveis sobre religiões afro--brasileiras, as origens africanas do tambor de mina foram um tema tratado por vários pesquisadores. É esse em particular o

---

([74]) Sobre a obra de Nunes Pereira, que também escreveu sobre grupos indígenas do Nordeste e Norte do Brasil, ver S. V. Costa (1997).

([75]) Na sua obra experimental *Etnopoesia: antropologia poética das religiões afro-americanas*, o escritor alemão Hubert Fichte — que conduziu pesquisa na Casa das Minas ao mesmo tempo que Sérgio Ferretti realizava a sua investigação de doutorado — consagrou também algumas páginas à Casa das Minas (Fichte 1987: 140-185).

caso de Nunes Pereira e do seu estudo sobre a Casa das Minas e, mais tarde, do ensaio de Pierre Verger sobre as origens reais — no antigo Daomé — deste terreiro[76]. Estes dois estudos influenciaram decisivamente a caracterização africanista do tambor de mina proposta por Roger Bastide, que apresentou São Luís como «uma ilha de resistência africana, mais particularmente daoméana», rodeada por uma extensa área em que «o *catimbó* e o *tambor de mina* se abandonam aos mais estranhos casamentos» (1960: 254). Mais tarde, nos anos setenta, o primeiro estudo de Maria Amália Barretto sobre o tambor de mina (1977) também se organizou de acordo com pressupostos africanistas.

A par dessa orientação africanista, um dos aspectos mais relevantes na reflexão antropológica sobre o tambor de mina relaciona-se com o peso que nela ocupam ideias sobre aculturação e sincretismo, em particular sobre o sincretismo afro-católico. Essas ideias são particularmente evidentes no estudo de Otávio Eduardo, em que, sob a influência de Melville Herskovits, o conceito de aculturação ocupa um lugar central. Embora uma das conclusões principais do seu livro sublinhe a maior importância da aculturação em Santo António dos Pretos comparativamente com São Luís, Otávio Eduardo não deixou de enfatizar a importância dos processos de aculturação religiosa em São Luís, nomeadamente em relação ao tambor de mina. Mais tarde, Maria Amália Barretto, depois de uma aproximação guiada por pressupostos africanistas, acabou também por sublinhar a dimensão de «síntese» (1987: 180) do tambor de mina. Quanto a Luis Nicolau Parés, recorre amiúde na sua tese à expressão «interpenetração» para caracterizar o tambor de mina.

Foi, entretanto, na obra de Sérgio Ferretti que o tema do sincretismo foi articulado de forma mais insistente. No seu

---

[76] Os argumentos principais do artigo de 1952 de Pierre Verger foram posteriormente retomados (Verger 1990). Segundo Verger, a fundadora da Casa das Minas seria a rainha Na Agontimé, que teria sido vendida como escrava no quadro de lutas pela sucessão no interior da casa real do antigo reino do Daomé. A história de Agontimé foi ficcionada por Judith Gleason (1970) em *Agotime: Her Legend*.

primeiro livro — *Querebentã de Zomadônu. Etnografia da Casa das Minas* (2009 [1985]) —, o tema não era ainda objeto de aprofundamento. Mas a informação apresentada indicava já a importância dos modos de articulação entre o tambor de mina e conceções e rituais provenientes do catolicismo. Foi no seu segundo livro — *Repensando o Sincretismo* (1995) — que Ferretti tematizou de forma mais argumentada o sincretismo, fazendo dele uma espécie de *gate keeping concept* (Fardon 1999) do tambor de mina, retomado posteriormente por antropólogos como Daniel Halperin (1995: 70–96) e Marilande Abreu (2002). Depois de uma parte inicial consagrada ao tratamento do tópico na literatura antropológica, Ferretti dedicou a segunda parte do livro a uma revisita sistemática, à luz do conceito de sincretismo, dos principais rituais da Casa das Minas.

Um dos argumentos etnográficos mais recorrentes na tematização da natureza sincrética do tambor de mina prende-se com a importância que as festas do Divino Espírito Santo (ou, como são mais conhecidas, as festas do Divino) têm no tambor de mina. É certo que os autores que mais insistiram num tratamento sincrético do tambor de mina procederam a uma listagem abrangente das conceções e rituais que fundamentavam essa sua interpretação. Mas tanto em Otávio Eduardo como em Sérgio Ferretti o espaço da demonstração da importância do sincretismo no tambor de mina é sobretudo ocupado pelas festas do Divino. Assim, na abordagem que fez aos processos de aculturação religiosa em São Luís, Eduardo consagrou quatro páginas às festas, em confronto com o tratamento mais sintético dado a outros rituais e crenças em que o sincretismo seria evidente. De igual modo, Sérgio Ferretti reservou às festas do Divino um lugar estratégico na tematização da dimensão sincrética da Casa das Minas. Não é por isso de admirar que uma parte significativa da sua produção mais avulsa — sob a forma de artigos e apresentações em conferências — se centre justamente nas festas do Divino em terreiros de tambor de mina (por exemplo, S. Ferretti 2005, 2007).

Narrativas de origem

A importância que as festas do Divino têm nos terreiros de tambor de mina de São Luís deve ser entendida à luz da importância que estas têm em todo o Maranhão. Com os números atualmente disponíveis, é de facto possível afirmar que o Maranhão constitui o estado brasileiro onde a presença das festas do Divino é mais significativa. Embora seja difícil apresentar números exatos, as estimativas existentes indicam um total de mais de 200 festas no estado. Essas estimativas baseiam-se no cadastro das festas do Divino realizado pelo Centro de Cultura Popular Domingos Vieira Filho — organismo integrado na Secretaria Estadual da Cultura do Governo do Maranhão que coordena as políticas de apoio à cultura popular. Esse cadastro reúne informação sobre as festas que recebem apoios estaduais e apontava para a existência, em 2009, de um total de 150 festas no estado do Maranhão. Mas, como sublinhado anteriormente (Gonçalves & Leal 2016), o cadastro tende a sub-representar as regiões situadas a sul do estado. Levando estas em conta, o número total de festas do Divino no Maranhão é certamente superior a 200. Mais de metade destas festas — cerca de 130 — distribui-se pelos diferentes municípios do estado do Maranhão, e cerca de 80 concentram-se em São Luís[77].

Como resultado da sua importância no campo religioso do Maranhão, as festas do Divino fornecem frequentemente o modelo a partir do qual são organizadas outras festas religiosas. Como afirmou Gustavo Pacheco,

> em quase todo o Maranhão, as festas de santo seguem o modelo da festa do Divino, embora sejam celebradas para outros santos e muitas vezes apresentem versões simplificadas e modificadas da festa, tal como se apresenta em São Luís e em Alcântara (Pacheco 2004: 140).

---

[77] Os dados apresentados neste capítulo sobre as festas do Divino no Maranhão reportam-se ao cadastro de 2009. Em Gonçalves & Leal (2016) podem encontrar-se dados relativos ao cadastro de 2015.

Nas regiões do Sudoeste, Centro e Leste do estado é também importante a capacidade que as festas do Divino têm de organizar à sua volta outras expressões religiosas, relacionadas designadamente com o culto dos mortos (Gonçalves & Leal 2016). Em resultado da sua importância, as festas do Divino tornaram-se — sobretudo a partir dos anos noventa — objeto de políticas estaduais de patrimonialização e apoio à cultura popular do estado do Maranhão. Estas políticas têm sido implementadas pelo Centro de Cultura Popular Domingos Vieira Filho e reservam um papel de maior destaque ao bumba-meu-boi, um ritual, construído em torno da morte e da ressurreição de um boi de fantasia, que mistura música, dança, brincadeira e representação com personagens mascarados. O ritual, que está associado às festas juninas e é uma devoção para com São João (ou São Pedro, ou São Marçal), é visto — desde os anos sessenta — como a expressão mais significativa da cultura popular do Maranhão e é por isso um dos alvos preferenciais das políticas públicas de apoio à cultura[78]. Mas estas preveem também o apoio financeiro às festas do Divino como forma de estímulo a uma expressão da cultura popular maranhense vista como caracterizadora da identidade cultural do estado.

A importância das festas do Divino no Maranhão tende hoje em dia a ser vista como uma consequência da colonização açoriana do estado, iniciada nas primeiras décadas do século XVII e relativamente à qual estão documentadas pelo menos três vagas. Assim, de acordo com os historiadores portugueses José Damião Rodrigues e Artur Madeira, em 1618 teria chegado a São Luís um primeiro grupo de colonos composto por 95 casais, «com alguns solteiros, num total de 561 almas, transportados em três navios» (Rodrigues & Madeira 2003: 252). Em 1622 chegaram mais 40 casais, «perfazendo 148 pessoas» (2003: 254). Em 1648 chegaram, por seu turno, «52 casais de Santa Maria e

---

[78] A bibliografia sobre o bumba-meu-boi é extensa. Sobre o lugar do bumba-meu-boi nas políticas culturais do Maranhão, ver, por exemplo, Albernaz (2004), I. Nunes (2011) ou Parodi (2011).

de São Miguel, com 365 pessoas» (2003: 256).[79] Posteriormente a 1650, embora tenham continuado a desembarcar açorianos em São Luís, na sua maioria estes foram reencaminhados para o Pará e, mais tarde, para o Amapá[80].

As razões para a implementação, a partir do início do século XVII, da colonização açoriana do Maranhão prenderam-se com a necessidade de ocupação de um território até aí fracamente povoado e que era disputado pela França no quadro do seu projeto de implantação da chamada França Equinocial. Foi nesse contexto que se deu, em 1612, a ocupação francesa da ilha de Upaon-Açu (atual ilha de São Luís) e a fundação de um núcleo de colonização francesa que, em homenagem ao rei Luís XIII (o então soberano francês), recebeu o nome de São Luís[81]. Comandados por Daniel de la Touche, os franceses permaneceram em São Luís até 1615, quando uma expedição chefiada por Jerónimo de Albuquerque reconquistou São Luís para a Coroa ibérica[82]. Como a ameaça francesa permanecia, tornava-se entretanto necessário proceder a uma ocupação mais efetiva do território, e foi por isso que a Coroa ibérica recorreu

---

[79] Em 1708, existem ainda referências a um embarque de 120 recrutas provenientes dos Açores com destino ao Maranhão (J. D. Rodrigues 2007).

[80] Alguns destes dados podem também encontrar-se em Walter Hawthorne (2010: 30), que refere uma leva de 200 açorianos em 1698, sem entretanto indicar as fontes em que se baseia. No seu livro sobre as transformações da agricultura do Maranhão no século XIX, Alfredo Almeida (2008: 108) refere outra leva de 140 açorianos originários da Graciosa, recrutados para a colónia de Santa Teresa (Cururupu) em 1850. Estes açorianos emigraram no quadro de uma política, desenvolvida neste período pelo estado do Maranhão, de implantação de colónias agrícolas baseadas em mão de obra estrangeira. A maioria dos colonos veio de Portugal e foi recrutada na região do Porto. Alfredo Almeida refere também um pequeno grupo de colonos de origem chinesa (2008: 109).

[81] Sobre a fundação francesa de São Luís, ver Pianzola (1992) e Lacroix (2008).

[82] Sobre Jerónimo de Albuquerque e a reconquista portuguesa de São Luís, ver Lacroix (2006).

— tal como fez a Coroa portuguesa, um século e meio mais tarde, em Santa Catarina e no Rio Grande do Sul — à colonização de São Luís por casais açorianos. Simultaneamente, foi definido, em 1621, um novo enquadramento jurídico para o território, através da criação do Estado Colonial do Maranhão — mais tarde denominado Estado do Maranhão e Grão Pará —, que passou a responder diretamente perante a Coroa ibérica (e, depois de 1640, portuguesa) [83]. Com o tempo, devido a razões geográficas e de orientação das correntes e ventos dominantes, o contacto entre o Maranhão e Portugal foi mais efetivo do que o contacto do Maranhão com o restante território do Brasil colónia.

Para muitos pesquisadores que têm escrito sobre as festas do Divino, teria sido em consequência da colonização açoriana que as festas do Divino foram introduzidas no Maranhão. Embora tenha vindo a tornar-se consensual, esta narrativa das origens é relativamente recente. De facto, os primeiros autores que, a partir da segunda metade do século XX, escreveram sobre as festas do Divino no Maranhão, ao mesmo tempo que estavam de acordo quanto à sua origem portuguesa, não referiam a colonização açoriana. É o caso de Domingos Vieira Filho, destacado folclorista maranhense, fundador da Comissão Maranhense de Folclore e também autor do primeiro artigo sobre as festas do Divino no Maranhão (ver Barros 2005) [84]. Nesse seu artigo, Domingos Vieira Filho limita-se a afirmar serem as festas uma «tradição [que] vem de fora, pela infalível via

---

[83] Posteriormente, entre 1641 e 1644, São Luís foi ocupada pelos holandeses. A toponímia da cidade presta homenagem a estes vários colonizadores. Assim, para além de uma Avenida dos Portugueses, existe uma Avenida dos Franceses e uma Avenida dos Holandeses. Embora exista uma Avenida dos Africanos, não existe na toponímia de São Luís qualquer avenida que homenageie os «donos da terra», isto é, os grupos indígenas de origem tupi (no litoral) e tapuia (no interior) que ocupavam o Maranhão aquando da colonização portuguesa.

[84] Sobre Domingos Vieira Filho, ver designadamente A. S. Braga (2000).

lusitana, como tantas outras manifestações folclóricas que ainda hoje persistem entre nós» (1977: 47). Nos primeiros estudos sobre a festa do Divino de Alcântara (a antiga capital do Maranhão), surgidos nos anos setenta, a origem portuguesa das festas é de novo referida (por exemplo, C. Lima 1988 [1972]); P. B. Santos 1980: 201), mas em termos igualmente genéricos. Mesmo Sérgio Ferretti, que deu grande importância ao estudo das festas do Divino, oscilou durante algum tempo entre a invocação das origens genericamente portuguesas das festas (2009 [1985], 1995) e o evitamento do tema (1999a) e só recentemente (2005, 2007) começou a referir-se às suas origens açorianas.

É à medida que nos aproximamos dos anos 2000 que as referências à origem açoriana das festas começam a surgir. Alguns autores que tinham anteriormente escrito sobre as festas subscrevendo a narrativa genérica das origens portuguesas do culto ao Divino Espírito Santo passam a referir as suas origens especificamente açorianas. O caso mais flagrante é o de Carlos de Lima, que em 2002 publicou um artigo no *Boletim da Comissão Maranhense de Folclore* subordinado ao título «O Divino Espírito Santo» (2002a). Nele, depois de passar em revista alguns aspetos das festas do Espírito Santo nos Açores, propôs a existência de um vínculo genético entre as festas e a colonização açoriana do Maranhão:

> É lícito supor que o culto ao Divino Espírito Santo tenha sido trazido ao Maranhão pelos primeiros açorianos que aqui chegaram, em duas levas: a primeira em 1620, trazida por Manuel Correa de Melo, por conta de Jorge de Lemos Bittencourt, e a segunda por Antônio Ferreira Bittencourt, no ano seguinte, partes da imigração de 200 casais que viriam construir dois engenhos de açúcar, plano do provedor-mor do Brasil Antônio Muniz Barreiros (C. Lima 2002a: 4).

Também em 2002 Carlos de Lima e sua esposa, Zelinda de Lima — que durante muitos anos teve um papel destacado na definição das políticas estaduais de apoio à cultura popular do Maranhão —, viajaram para os Açores. Lendo o artigo que Carlos de Lima consagrou a essa viagem (C. Lima 2002b), percebe-se que o seu motivo tinha que ver com a exploração das origens açorianas das festas do Divino. No decurso da viagem, o casal esteve nas ilhas da Terceira e de São Miguel e, além de visitas a vários mordomos, assistiu a duas festas nas freguesias de São Brás e Vila Praia da Vitória (ambas na Terceira). Os artigos não só reafirmam os Açores como lugar de origem das festas do Maranhão, como sublinham o carácter mais tradicional que as festas lá conservariam:

> Assim vimos os festejos ao Divino Espírito Santo nas Ilhas de S. Miguel e Terceira, parecidos com os nossos, pois de lá, decerto, nos vieram, com algumas diferenças, mas, principalmente (como nos custa confessá-lo!) com maior respeito e amor à tradição, sem trios eléctricos, farra e bebedeira, como vem acontecendo em Alcântara (C. Lima 2002b: 16).

Uma vez adquirida, a narrativa açorianista de origem das festas do Divino no Maranhão continuou a marcar os escritos de Carlos de Lima, como decorre de um artigo em que o autor comparou os foliões de Caxias (uma cidade do interior do Maranhão) aos foliões açorianos (C. Lima 2004).

Mas a redescoberta das origens açorianas das festas do Divino não se limitou a Carlos de Lima. Simultaneamente, nuns casos, e um pouco antes, noutros, vários pesquisadores mais jovens começaram também a trabalhar com essa ideia. Uma das primeiras referências encontra-se numa monografia de licenciatura da UFMA sobre a festa do Divino do Goiabal (J. Silva 1997). Mas, a partir daí, muitos outros pesquisadores (por exemplo, C. Gouveia 2001: 35; Pacheco, Gouveia & Abreu 2005: 4; M. Barbosa 2006: 107–108) têm sublinhado as origens açorianas das festas.

É difícil indicar quais os motivos que estão por detrás deste processo de gradual emergência, a partir de final dos anos noventa, da narrativa açorianista acerca das origens das festas do Divino no Maranhão. Alguns indícios sugerem que ela poderá resultar do desenvolvimento de meios de comunicação eletrónicos, que passaram a permitir um acesso facilitado a informação sobre as festas do Espírito Santo. Mas outros fatores podem ter sido importantes, relacionados, por exemplo, com o desenvolvimento — em Santa Catarina e no Rio Grande do Sul — da narrativa açorianista sobre a origem das festas. Mais tarde, o estabelecimento de contactos com a Direção Regional das Comunidades dos Açores — apesar de algum desinteresse desta em relação ao Maranhão — pode também ter tido alguma importância.

De facto, do lado dos Açores — onde a colonização açoriana do Maranhão estava referenciada pelo menos desde 1921 (Correia 1921) —, chegou a esboçar-se também um interesse pelo Maranhão que conduziu, designadamente, ao estabelecimento de contactos entre a Direção Regional das Comunidades e a pesquisadora maranhense Ester Marques. Desse contacto surgiu um conjunto de iniciativas:

> Até aí não havia contactos e não sabiam nada daqui. No seguimento [Ester Marques] recebeu um impresso para se candidatar ao curso À Procura das Raízes, que teve lugar em maio de 2005, sendo que nesse ano foi ela a única participante do Maranhão. [...] A DRC terá sugerido a organização de um evento aqui em São Luís sobre a colonização açoriana, que viria a ter lugar em agosto de 2005 sob o título I Encontro Luso-Maranhense sobre a Memória Açoriana no Estado: A Redescoberta do Passado, dos Açores ao Maranhão. Foi aí que [Ester Marques] foi atrás dos açorianos. Até aí só se falava de açorianos em Santa Catarina. Ela já tinha alguma pesquisa [...] e envolveu-se diretamente no projeto, até porque a emigração para o Maranhão era, ela sim, a primeira emigração açoriana no mundo. As despesas do evento — que envolveu a UFMA, mas também o governador do estado — foram partilhadas (a DRC pagava a parte internacional, e o resto era pago por cá), houve protocolos assinados [...]. Mais tarde [Ester Marques] avançou com a proposta de um evento que viria a ter lugar em 2007 [...]. O programa combinou uma parte mais académica — apresentações — com um programa cultural, que incluiu visitas aos terreiros, etc. (excerto do diário de campo).

Entretanto, de acordo com Ester Marques, a Direção Regional das Comunidades não mostrou particular entusiasmo pelo prosseguimento da cooperação, e o evento de 2007 acabou por não contar com o apoio financeiro do Governo dos Açores. Mais tarde, tive ocasião de confirmar o desinteresse da Direção Regional das Comunidades. Este dever-se-ia, segundo me foi dito, ao facto de no Maranhão — diferentemente do que se passaria em Santa Catarina ou no Rio Grande do Sul — não existir a ideia generalizada de uma «origem açoriana» (reproduzo de memória).

Apesar destas contrariedades, os dois eventos referidos por Ester Marques parecem ter sido importantes na difusão da narrativa sobre a origem açoriana das festas do Divino do Maranhão. Essas contrariedades também não impediram que, mais recentemente, um grupo de linguistas baseados na UFMA tenha reaberto a colaboração com os Açores, através da participação nos III e V Congressos Internacionais sobre as Festas do Divino Espírito Santo([85]).

Para além da sua influência entre os pesquisadores de São Luís, a narrativa açorianista tem uma circulação mais ampliada. A Secretaria Estadual da Cultura — por intermédio do Centro de Cultura Popular Domingos Vieira Filho — incluiu-a na tematização «oficial» das festas. Assim, no material de difusão das festas produzido em 2011 sob o título Projeto Divino Maranhão, podia-se ler que «no Maranhão, presume-se que o festejo chegou junto com os casais açorianos vindos de Ilhéus [sic] que por aqui aportaram entre 1615 e 1625». Entre alguns padres que celebram a missa da festa, a narrativa açorianista — muitas vezes resultante de pesquisa na Internet — também tem algum curso. Na homília da missa para uma festa que teve lugar no Angelim (um bairro de São Luís) em julho de 2012, o padre, depois de sublinhar as incertezas sobre as origens «primeiras» das festas, acrescentou que, fosse como fosse, «elas vieram para o Maranhão dos Açores, trazidas por famílias dos Açores». Entre algumas

---

([85]) Sobre a pesquisa destes linguistas, ver, por exemplo, Rocha (2010a, 2010b) ou Santos, Santos & Dias (2010).

caixeiras régias — responsáveis pelo acompanhamento musical das festas —, a referência aos Açores é também usual. Assim, para Dona Jaci, por exemplo «foram os açorianos que trouxeram a festa de Portugal e colocou em Alcântara, de Alcântara ela foi-se estendendo no Maranhão todo nos interiores e tudo». Em alguns terreiros também é possível encontrar ecos da narrativa açorianista. Assim, nos convites distribuídos em 2011 e 2012 para a festa do Divino pela Casa Ilê Ashé Obá Izô, o texto de apresentação referia que «no Maranhão as homenagens ao Divino Espírito Santo ocorrem desde o século XVII, período que culminou com a inserção dos açorianos no Maranhão». Sabendo da minha pesquisa nos Açores, alguns pais de santo, com o objetivo de fazerem a ponte com as origens açorianas das festas, chegaram inclusivamente a pedir-me informações sobre as características e preço das coroas do Espírito Santo no arquipélago, mostrando interesse na sua aquisição.

Entretanto, comparativamente a Santa Catarina (Leal 2007), a narrativa açorianista tem uma presença menos importante nas tematizações «nativas» da festa. Ao lado de pessoas que se referem a ela — mas frequentemente em termos muito genéricos —, muitas pessoas não a conhecem. Simultaneamente, é também importante o peso de outras narrativas sobre as origens das festas. Algumas — mais uma vez — enfatizam a sua origem genericamente portuguesa. Esta é sancionada em alguns cânticos entoados no início e no final da festa, que referem Lisboa (ou Portugal) como lugares onde estão durante o ano algumas entidades ou símbolos católicos convocados para a festa durante o período da sua realização.

Assim, no início da festa, canta-se:

> Oh Nossa Senhora da Guia
> Tá com frente para o mar
> *Para venha ver o seu bento filho*
> *Ó que vem de Portugal*

(«Nossa Senhora da Guia», cantiga para o mastro, in M. Barbosa 2006: 152; os itálicos são meus)

E, no final da festa, um dos cânticos refere:

> Aqui no sacrário bento
> Guardo a Santa Coroa
> São Pedro levou a chave
> *Pra guardar lá em Lisboa*
>
> («Fechamento da Tribuna», in M. Barbosa 2006:
> 178; os itálicos são meus)

Muitas vezes, essas narrativas «portuguesas» fazem intervir referências à fundação das festas pela rainha Isabel de Portugal — ou de Aragão (que entretanto raramente é conhecida como rainha Santa Isabel)([86]).

Outras narrativas enfatizam, complementar ou alternativamente, a origem das festas em Alcântara, a antiga capital do estado de São Luís, cuja festa do Divino é ainda hoje considerada por muitos como a festa do Divino de referência — a mais «autêntica» e a mais prestigiada — do Maranhão. Aí a festa ter-se-ia originado em resultado de uma visita frustrada do imperador brasileiro. Uma das versões mais conhecidas desta narrativa de origem é a apresentada por Carlos de Lima na sua monografia sobre a festa de Alcântara:

> «Em Alcântara dizem que [a festa] teve início quando da frustrada visita de Pedro II; então os negros (?) [sic],

---

([86]) Em 2011, fui convidado a fazer uma conferência no Museu de Arte do Maranhão sobre as festas do Espírito Santo em que referi que a sua origem em Portugal é geralmente atribuída à rainha Santa Isabel. Na assistência estavam alguns pais de santo. Um deles — Pai Euclides, da Casa Fanti-Ashanti —, ao encontrar-se de novo comigo, manifestou a sua estranheza pelo facto de eu ter apresentado a rainha Isabel de Aragão como sendo santa. Depois disso enviei-lhe, a seu pedido, alguma informação sobre a rainha Santa Isabel que espero que tenha contribuído para desfazer as suas dúvidas. Mas isso não impede que a maioria dos pais de santo de São Luís fale, não tanto em rainha Santa Isabel, mas sobretudo em rainha Isabel de Aragão.

decepcionados, levaram um cortejo à igreja, coroando um imperador e "inventando" a festa» (1988 [1972]: 21) [87].

O pai de santo da Casa Ilê Ashé Obá Izô — não obstante as referências à origem açoriana das festas contidas no convite para a sua festa — opta por esta última narrativa:

> creio que Alcântara foi uma das primeiras cidade a fazer [a festa], até mesmo porque, tem uma história, não sei se é fato, isso. [...] Que pediram pra construir um castelo lá, né? Pra receber D. João e parece que ele acabou não vindo, né? Não sei se tem uma dessas histórias assim. Já falaram isso. Parece que o pessoal lá acabou se frustrando de uma certa forma e começaram a fazer essa referência como se o rei tivesse vindo e aí a coisa começou a pegar.

É também frequente a combinação da narrativa «isabelina» e da narrativa de Alcântara. É o que faz o pai de santo do Terreiro de Mina Jardim da Encantaria:

> [A festa do Divino] [...] é uma promessa que foi da rainha Isabel, de Portugal [...]. Devido a uma enfermidade que o marido dela teve. Então ela se pegou com Espírito Santo que se ele ficasse bom, ela fazia a [festa]. Ela montou uma festa do Divino como se fosse a corte que existia lá na época. E aí ela veio [para cá]. Uns dizem que os negros fizeram um protesto... Em Alcântara, porque o imperador ficou de vir e não veio. Então eles vestiram negros, formaram uma corte, e fizeram a festa.

Há também narrativas mais elaboradas que procuram conciliar a rainha Isabel de Portugal, as origens açorianas e Alcântara. É o que faz Pai Euclides, pai de santo da Casa Fanti-Ashanti:

---

[87] Carlos de Lima acrescenta depois: «estória mal contada, pois foram os brancos que viram malograda a recepção ao imperador» (1988 [1972]: 21). Apesar do ceticismo de Lima, a versão desta narrativa mais corrente nos terreiros refere sempre «os negros» como sendo os iniciadores da festa. Este ponto, como veremos, está longe de ser irrelevante.

O que eu sei do passado, por pessoas antigas [...] é que a festa do Espírito Santo [...] dizem que começou em Portugal, através da D. Isabel de Aragão. Por algum motivo, ela fez a promessa com o Divino Espírito Santo e achou que deveria no dia de Pentecostes dar comida aos pobres, aquelas pessoas que trabalhavam em agricultura e tal, plantio, de coisas de alimento, de feijão e milho, sei lá o quê e tal. Então, ela achou por bem fazer essa graça pro povo, pra dar essas esmolas e tudo. Chamavam de esmolas, que hoje nem esmola é. [...] Então ela começou a fazer essa festa, Isabel de Aragão, e por sinal dizem que foi ela que mandou construir a igreja do Divino Espírito Santo na cidade de Alenquer, isto em Portugal. É até aí onde eu sei. Então, de lá, a festa veio com os portugueses, né? Dizem que alguns portugueses que saíram da cidade, de Lisboa, saíram de Lisboa, diz que tinha muitos deles que eram oficiais, eu não lembro assim do nome, mas eram pessoas de posses e tudo, porque eram lá do palácio de Belém, do castelo de Belém, da Torre de Belém, uma coisa assim. Esse pessoal, eles tinham vindo com um povo que era açoriano, e os açorianos então vieram juntos trazendo esse folguedo para o Brasil. E aqui no Brasil eles se espalharam. Cada um ficou com um lugar e povoou vários estados brasileiros. Esses que ficaram em Alcântara encontraram já lá uma quantidade de negros e os negros que lá estavam começaram a se interessar por aquele tipo de folguedo, de diversão, e terminaram tomando de conta. Porque depois os portugueses morreram, outros retornaram e não sei o quê, e ficou aquela turma dando continuidade na festa do Divino Espírito Santo. Aceito um pouco dessa história por aí.

Embora diferenciadas, estas várias narrativas têm em comum a sua preocupação de enraizar as festas na longa duração da história, propondo uma genealogia que as constrói como «tradicionais». Mas duas dessas narrativas fazem bastante mais do que isso. A narrativa que faz intervir a rainha Isabel de Portugal, ao mesmo tempo que fornece um fundamento religioso à festa, ligando-a a uma promessa ao Divino Espírito Santo, permite explicar a sua articulação com uma linguagem de poder. É ela que faz a ponte — como diria Lilia Schwarcz (2008) — entre imperadores reais e imperadores imaginários. A narrativa que situa a origem das festas em Alcântara e numa visita não concretizada do imperador cumpre também esta última função.

Mas insiste sobretudo no papel dos negros na organização da primeira festa do Maranhão. Pode, nessa medida, ser vista com uma narrativa de apropriação da festa do Divino que localiza nos segmentos subalternos de origem africana da população maranhense a sua autoria coletiva. Talvez por isso estas narrativas tenham — apesar da concorrência recente da narrativa açorianista — uma circulação mais ampliada, tanto mais que, como mostra o caso de Pai Euclides, têm uma capacidade de assimilação fácil — por simples adição — da narrativa açorianista.

Festas do Divino: uma apresentação geral

As festas do Divino no Maranhão apresentam alguns grandes motivos de singularidade no quadro mais geral das Festas do Divino no Brasil.

Em muitos municípios do Sul do Maranhão, particularmente nas regiões do Sudoeste e Centro e Leste do estado, as festas são sobretudo conhecidas pela sua ligação forte com o culto dos mortos, por intermédio das chamadas visitas às covas (J. Gonçalves 1994; Gonçalves & Oliveira 1998; Gonçalves & Leal 2016). As festas são aí conduzidas por grupos de foliões do Divino, também conhecidos pela designação de «divindade(s)», que, como noutras áreas do Brasil, circulam pelos povoados de diferentes municípios. Na visita às covas, os foliões saúdam os mortos e entoam para eles vários cantos. Geralmente, as pessoas acompanham o ritual com velas acesas, e, quando este envolve vários mortos de uma mesma localidade, o cemitério enche-se de parentes, amigos e vizinhos. Além da sua ligação ao culto dos mortos, os foliões do Divino têm um papel ritual mais amplo, uma vez que participam num conjunto de outras atividades de natureza religiosa, como «salvar» cruzeiros, poços, roças, casas de farinha, rancherias, delegacias, acompanhar enterros, etc. [88].

---

[88] Em certos casos, os foliões podem também surgir associados a outras devoções. É o caso do culto das almas miraculosas de Taboca Redonda (São Francisco do Maranhão), organizado em torno da devoção a um

Um segundo grande motivo de singularidade das festas do Divino no Maranhão é relativo a um número significativo de municípios no litoral do estado (incluindo São Luís) e diz respeito ao papel central desempenhado nos festejos pelas caixeiras (C. Gouveia 2001; Pacheco, Gouveia & Abreu 2005; M. Barbosa 2006). As caixeiras são mulheres que, com auxílio de uma caixa, asseguram o acompanhamento musical das festas. O seu papel é duplo. Por um lado, é por intermédio dos seus cânticos que o Divino Espírito Santo é homenageado e louvado. Por outro, alguns dos seus cânticos são também essenciais à direção ritual das festas, indicando o que deve ser feito, como e por quem. Podem, pois, ser vistas como uma espécie de «sacerdotes da viola» (C. R. Brandão 1981) femininas que tocam caixa. Se é recorrente no Brasil a articulação das festas do Divino com este tipo de agrupamentos musicais (geralmente conhecidos pela designação de folias), a solução de feminização deste desempenho ritual é exclusiva do Maranhão.

Finalmente, um terceiro motivo de singularidade das festas do Divino no Maranhão diz respeito mais especificamente a São Luís e prende-se justamente com a centralidade que os terreiros de tambor de mina têm na sua realização. Não é que noutras regiões do estado não exista essa ligação entre as festas e terreiros afrorreligiosos, que está documentada por exemplo para a Baixada Maranhense e, embora de uma forma mais irregular, para o Centro e Leste do estado (Gonçalves & Leal 2016). Mas é em São Luís que essa ligação é mais forte e estruturante.

Em São Luís, de facto, as festas do Divino distribuem-se por dois grandes grupos. Por um lado, compreendem festas realizadas por pessoas individuais em cumprimento de promessas ou como resultado de uma devoção — de acordo com o modelo geral prevalecente no estado do Maranhão (Prado 2007 [1976]). Mas compreendem sobretudo festas realizadas no quadro

---

casal de namorados que, por vingança do pai da moça — que se opunha ao seu namoro com um moço mais pobre —, foi jogado num boqueirão e morreu. Ver Gonçalves & Leal (2016).

dos terreiros de religiões afro-brasileiras, com destaque para os terreiros de tambor de mina.

Assim, de acordo com dados do Centro de Cultura Popular Domingos Vieira Filho relativos a 2009 (cf. gráfico 1), de um total de 79 festas do Divino existentes em São Luís, 61 — isto é, mais de dois terços — tiveram lugar em terreiros de tambor de mina (51) ou de umbanda (10).

GRÁFICO 1 — Tipos de festa

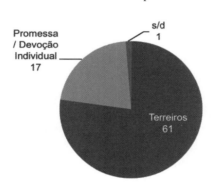

Embora não existam dados seguros sobre o número de terreiros de tambor de mina em São Luís, o número que me foi sugerido por Neto de Azile, dirigente da Fórum Estadual de Religiões de Matriz Africana do Maranhão (FERMA), aponta para cerca de 120 terreiros. Isto quer dizer que quase metade dos terreiros de tambor de mina em São Luís realiza Festas do Divino. Dois outros pontos devem ser sublinhados. O primeiro: entre os terreiros de tambor de mina que promovem a festa estão praticamente todos os terreiros de tambor de mina mais importantes de São Luís. O segundo: muitos terreiros de tambor de mina que não realizam a festa promovem de qualquer forma uma salva ao Divino Espírito Santo, por ocasião do seu festejo principal. Esta consta exclusivamente da realização de toques de caixa junto ao altar católico da casa ou junto a um pequeno altar erguido expressamente para o Divino.

O carácter singular desta articulação entre terreiros de tambor de mina e festas do Divino deve ser sublinhado. Desde logo, sob o ponto de vista das festas do Divino no Brasil: só no Maranhão estas surgem articuladas com religiões de matriz afro-brasileira. Mas também sob o ponto de vista das religiões afro-brasileiras, onde é raro encontrar um tão grande protagonismo concedido a um ritual de matriz católica.

A história desta relação entre festas do Divino e tambor de mina remonta ao século XIX. De facto, a informação disponível aponta para a possibilidade relativamente segura de as primeiras festas de terreiro terem sido fundadas entre finais do século XIX (Casa das Minas) e as primeiras décadas do século XX (Casa de Nagô). Deve entretanto notar-se que esta informação se refere aos únicos terreiros que, estando já ativos nesse período, se mantêm abertos na atualidade. Provavelmente, outros terreiros entretanto desaparecidos — e relativamente aos quais não resta memória oral detalhada — fariam também a festa nesse período.

Seja como for, o número de festas do Divino em terreiros parece ter continuado a crescer, de tal forma que, nos anos quarenta, Otávio Eduardo (1948) deu como adquirida a sua realização na maioria dos 20 terreiros que então recenseou.

GRÁFICO 2 — Décadas de fundação das festas do Divino

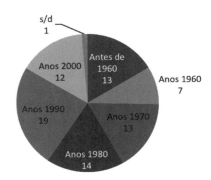

A passagem do número de 20 festas de terreiro em 1940 para as atuais 61 parece ter sido um processo gradual (cf. Gráfico 2). De facto, das 61 festas cadastradas em 2009, apenas 20 foram criadas antes do final dos anos sessenta. Mas, a partir dos anos setenta, deu-se um aumento sensível do número de festas, que atingiu o seu pico nos anos noventa e se prolongou por 2000. Quase metade das festas do Divino de terreiro em São Luís é, pois, de criação recente.

GRÁFICO 3 — Distribuição das festas do Divino ao longo do ano

Aparecendo em São Luís como celebrações estreitamente associadas aos terreiros, as festas do Divino assumem aí duas formas distintas. Existem, por um lado, as festividades que no meu diário de campo designei por «festas do Divino só», isto é, festas dedicadas exclusivamente ao Divino Espírito Santo, que convergem maioritariamente para o domingo de Pentecostes. Por outro, existem as «festas do Divino e/com»: estas últimas são celebrações em que o culto do Divino se articula com o culto a um santo (ou santa ou invocação de Nossa Senhora) e que têm maioritariamente lugar no dia reservado pelo calendário católico à celebração desse santo (ou santa ou invocação de Nossa Senhora). Geralmente, esse santo é objeto da devoção especial do terreiro([89]). Em consequência da importância destas últimas festas — que representam quase dois terços das festas de São Luís —, a maioria das festas do Divino em São Luís tem lugar ao longo do ano (cf. Gráfico 3).

Desta articulação entre festa do Divino e festas em homenagem a um santo (ou santa ou invocação de Nossa Senhora) decorre por vezes alguma instabilidade teológica. Quem vai à frente: o santo ou o Divino? A maioria das caixeiras insiste que o Divino vem primeiro. Para Dona Jaci, «o importante é o Espírito Santo, porque é Deus». Do mesmo modo, para Dona Luzia, «o Divino é o mais importante, mas a gente tem também que chamar o São Luís [ou Santana]». Também para Dona Ana Maria, que toca com Dona Jaci: «Quando a festa é pró Divino e pra um santo, são os dois que são homenageados, mas o principal é o Divino» (excerto do diário de campo). Mas para alguns pais e mães de santo, o santo (ou santa ou invocação de Nossa Senhora) tem prioridade. Assim para a mãe de santo do Terreiro Fé em Deus, que celebra o Divino com Santana, «a festa é de Santana: o toque de caixa é que é do Divino. (Um pouco como se o toque de caixa — isto é, toda a parte do Divino — fosse um modo de homenagear a Senhora Santana)» (excerto do diário de campo). Mas esta interpretação não é necessariamente partilhada por todas as filhas de santo desse terreiro: uma delas foi taxativa: «Divino é primeiro lugar. Qualquer festa que faça, seja qualquer santo, Divino tem que vir em primeiro» (Dona Roxa, entrevista). Esta instabilidade teológica reencontra-se também entre muitas pessoas que cumprem promessas relacionadas com a festa (os chamados promesseiros) e faz com que possamos caracterizar a orientação das festas como relativamente aberta: apesar de o Divino Espírito Santo ser a referência mais importante, o santo

---

([89]) Dona Luzia, uma das principais caixeiras régias de São Luís, referiu-se informalmente a estas festas como festas «anexadas»: «Hoje já tem muita festa anexada, porque antigamente era só Espírito Santo. Agora, essa festa de Espírito Santo já é anexada com outros santos. Na Casa de Iemanjá, é Espírito Santo e São Luís; na Casa de Wender, Espírito Santo e São Luís; na Casa de Dona Elzita, Espírito Santo e Santana».

(ou santa ou invocação de Nossa Senhora) não é esquecido e algumas vezes — dependendo da festa e do interlocutor — toma mesmo a dianteira.

O *script* das festas

Assumindo as duas formas referidas, as festas do Divino apresentam um *script* ritual relativamente constante, caracterizado por alguns traços principais. O primeiro tem que ver com a sua articulação com modalidades de representação múltipla do Espírito Santo, marcadas por uma clara iconofilia. Uma das formas de representação do Espírito Santo é a coroa (ou «santa c'roa»), uma coroa em latão (ou mais raramente em prata) profusamente decorada, geralmente encimada pela pomba do Espírito Santo e acompanhada de um ceptro. O Espírito Santo é também representado por um pombo de madeira (geralmente pintado de branco), e, no caso das «festas do Divino e/com», aos símbolos do Espírito Santo acrescenta-se uma pequena estátua do santo (ou santa ou invocação de Nossa Senhora) que é homenageado(a) no decurso da celebração. Estas imagens são instaladas na tribuna (ou trono ou ainda tribunal), que é armada no salão principal do terreiro (onde têm usualmente lugar os toques de tambor de mina) — e que é ricamente decorada de acordo com a estética barroca que caracteriza muitas expressões da cultura popular brasileira (Cavalcanti 1995). Operando como um altar temporário onde são acolhidas as divindades da festa, a tribuna é também um dos principais focos rituais das festas. Para além do pombo e da coroa, o Espírito Santo é ainda representado pela bandeira do Espírito Santo, uma bandeira vermelha com a imagem de um pombo (geralmente a branco ou a dourado), que acompanha todos os cortejos da festa e é também colocada na tribuna.

Outro dos símbolos importantes da festa é o mastro. Sendo recorrente em muitas outras festas de santos no Maranhão e reencontrando-se também em muitas outras festas brasileiras, o mastro assume uma importância acrescida nas festas do Divino de São Luís: é à sua volta que têm lugar os rituais — muito concorridos — do buscamento, levantamento e derrubamento do mastro, que assinalam o início e o termo da fase mais densa dos festejos. Ao mesmo tempo que assinala o lugar e o tempo da festa — o seu início e o seu termo —, o mastro simboliza o Espírito Santo e surge também associado a outras representações religiosas. Tratado por «Manoel da Vera Cruz» ou «Oliveira», é assimilado a Jesus Cristo e visto como a representação da árvore em que pousou a pomba que anunciou a Noé o fim do Dilúvio (cf., por exemplo, J. Silva 1997: 34). Ora pintado ora profusamente decorado com murta, frutas e refrigerantes, o mastro é geralmente encimado por um mastaréu: uma pequena bandeira, geralmente em madeira, que é também decorada com uma pomba e, em alguns casos, com uma pomba e com a imagem do santo (ou santa ou invocação de Nossa Senhora) que é homenageado(a) junto com o Divino. Tanto o mastro como o mastaréu têm um padrinho e uma madrinha, chamados a desempenhar um papel importante nas sequências rituais que o envolvem.

O segundo traço relevante do *script* ritual das festas prende-se com a importância que nelas assumem os impérios. Esta designação aplica-se a um conjunto de crianças e pré-adolescentes de ambos os sexos que ocupam os cargos rituais de maior destaque nas festas. Estes encontram-se organizados hierarquicamente e compreendem — por ordem decrescente de importância — o imperador e a imperatriz, o mordomo e a mordoma régio(a) e o mordomo e a mordoma-mor. Em algumas festas, existem ainda os cargos de mordomo e mordoma celeste (ou mordomo e mordoma de linha). Estes cargos são bancados — isto é, patrocinados e pagos — por adultos, geralmente (mas não exclusivamente) pais ou outros parentes próximos dos meninos e meninas, com frequência em cumprimento de promessa. O desempenho destes cargos é plurianual: a criança escolhida começa no cargo mais baixo e vai gradualmente subindo até ao mais alto. Em muitas festas pode também haver imperatrizes ou imperadores «de promessa», que desempenham o cargo apenas durante um ano. Os impérios, que podem ser vistos como uma espécie de «monarquia em miniatura», vestem ricos trajes de gala inspirados em trajes de corte, e o imperador e a imperatriz usam também uma coroa([90]). Durante toda a festa, as crianças dos impérios são tratadas com a deferência devida a personagens reais, sentando-se também na tribuna em várias sequências-chave das festas. A tribuna, para além de um altar central mais elevado onde são colocados os símbolos da festa, é ladeada pelos tronos, dispostos em escada, onde se sentam os impérios([91]).

Para além dos impérios, outras crianças e pré-adolescentes são geralmente associados aos festejos, desempenhando os cargos de bandeireiro e bandeirinhas (estas em número de pelo menos quatro) ou representando as três virtudes teologais: Fé, Esperança e Caridade. O bandeireiro é o responsável pelo transporte da bandeira do Divino Espírito Santo, e as bandeirinhas acompanham os festejos com pequenas bandeiras em várias cores. Quanto às crianças que representam as virtudes teologais, transportam os respetivos símbolos (bíblia, âncora e cruz). Muitas festas têm também um mestre-sala, mas — a par dos impérios — o outro grupo de personagens importantes é — como foi referido — o das caixeiras: grupos de oito ou mais mulheres — dirigidas por uma caixeira régia — que, por intermédio de cânticos acompanhados pelas caixas, não só asseguram a direção musical dos festejos, como se encarregam de homenagear e louvar o Espírito Santo — ou, no caso das «festas do Divino e/com», o Espírito Santo e a santa (ou santo ou invocação de Nossa Senhora) celebrada em conjunto com o Divino. Do seu repertório fazem ainda parte cânticos que homenageiam outras figuras do panteão católico: Jesus Cristo, Nossa Senhora da

---

([90]) A expressão «monarquia em miniatura» é tomada de empréstimo de David Brown (2003: 34), que a usou na análise de um contexto ritual distinto: os *cabildos de nación* afro-cubanos oitocentistas.

([91]) Geralmente, em frente à tribuna, são dispostas cadeiras pequenas onde se sentam outras crianças que acompanham o cortejo. Tanto o desenho da tribuna — de forma «escalonada» (P. Pereira 2014: 700) — como as suas designações (tribuna, trono) sugerem uma inspiração no modelo do altar barroco tal como foi descrito por vários historiadores de arte (por exemplo, Meco 2009; P. Pereira 2014).

Conceição, Nossa Senhora da Guia ou São Pedro([92]). Neste seu duplo papel, as caixeiras são essenciais para a eficácia religiosa das festas. São elas que, através dos seus cantos, fazem descer o Espírito Santo à terra durante o período de realização da festa e que, no final da mesma, o reconduzem à sua morada divina. São também elas que coroam o imperador e a(s) imperatriz(es) e que aceitam as promessas que, em muitos casos, estão na base do desempenho destes cargos. Carlos Rodrigues Brandão (1981) sublinhou o modo como um dos aspetos fundamentais da religião popular brasileira é a multiplicação de mediadores populares — distintos e frequentemente em oposição aos mediadores eclesiásticos — na relação entre os homens (e as mulheres) e os deuses. No caso das festas do Divino, esse papel central de mediação que faz da festa um lugar de comunicação entre homens (e mulheres) e deuses fica, justamente, a cargo das caixeiras.

A sequência ritual das festas apresenta também uma certa regularidade. O seu início é assinalado — cerca de um mês antes do dia em que esta recai — pela abertura da tribuna; esta, no caso de muitas festas que têm lugar entre maio e junho, também pode ter lugar do domingo de Páscoa. Geralmente, a abertura da tribuna é antecedida — tal como outras cerimónias junto à tribuna — por uma ladainha católica, em que participam as caixeiras e algumas filhas de santo da casa. Embora se caracterize, comparativamente com outros segmentos das festas, por alguma contenção ritual, é no decurso da abertura da tribuna que o Divino — por intermédio dos cânticos das caixeiras — é chamado para baixar na festa, onde ficará até ao seu termo.

Segue-se um período de relativo adormecimento dos festejos, pontuado apenas pela realização regular de alvoradas junto à coroa, a cargo das caixeiras. As alvoradas, como o nome sugere, deveriam ter lugar de manhã cedo, mas, perante a dificuldade em reunir caixeiras em número suficiente para as assegurar, muitos terreiros têm vindo a optar por reduzir drasticamente o

---

([92]) Ver M. Barbosa (2006) para a transcrição de alguns desses cânticos.

número de alvoradas ou então realizam-nas com recurso a filhas de santo que aprenderam a «bater caixa».

O período mais intenso e mais importante dos festejos começa cerca de dez a oito dias antes do dia da festa. Este período inicia-se com o buscamento do mastro, transportado para o local da festa por intermédio de um cortejo, geralmente muito concorrido, que decorre num registo de folguedo e excesso: para além das caixeiras, é geralmente contratada uma pequena banda que toca músicas carnavalescas, as pessoas dançam, circulam bebidas alcoólicas e são de regra as brincadeiras e chistes que exploram as conotações sexuais do mastro (tratado frequentemente por «pau»). Em contraste com sequências mais hierárquicas e solenes das festas, o tom geral do ritual pode ser caracterizado — adaptando a terminologia proposta por Victor Turner (1969) — como antiestrutural e é marcado pela folia e pelo descomedimento. Terminado o buscamento do mastro (por vezes, alguns dias depois), tem lugar o seu levantamento, que é dirigido pelas caixeiras e antecedido pelo seu batismo, também orientado por elas. Este é protagonizado pelos padrinhos do mastro e do mastaréu, acompanhados dos impérios. O cortejo dá várias voltas ao mastro, que se encontra deitado horizontalmente em cima de bancos e é batizado pelos padrinhos e madrinhas com recurso a água benta e a incenso. Toda esta sequência ritual — apesar de rodeada de um ambiente ruidoso e de folguedo — também é encarada com apreensão: o levantamento do mastro é uma operação que combina força e técnica, e, caso algo corra mal, isso é considerado um mau presságio para a festa.

Uma vez terminado o levantamento do mastro, tem lugar no salão uma alvorada junto à tribuna, onde se sentam os impérios. Esta alvorada é seguida de um jantar para os impérios — que comem primeiro —, para as caixeiras — que comem depois — e para outros convidados — que comem no fim. O jantar para os impérios — como outras refeições similares para as crianças que têm lugar durante a festa — decorre num registo cerimonialmente regulado: a refeição é acompanhada pelas caixeiras, e as crianças são servidas pelos adultos, como expressão das deferências rituais que lhes são devidas durante a festa. O uso de leques para abanar as crianças é corrente — tanto nestas refeições como noutras sequências das festas — e é também encarado como uma expressão da etiqueta «real» que deve rodear os impérios. No exterior do terreiro — onde estão geralmente à venda cerveja, refrigerantes e comidas várias — pode simultaneamente decorrer uma radiola de *reggae* ou a atuação de um bloco afro, eventos que prolongam o ambiente de folguedo iniciado com o buscamento do mastro e que geralmente juntam centenas de pessoas.

Segue-se um período de nova acalmia dos festejos, marcado pela realização de alvoradas junto à coroa. No passado, alguns terreiros realizavam também as visitas dos impérios, em que estes — no quadro das deferências reais que lhes são devidas — eram ritualmente visitados em suas casas por um cortejo dirigido pelas caixeiras. Hoje em dia, nos raros casos em que a visita dos impérios ainda tem lugar, esta é já realizada no interior do próprio terreiro. Por vezes, no dia imediatamente anterior à festa — geralmente um sábado —, tem também lugar uma seresta, animada por improvisados DJ ou por música de percussão.

Quanto ao dia da festa, compreende, para além da alvorada, um conjunto de outros rituais. Entre eles destaca-se a ida à missa dos impérios, seguida de um cortejo dirigido pelas caixeiras. Esta missa, geralmente assistida apenas pelos impérios e acompanhantes, tanto pode realizar-se numa igreja situada no centro — por vezes colocada sob a invocação do santo (ou santa ou invocação de Nossa Senhora) que é festejado em conjunto com o Divino Espírito Santo — como numa igreja situada perto do terreiro, mas, contrariamente ao que sucede noutros lugares (no Brasil, mas também nos Açores ou entre a diáspora açoriana na América do Norte), não envolve, a não ser em casos excecionais, a coroação dos impérios. Quando muito — e dependendo da vontade do padre que celebra a missa —, a coroa é colocada no altar, e, no final da missa, tanto a coroa como os impérios são benzidos com água benta.

Deve sublinhar-se que este é o único segmento das festas que recorre momentaneamente à linguagem e ao espaço do catolicismo institucional. Do lado da Igreja Católica, esse recurso é encarado de forma ambígua e contraditória. Ao lado de sacerdotes católicos que simpatizam com as festas, respeitando as suas regras próprias, muitos sacerdotes têm uma posição de estudada indiferença, e outros, embora em número minoritário, têm vindo recentemente a optar por uma posição de hostilidade, argumentando que são «festas de terreiro». Em alguns casos pontuais, essa hostilidade tem mesmo conduzido à recusa de receber os impérios na missa([93]).

Uma vez de regresso ao terreiro, as crianças e adolescentes dos impérios são cerimonialmente sentados na tribuna, onde recebem as homenagens das caixeiras, e, terminado este ritual, tem lugar o almoço dos impérios, com bolos, doces e pratos vários (carne de vaca assada, galinha, empadão, saladas). De entre os almoços dos impérios, este é sem dúvida o mais cerimonializado. Em alguns terreiros — como na Casa das Minas —, é também servido aos impérios um chocolate quente, que é visto como uma bebida «de nobreza». Geralmente, segue-se o almoço das caixeiras e, depois deste, o almoço para todos os convidados e outras pessoas que se tenham juntado aos festejos. Este último é muito concorrido — pode juntar centenas de pessoas — e um dos segmentos rituais mais dispendiosos e também mais importantes no prestígio e reputação de uma festa. Durante a tarde, enquanto as caixeiras vão entoando vários cânticos junto à tribuna, realiza-se em muitos terreiros uma radiola de *reggae*, que pode ser acompanhada pela realização de outras atividades festivas (como o tambor de crioula), que concentram a atenção dos convidados da festa([94]).

O dia seguinte ao da festa é um dos momentos ritualmente mais intensos das festas do Divino. Durante a tarde, muitos

---

([93]) Foi o que se passou em 2014 com a festa do Terreiro Fé em Deus, uma festa do Divino «e/com» Santana. A festa geralmente «ia à missa» na igreja de Santana, situada no centro de São Luís, mas, perante a recusa do padre, a mãe de santo teve de recorrer a uma igreja alternativa.

([94]) O tambor de crioula é uma dança feminina de umbigada, característica do Maranhão, que se realizava tradicionalmente em honra de São Benedito. Em 2007, foi o primeiro elemento da cultura popular do Maranhão a ser integrado na lista nacional do Património Cultural Imaterial do Brasil.

terreiros realizam o roubo dos impérios: os trajes e outros adereços cerimoniais dos impérios são escondidos em casas situadas nas proximidades do terreiro, e um cortejo conduzido pelas caixeiras e integrado pelos impérios procede à sua recuperação. No final da tarde — anunciando já o termo dos festejos —, tem lugar o derrubamento do mastro, a cargo das caixeiras e envolvendo de novo os padrinhos e as madrinhas do mastro e do mastaréu. Tal como o buscamento e o levantamento do mastro, o derrubamento do mastro não só beneficia de uma presença significativa de participantes e espectadores, como decorre num registo de folguedo e excesso. Antes do derrubamento do mastro, os impérios, as caixeiras e outras pessoas presentes — geralmente escolhidas pelo(a) festeiro(a) — são convidadas a «serrar o mastro», desferindo-lhe alguns golpes com um machado; uma vez o mastro derrubado, as frutas e refrigerantes que o enfeitam são disputados pelos presentes.

Mas a sequência ritual mais importante desse dia — e um dos rituais mais importantes das festas do Divino — é constituída pelo repasse das posses e pelo encerramento da tribuna. Dirigido pelas caixeiras, o ritual, com uma forte carga emocional e com elevado grau de dificuldade cerimonial, começa pelo repasse das posses (designação dada aos trajes e outros adereços cerimoniais) entre as crianças dos impérios, acompanhado da sua investidura nos cargos que desempenharão no ano seguinte. Os adultos que acompanham as crianças — à medida que a caixeira régia vai dando essa indicação — devem retirar os mantos e outras posses rituais (coroa, ceptro, chapéu de nobre) das crianças que os usaram no decurso da festa e passá-los para as crianças que, no ano seguinte, desempenharão esse papel. É também no decurso desse ritual que as crianças dos impérios que assegurarão no ano seguinte os cargos de imperador e a imperatriz (assim como, quando os há, o imperador ou imperatriz «de promessa») são coroadas pelas caixeiras. É ainda o momento em que as caixeiras — em nome do Divino (ou do santo ou da santa ou da invocação de Nossa Senhora) — aceitam as promessas das crianças que terminam nesse ano os seus desempenhos rituais.

Uma vez terminado o repasse das posses, segue-se de imediato o encerramento da tribuna, no decurso do qual a festa é terminada e o Espírito Santo — depois de se ter feito presente no terreiro durante todo o período da festa — regressa à sua morada divina. Esta é uma das sequências cantadas mais difíceis dos impérios e é geralmente acompanhada com todo o respeito por uma numerosa assistência. Acredita-se — como em relação ao levantamento do mastro — que algum erro no desenvolvimento da cerimónia poderá ser um mau augúrio para as pessoas mais diretamente associadas aos festejos.

Depois de encerrada a tribuna — que deve entretanto permanecer montada no salão do terreiro por mais sete dias —, têm lugar a mesa dos bolos e a distribuição de lembrancinhas. Cada criança ou adolescente dos impérios tem uma mesa, sofisticadamente decorada com bolos e lembranças — geralmente pequenas imagens religiosas em isopor (esferovite), que são distribuídas entre as caixeiras, convidados e outras pessoas, como recordação da festa([95]). De uma maneira geral, o próprio terreiro tem também a sua mesa e as suas lembranças, que são distribuídas entre as caixeiras, os impérios e convidados que o festeiro queira homenagear. Chega assim ao seu termo o período mais denso dos festejos, que podem entretanto compreender alguns rituais adicionais. Muitos terreiros realizam, por exemplo — geralmente no dia a seguir ao derrubamento do mastro —, o lava-pratos, também conhecido por carimbó das caixeiras, um almoço para as caixeiras e outros convidados que decorre — mais uma vez — em ambiente de brincadeira e de excesso.

([95]) As lembranças podem ser encomendadas e adquiridas em lojas de produtos de festa existentes no centro de São Luís. Geralmente, cada loja tem vários modelos em exposição, mas as pessoas podem fazer encomendas mais específicas, baseadas em diferentes tamanhos e combinações de módulos e de figuras (pombas do Divino, pequenas imagens de santo, bonecas, etc.). Algumas pessoas preferem comprar apenas os módulos e as figuras, que montam depois elas próprias ou recorrendo à ajuda de alguma vizinha ou parente mais treinado na tarefa. Sobre as lembranças, ver Pimentel (2009), em particular a entrevista com Dona Maria dos Humildes, do Festa Center (2009: 198–200).

Em alguns terreiros — como na Casa das Minas —, é também nesse dia que é serrado o mastro.

Festas e terreiros

A partir desta base histórica e etnográfica comum, as festas do Divino em São Luís apresentam histórias e etnografias particulares. São algumas delas — baseadas no meu próprio trabalho de terreno em São Luís — que trago de seguida, aproveitando o ensejo para fazer também uma rápida caracterização dos terreiros estudados.

A festa do Divino da Casa das Minas — iniciada em finais do século XIX — é a mais antiga de São Luís. Tem lugar no mais célebre terreiro de mina de São Luís, fundado na primeira metade do século XIX e localizado na rua de São Pantaleão, perto do centro da cidade. Sendo — como foi referido — o único terreiro de origem exclusivamente jeje de São Luís, a Casa das Minas é por isso considerada como o terreiro mais tradicional entre os ali existentes. Embora seja um terreiro em declínio — devido à ausência de iniciações e, mais recentemente, devido ao falecimento da sua mãe de santo —, mantém o seu prestígio intacto. Esse prestígio estende-se à festa do Divino. Esta é uma «festa do Divino só» que converge para o domingo de Pentecostes. Durante muitos anos organizada por uma figura carismática do circuito afro-brasileiro de São Luís — Dona Celeste Santos —, a festa do Divino da Casa das Minas é usualmente considerada uma das festas do Divino mais concorridas em São Luís, com uma frequência significativa de figuras da elite e de intelectuais([96]). Objeto de referências pontuais na primeira descrição da Casa das Minas, de Nunes Pereira (1979 [1947]: 52–53, 193–195),

---

([96]) Sobre Dona Celeste Santos, ver *Memórias de Velhos...* (1997: 89–162). Deve sublinhar-se que Dona Celeste Santos foi a principal responsável, em 1968, pela reactivação da festa do Divino da Casa das Minas, depois de um período — que remonta a 1962 — de declínio da festa (ver Ferretti 2009 [1895]: 170).

a festa foi sobretudo resgatada graças às pesquisas de Sérgio Ferretti sobre o terreiro (S. Ferretti 2009 [1985], 1995).

A festa do Divino da Casa Fanti-Ashanti tem lugar noutro famoso terreiro de São Luís, localizado no Cruzeiro de Anil. Fundada em 1958, a Casa Fanti-Ashanti — relacionada, como o próprio nome indica, com a «nação» fanti-ashanti, foi dirigida por Pai Euclides (falecido em 2015), que era um dos mais conhecidos e prestigiados pais de santo de São Luís, com um papel importante na renovação da cena afrorreligiosa local no decurso dos anos setenta e na abertura do tambor de mina para a sociedade envolvente. Entre os pais de santo de São Luís, Pai Euclides foi aquele que adotou uma estratégia mais marcada de revalorização da herança africana, primeiramente por intermédio da enfatização das origens fanti-ashanti do terreiro e depois por meio da adoção do candomblé (M. Ferretti 2000: 160), que coexiste — de acordo com o princípio bastidiano do corte — com o tambor de mina. Foi também um dos primeiros pais de santo de São Luís a fazer — embora tardiamente, em 2010 — a «viagem a África» e o primeiro a adotar uma estratégia de difusão da religião assente na publicação de livros de sua autoria: o seu primeiro livro data de 1984 (E. M. Ferreira 1984), e posteriormente foram publicados vários outros (por exemplo, E. M. Ferreira 1985, 1987, 1990, 1997, 2003, 2004, 2008, 2013). Pai Euclides teve ainda um papel importante em congressos e eventos regionais e nacionais relacionados com as religiões afro-brasileiras (M. Ferretti 2000; Lindoso 2014: 47–60). Com uma ligação forte a meios intelectuais alternativos e ao movimento negro, a Casa Fanti-Ashanti é um terreiro com uma numerosa descendência, uma vez que vários filhos de santo iniciados na casa abriram os seus próprios terreiros em São Luís e fora da cidade. O terreiro começou por ser objeto de um estudo de Maria Amália Barretto (1987) e foi depois mais detalhadamente abordado no importante livro que Mundicarmo Ferretti (2000) lhe consagrou. A bibliografia sobre a casa é ainda integrada pela tese de doutoramento de Álvaro Roberto Pires (1999) e por um livro — profusamente ilustrado e apoiado em várias entrevistas a Pai Euclides — da autoria de Renata Amaral

(2012). Na Casa Fanti-Ashanti, a festa do Divino foi fundada em 1960 e é «uma festa do Divino só», que converge para o primeiro fim de semana de julho.

A festa do Divino do Terreiro Fé em Deus, dirigido por Dona Elzita Coelho, realiza-se no bairro do Sacavém. O terreiro foi fundado em 1966 e é um dos poucos terreiros de São Luís onde não dançam homens. Por essa e outras razões, é visto como um dos terreiros mais tradicionais de tambor de mina em São Luís. A festa do Divino foi fundada em 1969 e é uma «festa do Divino e/com», associada à festa de Santana; calha, portanto, no dia 26 de julho. Tanto a festa como o terreiro desfrutam de grande prestígio no circuito afro-brasileiro de São Luís e têm sido objeto de várias monografias e teses (por exemplo, C. Gouveia 1997; Amorim 1996; Aires 2008, 2014).

A festa do Divino da Casa de Iemanjá tem lugar num dos terreiros mais conhecidos de São Luís, fundado e dirigido até à sua morte por Jorge Itaci. Durante a minha pesquisa, a mãe de santo era Dona Florência, que veio entretanto a falecer em 2015. A par da Casa Fanti-Ashanti, a Casa de Iemanjá foi um dos terreiros centrais na renovação da cena afrorreligiosa de São Luís a partir dos anos setenta. Foi designadamente um terreiro com papel destacado na visibilização do tambor de mina na esfera pública, tanto mais que o seu pai de santo cultivou uma relação estreita com os poderes públicos no Maranhão desde os anos sessenta, quando José Sarney (mais tarde presidente do Brasil) foi eleito governador do estado (Lindoso 2014: 78–83). Para além de administrador da Cafua das Mercês (Museu do Negro), Jorge Itaci foi ainda presidente da Federação de Umbanda e dos Cultos Afro-Brasileiros do Maranhão. Escreveu também um livro sobre o tambor de mina (J. I. Oliveira 1989) e adotou uma política de inovação religiosa que mereceu, nos anos setenta, comentários desfavoráveis de Maria Amália Barretto (1977: 53–54) [97]. Mas, contrariamente à estratégia de valori-

---

[97] Sobre a Casa de Iemanjá — que chegou a pensar em estudar —, Maria Amália Barretto escreveu que «tomar tal casa para concluir alguma coisa sobre a religião africana é realmente uma temeridade» (1977: 53).

zação da herança africana de Pai Euclides, Pai Jorge enfatizou uma estratégia mais híbrida de abertura da mina relativamente a outras linguagens religiosas, incluindo a umbanda. Como afirma Gerson Lindoso,

> A trajetória de Pai Jorge, a partir de seus inúmeros contactos com outras matrizes (candomblé, umbanda, etc.) inspirou no seu modelo afrorreligioso algumas características bem próprias [e] certas «inovações» (a paramentação ressignificada das entidades africanas) [...] dentro do contexto ritual do tambor de mina. Os contactos com o candomblé, a umbanda e outras religiões afro foram muito presentes ao longo de sua caminhada na religião e no universo afro-brasileiro (2014: 88).

Tal como a Casa Fanti-Ashanti, a Casa de Iemanjá está ligada a inúmeros terreiros abertos pelos seus filhos de santo, dentro e fora de São Luís. Fora de São Luís é particularmente conhecido o terreiro do falecido Francelino de Xapanã em São Paulo (Prandi & Souza 2004). Localizado no bairro Fé em Deus, a Casa de Iemanjá, para além da sua atividade religiosa, organiza atividades culturais e sociais no bairro. A festa do Divino foi fundada em 1964 — seis anos depois da fundação do terreiro, que ocorreu em 1958 — e é uma festa do Divino «e/com» São Luís, convergindo, portanto, para o dia 25 de agosto.

Estas quatro festas — bem como os terreiros que as organizam — são reconhecidas no circuito afro-brasileiro de São Luís: são festas muito visitadas, e quase todos estes terreiros — como ficou indicado — foram objeto de várias pesquisas. Atento aos avisos relativos aos riscos de concentração da observação em terreiros e festas *mainstream*, optei por alargar o leque de terreiros de forma a incluir celebrações menos conhecidas.

Entre essas festas, encontra-se a do Divino da Casa Ilê Ashé Obá Izô, situada no bairro da Liberdade e dirigida por Pai Wender, um pai de santo jovem que foi sucessivamente filho de

---

Justificando o seu comentário, a autora descreve em seguida — em tom crítico — o modo como nesse terreiro se misturariam pajelança, caboclos, mesa branca, cantos em português, etc.

santo de Pai Jorge Itaci e de Pai Euclides. O terreiro que dirige é recente — foi fundado em 2003 —, mas é um terreiro muito dinâmico, que já possui algumas «filiais» em São Luís e fora. O seu pai de santo tem recentemente assumido posição de destaque na esfera pública afrorreligiosa do Maranhão. A festa do Divino foi fundada em 2004 e é uma «festa do Divino e/com», que se faz em conjunto — como na Casa de Iemanjá — com a festa de São Luís, a 25 de agosto.

A festa do Terreiro de Mina Jardim da Encantaria é uma festa do «Divino só», que tradicionalmente tinha lugar no dia de São Sebastião, mas que, mais recentemente, foi deslocada para setembro. O terreiro foi fundado em 1974 por Pai Clemente e tem sido dirigido, após a sua morte, pelo filho, Clemente Filho (mais conhecido por Kelézinho). Localizado no bairro do Anjo da Guarda — um bairro periférico de São Luís —, o terreiro tem uma atividade social e cultural relevante, através da Associação Cultural Nossa Senhora da Conceição, que é responsável pelo funcionamento de uma escola comunitária com cerca de 360 alunos. Quanto à festa, foi fundada em 1980, e, desde 1982, o seu organizador principal tem sido Clemente Filho.

Quanto à festa do Divino da Associação Tenda Umbandista Santo Onofre, é, entre as festas que estudei, a única que se realiza fora de São Luís, em Igaraú, um pequeno povoado rural situado a cerca de 30 quilómetros da cidade. A festa tem lugar num terreiro dirigido por Pai Edmilson que combina a mina com a umbanda. O terreiro foi fundado em 1981, e a primeira festa do Divino teve lugar em 1988. É uma «festa do Divino só», cuja data, embora variável de ano para ano, tende a convergir para 13 de maio, dia em que no Brasil se comemora a abolição da escravatura e em que, nos terreiros de umbanda, se celebra o Preto Velho.

*

Com histórias diferentes, as festas do Divino que acabei de passar em revista estão também associadas a composições etnográficas que podem apresentar algumas variações. Essas variações dizem respeito desde logo aos modos de representação da divindade. Em todas elas, para além do mastro e da bandeira, o Divino Espírito Santo é representado por intermédio de uma coroa e de um pombo. Na Casa de Dona Elzita, porém, não existe coroa, apenas o pombo. No tocante à composição dos impérios, também se registam algumas diferenças. Assim, na Casa Fanti-Ashanti e na Casa Ilê Ashé Obá Izô, o número dos impérios é menor, uma vez que não há mordomos-mores. Noutros terreiros, pelo contrário, o número dos impérios é maior, sendo de notar a existência — para além dos mordomos régios e mordomos-mores — de mordomos de linha e mordomos celestes. Na festa do Terreiro de Mina Jardim da Encantaria, embora não existam mordomos de linha e mordomos celestes, existem duas aias e uma madrinha do pombo. Na Casa de Iemanjá, os impérios recebem uma designação diferente, sendo integrados, para além do imperador e da imperatriz, por duas aias e dois vassalos (J. I. Oliveira 1989: 39). No Terreiro Fé em Deus, por fim, os impérios são compostos por um rei, uma rainha e — como na Casa de Pai Jorge — por duas aias e dois vassalos.

Outras diferenças têm que ver com o *script* ritual das festas do Divino e dizem respeito à inclusão de sequências rituais suplementares ou à supressão de algumas que fazem parte do menu básico das festas do Divino. Assim, em algumas casas — logo no início dos festejos —, pode ter lugar uma pequena procissão que «translada» as imagens da festa da residência particular de algum devoto para o terreiro. Suplementarmente, pode ter também lugar — geralmente nas vésperas do dia da festa — uma segunda procissão religiosa que percorre as ruas do bairro com as imagens da festa e um numeroso acompanhamento. No terreiro Fé em Deus, essa procissão termina geralmente com uma curta cerimónia realizada numa pequena capela situada nas imediações do terreiro. Na Casa das Minas, além de uma ida suplementar dos impérios à missa na quinta-feira de Ascensão — em conjunto com os impérios da Casa de Nagô —, no domingo de Pentecostes realiza-se a distribuição de uma cesta básica a 13 pobres quando os impérios regressam da missa no dia da festa. Nem todos os terreiros fazem roubo dos impérios, e a visita dos impérios, quando ainda se faz — como na Casa das Minas — tem lugar no próprio terreiro. Em algumas festas, a ida à missa dos impérios pode ser também acompanhada pela coroação, realizada geralmente no termo da missa pelo padre. É o que se passa com a Casa das Minas, com a Casa de Iemanjá e com a festa do Terreiro de Mina Jardim da Encantaria. Outras diferenças, por fim, dizem respeito ao tom e ao estilo de algumas sequências rituais. Por exemplo, em algumas casas, o buscamento, o levantamento e o derrubamento do mastro fazem-se num registo cerimonialmente mais contido (como na Casa Fanti-Ashanti e no Terreiro de Mina Jardim da Encantaria), ao passo que na maioria dos restantes terreiros os seus aspetos antiestruturais são mais marcados.

Estas variações são, apesar de tudo, variações menores e não põem em causa a unidade que o ritual apresenta de casa para casa. Para isso contribui certamente o papel central que as caixeiras desempenham no ritual e a sua insistência em que tudo se faça como «é da tradição». De facto, na sua qualidade de responsáveis pela direção musical dos festejos, as caixeiras — em particular a caixeira régia — são também as depositárias e gestoras dos saberes rituais associados às festas, que insistem em cumprir e fazer cumprir. Em caso de dúvidas, são sempre consultadas e pertence-lhes a decisão final.

Entretanto, há festas que apresentam soluções mais idiossincráticas. É o que se passa com a festa do Divino da Associação Tenda Umbandista Santo Onofre, em Igaraú. Nesta festa não existe mastro, estando portanto ausentes todas as sequências rituais com ele relacionadas. Em vez dos impérios, o protagonismo ritual é assumido por uma corte imperial, presidida pelo próprio pai de santo — que é o imperador perpétuo da festa — e integrada por cerca de 60 crianças e adolescentes. Um dos rituais mais importantes que se realizam durante a festa são as lutas de espadas, que consistem num combate que o imperador trava — e ganha — com as crianças e adolescentes que integram a corte imperial. O encerramento da tribuna e o repasse das posses são também substituídos por uma longa cerimónia que recebe a designação de «arreio dos tronos» e no decurso da qual as crianças e adolescentes cessam formalmente os seus desempenhos rituais. O acompanhamento com caixas é feito maioritariamente por filhas de santo da casa e, para além do repertório mais usual das caixeiras, acrescenta cantos que são específicos da casa. Tradicionalmente, a missa era celebrada no próprio recinto do terreiro, mas, mais recentemente, passou a ser rezada na pequena igreja do povoado. O facto de a missa raramente se realizar em Igaraú faz também com que seja muitas vezes aproveitada pelo padre que a celebra para a realização de rituais católicos como confirmações e até batizados.

Capítulo 9

A festa maior dos terreiros

As festas do Divino são um dos rituais mais complexos e exigentes que têm lugar nos terreiros de tambor de mina. Num depoimento para um livro de Renata Amaral, Pai Euclides — pai de santo da Casa Fanti-Ashanti, entretanto falecido — sublinhava isso mesmo: «é uma festa muito dispendiosa, muito rica, com muitas comidas e bebidas, doces, lembranças, decorações, roupas» (in R. Amaral 2012: 164). Na entrevista que me concedeu, Pai Euclides voltou a enfatizar essa ideia: «a festa do Espírito Santo, na verdade, ela é uma festa superdispendiosa em tudo, dá muito trabalho, uma festa muito rica mesmo». Ou, nas palavras de Seu Cravinho (um dos encantados que baixa em Pai Wender, pai de santo da Casa Ilê Ashé Obá Izô), a festa do Divino é uma «festa ardosa, [porque] o devoto ele passa por várias provações durante o período dessa festa. Uma das provações qual é? A situação financeira, rececionar as pessoas, dar conta das caixeiras, dessas crianças». No decurso da minha pesquisa, esta ideia foi-me repetida por vários pais e mães de santo e outros especialistas rituais. Por exemplo, para Dona Bidoca, viúva de Jorge Itaci e que tem um papel central na organização da festa na Casa de Iemanjá, a festa do Divino «é a festa maior do terreiro, nós temos duas festas muito grandes aqui, mas a maior mesmo é a festa do Divino e São Luís Rei de França».

A complexidade e exigência das festas do Divino é de resto uma das razões invocadas por alguns pais e mães de santo para que nos seus terreiros as festas não façam parte do calendário anual. Como me foi afirmado por Pai Nastier, pai de santo de um terreiro em Janaína (um bairro periférico de São Luís), a festa do Divino «dá muito trabalho. Um império é muita responsabilidade. Se os pais não tiverem condição de fazer o império num ano, eu, que sou o dono da festa, é que tenho que pagar». Outro pai de santo muito conhecido em São Luís — Joãozinho da Vila Nova — dá uma explicação idêntica para não realizar a festa do Divino: «lá em casa tem muitas obrigações, muitas festas, e a festa do Divino seria mais uma e muito trabalhosa». Deve ser entretanto sublinhado que, mesmo os terreiros que não fazem esta festa, optam por realizar um salva ao Divino. Esta é um ritual de homenagem ao Espírito Santo que pode fazer parte de uma festa dedicada a um santo (ou santa ou invocação de Nossa Senhora), mas que se centra exclusivamente na realização de toques de caixa junto ao altar católico da casa ou junto a um pequeno altar erguido expressamente para o Divino. A salva — cuja realização durante três anos é vista como indispensável para o posterior estabelecimento de uma festa — ganha aqui as características de um ritual realizado anualmente que de alguma forma substitui a festa do Divino. É o que acontece nos terreiros de Nastier e de Joãozinho da Vila Nova. O primeiro realiza uma salva para o Divino no âmbito da festa de São Benedito — que é a festa principal do terreiro — e o segundo realiza outra salva para o Divino na festa da Santana.

Dois aspetos são geralmente enfatizados a propósito das exigências da festa do Divino. Um deles tem que ver com o elevado montante das despesas requerido pelas festas, tanto da parte dos impérios como da parte dos terreiros. No caso dos impérios, os gastos podem situar-se entre os 2000 e os 4000 reais por cargo. Dona Roxa, dançante do Terreiro Fé em Deus e que confeciona roupa e lembranças para as festas, deu um valor intermédio: «se for a bico de caneta, chega a quase 3000 reais uma festa». Embora a maior parte das pessoas que bancam os impérios sejam em geral de baixa renda, colocam um particular empenho na sua participação na festa, marcada por um forte espírito competitivo que se acentuou provavelmente com a melhoria das condições de vida decorrente das políticas sociais implementadas pelo governo de Lula. Como me referiu Dona Jaci a esse propósito, «eu acho assim que antigamente as pessoas faziam as coisas com amor e devoção e hoje é por competição, quer competir um com o outro [...]. Um quer ser mais do que o outro [...]. [Por isso] há mais luxo [nas roupas dos impérios]».

A parte mais significativa da despesa requerida pelos impérios é de facto gasta com as roupas: para além da roupa mais «luxuosa» e cara que as crianças usam no dia da festa — que pode custar entre 500 e 700 reais —, estas também usam roupas especiais, embora menos caras, para o levantamento e derrubamento do mastro. No total, os gastos com as roupas — se estas não forem alugadas — pode ser de cerca de 1000 reais (mas em muitos casos pode ser superior). Aos gastos com a roupa deve acrescentar-se a despesa com a mesa de bolos e lembranças. Um bolo pode custar — se for confeccionado fora — até 500 reais, e o gasto com as lembranças pode ir até 700 reais: cada lembrança custa pelo menos entre 25 e 35 reais, e em muitos casos podem ser confeccionadas até 20 lembranças. Finalmente, deve também ser sublinhado que, em algumas festas, as pessoas que bancam os impérios devem assegurar ainda uma contribuição significativa — em dinheiro ou em géneros — para as despesas gerais de festa. Na Casa das Minas, por exemplo, essa contribuição pode ir até 800 reais. Estes números não só representam em muitos casos uma soma considerável para quem banca os impérios, como devem ser multiplicados por três (ou dois) anos, correspondentes aos três (ou dois) anos em que a criança faz o percurso de mordomo(a)-mor — ou de mordomo(a)régio(a) — a imperador (ou imperatriz). Se levarmos em conta que a maioria das festas comporta seis cargos «imperiais», o total da despesa requerida pelos impérios num só ano pode rondar os 18 000 reais.

Quanto à despesa da casa, situa-se geralmente entre os 10 000 e os 15 000 reais. São várias as fontes de constituição deste fundo cerimonial destinado à festa. Muitos pais de santo mandam fazer convites — com a programação final da festa —, e estes convites — em números que oscilam entre os 200 e os 500 — são também uma forma de angariação de joias, isto é, de contribuições individuais para os gastos da festa. Estas joias tanto

podem ser em dinheiro — desde pequenas somas a contribuições mais vultuosas — como em géneros.
Como me disse Dona Bidoca (da Casa de Iemanjá),

> A gente recebe muita ajuda [...] é 20 de cada um, é 30, como eu estou lhe dizendo, ajuda bastante. [Outros dão] uma grade de cerveja, um fardo de arroz, um fardo de refrigerante, uma caixa de peito de frango, um fardo de macarrão. Então, isso tem bastante.

Pai Euclides também referiu a importância das joias:

> cada um dá a sua parcela, cada um contribui com alguma coisa. [...] Aqui, acolá, às vezes aparecem pessoas assim muito dedicadas e participantes e perguntam o que é que quer. Às vezes eles dão 10 reais, 20 reais, no máximo 50 reais, para ajudar. Dá de coração, sabe? [...] Todo o mundo se mobiliza para a gente bancar [a festa], porque é muita comida, é muita comida.

Seu Cravinho também sublinhou a importância das ofertas em mantimentos: «vem um porco dali, vem um boi dali, vem três fardos de arroz dali [...], vem ali um maço de vela, vem um defumador, vem sete caixa de foguete, vem 12, vem 13...».

A par das joias e de ofertas em mantimentos, as festas têm também beneficiado de apoios financeiros concedidos pela Secretaria Estadual da Cultura, por intermédio do Centro de Cultura Popular Domingos Vieira Filho. Esta política de apoios financeiros às festas começou nos anos setenta e inicialmente beneficiava apenas festas consideradas mais prestigiadas, como a festa do Divino de Alcântara e, mais tarde, as festas do Divino da Casa das Minas e da Casa de Nagô. Mas, no decurso dos anos noventa, esses apoios foram alargados para outras festas e até 2014 — ano em que não houve financiamento — abrangiam a totalidade das festas em São Luís. Os apoios financeiros canalizados para as festas são entretanto muito variáveis: se algumas festas podem receber até 5000 reais, a maioria das festas recebe valores menores: 1000 ou mesmo 500.

Império Mariense de East Providence (2001)

Império Mariense de East Providence (2001)

Festa do Espírito Santo, Toronto (2008)

Festa do Espírito Santo, Ribeiras, Pico (2010)

Festa do Divino, Casa Dona Elzita, São Luís (2011)

Festa do Divino, Casa Ilê Ashé Obá Izô, São Luís (2012)

Festa do Divino, Casa Ilê Ashé Obá Izô, São Luís (2013)

Festa do Divino. Igaraú, São Luís (2014)

Na maioria dos terreiros, as contribuições resultantes das joias e dos apoios estaduais são entretanto insuficientes para cobrir a totalidade das despesas. São por isso implementadas estratégias de financiamento suplementares. Uma delas passa pela eventual canalização do dinheiro realizado pelo pai de santo em pagamento de trabalhos espirituais para o financiamento da festa. Tal possibilidade foi-me referida pelo menos num caso, mas suspeito que seja mais generalizada. Outra estratégia comum é a montagem de um bar, explorado pelo terreiro, nos dias da festa mais concorridos: nos dias do buscamento, levantamento e derrubamento do mastro e no próprio dia da festa. O lucro apurado com a venda da cerveja é canalizado para cobrir despesas da festa. Por fim, o exercício de cargos como padrinho ou madrinha do mastro (ou do mastaréu) faz-se frequentemente acompanhar do financiamento total ou parcial — por parte das pessoas escolhidas — das despesas requeridas pelos segmentos rituais relacionados com o mastro. Acontece o mesmo em certos terreiros com a mesa de bolos e lembranças da casa, cujas despesas devem ser suportadas pela respetiva madrinha (ou padrinho) [98]. Em alguns casos, o financiamento de segmentos rituais precisos da festa pode assumir modalidades mais específicas. É o que se passa no Terreiro Fé em Deus, onde todas as despesas associadas ao mastro são suportadas pelo chamado «grupo dos nove». Constituído para supervisionar o conjunto de rituais relacionados com o mastro, o grupo financia também todas as despesas a eles associadas, mediante contribuições anuais individuais dos seus membros no valor de 180 reais.

O terreiro e a festa

Além de «dispendiosas», as festas do Divino são também festas «muito trabalhosas», cuja realização mobiliza o conjunto

---

[98] Ver Aires (2014) para uma descrição na primeira pessoa das despesas e trabalhos decorrentes do exercício do cargo de madrinha da mesa da casa.

do terreiro, envolvendo tanto filhas e filhos de santo como, em alguns casos, outras pessoas mais estreitamente ligadas à casa.

Durante a festa, as dançantes do terreiro constituem-se de facto numa espécie de «grupo de ajudantes» da festa (para recorrer a uma terminologia usada nos Açores) que reparte entre si as diferentes tarefas práticas requeridas pela realização dos festejos: decorações, preparação da comida, limpeza e manutenção quotidiana do espaço do terreiro, montagem de toldos e outro equipamento de apoio à festa. Como me disse James, que coordena a festa do Divino da Casa Ilê Ashé Obá Izô:

> tem alguns filhos de santo da casa que contribuem para [a festa], uns contribuem com mais, outros contribuem com menos, outros ajudam braçalmente, outros ajudam a fazer a comida, outros fazem tribuna, outros varrem, outros enxugam o chão, né? Todo mundo ajuda, de qualquer forma ajuda.

Dado o volume de tarefas requeridas, algumas dançantes tiram mesmo férias no período de realização das festas, de forma a poderem consagrar-se totalmente às festas. É o caso de Dona Dedé, da Casa de Iemanjá:

> como é a festa de São Luís, eu tiro férias sempre nesse mês de agosto pra poder vim ajudar [...]. Aí eu já moro aqui, eu já digo que moro aqui, eu vou pra casa, mas de manhã estou aqui cedo. [...] É, eu tiro as férias pra servir a São Luís, é o santo que dá tudo.

É igualmente muito frequente que dançantes que moram em bairros distantes durmam no terreiro durante o período mais denso de realização da festa. É o que se passa na Casa Ilê Ashé Obá Izô: durante o período mais forte das festas, o terreiro — assim como outras casas situadas nas suas imediações — é usado para pernoitas de muitas dançantes que moram longe.

A coordenação das diferentes atividades relacionadas com as festas compete ao pai ou à mãe de santo, mas, em alguns terreiros, pode estar a cargo de pessoas da casa que se encarregam de dirigir os trabalhos. A direção do trabalho de decoração da tribuna é também confiada a um especialista, que, em muitos casos, é também uma pessoa da casa.

Para além da sua intervenção nos preparativos da festa, as dançantes do terreiro participam de outras formas nas festas do Divino. Muitas delas podem contribuir para o fundo cerimonial da festa, mediante a entrega de joias ou de ofertas em géneros. E muitas delas podem também assumir alguns dos cargos exigidos pelo ritual. São frequentes os casos de dançantes — e de outras pessoas da casa — que bancam alguns dos cargos dos impérios, seja «sentando» um filho ou filha seja «sentando» outras crianças, geralmente escolhidas nas suas redes de parentesco e/ou vizinhança. Os cargos de padrinho ou madrinha do mastro (ou do mastaréu) ou da mesa da casa podem também ser assegurados por dançantes (e outras pessoas da casa). Por exemplo, na festa do Divino da Casa de Iemanjá em 2014, sete dos dez cargos dos impérios foram bancados por dançantes e pessoas da casa. No Terreiro Fé em Deus, a norma é que a grande maioria dos cargos dos impérios seja assegurada por dançantes. De acordo com Dona Roxa, uma das dançantes mais antigas da casa,

> geralmente é todo o mundo de casa [...] a gente quase não pega gente de fora. Cá de casa, mesmo. [Na festa de 2014] a rainha era minha sobrinha. [...] O rei era sobrinho de Chiquinha [uma outra dançante]. A dama é... quem era a dama? Ah, é a sobrinha de Leda [outra dançante], o vassalo era sobrinho de Chiquinha. Todo o mundo de casa. Fé, Esperança, Caridade, tudo de casa.

Promessas e pessoas de simpatia

Sendo a festa mais «dispendiosa» e «trabalhosa» das casas de tambor de mina, a festa do Divino é sobretudo a festa dos terreiros que abre mais para fora, isto é, aquela que junta mais gente para além dos frequentadores habituais das casas de tambor de mina. Esse ponto é sublinhado por diferentes pais e mães de santo. Para Dona Bidoca, da Casa de Iemanjá, é a festa do

Divino a que «junta mais gente, [...] é muitos dias, vem muita gente de fora, vem muita gente de Manaus, vem de Belém, de São Paulo, vem gente assim desses lugares. [...] E de São Luís nem se fala, são todos». Clemente Filho, pai de santo do Terreiro de Mina Jardim da Encantaria, sublinhou o mesmo ponto: «a minha festa [do Divino] é a festa maior que tem [na casa]. Sempre foi. Maior festa da casa [...], a que junta mais gente, a que dura mais tempo, a que gasta mais».

Esta capacidade que as festas do Divino têm de projetar os terreiros de tambor de mina no espaço público assenta em vários dispositivos rituais. Estes começam por dizer respeito ao modo como é assegurado o seu financiamento, dependente, como vimos, de múltiplas contribuições sob a forma de joias e de mantimentos. Na generalidade dos terreiros, um número significativo destas ofertas é assegurado por pessoas que, mesmo tendo algum tipo de relação com o terreiro, não são seus frequentadores habituais. É o que acontece, por exemplo, na Casa das Minas, onde, dado o número muito reduzido de vodunsi, as contribuições para os gastos da festa são maioritariamente feitas por pessoas de fora. O mesmo acontece noutros terreiros. Na Casa Ilê Ashé Obá Izô, por exemplo, em todo o período que antecedeu a realização da festa de 2014, os clientes atendidos pelo pai de santo eram convidados a contribuir para a festa como forma de pagamento desses serviços religiosos. Pai Clemente Filho, do Terreiro de Mina Jardim da Encantaria, relatou-me uma experiência idêntica: «meus clientes são daqui de São Luís, [aí] eles me mandam. Todo o dia tem gente me ligando. Nós tamos mandando isso... Eu vou mandar isso, eu vou mandar aquilo... Quanto eu tou precisando?»

O exercício dos diferentes cargos rituais associados às festas tem também um papel importante na sua abertura para o exterior. É o que se passa com os impérios. Como foi antes referido, muitas das pessoas que bancam os impérios podem ser dançantes ou pessoas com uma ligação forte à casa. Mas isso não impede que o patrocínio de alguns desses cargos por pessoas com uma ligação menos estreita ao terreiro não seja altamente valorizado por muitos pais de santo, como forma de abrir a festa e até, mais prosaicamente, de alargar a sua base de financiamento. Na maioria dos casos — como foi mencionado —, essas pessoas sentam as crianças por três (ou dois) anos, em cumprimento de uma promessa ou como forma de satisfazer uma devoção mais genérica ao Espírito Santo. Este ponto foi referido por Sérgio Ferretti (1995: 165) e por outros autores (por exemplo, Santos & Neto 1989: 94). Mas há também — como foi referido — muitos casos de imperadores ou imperatrizes «de promessa», que apenas se sentam num determinado ano. Como me disse Dona Bidoca (da Casa de Iemanjá):

> Todo ano é assim, tem a criança que a pessoa chega, o pai, qualquer pessoa, que não é ligada à casa, que não é ligada ao santo, só vem, [...] «eu quero botar meu filho pra seguir, pra ser imperador» ou quando não, chega e diz, «eu quero botar meu filho pra ser imperador de promessa ou imperatriz de promessa». Esse ano nós temos duas imperatrizes de promessa e um imperador de promessa. É só esse ano [...] que eles vão sair, esse ano eles vão sentar, para o ano eles não têm mais compromisso. [...]. [Outros] querem botar porque eles querem botar, é uma coisa deles mesmo, com certeza é promessa, às vezes não diz, mas talvez é promessa, chega e diz: «eu quero botar meu filho». Às vezes tem uns que chega assim e diz: «Olha, pro ano eu quero botar meu filho no império, como é que pode? A senhora quer, aceita? Eu posso botar meu filho?» E é assim.

Por outro lado, mesmo quando o encargo de bancar os impérios é assegurado por pessoas do terreiro, o seu desempenho pode envolver o recurso a redes de relacionamento exteriores ao próprio terreiro. É o que acontece nos muitos casos em que as crianças dos impérios são escolhidas nas redes de parentesco de cada dançante — por exemplo, entre as suas sobrinhas e/ou netas. É também o que acontece quando as crianças são escolhidas entre filhos ou filhas de vizinhas da casa ou entre vizinhas e amigas das dançantes. Por exemplo, na festa do Divino de 2012 da Casa Ilê Ashé Obá Izô, os cargos de imperador e imperatriz, embora bancados por dançantes da casa, foram assegurados por filha(o)s de vizinhas da casa. De igual modo, na festa do Terreiro de Mina Jardim da Encantaria de 2014, várias crianças que sentaram na tribuna eram crianças «da comunidade» patrocinadas por dançantes da casa. Como me explicou Clemente Filho,

> O senhor veio na minha casa. Aí você diz assim: «não, eu não tenho filho» […]. Que é que vai acontecer? Você vai escolher uma criança, parente seu, ou vizinho. […] Como eu tenho agora: o imperador desse ano é um menino pobre da comunidade, [mas] são três irmãs que tão dando a despesa, então o imperador são elas.

Nestes e noutros casos, as pessoas que dão as crianças para o promesseiro acabam tendo uma participação relevante na festa, acompanhando em permanência as crianças e coadjuvando o seu desempenho ritual.

O modo como o exercício dos cargos dos impérios abre a festa para fora é muito evidente nas distribuições de bolos e de lembranças que se seguem ao encerramento da tribuna. Para além das caixeiras e dos restantes impérios, estas distribuições envolvem também pessoas que integram as redes de parentesco e amizade dos adultos que bancam os impérios. Em alguns casos, para vincar o carácter especial da ocasião, são inclusivamente batidas «fotos de família» junto aos bolos e às lembranças.

Embora seja mais significativa no caso dos impérios, esta lógica de abertura reencontra-se no desempenho de outros cargos rituais. Se em certos casos são dançantes da casa que asseguram — como vimos — os cargos de madrinha e padrinho do mastro (e do mastaréu), o ideal é que estes possam também ser exercidos por pessoas conhecidas e de «simpatia» — para recorrer a uma expressão usada por Pai Euclides — do terreiro. Esta mesma lógica pode de resto ser estendida a outros encargos associados à festa: desde o patrocínio da mesa de bolos da casa ao «apadrinhamento» informal das bandeirinhas. Nos casos em que a festa do Divino inclui o roubo dos impérios, muitas casas do bairro oferecem-se também para guardar algum símbolo ou peça de roupa, participando portanto de forma ativa no ritual. Nos casos mais expressivos — como no Terreiro Fé em Deus ou na Casa de Iemanjá —, o total de casas envolvidas no roubo dos impérios pode ir até 40.

Como no caso do patrocínio dos cargos dos impérios, estas e outras colaborações mais informais podem também resultar de promessas menores ao Espírito Santo. Como escreveram Maria do Rosário Santos e Manoel Neto:

> Esta festa desperta entre os seus devotos o espírito de cooperação, por meio de vários tipos de promessas, cada uma contendo um carácter peculiar. Realizar trabalhos, ajudar na casa da festa, confecionar bolos, doces e ornamentos para o salão [...] são algumas das muitas maneiras de cumprir promessas feitas ao Divino (1989: 94).[99]

Em suma, mobilizando despesas e encargos rituais que superam os recursos financeiros e humanos regulares da maioria dos terreiros, as festas do Divino podem ser vistas como um exercício alargado de cooperação ritual que projeta os terreiros para fora do círculo mais restrito das suas dançantes e de outras «pessoas da casa».

«Uma festa para todo mundo»

Simultaneamente, a composição ritual das festas reserva um papel importante a sequências que sublinham e ampliam essa abertura para fora. Como várias vezes me foi referido, a Festa do Divino «é uma festa para todo mundo». Essa sua característica é particularmente evidente nos cortejos e rituais em torno do mastro (buscamento, levantamento e derrubamento). Embora haja exceções, o buscamento do mastro pode envolver, em terreiros com festas menores, entre 80 e 100 pessoas. Mas, em terreiros com festas muito concorridas, pode ir até 200 a 300 pessoas, como nos casos do Terreiro Fé em Deus ou da Casa

---

[99] Deve ser ainda sublinhado que, em muitas casas, as festas fornecem igualmente o contexto ritual para o pagamento de promessas ao Espírito Santo sob a forma de velas ou de ex-votos em cera.

de Iemanjá. Números idênticos ou até superiores são também válidos para o levantamento e para o derrubamento do mastro, que se constituem, em conjunto com o buscamento do mastro, em momentos particularmente concorridos das festas. Mas é sobretudo no almoço do dia da festa que é evidente essa capacidade de abrir para fora que caracteriza o *script* ritual das festas. É aí que a frequência da festa — que pode ir de 200 a 400 pessoas — atinge o seu pico. O próprio êxito da festa é em grande medida aferido pela afluência de gente ao almoço, tanto mais que este, para além de ser direcionado para todas as pessoas que estão envolvidas com a festa e para todos os convidados dos impérios e da casa, é encarado como uma refeição aberta, em que pode participar «todo mundo». Como me disse Pai Euclides:

> Quer seja convidado quer não seja, desde que esteja aqui dentro de casa, está rolando a comida por aí, é servido pra todo mundo. Aqui nós não escolhemos assim, «Ah, eu não conheço aquele, quem é aquele lá?». Não tem não. O comer está rolando [...]. Aqui se dá comida assim bem popular.

Esta ideia é subscrita por todos os pais e mães de santo junto dos quais conduzi pesquisa. Para eles, também, a comida do dia da festa desempenha um papel central nessa abertura — potencialmente ilimitada — dos terreiros de tambor de mina para fora.

A inclusão, em muitos terreiros, de radiolas de *reggae* ou de outras atividades festivas (atuações de blocos afro, tambor de crioula) a seguir ao levantamento do mastro e/ou ao almoço do dia da festa visa justamente reforçar essa capacidade de abertura para audiências mais vastas e, sobretudo, mais jovens. O modelo — recorrendo aqui a um conceito *folk* português — é o do «arraial» (Sanchis 1983): a festa tem a capacidade de fornecer um espaço (constituído por música, atividades lúdicas diversas e venda e consumo de bebidas e comidas) que promove o encontro das pessoas, o divertimento e a sociabilidade, a conversa e a brincadeira. Algumas pessoas dizem que esse é o lado profano da festa. Mas não é profano, não: é — como o buscamento, o levantamento e o derrubamento do mastro — o espaço em que a festa, no quadro do *continuum ritual/play* (Schechner 2002), reforça a eficácia cerimonial do ritual com a eficácia lúdica do *play*.

Algumas das sequências das festas, para além de um número elevado de participantes, têm também como traço distintivo a sua capacidade de inscreverem as festas do Divino no espaço público. É o que se passa com o cortejo do levantamento do mastro, cujo percurso atravessa várias ruas dos bairros de implantação dos terreiros. Se, em alguns casos, esses percursos são curtos — como na festa do Divino da Casa das Minas —, noutros — como na festa do Terreiro Fé em Deus ou no da Casa Ilê Ashé Obá Izô — são percursos mais longos e, portanto, com uma capacidade acrescida de marcação territorial. É também o que se passa com um conjunto de outras procissões e cortejos, que, embora com menor número de participantes, abrem as festas para uma geografia mais alargada. Estão nessa categoria a ida dos impérios à missa e o cortejo que, quando esta termina, os conduz de regresso ao terreiro. Mesmo nos casos em que a igreja escolhida para a realização da missa se situa longe do terreiro e obriga a que a parte mais significativa do cortejo seja feita de ónibus, este fica geralmente a uma certa distância do terreiro, para que o restante percurso possa ser feito a pé, no interior do bairro.

É a mesma lógica de amarração territorial das festas que preside ao roubo dos impérios e que — no passado — presidia à visita dos impérios. No roubo dos impérios, a recolha dos diversos adereços cerimoniais junto de casas da vizinhança que se disponibilizaram para ajudar implica também a organização de um cortejo que percorre — durante uma a duas horas — o bairro de implantação dos terreiros. Em alguns terreiros que realizam «festas do Divino e/com», pode também ter lugar — como vimos — uma procissão em que a imagem da santa homenageada percorre as ruas mais próximas do terreiro. Se, umas vezes — como na Casa Ilê Ashé Obá Izô —, se trata de uma procissão discreta e com um percurso curto, outras vezes — como na Casa de Iemanjá ou no Terreiro de Mina Jardim da

Encantaria —, a procissão é muito participada e percorre um percurso mais longo. Em alguns casos — como na Casa de Iemanjá —, chega mesmo a ser acompanhada de um carro de som. Esta projeção das festas para o espaço público é um ponto particularmente importante. Como sublinhou Paul Johnson a propósito do candomblé da Bahia, a dialética entre a casa e a rua, entre «contenção e exibição» (2002: 131), é de grande importância nas religiões afro-brasileiras. A ocupação da rua e a exibição pública são de facto formas importantes de afirmação dos terreiros no espaço público (Johnson 2002: 143). No caso do tambor de mina, são as festas do Divino que realizam essa projeção dos terreiros para fora. O que está em causa é a visibilização das festas e, por seu intermédio, dos terreiros de tambor de mina no espaço público: tanto no espaço da religião hegemónica — na ida à missa — como no espaço territorial de implantação dos terreiros([100]). Como salientou Lisa Earl Castillo, as religiões afro-brasileiras passaram de um período em que se refugiavam na «invisibilidade social como principal estratégia de sobrevivência» para um período em que a visibilidade — mesmo que «controlada» — surge como «um novo mecanismo de proteção» (2010: 145). No caso do tambor de mina, as festas do Divino podem ser vistas como um dos principais dispositivos — embora não o único — de construção dessa visibilidade.

Sob esse ponto de vista, não deixa de ser significativa a preocupação que muitas mães e pais de santo manifestam em relação a alguns desenvolvimentos recentes que veem como suscetíveis de comprometer essa dimensão das festas. Entre eles contam-se o aumento da violência e da insegurança nas ruas e os processos de fragmentação e rotura espacial decorrentes da implantação neopentecostal nos bairros periféricos de São Luís. É a estes dois fatores que são atribuídos tanto o fim dos peditórios que, antes da festa, eram realizados pelas caixeiras nas ruas de São

---

([100]) A importância destes processos de projeção no espaço público dos terreiros afrorreligiosos do Maranhão foi também sublinhada por Martina Ahlert (2013: 154–155).

Luís como o fim das visitas dos impérios. E são estes dois fatores que são vistos como podendo ameaçar outros rituais sobre os quais assenta a construção da visibilidade das festas do Divino no espaço público.

A morfologia social das festas

A lógica ou — para utilizar uma expressão cara a Durkheim e a Mauss — a «morfologia social» desta abertura que as festas do Divino constroem combina aspetos constantes com algumas particularidades. Na maioria dos terreiros, começa por abranger o grupo mais alargado de pessoas que têm um qualquer tipo de relação com a casa: antigos frequentadores, frequentadores irregulares ou pessoas de simpatia da casa. Em alguns casos, entre as pessoas de simpatia da casa estão intelectuais e figuras conotadas com a classe média de São Luís, como foi apontado por Sérgio Ferretti para a Casa das Minas (2009 [1985]: 182) ([101]). Quando é assim, as festas do Divino desempenham um papel que apresenta algumas similitudes com o papel do ogã — cargo inexistente no tambor de mina — em alguns terreiros de candomblé da Bahia: são uma forma importante de produzir e reiterar relacionamentos com pessoas social e politicamente bem situadas. Este aspeto foi sublinhado por Rosário Santos e Manoel Neto: «Por ocasião das festas, renomados chefes de terreiros como Cota do Barão, Vó Severa, Nhá Cristina, Dona Anastácia Santos, Velha Pia e outras, ganhavam muitas coisas graças à amizade com pessoas influentes da época, como médicos, advogados, comerciantes, militares» (Santos & Neto 1989: 91). Na atualidade, são também correntes as visitas de políticos — sobretudo em tempo de eleições — às festas do Divino. A sua presença, ao mesmo tempo que visa garantir visibilidade e apoio

---

([101]) Deste grupo de simpatizantes da casa fazem também parte «os pesquisadores», que muitos pais e mães de santo enunciam como sendo um dos grupos específicos que acorrem com regularidade às festas. Faço — claro — parte desse grupo.

político, é também uma consequência dessa capacidade que estas festas — um ritual menos «comprometedor» que um toque de tambor de mina — conservam de construir pontes com «pessoas influentes».

Simultaneamente, as festas abrem-se também para as redes de relacionamento social — familiares, amiga(o)s, vizinha(o)s — das pessoas que bancam os impérios, quer sejam promesseiros exteriores à casa quer sejam dançantes. Quando os promesseiros são pessoas exteriores à casa, a mobilização dessas redes de relacionamento social é particularmente relevante, uma vez que por seu intermédio são pessoas que não têm necessariamente uma relação com o tambor de mina que participam num festejo organizado no seu quadro. É na mesma linha que podem ser interpretados outros desempenhos rituais — padrinho e madrinha do mastro (ou do mastaréu), madrinha da mesa da casa, a participação no roubo dos impérios —, quando são assegurados por pessoas com conexões menos estreitas com os terreiros.

Nos terreiros com mais forte enraizamento territorial, essa abertura faz-se também para o(a)s vizinho(a)s da secção do bairro onde os terreiros estão implantados. É esse o caso do Terreiro Fé em Deus, da Casa de Iemanjá, da Casa Ilê Ashé Obá Izô e do Terreiro de Mina Jardim da Encantaria. Todos estes terreiros têm uma forte presença no bairro. O Terreiro Fé em Deus (no bairro Sacavém) começou por ser instalado numa área desabitada e foi à sua volta que se desenvolveu gradualmente o bairro. Dona Elzita é uma figura muito prestigiada localmente e desempenhou um papel importante no diálogo entre os moradores e os poderes públicos. O Terreiro de Mina Jardim da Encantaria (no bairro Anjo da Guarda) tem uma história similar. Segundo o pai de santo Clemente Filho, o seu pai, fundador do terreiro,

> invadiu aqui. Juntou o pessoal, invadiu aqui. Isso aqui era só mato. Não tinha morador. Aí ele tocou fogo. E aí o fogo foi tomando tudo. Aí ele tirou essa parte do terreno ali, essa parte dessa casa, a do lado até nessa segunda casa, esse terreno era imenso. Aí ele foi trazendo... Como não morava ninguém aqui, e era muito deserto, ele foi trazendo pessoas para povoar.

Aí vieram ruas, ele trouxe a água, através de política, né? Aí ele trouxe a energia também. Tudo coisa que ele conseguiu pra cá. Ele botou o nome de Vila Conceição. No dia que ele invadiu aqui foi dia de Conceição. [...] Aí ele trouxe as pessoas pra morar aqui. Fundou aqui, né? Essa área toda.

Atualmente, essa ligação do terreiro com o bairro mantém-se, por intermédio da escola da Associação Cultural Nossa Senhora da Conceição, que serve 360 alunos «da comunidade» (para utilizar uma expressão recorrentemente utilizada por muitos pais de santo).

A Casa de Iemanjá possui também uma ligação forte com a comunidade, segundo Dona Bidoca:

> essa casa sempre trabalhou para a comunidade, tempo de Jorge tinha uma escola, um jardim de infância, era pras crianças, filhos das pessoas da casa, que dançavam e tudo, depois passou, crianças foram crescendo e tal e tudo, passou. Sempre teve curso de corte e costura, sempre ele fazia alguma coisa pela comunidade e, depois que ele se foi, eu continuo fazendo. Nós tivemos um ponto de cultura aqui que foi muito forte, ajudou muito, tivemos mais de 100 jovens assim, que tiraram diploma de várias coisas. Tinha aula de computação, aula de flores em E.V.A, biscuit, bijuteria, bio-joia e assim outras e outras e outras, muitas mesmo.

A Casa Ilê Ashé Obá Izô, embora mais recente, tem também uma boa implantação no bairro, e, em 2014, Pai Wender, seguindo o exemplo de outros pais de santo, iniciou contactos para implementar no terreiro aulas de formação profissional para jovens.

Nestes casos, as festas do Divino têm a capacidade de envolver ativamente a vizinhança dos terreiros nos festejos. Mas noutros terreiros — como na Casa das Minas e na Casa Fanti-Ashanti — essa implantação vicinal é já fraca ou mesmo inexistente. Por exemplo, quando perguntei a Pai Euclides sobre o envolvimento da comunidade local na festa, a sua resposta foi significativa: «Nem tanto, porque a comunidade daqui, a maioria, são tudo protestante e católico apostólico romano. Então "bom dia", "boa tarde", mas ninguém vem. [...] Aqui a nossa casa fica lotada, mas é só gente de outros bairros, que vem de fora».

A abertura para fora inscrita nas festas do Divino opera também no interior do próprio circuito afrorreligioso de São Luís. Isto quer dizer que, em muitas festas, uma parte da audiência é constituída por pais e mães de santo e/ou dançantes de outras casas. Visitas deste tipo podem ter lugar noutros momentos do calendário ritual das diferentes casas de tambor de mina, mas é talvez no quadro das festas do Divino que elas são mais expressivas, em particular no dia da festa e nos segmentos rituais relacionados com o mastro. Em alguns casos, essas visitas dependem de relações de filiação ritual entre terreiros. É o que se passa com as festas do Divino da Casa de Iemanjá e da Casa Fanti-Ashanti, visitadas por pais de santo de São Luís iniciados nessas duas casas ou cujos terreiros foram assentados por Pai Euclides (Casa Fanti-Ashanti) e Pai Jorge (Casa de Iemanjá). Mas o mesmo pode acontecer em casas mais jovens. Assim, em 2014, foi importante a participação de filhos de santo da Casa de Márcio de Xapanã — cujo terreiro havia sido assentado por Pai Wender um mês antes — na festa do Divino da Casa Ilê Ashé Obá Izô. Essas visitas podem estar também relacionadas com relações de aliança entre terreiros, envolvendo algum tipo de reciprocidade. Para além das festas da Casa Fanti-Ashanti e da Casa de Iemanjá, que o pai de santo da Casa Ilê Ashé Obá Izô visita devido a relações de filiação ritual, ele ou dançantes mais conhecidas do seu terreiro costumam visitar, entre junho e agosto, as festas do Divino da Casa das Minas e de Dona Elzita. Outros exemplos poderiam ser dados.

Vários autores que têm pesquisado sobre religiosidade de matriz africana no Maranhão têm chamado a atenção para a importância deste regime de reciprocidade ritual nas festas. Entre eles encontra-se Martina Ahlert, que, na sua tese de doutoramento sobre o terecô de Codó — de onde é originária a família de Seu Légua, constituída por entidades que também baixam nos terreiros de tambor de mina de São Luís —, chamou a atenção para a importância dos festejos nas tendas da cidade. Uma das razões para tal é que «o festejo coloca a uma tenda em relação às demais, em virtude das visitas feitas para "pagar noite", ou seja, para devolver uma visita anterior recebida em tempo de festa» (Ahlert 2013: 141). Passa-se o mesmo em São Luís com o regime de intervisitas entre terreiros por ocasião das festas do Divino.

Há também terreiros que possuem um conjunto de conexões fora de São Luís, baseadas sobretudo em terreiros fundados por pais e mães de santo iniciado(a)s em São Luís e/ou assentados por pais de santo de São Luís. É o que se passa, por exemplo, com a Casa Fanti-Ashanti e com a Casa de Iemanjá. Esta última, de acordo com Dona Bidoca, possui filhos de santo iniciados por Pai Jorge que abriram os seus próprios terreiros em Manaus, Belém, Rio de Janeiro e São Paulo. Quanto a Pai Euclides, para além de muitos filhos de santo com terreiros abertos fora de São Luís, mantém também uma conexão importante com uma festa do Divino recriada por familiares seus em São Paulo. Durante a festa, as caixeiras do Divino da casa são usualmente reforçadas com algumas caixeiras vindas de São Paulo. Mesmo em alguns terreiros mais jovens, essas conexões também existem: por exemplo, Pai Wender, da Casa Ilê Ashé Obá Izô, possui relações de cooperação ritual fortes com pais de santo no Macapá (Amapá) e em Belém. Durante o período da festa, vários membros do terreiro de Macapá deslocam-se propositadamente a São Luís e costumam ficar alojados no terreiro ou em casas de dançantes situadas na vizinhança do terreiro.

Nesses e noutros casos, as festas do Divino atuam como polos de agregação supralocal de pais e mães de santo e de dançantes desses terreiros que se podem estender, mais genericamente, a pessoas de simpatia da casa residentes fora de São Luís. Talvez o caso mais significativo dessa capacidade de atração supralocal das festas seja o ocorrido em 2013, na festa do Divino da Casa de Iemanjá, do finado Pai Jorge Itaci. Nesse ano, a festa articulou-se com a comemoração dos dez anos do falecimento do pai de santo, tendo por isso recebido nesses dias a visita de um elevado número de pais de santo e outros dançantes iniciados na casa, muitos deles residentes fora de São Luís. Essa frequência supralocal da festa ocorre todos os anos, mas nesse ano foi particularmente expressiva.

Religião e cultura

Sublinhei anteriormente que, em vez de ser um espelho durkheimiano da sociedade ou um dispositivo de mero reforço de relações sociais que lhe seriam preexistentes, a festa — como todos os rituais — deveria ser vista como um dispositivo performativo, por intermédio do qual são criadas relações sociais e coletivos de vários tipos. Penso que essa perspetiva pode ser aplicada às festas do Divino de São Luís. Sendo a festa maior dos terreiros e aquela que os projeta de forma mais enfática para o exterior, a festa do Divino tem um lugar central na produção — e não na mera reiteração — de espaços e redes mais amplas de relacionamento dos terreiros de tambor de mina.

Várias vezes durante a minha pesquisa fui confrontado com a ideia do terreiro como uma espécie de família extensa, constituída com base em laços de afinidade religiosa. A festa em que isso se tornou mais claro para mim foi a festa do Divino da Casa Ilê Ashé Obá Izô, onde observei com mais detalhe tanto a festa como os seus bastidores. Não é esse o ponto que pretendo sublinhar. O ponto importante é o modo como — a partir desta metáfora «familiar» — as festas do Divino podem ser vistas como o lugar ritual de produção de uma rede de afinidade e alianças que inscreve os terreiros em espaços sociais mais alargados e reforça o seu renome e prestígio. Nesse sentido, elas não são de facto mais uma festa de terreiro — que tem a particularidade de ser uma festa católica —, mas, como os próprios pais e mães de santo afirmam, a festa maior dos terreiros não apenas pelo dinheiro e pelo trabalho envolvidos, mas pelo modo como ambos «financiam» a constituição desse espaço de interface entre os terreiros e a sociedade.

Este último ponto é tanto mais importante quanto a capacidade que as festas do Divino têm de construção de conexões com o exterior se viu recentemente reforçada com a adoção de políticas públicas de objetificação (Handler 1988) da cultura popular no Maranhão.

Essas políticas remontam — como tem sido sublinhado por diversos autores (por exemplo, A. S. Braga 2000; Barros 2007)

— aos anos sessenta, tendo tido particular importância durante os governos estaduais de José Sarney (entre 1966 e 1971). Mas ganharam um novo ímpeto a partir dos anos noventa, por iniciativa dos governos de Roseana Sarney (filha e herdeira política de José Sarney). O lado mais visível — e estudado — dessas políticas tem passado pelo bumba-meu-boi (por exemplo, Albernaz 2004; Parodi 2011). Mas abrangeram também as festas do Divino, sobretudo durante o consulado de Michol Carvalho à frente do Centro de Cultura Popular Domingos Vieira Filho, que se estendeu do início dos anos noventa ao final da primeira década de 2000([102]). Foi nesse o período que nasceu e se desenvolveu uma política sistemática de apoio às festas do Divino, assente não apenas — como referi — na implementação de um programa de apoio financeiro — que em 2013 abarcava 150 festas —, mas também na organização de eventos e programas de ação orientados para a visibilização do culto ao Divino no espaço público.

Simultaneamente a estas políticas desenvolvidas a partir de cima, desenvolveram-se processos de emblematização das festas conduzidos por ativistas culturais e ONG. Esses processos têm colocado particular ênfase nas caixeiras. Envolveram a cooptação da «música do Divino» para o repertório de artistas locais consagrados, como Rosa Reis, mas têm também passado pela organização de várias outras iniciativas culturais: oficinas de caixa, espetáculos com grupos de caixeiras ou lançamento de livros e CD. A presença de grupos de caixeiras em eventos culturais fora de São Luís também tem sido importante.

([102]) Falecida em 2012, Michol Carvalho desenvolveu um trabalho relevante de pesquisa: a sua tese de mestrado incidiu sobre o bumba-meu-boi, foi presidente da Comissão Maranhense de Folclore e teve um papel central na organização — em São Luís — do X Congresso Brasileiro de Folclore. Publicou também sobre festas do Divino e — quando faleceu — trabalhava numa tese de doutoramento sobre as festas. Mas era sobretudo — como escreveu Sérgio Ferretti (2012a: 20) — «uma pessoa de ação», que desempenhou um papel central na implementação de políticas de estímulo e apoio à cultura popular, abrindo-as a novas direções.

Uma das consequências destas políticas de objetificação das festas do Divino foi a generalização — a partir dos terreiros — de uma nova perceção das festas não apenas como religião, mas também como «cultura» com aspas (M. Cunha, 2009), isto é, como um ritual que inscreve os terreiros de Tambor de Mina no campo dos discursos públicos sobre tradição, identidade e raízes. Isso é particularmente claro nos terreiros que têm vindo a associar-se ativamente ao trabalho de objetificação da «música do Divino». Por exemplo, a Casa de Iemanjá tem organizado regularmente oficinas de caixa, e a Casa Fanti-Ashanti tem o seu próprio grupo de caixeiras já com dois CD gravados e com participações em algumas apresentações públicas de caixeiras. Em São Paulo, a família de Pai Euclides — em conjunto com a Associação Cultural Caburié — tem desenvolvido igualmente uma importante ação de divulgação das festas do Divino. Mas, mesmo entre os terreiros que não se associam explicitamente a este trabalho de objetificação das festas do Divino, a perceção do valor patrimonial das festas é vincada.

Por seu intermédio, as festas do Divino reforçaram as suas virtualidades de inscrição dos terreiros no espaço público, passando a ser vistas como parte integrante do «capital cultural» dos terreiros — sancionado pelas políticas estaduais. E esse capital — como mostraram Jocélio Teles dos Santos (2005) e Roger Sansi (2007) para o candomblé da Bahia — é hoje importante para negociar as condições de inserção e visibilidade das religiões afro-brasileiras na esfera pública. No caso de São Luís, a detenção desse «capital cultural» contribui tanto mais para o renome e o prestígio dos terreiros quanto — perante o recuo das festas organizadas em casas particulares — os transformou nos principais guardiões de uma «tradição» valorizada positivamente pelas políticas públicas e pela sociedade.

Capítulo 10

Mina e divino: modos de articulação

Numa conversa com Seu Cravinho («em cima» de Pai Wender), quando comentávamos o aumento recente do número de festas do Divino em São Luís, este insistiu que a fé no Divino é a motivação principal «para todas essas festas»:

> Alguns fazem por fé, outros porque teve uma promessa que foi na casa de um devoto antigo, disse lá: «Ó meu Divino, se alcançar minha graça, eu faço uma festa pra você, no próximo ano». E, assim, cada um tem sua maneira de pedir as suas promessas e hoje estar fazendo essa festa. […] Creio que seja de […] devoção de cada um mesmo e apegação do Divino Espírito Santo. Ele… Ele faz a coisa acontecer, né? […] Ele leva até à glória o pedido daquela pessoa. E a pessoa acaba se tornando aquele devoto fervoroso.

Em 2013 e 2014 — quando seu filho pequeno foi sucessivamente mordomo régio e imperador —, foi também a fé no Divino (e em São Luís) que motivou Pai Wender a fazer «sentar» sua criança:

> Tudo se passou […] por ocasião da festa: o filho foi diagnosticado com um tumor no joelho, foi hospitalizado, parecia grave. Ele andava num vaivém entre a festa, o hospital e a esposa, que estava com o menino no hospital. Estava desesperado: «Meu Deus do Céu, meu São Luís, o que é que eu estou fazendo de errado, para ter tudo junto: a festa, o filho no hospital, não poder estar mais tempo com ele e com a esposa…». Aí, no dia da festa, veio a informação que não era tumor. Foi ter com a esposa ao hospital, chorou. […] Aí, no dia do

derrubamento do mastro fez a promessa: «Ó Divino Espírito Santo, se o senhor der saúde ao meu filho, vou fazer a sua festa com devoção, fartura». Mais tarde, junto à tribuna, completou a promessa: «Se o filho melhorar será ele o imperador». [...] Conclusão: «Vou ser devoto para São Luís e para o Divino Espírito Santo pró resto da minha vida, vou fazer a festa até o fim da vida» (excerto do diário de campo).

Já antes, os primórdios das festas do Divino na Casa Ilê Ashé Obá Izô — em 2005 — estavam também relacionados com uma devoção da mãe carnal de Pai Wender à qual ele deu continuidade. Segundo Seu Cravinho (em cima de Wender):

> a mãe dele [Wender], a finada Nilde, era festeira do Divino. Então, por isso, ela sempre botou os filho dela, como promessa para o Divino Espírito Santo [...] E Seu Wender, como sendo o mais caçula de todos, ela deu para o Divino Espírito Santo [...]. Aos, se não me engano, quatro anos de idade, ele foi mordomo régio, na casa de Jorge [...]. Mas ela chegou a falecer o ano seguinte, que era pra ele ser quê? Imperador. Então, ele nunca conseguiu sentar no trono como imperador e reinar [...]. [Mais tarde] as coisas começaram a aperrear, pro lado de Seu Wender: ele tem uma sobrinha chamada Rafaeli, e esta sobrinha ele deu pró Divino, como imperatriz de promessa, pra amenizar o lado dele, né? [...] Ele deu essa menina como imperatriz [...] na casa de Pai Jorge. [...] Ele [Wender] já tava com o terreiro aberto [mas] ele não fazia a festa: ele fazia a salva.

Mais tarde, a salva transformou-se em festa, e esta continua a ser apresentada por Pai Wender (ou Seu Cravinho) como ligada à promessa que sua mãe carnal — devota do Divino — fez quando ele era ainda criança.

Noutros terreiros, as festas do Divino surgem igualmente associadas a narrativas de origem que começam por as colocar num plano que é o da devoção católica. Por exemplo, Clemente Filho, pai de santo do Terreiro de Mina Jardim da Encantaria, relaciona a festa do Divino iniciada por seu pai em 1960 com uma devoção que sua mãe carnal «carregava»:

Aqui tem uma história assim. Que [...] minha vó engravidou. Ela teve uma gravidez muito difícil, uma barriga muito grande. Todo mundo dizia [...] que era duas crianças, né? Que ela tinha muito medo de morrer de parto, minha vó. Então... [...] aqui no interior sempre tem aquelas mulheres [caixeiras] que tiram joias. Um dia passou [a coroa], então ela era muito emotiva, ela chorava. Aí deixaram a coroa na casa da minha vó. Aí, ela sozinha, pegou a coroa, botou em cima da barriga, que era enorme. E ela pediu, que se ela tivesse um bom parto [...] e a filha nascesse com saúde, ela daria a minha mãe pro Espírito Santo e colocaria o nome da minha mãe de Maria do Espírito Santo, aí passou, ela teve a dor... Sozinha... Que quando a parteira chegou ela já tinha tido a menina e tava do lado chorando. Aí ela colocou o nome da minha mãe de Maria do Espírito Santo. E dizem [...] que tem muita ligação com isso. Entendeu? Que a festa na verdade era [...] devido [ao facto] de minha mãe ter sido dada pro Divino, né? Na barriga ainda...

Devoção católica e obrigação da mina

Simultaneamente a estas narrativas católicas, as festas do Divino surgem articuladas com narrativas de origem afrorreligiosa, que as relacionam com um pedido feito por uma divindade ou entidade espiritual do tambor de mina ou as apresentam com uma obrigação do pai ou da mãe de santo para com essa divindade ou entidade.

Este aspeto tem sido sublinhado em alguns estudos sobre festas do Divino em São Luís. Relativamente à Casa das Minas, por exemplo, Sérgio Ferretti sublinhou o modo como as festas do Divino são uma forma de homenagear Noché Sepazim, vodum da família de Davice (2009 [1985]: 107, 170–171, 1995: 168). Cláudia Gouveia também sublinhou o modo como, no Terreiro Fé em Deus, a festa do Divino — uma festa do Divino «e/com» Santana — possui uma relação forte com Vó Missã e com outras entidades espirituais do terreiro, com destaque para Surrupirinha([103]). Segundo Dona Roxa, dançante da casa,

---

([103]) Para um maior desenvolvimento do tema, ver C. Gouveia (1997: 48, 70–74).

[Dona Elzita no início] escutou a Vó Missã, devido ela ser a dona da festa [...]. Então, a festa, ela é cultuada a Vó Missã devido ter sido ela quem começou. [...] [Mas] o mais importante é Surrupirinha, que é o dono da casa. E a [Princesa] Doralice. É. Eles, eles é quem mandam, agora.

Essa articulação entre festas do Divino e entidades do tambor de mina reencontra-se em muitos outros terreiros, como sublinharam Rosário Santos e Manoel Neto (1989) ou Sérgio Ferretti (1999a). Por exemplo, na Casa de Nagô — cuja importância no desenvolvimento histórico do tambor de mina foi anteriormente sublinhada —, a festa do Divino relaciona-se com «Averequete, sincretizado com São Benedito» (Sousa 2009: 57) e é também uma obrigação para Dona Servana, uma princesa (Sousa 2009: 59; cf. também Cardoso Jr. 2001: 119). Do mesmo modo, no Terreiro de Mina Jardim da Encantaria, embora hoje em dia seja mais relevante o papel de Averequete (em cima de Pai Clemente Filho) na festa do Divino, esta nasceu e mantém-se como uma obrigação para o caboclo João da Mata (também conhecido como Rei da Bandeira). Na Tenda Umbandista de Santo Onofre (Igaraú), por fim, a festa é uma obrigação para Palha Velha ou, como também é conhecido, Rei Palha Velha.

É esta vinculação entre festas do Divino e entidades afro--brasileiras que permite explicar um grande número de «festas do Divino e/com». O santo (ou santa ou invocação de Nossa Senhora) em cujo dia a festa se realiza é geralmente o santo que «sincretiza» com a entidade que pediu a festa ou sob o signo da qual ela se realiza([104]). É este o caso do Terreiro Fé em Deus, onde a festa, embora conceda hoje maior protagonismo a Surrupirinha, também homenageia Vó Missã, o vodum feminino de origem jeje que «sincretiza» com Santana. E é também o que se passa com as festas do Divino «e/com» São Luís da Casa de Iemanjá e da Casa Ilê Ashé Obá Izô. Estas, ao mesmo tempo que louvam a São Luís, são também uma obrigação para D. Luís,

---

([104]) «Sincretiza» é a expressão *emic* usada para designar a analogia ou equivalência estabelecida entre entidades espirituais do tambor de mina e santos católicos (ou santas ou invocações de Nossa Senhora).

um dos principais nobres de origem europeia que baixa no tambor de mina.

As festas do Divino podem, pois, ser vistas como um ritual em que a devoção católica se cruza com a «obrigação» afrorreligiosa. Essa referência afrorreligiosa é muitas vezes dada nas narrativas de origem das festas. Pai Clemente Filho, por exemplo, ao mesmo tempo que situa a origem da festa do Terreiro de Mina Jardim da Encantaria numa devoção que sua mãe carregava, sublinha também o modo como só com a intervenção de João da Mata — que tomou conta da festa — esta começou a ser realizada. Da mesma forma, a narrativa de origem da festa do Divino na Casa Ilê Ashé Obá Izô, ao mesmo tempo que envolve uma referência à devoção católica da mãe carnal de Pai Wender, faz também intervir D. Luís.

Em suma, as festas do Divino configuram-se simultaneamente como uma devoção católica e como uma obrigação afrorreligiosa e, tal como outras obrigações dos terreiros de tambor de mina, fazem parte do conjunto de deveres rituais do terreiro — em particular do seu pai ou mãe de santo — relativamente a uma das suas entidades principais.

Esta obrigação é muitas vezes apresentada num vocabulário católico, uma vez que a realização da festa pode resultar de uma «devoção» da entidade afrorreligiosa. Aqui é importante relembrar o modo como está organizado o panteão do tambor de mina. Como foi referido, as divindades e entidades afro-brasileiras estão organizadas tendencialmente de modo hierárquico: os voduns e orixás situam-se no topo da hierarquia, depois vêm os nobres e princesas e por fim os caboclos. Quanto aos turcos, ocupam uma posição instável entre os nobres e os caboclos. Simultaneamente, esta hierarquia das divindades e entidades espirituais afrorreligiosas é posta em relação, em muitos terreiros, com a hierarquia das divindades e entidades espirituais católicas. No topo situar-se-ia Deus, depois viriam os santos (e santas ou invocações de Nossa Senhora) — considerados mais «puros» — e só depois vêm as divindades e entidades espirituais afro-brasileiras — situadas mais perto do mundo dos «pecadores». Seria nesse quadro hierárquico — que coloca as entidades da mina em posição subordinada às entidades católicas — que seria possível entender a devoção de entidades afro-brasileiras em relação ao Divino Espírito Santo, visto como Deus («Espírito Santo é Deus», não se cansam de repetir as caixeiras).

É o que se passa, de acordo com Sérgio Ferretti, na Casa das Minas, onde se acredita que, «acima de tudo, há um Deus Superior, a que chamam Avievodum ou Evovodum, identificado com o Divino Espírito Santo da doutrina católica» (2009 [1985]: 90). É porque Noché Sepazim adora o Divino (2009 [1985]: 106) que se realiza a festa do Divino, apresentada como uma «devoção» dessa vodum (2009 [1985]: 170). A mesma relação de subordinação — tematizada em termos de devoção — aplicar-se-ia também à relação entre voduns e santos. Como foi explicado a Sérgio Ferretti na Casa das Minas, «cada vodum tem devoção a um santo. Por isso, o povo diz que o vodum e o santo são um só mas não são. O santo é um e o vodum é outro [...]. Os santos são mais puros e são adorados pelos voduns» (2009 [1985]: 92–93) ([105]).

Noutras casas, encontramos ideias similares. Por exemplo, para Pai Clemente Filho, se a festa do Divino está relacionada

---

([105]) Outros autores sublinharam este ponto. Segundo Maria Amália Barretto, no tambor de mina, «a relação entre os voduns e os santos é estabelecida a partir de uma relação de "adoração" dos primeiros para com os segundos» (1987: 180). A mesma autora, citando Mãe Dudu, da Casa de Nagô, refere que, para ela, «os voduns também têm a sua adoração, os santos católicos sendo apreciados, admirados, queridos pelos voduns» (1987: 6). Mundicarmo Ferretti também refere que «na mina maranhense [...] cada vodum é devoto ou "adora" um santo católico e as vodunsi (filhas de santo) têm obrigação de reverenciá-los (a fim de agradar sua entidade espiritual). Os gentis (fidalgos identificados com orixás) têm também "santos de adoração", e suas festas costumam ser realizadas nos dias daqueles santos no calendário católico» (2000: 107). Segundo esta autora, «a relação dos encantados caboclos com o catolicismo não é tão harmoniosa quanto dos voduns e gentis. Alguns caboclos não têm santo de devoção. Outros, como Jaguarema [caboclo que baixa em Pai Euclides] zombam da fé depositada pelos "mineiros" em "santo de pau" e "de massa", que não saem nem dos altares, e recusam-se a rezar ladainhas, acompanhar procissões, etc., ou apresentam-se como não cristãos» (2000: 107). Para uma apresentação das mesmas ideias para o batuque de Belém (Pará), cuja origem é o tambor de mina de São Luís, ver Leacock & Leacock (1975: 51–92).

com João da Mata é porque João da Mata é «devoto do Divino». Pai Wender não é tão categórico, mas admite que a entidade relacionada com a festa — no caso, D. Luís — tem uma devoção pelo Divino:

> Creio que sim. Porque ele [D. Luís] tá [...] dentro desse contexto todo. Creio que sim, porque se ele recebe a missa, se ele vem a receber uma cerimónia, é sinal que ele tem alguma devoção por aquela questão, né? E isso, no tambor de mina, é muito marcado: as entidades ter devoção a santos católico.

Outros pais de santo não são tão assertivos e preferem falar mais genericamente de «simpatia» das entidades do tambor de mina para com o Divino. É o caso de Pai Euclides, com quem tive uma conversa em que essa categoria começou por ser empregue inicialmente (em alternativa a devoção), mas que terminou de uma forma menos concludente em relação a esse ponto:

> [De acordo com Pai Euclides] vodum não pode ter devoção por santo, porque um é africano e outro é católico. Pode ter uma afinidade, uma simpatia. [...] Quanto ao Divino: o vodum pode simpatizar com a festa e [...] em alguns casos pode pedir a festa [...]. Ainda quanto ao Divino, Avievodum é o Espírito Santo do povo jeje, que também é equivalente a Fá ou Ifá. Então, perguntei eu: se vodum é devoto de Ifá ou de Avievodum, não pode ser devoto do Espírito Santo, que equivale a essas divindades e que é Deus (citei as caixeiras a esse propósito)? Resposta dele: é, pode ser... (excerto do diário de campo).([106])

Finalmente, algumas pessoas do circuito afrorreligioso de São Luís são a este respeito um pouco mais prosaicas: se a entidade que pede a festa é, em muitos casos, a entidade dona da casa, é porque nada pode ser feito na casa sem a sua intervenção. A festa do Divino não seria exceção e, para que possa ter lugar,

---

([106]) Esta oscilação entre devoção e simpatia reencontra-se também no modo como Pai Euclides referiu a Maria Amália Barretto a relação entre Xangô e São João: «Xangô "adora" ou *tem predilecção* por São João, no dizer do próprio Pai Euclides» (1987: 75; os itálicos são meus).

é necessário uma espécie de «acordo espiritual» da entidade, tematizado pelas pessoas ora como um pedido que a entidade faz ao pai ou à mãe de santo — por devoção com o Divino ou por simpatia com o Divino e a festa — ora como uma obrigação que o pai ou a mãe de santo tem para com essa entidade espiritual. Em São Luís — como no Maranhão todo —, é muito importante a noção de «dono da festa» (por exemplo, Prado 2007 [1976]: 55-58). No caso dos terreiros de tambor de mina que promovem festas do Divino, essa noção aplica-se tanto às pessoas que bancam os impérios — porque, sem elas, não haveria festa — como, sobretudo, aos pais e mães de santo. Sem o seu envolvimento, elas não teriam também lugar. Mas, para além de donos «humanos», as festas têm os seus «donos espirituais»: o Divino Espírito Santo, claro, e, nas festas «e/com», o santo (ou santa, ou a invocação de Nossa Senhora). A festa não é só para elas, é delas. Como escreveu Carlos Rodrigues Brandão acerca das danças de São Gonçalo em Minas Gerais:

> os participantes da dança são estes [promesseiros e outros participantes] e *outros sujeitos [os santos e deuses invocados no São Gonçalo] também*. O fato de que sejam sobrenaturais e presentes no local da festa através das falas e das crenças dos seus participantes, não os deve excluir do nosso estudo, mesmo porque, nestas mesmas falas e crenças, *eles são aqueles a quem, em última instância, se dirigem todos os atos de devoção* (C. R. Brandão 1981: 89; itálicos meus).

Aquilo que o envolvimento das entidades afrorreligiosas na festa do Divino põe em evidência é o modo como entre os «donos espirituais» da festa estão também as entidades espirituais do tambor de mina. Por outras palavras, as festas do Divino não só articulam — como tendencialmente acontece com qualquer festa religiosa — «donos humanos» e «donos espirituais», como entre os seus «donos espirituais» estão — para além do Divino, que é o dono da festa «em última instância» — outras entidades católicas e ainda as entidades da mina que pediram a festa e a quem esta é também dedicada([107]).

([107]) Cf. Leal (2105b) para um aprofundamento deste ponto.

As cores da festa

Em consequência desta articulação «fundadora» entre festas do Divino e entidades espirituais do tambor de mina, estas têm — como qualquer dono da festa não divino — uma intervenção importante na definição de alguns aspetos do *script* ritual da festa. Essa intervenção é particularmente relevante na definição — variável de ano para ano — da cor da festa (também conhecida por marcação). Esta escolha é de grande importância. É a partir dela que devem ser confecionados os trajes dos impérios, e dela dependem também a decoração da tribuna e do salão em que esta é montada, e, muitas vezes, a definição da cor da mesa de bolos e lembranças da casa.

Por vezes não são dadas justificações muito elaboradas para a escolha de tal ou tal cor, mas essa escolha pode, noutros casos, resultar da intervenção dos encantados relacionados com a festa. É o que passa no Terreiro de Mina Jardim da Encantaria, onde a cor do festejo do ano seguinte é dada «na hora de fechar a tribuna. Na hora de fechar a tribuna eles [os encantados] vêm dar a cor do ano seguinte». É também o que se passa no Terreiro Fé em Deus. Aí a cor pode ser revelada na quarta-feira de Cinzas, durante o tambor de senhoras que se realiza nesse dia. Ou então, segundo Dona Roxa, pode ter lugar durante a bancada:

> Eu geralmente, às vezes, [...] percebo [qual é a cor] pela bancada, até porque pela bancada a gente tira a cor da tribuna. Se eles [os encantados] pedirem, por exemplo, esse ano, a saia do dia da bancada. [...] A saia é cor-de-rosa, então já se sabe que a tribuna vai ser cor-de-rosa. Aí a gente já vai idealizando mais ou menos quem vem, porque vai puxar na corrente das rosas, entendeu? ([108])

([108]) Segundo Cláudia Gouveia, a escolha da cor pode também ocorrer durante a abertura da tribuna, que, no Terreiro Fé em Deus, se realiza no domingo de Páscoa: «Nesse dia, Dona Elzita incorpora Surrupirinha e este ordena como deve ser a festa nesse ano: cores das roupas, enfeitos da tribuna, etc.» (1997: 75).

Em qualquer dos casos, a marcação está relacionada, no Terreiro Fé em Deus, com as entidades específicas que em cada ano regem a festa. De facto, a festa do Divino, ao mesmo tempo que é aí referenciada a Vó Missã e a Surrupirinha, envolve, em cada ano, diferentes correntes de entidades. Por exemplo, em 2012, a festa colocou-se sob o signo da corrente astral, com destaque para o Rei Sol. Noutros anos, são outras as entidades que regem a festa. Segundo Dona Roxa, «tem ano em que [...] foi rei D. Sebastião, no ano que foi Sussurrupira, no ano que foi D. João, é, Averequete». Já em 2014, quem reinou na festa foram as princesas:

> várias princesas, várias rainhas estavam reinando na festa [...]. [Nesse ano estava] Doralice, ela estava, porque ela mora lá naquela casa, não é? Mas tinha várias, tinha a rainha Madalena, tinha a rainha Rosa, tinha a rainha Cotinha [...]. Então, tinha várias princesas e rainhas reinando.

Noutros casos, embora me tenha sido dito que não havia intervenção direta das entidades afrorreligiosas na escolha da marcação, esta depende também de critérios religiosos. É o que se passa, segundo Bona Bidoca, na Casa de Iemanjá:

> Aqui a gente decide muito assim, a cúpula da casa, eles veem quantos anos fazem, veem a entidade que está regendo esse ano e a gente faz assim, conversa com todos eles e vê a cor que vai sair esse ano.

Na Casa Ilê Ashé Obá Izô, segundo Seu Cravinho, é também outra — um pouco mais laica — a lógica de escolha das cores:

> Na verdade, isso é jogado de acordo com as entidades-chefe da casa, né? A casa é regida por Xangô, uma entidade africana, e Iansã. [...] De acordo com essas entidades, Seu Wender, como sacerdote, ele vai ver qual é o ano seguinte que vem influenciar a cor da festa, para não ter repetição. Mas não é como se fosse obrigação, é uma coisa mais associada no sincretismo dele, certo?

Para além da escolha da marcação, a intervenção da entidade «dona da festa» pode estender-se a outros domínios. Pai Clemente Filho, que durante muitos anos foi o coordenador da festa do Divino no Terreiro de Mina Jardim da Encantaria, recebeu esse encargo de João da Mata (em cima de seu pai) e partilhava com ele as decisões sobre a festa:

> Aí, quando eu tinha 14 anos o João da Mata me chamou, na hora de fechar a tribuna. Aí ele me chamou e disse: «Então, a partir de hoje, quem vai coordenar a festa é você». Aí eu coordenava a festa, desde essa idade de 14 anos. Pra cá quem faz tudo sou eu, todos os serviços, todas as coisas [...] Aí então tudo quem organizava era eu [...]. Escolhia devoto, filho de santo, amigo. Aí ele pedia. [Mas] eu é que coordenava tudo.

Sublinhei anteriormente que as festas do Divino seguem um *script* ritual que — salvo algumas exceções — tem uma certa regularidade. Isso não impede variações e inovações em alguns dos seus aspectos, tanto em relação a datas como a alguns segmentos rituais precisos das festas. Muitas dessas variações e inovações são justificadas com base em decisões do pai ou mãe de santo (ou da pessoa que, em seu nome, coordena a festa). Mas há casos em que elas resultam também de indicações dadas pela entidade espiritual «dona da festa».

Por exemplo, em 2014, na festa do Divino do Terreiro Fé em Deus, foi montada uma mesa com coroas. De acordo com Dona Roxa:

> eu cheguei, eu encontrei aquela mesa ali. A princesa Doralice [em cima de Dona Elzita] tinha chegado e já pedido que colocasse aquilo ali. Porque várias princesas, várias rainhas estavam reinando na festa [...]. Então, pra cada entidade ela colocou uma coroa, que estava reinando na festa, porque lá, a nossa festa, é uma festa bonita e difícil de entender. Porque a nossa festa não é comandada pelo povo desta terra, é comandada por entidades. Então que eles vêm e diz [...] Aí tem que ser, porque é a entidade que pediu, não é a gente que escolhe. [...] Então, é, são entidades que chegam e dá as ordens do que quer.

Também em 2014, a festa do Divino da Casa Ilê Ashé Obá Izô, para além de comemorar dez anos da fundação, tinha como imperador — como referi— o filho carnal de Pai Wender. A festa caracterizou-se, como consequência, por algumas diferenças em relação a festas de anos anteriores. Algumas dessas diferenças foram-me justamente apresentadas como decorrendo de «determinações» das entidades.

Promessas e entidades

As divindades e entidades espirituais do tambor de mina podem também estar na origem do desempenho de alguns cargos rituais associados às festas, designadamente os relacionados com os impérios.

Como referi, em quase todos os terreiros, as filhas e filhos de santo bancam alguns desses cargos. Essa participação na festa pode resultar de uma promessa ou de uma devoção genérica para com o Divino. É o que se passa — para dar apenas um exemplo — com Dona Roxa:

> Eu acho que eu sou devota do Divino. [...] Eu, desde criança, eu sempre tive aquela invocação com a pomba do Divino. Eu não entendia nem o que era, mas eu sempre fui com a cara. Depois que eu passei a entender o que é a festa, aí eu tenho aquilo como uma devoção e gosto, e quando meu filho cresce, eu fico com pena, porque eu não posso mais botar na festa, entendeu? [...] Aí eu vou pegando sobrinho, vou botando, assim é que é. Eu já botei tudo na festa. Tudo já tão ficando moço... agora só o menino que eu tou criando. [Mas] eu não sou muito de fazer promessa. [...] Faço o meu pedido, mas promessa não sou muito de fazer não [...].([109])

([109]) Numa segunda entrevista, fiquei entretanto sabendo que, em 2016, Dona Roxa iria bancar uma rainha de promessa no Terreiro Fé em Deus, por conta de uma promessa para Santana relacionada com uma sobrinha de cinco anos que se pensou que tivesse leucemia (afinal era anemia): «se encontrassem um remédio que permitisse que ela ficasse bem...». Já antes uma das filhas de Dona Roxa foi sentada na festa por

A devoção e as promessas ao Divino Espírito Santo das filhas e filhos de santo parecem ter tido de resto um papel histórico de relevo no desenvolvimento de algumas festas de terreiros importantes de São Luís. Seria esse, segundo Rosário Santos e Manoel Neto, o caso da festa do Divino da Casa de Nagô. Depois das primeiras festas, em 1920, a festa do Divino foi interrompida, mas,

> Durante a chefia de D. Honorina Pinheiro, apareceu uma [...] senhora da casa, Dona Noêmia Fragoso, pedindo permissão para pagar uma promessa. Uma das antigas mineiras interpelou dizendo: «Se é em nome de Xangô (dono da casa) está concedida, só que não temos as coisas da festa». De pronto a senhora se comprometeu com tudo (Santos & Neto 1989: 85).

Como consequência, a festa foi retomada e «viveu na década de 60 [...] seus grandes momentos, com o impulso de todas as dançantes da casa» (Santos & Neto 1989: 85). No Terreiro da Turquia (um terreiro histórico de São Luís, cujo zelador, após a morte da fundadora, foi Pai Euclides), a festa do Divino «e/com» Santana foi também interrompida, por decisão da mãe de santo, em 1942. Todavia, com o decorrer dos anos, a festa do Divino voltou a integrar o calendário do terreiro, através de promessas de filhas de santo de Mãe Anastácia, «as quais pediam que a festa se desse no terreiro, muitas vezes por não terem espaço suficiente em suas casas. E isto acontece até hoje» (Santos & Neto 1989: 61) ([110]).

Simultaneamente, bancar os impérios pode ser também o resultado de um pedido de uma das entidades espirituais das dançantes. É o que se passa no Terreiro Fé em Deus, onde a maioria dos cargos dos impérios é bancada, segundo Dona Roxa, por filhas de santo da casa: «Geralmente, as de casa, geralmente

---

conta de uma promessa do marido: «O meu marido fez uma promessa com a minha filha, pagar com 15 anos, né? Aí, com quinze anos não deu certo, porque a dona da festa, a mãe dela faleceu. Ela já foi pagar com 17».

([110]) Rosário Santos e Manoel Neto escrevem em 1989. Atualmente, já não se realiza festa do Divino no Terreiro da Turquia.

é pedido de encantado». Em muitos outros terreiros, é também isso que acontece. Na Casa Ilê Ashé Obá Izô, segundo Pai Wender, é

> o encantado que pede [os impérios], às vezes tá vendo que a casa não tem condição de bancar [...], e pegam aquela criança e botam como referência ao Divino Espírito Santo pra ajudar o pai da casa ou a própria casa.

Embora talvez com menos frequência, pessoas de fora da casa que bancam os impérios também o fazem com referência ao pedido de algum encantado. Por exemplo, segundo Pai Clemente Filho, em 2014, no Terreiro de Mina Jardim da Encantaria,

> a cadeira de mordomo régio foi entregue pra um casal, né? [...] É um amigo meu de infância, né? Ele e a mulher dele. Que são os donos da cadeira. São os promesseiros da cadeira [...]. Foi pedido. Eles tinham uma cabocla que foi quem pediu pra eles. [Foi ela] que deu a cadeira pra eles.

Por vezes, promessa e encantado misturam-se, seja porque a primeira é apresentada como uma promessa para o encantado (ou em que o encantado surge também de alguma forma) seja porque a promessa para o Divino pode ter alguma referência simultânea ao encantado.

Esta imbricação entre Divino e encantados resulta por vezes de uma negociação em que uma pessoa troca a sua dedicação ritual a um encantado, que a reclama como sua pela devoção ao Divino — geralmente para toda a vida. O envolvimento da mãe carnal de Pai Wender com a festa do Divino resulta de uma troca dessas. Segundo Seu Cravinho (em cima de Pai Wender), a mãe de Wender «também era da entidade chamada António Luís Corre Beirada. Só que, pra ela não poder dançar tambor, [...] ela acabava dando os filho dela em obrigação ao Divino Espírito Santo».

Uma negociação idêntica, envolvendo Divino e mina, foi-me também contada por Pai Wender a propósito de uma das suas dançantes:

a filha [carnal] dela teve umas convulsões, estava com umas
coisas que fez exame, fez tomografia, fez tudo e o médico não
achou nada, disse que era normal, esse normal é pra medicina
[mas não] pra espiritualidade [...]. [Aí] foi combinado com
a mãe, que é dançante, que ela botasse a filha dela imperatriz
de promessa pra minimizar o trânsito, para não piorar nesse
momento, até ela completar uma certa idade e saber o que
vai querer da vida dela. Então é tipo assim, desde que ela
apontou a filha pra ser imperatriz de promessa, parou de ter
esses desmaios, essas cenas, essas coisas que estavam acontecendo
diariamente [...] A menina parou, vai um ano que não
tem nada, então esse ano ela quer entregar a menina pró
Divino Espírito Santo, fazer essa promessa, também pras entidades
deixar completar a idade pra ela poder saber o que ela
quiser da vida dela.

Uma das mais importantes caixeiras régias de São Luís, Dona
Luzia, apresenta também a sua vida inteira de dedicação à caixa
como resultado de uma troca dessas. Como ela me disse,

eu fiz um pedido. Minha vó era a melhor curandeira do mundo.
Era parteira, era curandeira. Quando morreu, todo mundo
dizia que eu ia curar [...]. Eu nunca quis [...] Depois, começou
a me atingir umas coisas e eu fui lá na casa [de um curador].
[...] Ele me fez um banho, mandou eu me banhar e de noite
ver o que eu sonhava. Aí eu me banhei e sonhei com encanto.
[...] [Depois] eu fui e disse para Seu Mundico [o nome do
curador] o que eu tinha visto depois no sonho... Aí ele disse:
[...] você é de nascença e você tem que escolher aonde você
fica, porque a força de sua linha é mais em Cura. Aí eu
disse: eu posso pedir uma coisa pra ele [para o encantado]?
Aí ele [Seu Mundico] disse que podia. Então você chame ele
que eu me ajoelho e peço o que eu quero. Aí eu me ajoelhei
e pedi e disse que eu queria tocar caixa, mas não queria curar
e nem dançar tambor. Esse é que é meu negócio. Ele podia
me dar força na caixa, mas curar e dançar tambor eu não
queria!

Na mesma entrevista, o encantado em questão foi identificado
por Dona Luzia como sendo D. Luís: «A obrigação que eu
tenho é de tocar caixa pra ele. E de vez em quando ele manda

eu acender uma luz pra ele, aí acendo, mas não tenho obrigação de dançar.»

O caso de Dona Luzia não é um caso isolado. Segundo Cláudia Gouveia, a par de muitas caixeiras que tocam por devoção ao Divino — por vezes oferecidas pelos pais em promessa —, algumas combinam também Divino com mina: «são filhas de santo e tocam caixa como parte da obrigação para alguma entidade» (2001: 85). Algumas «são também dançantes do tambor de mina [e] podem incorporar suas entidades "devotas" do Divino no momento de uma das etapas da festa, quase sempre no dia da abertura da tribuna ou do fechamento da mesma» (2001: 85).

As entidades na festa do Divino

É possível, pois, falar de um vínculo significativo entre as festas do Divino e as entidades do tambor de mina, com particular relevo para o papel que estas têm na sua cooptação pelos terreiros. Em consequência da sua intervenção fundadora, as entidades da mina associadas à festa podem também fazer-se presentes em certos momentos rituais da festa do Divino.

Em alguns terreiros, o ponto alto dessa presença das entidades nas festas do Divino acontece sobretudo quando, depois da missa da festa, o cortejo com a coroa e outros símbolos do Divino chega no terreiro. Se, em alguns casos, são o pai ou a mãe de santo que recebem o cortejo e é a eles que é entregue a coroa (ou o pombo ou a imagem do santo), em muitos outros é a entidade espiritual ligada à festa que, em cima do pai ou mãe de santo, recebe esses símbolos. Segundo algumas pessoas, essa prática ter-se-ia iniciado na Casa de Nagô, mas hoje é possível encontrá-la em vários terreiros de São Luís. É o que se passa na Casa de Iemanjá, onde, em vida de Pai Jorge, sua esposa recebia a coroa, e era D. Luís (em cima de Pai Jorge) que recebia a imagem de São Luís. Depois da morte de Pai Jorge, esse ritual se manteve, mas a entidade que passou a receber a coroa foi Toy Agongono, o vodum de Mãe Florência, a mãe de santo que sucedeu a Pai Jorge, entretanto também ela falecida.

Tendo feito grande parte do seu percurso afrorreligioso na casa de Pai Jorge — de quem era filho de santo —, Pai Wender também adotou essa ritualística na Casa Ilê Ashé Obá Izô. Como na casa de Pai Jorge, é também D. Luís (em cima de Pai Wender) que recebe a coroa.

Noutras casas, a entidade que recebe a coroa pode variar de ano para ano. Por exemplo, no Terreiro de Mina Jardim da Encantaria, é geralmente Averequete (em cima de Pai Clemente Filho) que recebe a coroa. Mas, segundo Pai Clemente Filho,

> ano passado [...] eu dediquei a festa a Oxum. Cada ano [...] geralmente através da cor, a gente homenageia um orixá da casa, um vodum da casa. E o ano passado quem veio foi a minha senhora. Porque a festa foi toda direcionada pra ela. [E] foi ela [que recebeu a coroa].

Por vezes, a entidade que recebe a coroa faz-se acompanhar de outras entidades da mesma família. É o que acontece na casa Ilê Ashé Obá Izô:

> Pai Wender [incorporando D. Luís] esperava à porta, em transe, e duas filhas de santo [incorporando D. Henrique e Flor-de-Lis] também estavam em transe. [...] Tanto D. Luís como as outras entidades receberam as toalhas, e pouco depois foi dado um outro rosário a D. Luís. A seguir foi entregue o pombo a D. Luís e depois a imagem de São Luís. A coroa continuou com a imperatriz. De seguida, D. Luís e as outras entidades entraram de costas no terreiro, seguidos dos impérios e das caixeiras. [...] À chegada à tribuna — com PW e as filhas de santo sempre incorporando —, as caixeiras entoavam cantos que misturavam Divino Espírito Santo e São Luís, e D. Luís colocou sucessivamente o pombo e São Luís na tribuna, sendo--lhe dada de seguida a coroa, que ele colocou também na tribuna. Nesta fase, D. Luís usava já um cajado e, depois de completar a cerimónia, ele e as outras entidades ficaram no quarto contíguo ao salão [...]. Enquanto os impérios eram sentados e depois lancharam, deslocaram-se os três para o pátio de baixo, onde se sentaram e foram cumprimentados pelos restantes filhos de santo [...]. Entretanto foi servido o

lanche cá fora — no pátio estava montado um toldo grande —, e Dom Luís e as duas outras entidades subiram depois para a sala de entrada onde está o altar e continuaram a ser cumprimentados. Fiz o mesmo, fotografei os bolos e, tendo saído para fumar, estava PW ainda incorporado a dar instruções — como dono espiritual da festa — [...] a todos os filhos de santo e amigos da casa que ali estavam (excerto do diário de campo referente à festa do Divino de 2012).

Algumas casas, inclusivamente, acompanham o ritual de chegada da coroa da missa com um toque breve de tambor de mina. Esta prática parece ter tido início na Casa de Iemanjá, mas também foi adotada — em 2014 — na Casa Ilê Ashé Obá Izô. Eis como descrevi o ritual tal como se realizou em 2013, na Casa de Iemanjá:

> À chegada [estavam] Dona Bidoca e [...] Dona Dedé e Dona Florência [uma dançante e a então mãe de santo da casa]. Foi solto um pombo, que pousou primeiro no ombro de Dona Dedé e depois entrou para a sala onde estava a tribuna, refugiando-se junto à imagem de um santo. [...] Entretanto, Dona Florência tinha colocado uma toalha à altura do peito e pouco depois incorporava. Foi então que começou lá dentro da sala — onde dois tambores estavam instalados em frente [à tribuna] — o toque: um imbarabô relativamente breve durante o qual Dona Dedé recebeu o pombo, e o encantado de Dona Florência a coroa. Quando os impérios entraram, estavam preparadas duas cadeiras em frente à tribuna, e, enquanto as caixeiras colocavam as crianças na tribuna, o encantado de Dona Florência — [...] o vodum Toy Agongono — e D. Lauro das Mercês [outro encantado] sentaram-se lá. Depois vários presentes foram cumprimentá-los [enquanto as caixeiras retomavam os seus cantos] (excerto do diário de campo).

Do mesmo modo, em alguns terreiros, a entidade «dona da festa» — ou entidades da sua família — pode também baixar na abertura ou no encerramento da tribuna. É o que se passa, mais uma vez, na Casa Ilê Ashé Obá Izô, onde D. Henrique e Flor-de-Lis (em cima de duas dançantes da casa) se associam usualmente ao ritual.

É também frequente a associação do bolo da casa à entidade dona da festa. Por exemplo, na festa do Divino de 2014 do Terreiro Fé em Deus, na mesa do bolo da casa estavam pequenas estatuetas em plástico representando Iemanjá, que, nesse ano — por conta da forte presença da corrente das princesas —, tinha um papel importante na festa.

Finalmente, em alguns casos, as próprias crianças — sem que o saibam — podem representar durante a festa alguma entidade espiritual. É o que acontece na Casa de Iemanjá, onde o imperador representa D. Luís, e a imperatriz a sua esposa. Quanto aos mordomos, aias e vassalos, reinam também «em nome de D. Luís» (J. I. Oliveira 1989: 39). É o que se passa no terreiro Fé em Deus. Aí, por um lado, algumas das crianças dos impérios representam figuras católicas. Como a festa é também para Santana, e, como «Santana é mãe de Nossa Senhora e avó de Jesus», a rainha representa Nossa Senhora, e o rei representa Jesus. Mas, simultaneamente, os impérios — também conhecidos pela designação de «reinado» — representam as entidades, particularmente princesas e entidades nobres: segundo Dona Elzita (citada por Cláudia Gouveia 1997: 48), «são elas que se sentam no trono». Assim, segundo Dona Roxa:

> Geralmente é imperador e vassalo [que representam entidades]. Esse ano eu não sei quem tava no vassalo. Mas o rei, o rei ele sempre representa alguém, é como a rainha. A rainha também sempre representa alguém. Alguma entidade. [...] [Mas a criança] não [sabe]. [...] Agora, às vezes, é, assim quando é uma corrente muito forte, a criança passa mal. E no caso de Carol [a rainha da festa desse ano], [...] ela passou mal, quase morreu, desmaiou. [...] Como no ano que a Chica [outra dançante da casa] [...] botou a menina dela [...]. Quem tava reinando era a rainha Dina, mas [a menina] também passou mal, passou mal, ela e Chica. [...] É assim, às vezes, a corrente é muito forte, a bala, às vezes a criança é um médium também.

Mas é sobretudo na festa do Divino da Associação Tenda Umbandista de Santo Onofre (Igaraú) que esta conexão entre entidades e impérios é mais forte. Aí a festa é realizada — como vimos — a pedido de Palha Velha (ou Rei Palha Velha), um dos donos da casa. Só que, comparativamente com outros terreiros de mina, Palha Velha (em cima de Pai Edmilson) tem um vínculo muito mais estruturante com os festejos. Ele está presente de uma forma constante e sistemática na festa: não apenas na abertura da tribuna ou na chegada dos impérios depois da missa, mas na totalidade dos segmentos rituais que integram a festa. As próprias caixeiras, ao longo da festa, junto com o Divino, saúdam e homenageiam também Rei Palha Velha.

Na festa de Pai Edmilson, o dono da festa «nesta terra» — o pai de santo — apaga-se perante o dono da festa «na terra dos encantados». Se isso acontece, é porque a festa é ela própria uma encenação «na terra» do que se passa «no mundo dos encantados». Como referi, na festa de Pai Edmilson, os impérios dão lugar a uma corte imperial composta por 50 a 60 crianças. Esta corte é uma representação da corte imperial da própria entidade «lá no reino dele». Essa corte subdivide-se em corte de diamante, corte de ouro e corte da santidade. E, se as crianças que integram a corte da santidade representam entidades religiosas católicas — como Nossa Senhora de Fátima, Nossa Senhora da Conceição, São Cosme e Damião ou São Benedito —, já as cortes de diamante e de ouro são na sua totalidade integradas por crianças que representam entidades da mina ou da umbanda. Segundo Teresa de Légua (em cima de Pai Edmilson), «tem todos esse pessoal, que pertence pra este lado dele [de Palha Velha]. [...] Cada qual tem sua casa, cada qual tem seu reino. Mas [...] todos vêm na linha dele».

Essa conexão entre as crianças da corte imperial e as entidades que vêm na linha de Palha Velha torna-se particularmente evidente em dois momentos da festa: durante as «lutas de espadas» e, depois do encerramento da tribuna, no «arreio dos tronos». As lutas de espadas põem frente a frente Rei Palha Velha e diferentes entidades da sua corte imperial. Segundo Teresa de Légua, são uma representação do que se passa no «reino dele»: são «a demonstração como é a festa dele no universo. Universo que eu falo é aquilo que a gente não vê. Fica no universo. Pecador não vê». No seu decurso, Palha Velha, que defende a sua coroa — isto é, o seu primado sobre as restantes entidades que vêm na sua linha —, ganha sempre.

É entretanto no arreio dos tronos — no final da festa — que a inscrição da corte imperial no universo dos encantados se torna mais evidente. Primeiro, tem lugar o encerramento da tribuna, conduzido pelas caixeiras. Mas esta primeira parte do ritual é rápida e opera sobretudo como um preliminar para o verdadeiro encerramento dos festejos, através do arreio dos tronos. As caixeiras dão lugar aos abatazeiros, e toda a sequência — acompanhada por muitas filhas de santo vestidas de branco — decorre debaixo de toque de mina, com Pai Edmilson incorporando sucessivamente cada uma das entidades da corte imperial:

> Palha Velha baixou em seu Edmilson, e a cerimónia começou [...]. Seu Palha Velha começou pela corte de diamante, seguiu-se a de ouro, depois as crianças que ficavam sentadas em frente ao altar e finalmente a [corte da] santidade. Para cada personagem [uma entidade em cima de seu Edmilson] [...] puxava uma doutrina [expressão que designa os cânticos entoados durante um toque de tambor] e Dinalva [uma filha de santo] baixava a imagem colocada por cima de cada trono. Literalmente «arreava o trono». [...] Seu Edmilson ia incorporando à vez cada uma das entidades que as crianças representavam (excerto do diário de campo).

O mastro: estrutura e antiestrutura

Em muitos terreiros de tambor de mina, a presença das entidades espirituais da mina é também de grande importância no decurso do buscamento, do levantamento e do derrubamento do mastro. De facto, estes momentos rituais são marcados pela presença muito significativa de caboclos, em particular dos chamados caboclos farristas, tanto ligados ao terreiro que promove a festa como a outros terreiros.

Os caboclos farristas integram uma categoria especial de caboclos, caracterizada pelo seu comportamento hedonista e excessivo. Gostam de «farra», bebem muito, fumam e adotam falas e comportamentos marcados pelo excesso, que as filhas e filhos de santo, quando puros, jamais adotariam([111]). São justamente esses caboclos que em muitas festas surgem associados ao buscamento, ao levantamento e ao derrubamento do mastro, onde dão um contributo decisivo para colocar essas sequências rituais do lado do folguedo, da brincadeira e da transgressão. Ou, mais radicalmente — adaptando mais uma vez a terminologia proposta por Victor Turner (1969) —, do lado da antiestrutura — por oposição à orientação «estrutural» característica de outros segmentos rituais das festas do Divino, como a abertura e o encerramento da tribuna, marcados por um registo hierárquico e cerimonial.

Esta alternância entre estrutura e antiestrutura que caracteriza as festas do Divino é também central no tambor de mina, onde foi trabalhada por Daniel Halperin (1995). Segundo Halperin, os terreiros de mina de São Luís organizar-se-iam ao longo de um eixo que, num dos seus polos, colocaria «a ênfase na estrutura e no decoro cerimonial» (1995: 97) e, no polo oposto, valorizaria «uma violência ritual "selvagem" e caótica» (1995: 384)([112]). Esta oposição entre estrutura e antiestrutura

---

([111]) Os caboclos farristas foram descritos por Seth e Ruth Leacock na sua monografia sobre o batuque de Belém do Pará (Leacock & Leacock 1975: 66–67), que — como foi referido — não só tem a sua origem histórica no tambor de mina maranhense, como possui com ele inúmeras similitudes. Noutro artigo, Seth Leacock caracterizou do seguinte modo os caboclos farristas: «A sua natureza farrista expressa-se em comportamentos diversificados, incluindo uma marcada predileção por cantar, dançar, fumar cigarros, beber cachaça, fazer piadas [...], usar vestuário estranho e, em geral, comportar-se de um modo alegre e brincalhão. Eles são, de algum modo, a antítese mesma dos senhores, embora partilhem com estes o mesmo poder sobrenatural» (1964: 100).

([112]) Segundo Halperin (1995: 87), os terreiros tradicionais — entre eles a Casa das Minas, a Casa de Nagô, o Terreiro de Margarida Mota e a Casa Fanti-Ashanti — situar-se-iam do lado da estrutura e do decoro cerimonial, ao passo que as casas mais recentes e menos tradicionais — aquelas que Luis Nicolau Parés classifica como sendo de «mina de caboclo» (Parés 1997: 3) — situar-se-iam no polo da antiestrutura.

passaria por estilos de dança — mais ou menos rápida, dramática, expressiva ou ruidosa —, mas também pelo maior ou menor relevo de entidades espirituais caracterizadas por uma «força não domesticada» (1995: 367). Entre essas entidades — que são cultuadas no decurso de um tambor específico, conhecido pela designação tambor de borá (ou tambor de índio) — estariam os surrupiras, «entidades frenéticas, "meio-animais/meio-índios" [que] apresentam um contraste surpreendente com outras divindades do tambor de mina» (1995: 361).

Embora Halperin use esta oposição entre estrutura e antiestrutura para caracterizar, em termos de *continuum*, os terreiros de tambor de mina de São Luís, penso — como ele de alguma forma admite — que ela é fundamental na grande maioria dos terreiros de tambor de mina. Por outras palavras, o próprio tambor de mina oscila entre entidades e rituais que ora se colocam do lado da ordem e do decoro ritual ora se localizam do lado do excesso e da antiestrutura. No primeiro polo estão, por exemplo, entidades como os voduns ou os nobres (ou gentis). No segundo estão os caboclos, as entidades da mata ou os surrupiras. O transe calmo e solene de uns contrasta com a forma turbulenta como os outros baixam. Às coreografias ordenadas dos primeiros opõem-se as coreografias espontâneas e mais caóticas dos segundos. O próprio vestuário que identifica cada um destes grupos de entidades é diferente: num toque para voduns, todas as dançantes vestem igual e usam roupa que combina no máximo duas cores. Num toque para caboclos, cada dançante veste diferente, e a policromia da roupa é dominante. Esta oscilação não tem fronteiras dadas de uma vez por todas. Em muitas casas, um toque para voduns (ou nobres) começa por homenagear voduns (ou nobres) e decorre num registo mais lento e cerimonial, mas vira depois para caboclos, passando a organizar-se num registo mais rápido e tumultuoso.

Esta distinção entre entidades e rituais estruturais e antiestruturais reflete a maior ou menor proximidade das entidades do tambor de mina com «a matéria». Quanto maior é a proximidade com esta — como nos caboclos, em particular nos caboclos farristas —, mais o seu comportamento obedece a um padrão antiestrutural. Inversamente, entidades como os voduns e os nobres — também conhecidos por «entidades de toalha» — situam-se num plano mais «espiritual», e o seu comportamento e manifestações são eles próprios objeto de uma codificação mais cerimonial. Pela mesma razão, voduns e nobres baixam muito menos frequentemente na mina, e os caboclos, mais assíduos, são também as entidades que se manifestam mais frequentemente em seus «cavalos», muitas vezes fora de um contexto ritual, em associação com comportamentos vistos como excessivos.

É esta oscilação entre estrutura e antiestrutura que podemos reencontrar nas festas do Divino, onde — na maioria dos terreiros — o buscamento, o levantamento e o derrubamento do mastro se situam no polo do excesso e da desmesura, em contraste com a contenção e até solenidade de outros segmentos rituais das festas. Como consequência, enquanto as entidades de toalha surgem preferencialmente associadas a segmentos rituais — como a abertura da tribuna ou a chegada dos impérios após a missa — situados no polo da solenidade e do decoro cerimonial, o território dos caboclos farristas é o mastro, com a sua componente de folguedo e excesso.

Falando sobre a presença dos encantados na festa do Divino, Pai Wender enfatizou esse contraste, com recurso implícito à oposição entre casa e rua, que, como foi sublinhado por alguns autores (por exemplo, Johnson 2002: 131–147), ocupa um lugar importante nas religiões afro-brasileiras:

> a minha presença [de Wender] na festa é o dia de abertura, da tribuna, né? [...] No dia da festa eu estou presente também, só que no momento da Santa Coroa eu tenho uma participação mental, [...] porque a entidade [D. Luís] vem receber a festa ao terreiro [...]. No mastro [...] é Seu Cravinho [...] porque é assim, [...] como tem peregrinação na rua, então o D. Luís não vem, né? Caminhando e quê, é dificultoso para ele, não sei se é quantidade ou energia, mas não é uma energia que pode emanar para ele naquele momento de andar pelas ruas, né? E Seu Cravinho, como ele é um representante dessa entidade, também ele acaba representando ele de uma certa forma.

Noutra conversa (mais informal), Seu Cravinho (em cima de Pai Wender) tornou clara essa repartição de tarefas rituais entre D. Luís e Seu Cravinho, explicitando que, na festa, Seu Cravinho não é tanto — como Pai Wender — um devoto do Divino, mas vem sobretudo por conta do mastro([113]).

Na Casa Ilê Ashé Obá Izô, a presença dos encantados caboclos no buscamento, levantamento e derrubamento do mastro é de tal maneira importante que, para evitar «choques de corrente» entre as diferentes entidades presentes, Pai Wender promove antes do levantamento do mastro uma passagem de cura: uma versão mais abreviada do ritual — ou brinquedo — de cura. Originalmente, sobretudo quando realizada por pajés (ou curadores), a cura pode ser definida como «uma técnica terapêutica [...] envolvendo entidades espirituais de todos os tipos» (Parés 1997: 202) com poderes divinatórios e curativos([114]). Mas, no tambor de mina, «as funções de cura e a atividade ritual terapêutica que caracterizam a pajelança cabocla ficaram num plano secundário» (1997: 202), e o ritual de cura «transformou-se num brinquedo [...] em que a canção e dança para as entidades incorporadas no médium são as atividades rituais principais, com as dimensões celebrativas e de espetáculo a tornarem-se predominantes» (1997: 203). Conduzida pelo pai de santo, que usa maracá e penacho e é apenas musicalmente acompanhado por pandeiros, a cura dá continuamente passagem — numa sucessão rápida — a entidades de várias linhas (surrupiras, cobras, etc.) que vão incorporando sucessivamente no pai de santo. Foi justamente uma versão abreviada do brinquedo de cura que Pai Wender agregou à sua festa do Divino:

> todo ano eu recebo, durante o levantamento do mastro, outras pessoas de outras casas, com várias entidades caboclas: Surrupira, família de Légua, família de Bandeira, família de Turquia...

([113]) Esta atitude pode ser interpretada como uma expressão da relação mais conflituosa «dos encantados caboclos com o catolicismo» (M. Ferretti 2000: 107) referenciada anteriormente.

([114]) Sobre a cura na pajelança cabocla, ver, entre outros, Pacheco (2004) e Laveleye (2010).

[...] São várias as entidades, então essa passagem de cura que eu faço, eu venho, abro todas as linhagens dessas família, pra não dar choque de correntes, né? e deixo a festa aberta pra todos esses tipo de entidades, pra participar, seja da casa que for [...]. Eu sou uma entidade curandeira, o meu forte é pajelança. [Mas] a minha pajelança ela não é envolvente diretamente ao Divino, não tem nada a ver. E sim com as outras entidades que vêm, nesse dia, brincar na porta, acompanhar o mastro, tudo também pra não dar desequilíbrio... [Para não dar] choque de corrente, né? Pra pessoas não passarem mal, as outras pessoas incorporarem sem ter nada, não sair com questões negativa, tá entendendo? É como se eu tivesse fazendo uma firmeza no ambiente da casa, pra receber demais entidades que vêm em cima de outros pais de santo, de outros filhos de santo, de outros irmãos de santo, pra não ter um atrapalho [risos].([115])

Há entretanto terreiros em que o buscamento, o levantamento e o derrubamento do mastro se realizam num registo ritual mais contido. Permanece o ambiente de folguedo e divertimento, mas as suas expressões são menos exuberantes. É o que se passa na Casa Fanti-Ashanti e no Terreiro de Mina Jardim da Encantaria. Significativamente, essa contenção não pode ser desligada da ausência (ou da presença mais discreta) de caboclos. Assim, em resposta a uma pergunta minha sobre a participação

---

([115]) No Terreiro de Mina Jardim da Encantaria, realiza-se, durante o período da festa do Divino, um ritual de cura (e não uma mera passagem de cura), mas o seu papel é mais genérico e não está só relacionado com a festa do Divino. Segundo Pai Clemente Filho, «é a cura que limpa a casa. Que faz a limpeza da casa. A limpeza astral que chama, né? [...] Os encantados de cura vêm, como se fosse fazer a limpeza da casa [...]. São cinco horas de toque. Começa às três e termina às oito». Esta preocupação de limpar a casa e dar energia parece ser mais geral. Assim, na Casa de Nagô, «na véspera de abertura da festa do Divino é feito um ritual chamado *até*, no qual é feita uma espécie de purificação, na qual as pessoas envolvidas com a festa comem a comida de santo, onde todos do terreiro recebem através desse alimento uma espécie de energia para ter força para levar adiante a festa do Divino, que é a maior festa pública da Casa de Nagô» (Sousa 2009: 56).

dos caboclos nas sequências relacionadas com o mastro, Pai Euclides esclareceu:

> Não, já teve, já teve, agora tá menos. [...] Hoje são bem poucos os encantados aqui em casa, que vem assim no dia de levantar mastro, no dia de derrubar, eles vem mais assim, às vezes na terça-feira da festa, que é o lava-prato, vem três, quatro, cinco deles por aí, mas não é mais como antigamente. Agora, só que os encantados daqui, o comportamento era diferente, eles vinham, passavam o dia, metiam uns grodezinhos, mas eles não andavam pela rua, assim com garrafa no braço, debaixo do braço, não andavam de rosário no pescoço, nada dessas coisas assim não [...]. Era todo mundo bem.

Pai Clemente Filho é ainda mais assertivo: «sempre aparece algum [caboclo]» no mastro, mas não é aquele «monte de caboclo bêbado falando pornografia», de que ele não gosta:

> Eu não gosto. [...]. Como eu tenho muita gente de fora... E tenho padres, vem padres pra cá, e tenho amigos que são católicos ranzinzas. [...]. Eu não gosto. Eu gosto de cada qual no que é seu. Aqui, ele [o caboclo] não tem que fazer, então eu não gosto, como eu vejo em muitas casas, que o mastro derrubando e o encantado tá atuado. Tem alguns, mas é pouquíssimos. E isso, não filho da casa, porque os filhos da casa se veem, mas ninguém quase percebe. E não usa indumentária de santo.

Em suma, as festas do Divino preveem não apenas a intervenção de divindades e entidades do tambor de mina na sua organização, mas também a sua participação na sequência ritual das festas, englobando tanto os rituais mais solenes como os que são marcados pela brincadeira e pelo excesso. Elas não só trazem o Divino para junto dos homens e das mulheres, como trazem também para junto deles os encantados. A festa é tanto deles quanto dos homens e das mulheres que a celebram.

Segundo Sérgio Ferretti (comunicação oral, 2012), este ponto é elaborado — na Casa das Minas — por referência a algumas características centrais da encantaria: um lugar onde não há festas e que seria um mundo triste. Teresa de Légua (em cima de Pai Edmilson) parece concordar com esta ideia:

> Nós não temos alegria, no mundo [...] que nós convivemos. Porque o nosso mundo de alegria é trabalhar. [...] Então, quem é que não gosta de uma festa? Você vê uma mesa de bolo, pipocas, bombons, refrigerantes, bebidas típicas. Quem que não gosta de receber um presente, uma roupa bonita, com seus amigos, quem é que não gosta? Todos gostam, não gostam? Vocês aqui na Terra não gostam disso? Então, quando diz assim, «uma festa para Teresa Bóji», eu chego toda entusiasmada, toda feliz. Porque tão fazendo uma comemoração pra mim.

Alguns pais de santo ou entidades com quem falei têm uma perspetiva mais cética em relação ao mundo dos encantados, como sendo um mundo «triste». Mas admitem de qualquer forma o gosto que as entidades têm pela festa: não apenas pela festa do Divino, mas pela festa em geral.

Com Seu Cravinho abordei a questão por duas vezes. Na primeira discordou que o mundo dos encantados fosse um mundo triste, mas sublinhou de qualquer modo o gosto dos encantados pela festa:

> Não [o mundo deles não é triste], eles têm a história deles e vêm vivenciar a nossa. Vêm pra nos dar fortaleza, sabedoria, força, humildade. Mas gostam também de vir pra dançar e pra beber. Lá não têm algumas dessas coisas: bebem água da poça, fumam tabaco de enrolar. Aqui têm outras coisas, têm o vinho «que eu não sei se eles têm lá». Têm o mundo deles «mas eu não creio que seja triste. Lá por exemplo os nobres têm quem sirva eles, têm vassalos, aias, serventes, como na terra» (excerto do diário de campo).

Na segunda vez que o tema foi abordado, Pai Wender optou por caracterizar o mundo dos encantados como «um mundo subtil, de equilíbrio». Mas, à minha pergunta sobre o que é que os encantados «vêm buscar no mundo dos pecadores», a sua resposta foi mais assertiva:

alegria, brincar, já viu encantado sozinho? [...] Encantado gosta da festa, gosta do movimento, ele gosta de tar no movimento, ele vai ter pessoas na casa, ele gosta de olhar, até a brincadeira, bebida, né? Que é uma coisa que eles gostam muito, tem de fazer essa particularidade, né? Encantado gosta de festa.

Pai Euclides, colocado perante a mesma questão, tem uma opinião similar:

> Entidades gostam da festa? Gostam! Porque vodum e orixá gosta de tudo! É impressionante isso! Vodum gosta muito de acessórios, de adereços e contas, de volta de semente no pescoço, embelezamento do cabelo, vodum gosta de brinco, vodum e orixá gosta de tudo isso! E qualquer manifestação dessas, pra eles, é uma coisa diferente, é uma coisa que não é da origem deles. Então, eles se empolgam, se embelezam, acham bonito. E é isso. E então, quando eles chega numa casa dessas que tem festa, que abre o mastro e que é um filho que recebe, ele dá o maior [valor] que, pra eles, é uma coisa nova, né? Pra eles é uma coisa nova.

O Divino na mina

São portanto significativos os modos de articulação entre as festas do Divino e o tambor de mina. Esses modos de articulação jogam-se tanto no plano teológico como no plano ritual. Não só as entidades espirituais do tambor de mina têm, a par do Divino, um papel importante na justificação religiosa das festas, como esta se traduz na sua presença e intervenção em vários segmentos rituais.

Embora sejam mais importantes por referência às festas do Divino, os modos de articulação entre Divino e mina afetam também — embora de uma forma menos generalizada e mais cirúrgica — o próprio tambor de mina.

De facto, na grande maioria dos terreiros, as festas do Divino fazem parte de um conjunto ritual mais amplo que inclui — para além de algumas obrigações internas à casa — toques de tambor de mina. Este ponto foi sublinhado por diferentes autores, com destaque para Rosário Santos e Manoel Neto (1989) ([116]). Antes ou depois da festa, a maior parte dos terreiros promove um conjunto de toques de tambor de mina que homenageiam diferentes entidades. No caso das festas do Divino «e/com», um desses toques é para a entidade que «sincretiza» com o santo (ou santa, ou invocação de Nossa Senhora) que está sendo comemorado em conjunto com o Divino. Por exemplo, na casa de Iemanjá e na Casa Ilê Ashé Obá Izô, um dos toques é para D. Luís Rei de França. Noutras festas, um dos toques homenageia as entidades ligadas à festa. Assim, no terreiro da Associação Tenda Umbandista de Santo Onofre (Igaraú), o toque de dia 12 de maio — dia em que se comemora o aniversário do encantado — é para Rei Palha Velha. No Terreiro de Mina Jardim da Encantaria, um dos toques de tambor de mina é para João da Mata. E, em 2014, o último dos toques de tambor de mina organizados a seguir à festa do Divino no Terreiro Fé em Deus foi também um toque para as princesas e senhoras que reinaram nesse ano na festa. Em todos estes casos, ao mesmo tempo que se homenageia o santo (e, em alguns casos, a própria entidade) com a festa, a entidade do tambor de mina que preside à celebração é também homenageada com um toque.

Tanto nessas festas como nas «festas do Divino só», a esse toque agregam-se ainda outros, geralmente organizados para

---

([116]) Rosário Santos e Manoel Neto referem a esse propósito os terreiros «históricos» da Turquia (1989: 62) e de Mãe Denira (1989: 66). Para a atualidade são referidos os casos do Terreiro Fé em Deus (1989: 106) e da Casa de Iemanjá (1989: 108). A formulação usada pelos autores a respeito destes tambores é enigmática, uma vez que, apesar dos exemplos contemporâneos, essa prática é colocada no passado: «como se sabe a festa do Divino acontecia no passado concomitantemente com o tambor à noite. Este era uma saudação em homenagem às entidades a ele ligadas» (1989: 95). Será que no decurso dos anos oitenta essa prática se tornara mais rara? Por que razões? Para mais referências aos toques de tambor em associação com a festa do Divino, ver ainda Gouveia (1997: 91) e Pavão (2003 [1998]: 173, 1999: 101–103). Na Casa das Minas, entretanto, nunca houve tambor à noite em ligação com a festa (S. Ferretti 2009 [1985]: 181).

um conjunto sucessivo de entidades ou famílias de entidades. Por exemplo, na Casa Ilê Ashé Obá Izô, em 2012, no dia da abertura da tribuna, realizou-se à noite um toque de tambor de mina em homenagem ao caboclo Jariodama. Antes da festa, teve lugar mais um toque para voduns, em homenagem a Orixá Oxumaré e Nochê Ewá, e um toque em homenagem a D. Luís Rei de França. Por fim, depois do derrubamento do mastro, tiveram lugar outros dois toques: um deles para princesas e senhoras e outro para o caboclo Zé Raimundo. Em 2014, manteve--se este alinhamento, apenas com a supressão do toque para princesas e senhoras. Na Casa de Iemanjá, o número de toques é mais elevado, e estes, para além de toques genéricos para voduns e senhoras e princesas, homenageiam sucessivamente a família de Légua, Boço Cô e Xangô.

Estes toques são apresentados para o exterior de formas diferentes. Em alguns casos, constam da programação incluída nos convites para a festa, noutros não — como no caso do Terreiro Fé em Deus. Quanto às explicações dadas para a sua realização no período imediatamente a seguir à festa do Divino, são também variáveis. Alguns pais e mães de santo dão razões pragmáticas: dada a concentração de pessoas que a festa envolve, trata-se de tirar partido dela para cumprir um conjunto de obrigações afrorreligiosas da casa. É esta, por exemplo, a explicação que me foi dada por Pai Wender:

> Seu Jariodama é um encantado que aproveita o momento dessa manifestação, né, quer dizer, um dia de festa na casa ele aproveita e tem um toque em homenagem a ele também. Não tem nada a ver com o Divino Espírito Santo. Ele aproveita o ensejo de que foi aberta a tribuna, ao meio-dia, e à noite tem este toque [...]. Não tem nada a ver, mas acaba entrando dentro do contexto da festa, porque tem esses dias todos de festividades. Os devotos estão ali direcionados ao Divino Espírito Santo, então o que é que acontece? Algumas das entidades de Seu Wender, como seu Jariodama, Dan, que é uma entidade do tambor de mina e o próprio D. Luís, aproveitam o ensejo da Festa [...]. Aí acabam aproveitando o ensejo desse movimento festivo, até pela questão do gasto, dos devotos que estão

aqui presentes sempre, aglutinados nessa ocasião, e facilita mais a comunicação, a mão de obra e outro tipo de coisas de devoção, certo?

Mas há também casos em que esta explicação pragmática inverte a ordem dos fatores e coloca a festa do Divino na dependência da data de uma celebração já prevista no calendário afrorreligioso da casa. Na Casa Fanti-Ashanti, por exemplo, a festa do Divino é apresentada como tendo-se agregado a um conjunto de obrigações afrorreligiosas para Oxalá — englobando um conjunto de toque de tambor de mina e de candomblé — que lhe seriam anteriores.

Seja como for, a realização dos toques durante o período da festa do Divino contribui de forma significativa para que este seja — como foi referido — um dos períodos mais importantes no ciclo anual dos terreiros. A maioria dos pais de santo enfatiza a autonomia deste conjunto de toques relativamente às festas. Excetuando o facto de um dos toques poder eventualmente homenagear a entidade que «sincretiza» com o santo (ou santa ou invocação de Nossa Senhora) homenageado na festa (ou que pediu a festa), os toques de tambor de mina são de facto apresentados — como me disse uma vez uma senhora que participava na festa do Divino do Terreiro de São Sebastião (no bairro do Angelim) — como sendo «pra outro povo».

Entretanto, tal como nas festas do Divino, também nestes toques de tambor de mina é possível detetar algumas interceções — embora mais discretas — entre mina e Divino. Para o entendermos, é necessário relembrar que, depois do encerramento formal da tribuna, esta só é efetivamente desmontada ao fim de sete dias. Durante esse período, a tribuna mantém-se: com a coroa, o pombo e outros símbolos do Divino Espírito Santo e também com os trajes dos impérios, cada um no trono respetivo.

É justamente frente à tribuna — que é alumiada para o efeito — que têm lugar os toques de tambor de mina que se realizam após o encerramento formal da festa. Alguns pais de santo dizem que a manutenção da tribuna é uma «tradição»

— para a qual não são apresentadas justificações em particular — e que, por razões pragmáticas de espaço, não «tem como não fazer os toques» na mesma sala onde continua aberta a tribuna. Mas outros insistem noutra explicação: a tribuna tem de ficar montada por mais sete dias para que os encantados da casa possam vir ver a tribuna e o luxo dos impérios. Esta ideia foi-me exposta pela primeira vez por Pai Nastier (Janaína), que faz uma salva para o Divino no quadro da festa para São Benedito:

> No final falámos sobre o porquê de a tribuna ficar aberta e de na frente dela terem lugar alguns toques de tambor de mina. [...] A conclusão foi que a tribuna ficava aberta para os voduns. O tio do pai de santo falou mesmo em exposição — uma vez que ficam também lá os trajes do império — para os voduns (excerto do diário de campo).

Pai Wender tem uma opinião idêntica, como decorre da resposta a uma pergunta que lhe coloquei:

> [Pergunta:] Se pode dizer que as entidades vêm ver a festa durante os toques? Vêm apreciar o vestuário, a roupa dos impérios...?
> [Resposta, concordando:] A roupa, o movimento, né, essa questão toda.

Em algumas casas, certos toques preveem mesmo algum tipo de costura entre a homenagem às entidades do tambor de mina e a festa do Divino. Esta acontece geralmente no decurso do toque para princesas e senhoras. Estas, segundo Luis Nicolau Parés, fazem parte da categoria mais geral de tobossa: «entidades nobres femininas [...] que podem ser moças ou adultas» (1997: 181). As senhoras fazem parte do grupo das tobossa adultas, e as princesas do grupo das tobossa moças. Estas últimas são «entidades femininas infantis», com um comportamento também ele infantil: brincam com bonecas, gostam de doces, etc. Mas não deixam de ser nobres. Segundo Dona Dedé, da Casa de Iemanjá, algumas usam leque [porque elas são] nobres, pra poder se abanar, [...] muita das vezes tem pessoas que pegam o leque da mão delas e vão abaná-las. [...] Tem umas que tem as tiarazinhas, que já botam, dançam com boneca, leque e dançam muito devagar, compassadamente, parecendo assim que estão flutuando, falam pouco, cantam devagar, que a gente tem que botar o ouvido pra saber.

Em alguns terreiros é estabelecida uma equivalência entre essas entidades femininas infantis e nobres, por um lado, e as crianças dos impérios, por outro: umas e outras têm em comum o facto de serem crianças e o estatuto de nobreza. Como consequência, as crianças dos impérios assistem, por um período que pode ser mais curto ou mais alargado, ao toque para princesas e senhoras. Por um momento, a tribuna é refeita como se estivesse acontecendo a festa do Divino, só que no salão não estão mais as caixeiras, mas os abatazeiros e as dançantes do terreiro incorporando princesas e senhoras.

Foi o que se passou na festa do Divino de 2013, na Casa Ilê Ashé Obá Izô:

> Entretanto, começou o toque, agora com 14 dançantes. Começou de novo com cânticos em «africano», com uma das caixeiras na assistência. A primeira dançante a entrar em transe foi [Dona Eliane]. Mais à frente Tassiane. E a seguir James, com um transe muito expressivo [...]. Mais à frente — o toque era para princesas e meninas — foi entregue [à entidade em cima de Dona Eliane] uma boneca, que depois passou para outras dançantes. Mais tarde outras bonecas apareceram nas mãos de outras dançantes e também circularam. Quando [A entidade de Dona Eliana] começou dançando com a boneca, os cânticos viraram para português. Foram entoadas várias doutrinas e — *surprise, surprise* — os impérios chegaram para assistir ao toque e [uma das princesas] até foi cumprimentar o mordomo régio. [...] Aí, passou a africano outra vez, as bonecas desapareceram e os impérios saíram (excerto do diário de campo).

Mas é sobretudo na Casa de Iemanjá que a presença dos impérios no toque para senhoras e princesas é mais relevante, como decorre desta descrição do toque de 2014:

Marcado para as 16h, o toque só começou perto das 19h. Menos dançantes do que no toque inicial — muitas das visitas de fora [de São Luís] já tinham regressado — e uma assistência mais rala. O toque [...] começou com doutrinas para Iemanjá. Depois passou para Oxum, e finalmente chegaram as princesas. Por aí nada de novo. A presença dos impérios também não foi novidade. Os termos dessa presença, sim. O toque só começou depois de as cinco crianças que usavam coroa estarem sentadas. E as crianças ficaram cerca de uma hora assistindo ao toque. O contraste com Wender é claro. Aí as crianças foram sentadas no meio do toque e ficaram por breves instantes. Aqui o toque está muito mais estruturado em torno dos impérios (excerto do diário de campo).

De resto, foi na Casa de Iemanjá que esta prática se originou e foi a partir de lá que ela se difundiu para outros terreiros([117]). Segundo Dona Dedé, a presença dos impérios no toque para princesas e senhoras

> É uma coisa daqui que sempre ele [Pai Jorge] pediu, todo ano ele pedia pra todas as crianças, que tem um dia das princesas, então esse dia, ele queria que todas as mães trouxessem as crianças, pra que elas [as princesas e senhoras] pudessem [ver as crianças assim]. [Como] é um tambor assim, é um toque de ano a ano, aí ele, acho que quis fazer essa homenagem, até pra elas, pra apresentar as crianças, pra elas olharem as crianças [...] preparadas da festa. O toque [é para as princesas e senhoras] poderem olhar como foi o reinado aqui na terra, como nós fazemos, elas que vão dar o aval, se foi bom ou não [...] [pra ver se está tudo] nos eixos, tudo como elas previam que seria feito, elas que tem que dar a última palavra, o veredicto.

([117]) O facto de Pai Jorge vincar expressamente que D. Luís era um rei menino (J. I. Oliveira 1989: 39) pode ter facilitado a equivalência entre impérios e entidades nobres infantis. A difusão desta ritualística fez-se tanto para terreiros — por exemplo, a Casa Ilê Ashé Obá Izô — que foram fundados por filhos de santo de Pai Jorge como para terreiros sem vínculo direto com a Casa de Iemanjá. É o caso do terreiro das Portas Verdes (Pavão 2003 [1998]: 173, 1999: 101), onde este ritual também tem lugar.

Neste caso, a presença das princesas e senhoras no toque que lhes é dedicado, para além de estabelecer uma correlação entre crianças dos impérios e entidades nobres infantis, parece também configurar-se como um passo importante para a aceitação da festa pelas entidades do tambor de mina.

Noutras casas, essa costura entre os toques e as festas do Divino passa pelo toque final. É no seu termo, debaixo de doutrina de mina, que a coroa (com o pombo) é recolhida ao altar da casa (ou ao peji), onde ficará guardada durante o ano. A primeira vez que assisti a este ritual foi em 2011, na Casa Fanti-Ashanti:

> No final do toque, encerrando-o, [a entidade em cima de] Pai Euclides pegou na coroa, enquanto se formava uma roda de dança. Manteve a coroa algum tempo nas suas mãos e aí passou-a para uma das dançantes, que a passou para outra, e assim sucessivamente até a coroa fazer a volta completa e regressar às mãos [da entidade em cima] de Pai Euclides. Aí, as dançantes foram saindo para a sala contígua, onde está o altar da casa, com [a entidade em cima de] Pai Euclides fechando a marcha. Uma vez chegado lá, depositou a coroa no altar, no lugar por ela ocupado durante o ano (excerto do diário de campo).

No ano seguinte, a observação permitiu completar alguns detalhes desta cerimónia:

> Mas de repente volta o «africano» para iniciar as despedidas: «o canário cantou/ é hora é hora/ vou-me embora vodum/ adeus terreiro Tabajara». Uma das doutrinas — esta em português — tinha o Espírito Santo [...], e foi então que se iniciou a recolha da coroa, nos mesmos [...] moldes do ano passado. [A entidade em cima de Pai Euclides] retira a coroa da tribuna, passa para uma dançante, e a coroa vai passando de mão em mão pelas dançantes enquanto estas executam uma dança circular voltada para dentro. No final, a coroa regressa à [entidade em cima de Pai Euclides], enquanto as dançantes saem da guma — ao som de uma doutrina em «africano» [...] e vão para a sala do altar da casa. [A entidade em cima de Pai Euclides] transporta a coroa e, na sala do altar (esta parte é nova porque no ano passado não assisti a ela), com as dançantes todas

ajoelhadas e com a cara perto do chão, ele passa a coroa para Alex (o mestre-sala), reza «Louvado seja Nosso Senhor Jesus Cristo» e a «Glória ao Pai», dando por terminado o toque e a festa e agradecendo às dançantes (excerto do diário de campo).

Provavelmente originário da Casa Fanti-Ashanti, este ritual reencontra-se noutros terreiros, sobretudo de filhos de santo de Pai Euclides, como na Casa Ilê Ashé Obá Izô, ou de netos de santo de Pai Euclides, como no Terreiro de Mina Jardim da Encantaria. Neste último, segundo Pai Clemente Filho, «na última noite [no último toque], na hora de fechar a tribuna, a coroa sai do sacrário, que é o altar lá dentro onde ela está. Ela passa por todas as mãos possíveis e é guardada lá no quarto do segredo».

Mas era no Terreiro das Portas Verdes (localizado no bairro do Anjo da Guarda, mas desativado em 2014) que esta integração ritual entre o toque final de tambor e as festas do Divino atingia uma expressão mais relevante. Aí, a festa era uma obrigação para Cabocla Roxa, «que era devota do Divino Espírito Santo» (Pavão 2003 [1998]: 172). No último toque realizado no período da festa — que tinha usualmente lugar em setembro —, as senhoras (filhas de Cabocla Roxa) vinham assistir ao repasse das posses, «porque Cabocla Roxa fazia questão de assistir à abertura e transferência de cargos do Império» (2003: [1998] 173):

> Ficam durante muito tempo diante da tribuna e dos imperadores, mordomos, caixeiras, bandeireiro e outros que ali se [encontram], ouvindo as caixeiras cantarem encerrando a festa «Minha Cabocla Roxa a sua festa já vai terminando...» e transmitindo os objetos sagrados do Divino» (Pavão 1999: 101).

No dia seguinte, tinha lugar um novo toque, que virava o tambor para a linha dos surrupiras. Depois de uma pausa, os caboclos vestidos de branco e vermelho voltavam na guma:

> Quando doutrinaram «Boborômina mandou virar», Dona Maria [responsável pela festa do Divino] entregou a cada um dos caboclos um objeto do Divino pela seguinte ordem: Coroa

do Divino, Coroa do Imperador, Coroa da Imperatriz, Pertence da Mordoma-régia, Pertence do Mordomo-mór, Pertencencentes [sic] da Mordoma-mór, Bandeira-mór e as bandeirinhas.

Com os objectos na mão, os caboclos dançaram ao som dos tambores no meio da guma demonstrando sinal de muito respeito e, em seguida voltaram a depositar os objectos nos devidos lugares, na mesma ordem de entrega. Depois, de toalha no ombro, os caboclos cantaram para o fechamento do tambor, quando deu-se oficialmente a abertura da corrente de índio (Pavão 1999: 103).

No dia seguinte, iniciava-se o tambor de borá. Conhecido por outras designações — tambor de índio, canjeré —, este tambor pode ser definido como um ritual realizado em homenagem a entidades da corrente indígena que tem São Miguel Arcanjo como patrono([118]). É um tambor em que «não se doutrina» (M. Ferretti 2000: 220) —, isto é, em que não são puxadas doutrinas —, caracterizado por um ritmo febril contínuo, com transes «súbito[s] e violento[s]» (2000: 220). «Durante o ritual é comum ocorrerem comportamentos estranhos [...] como: paralisia com olhos esbugalhados ou "vidrados", dedos em garra, etc. acompanhada de perda de equilíbrio do corpo» (2000: 221-222).

No Terreiro das Portas Verdes, o tambor de borá surge associado ao Divino, uma vez que, no seu decurso,

> As imagens de santos que ficam nas três colunas da guma são imagens de São Benedito, Coração de Jesus e Santa Bárbara e, no centro, na parte superior, a imagem do Divino Espírito Santo. A disposição dessas imagens não muda durante o tambor de borá (M. Ferretti 2000: 87).

Deve finalmente ser sublinhado que há também casas em que, no decurso dos toques, podem ser cantadas doutrinas específicas para o Espírito Santo, com particular destaque para a seguinte:

([118]) Sobre o tambor de borá, para além da monografia de Jacira Pavão (1999), ver, entre outros, M. Ferretti (2000: 147-154, 218-222); Aires (2008); Amorim (1996).

> Eu vim salvar coroa de Espírito Santo
> Sou um caboclo imperador de nascença
> E o caminho é longe, quase que eu não vinha
> Eu vim salvar Rainha Madalena
> E o caminho é longe, quase que eu não vinha.

Segundo Pai Wender, essa doutrina «é de alguns encantados nobres. Esses encantados nobres louvam [a coroa] nesse momento». Quanto à referência à Rainha Madalena, «é porque ela é como se fosse a madrinha dessa questão de encantaria de alguns encantados, principalmente de alguns encantados que povoa a mata».

*

Em suma, os modos de articulação entre mina e Divino não passam apenas pela intervenção e presença das entidades espirituais do tambor de mina nas festas do Divino, mas assentam também no modo como o culto às entidades espirituais da mina se abre — embora de forma mais cirúrgica — para símbolos do culto ao Divino: a tribuna, os impérios, a coroa (e o pombo). De uma forma ou de outra, a cooptação das festas do Divino pelos terreiros de tambor de mina é acompanhada pela montagem de um conjunto de articulações entre Divino e mina.

Por intermédio dessas articulações, os encantados — por devoção ou por simpatia — associam-se à festa do Divino como um ritual de homenagem e louvação ao Divino Espírito Santo e/ou ao santo (ou santa ou invocação de Nossa Senhora). Num como noutro caso, essa associação é facilitada pela orientação «deísta» das festas, uma vez que a ideia genérica de Deus é transversal ao catolicismo e ao tambor de mina. Mas a intervenção dos encantados na festa é mais destacada. Esta não só institui um regime de copropriedade espiritual das festas, como faz com que os encantados sejam também objeto de algum tipo de homenagem espiritual no decurso das mesmas, particularmente evidente nos casos em que a entidade recebe os impérios à chegada da missa ou em que os impérios representam entidades da mina. O envolvimento dos encantados nas festas do Divino não pode ser também desligado do seu fascínio pela festa enquanto experiência estética e lúdica, como mostra a sua participação nos segmentos rituais relacionados com o mastro.

Dito isto, há um ponto que deve ser sublinhado. A montagem destes modos de articulação entre mina e Divino não significa que a orientação predominantemente católica das festas seja posta em causa. Aplica-se também aqui o que as caixeiras afirmam noutro contexto: «o Divino vem sempre primeiro». Nessa medida, os modos de articulação entre mina e Divino são seletivos — por vezes são mesmo cirúrgicos — e não põem em causa o estatuto da festa, que segue sendo uma festa católica. Só que a transformam numa festa marcada simultaneamente pela sua abertura às entidades do tambor de mina.

Muitos modos de articulação

Quando falava sobre as características específicas que as entidades espirituais ou os rituais do tambor de mina assumem em cada terreiro, a resposta de muitos pais e filhos de santo era sempre a mesma: «cada casa é uma casa». Através dessa frase, procuravam vincar a autonomia ritual de que cada casa e sua legitimidade em proceder da maneira que entendia.

A autonomia e a diversidade rituais do tambor de mina reencontram-se nos modos de articulação entre Divino e mina que passei em revista. Estes devem ser vistos, não tanto como uma característica fixa, mas como um conjunto de virtualidades — ou de possibilidades — que são acionadas de modos diferentes de terreiro para terreiro. O trabalho de articulação entre Divino e mina coloca-se, pois, sob o signo da diversidade: não há um só modo de articulação, mas múltiplos.

Isso significa, em primeiro lugar, que as soluções anteriormente referidas se distribuem de forma desigual pelos diferentes terreiros. Há soluções mais generalizadas, que se reencontram em quase todos os terreiros estudados. É o que se passa com o papel das entidades espirituais do tambor de mina na cooptação da festa do Divino pelos terreiros. Mas, ao lado dessas soluções, há outras menos generalizadas e mais idiossincráticas. É, por exemplo, o que se passa com o toque de tambor quando os impérios chegam da missa. Nos terreiros pesquisados, apenas a Casa de Iemanjá e a Casa Ilê Ashé Obá Izô recorrem a ele. Deve ser de qualquer forma notado o carácter recente dessa solução na Casa Ilê Ashé Obá Izô, uma vez que foi introduzida pela primeira vez — ao fim de dez anos de festa — em 2014.

De igual modo, se o pedido dos impérios pelas entidades é relativamente generalizado, sobretudo entre as dançantes de terreiro, a ideia de que as crianças dos impérios podem representar entidades espirituais do tambor de mina pareceu-me menos difundida. E em nenhum outro terreiro ela ganha a expressão que tem na festa do Divino da Associação Tenda Umbandista de Santo Onofre (Igaraú).

A presença dos impérios no toque para princesas ou a cerimónia de recolha da coroa no último toque realizado no período da festa são também soluções idiossincráticas. Nascidas em terreiros precisos, estas circulam com mais facilidade em casas espiritualmente aparentadas a eles. Mas — entre os terreiros pesquisados — só na Casa Ilê Ashé Obá Izô surgem combinadas.

Há ainda soluções que, embora tenham um certo grau de generalidade, suscitam a resistência de alguns pais de santo. É o que se passa — como referi — com a presença dos caboclos nos segmentos rituais relacionados com o mastro, que tanto Pai Euclides como Pai Clemente Filho não favorecem.

Essa distribuição desigual dos modos de apropriação do Divino pela mina significa também que há terreiros onde eles são tendencialmente mais importantes e terreiros onde eles são mais periféricos.

No primeiro caso está a festa do Divino da Casa Ilê Ashé Obá Izô e, sobretudo, a festa do Divino da Associação Tenda Umbandista de Santo Onofre (Igaraú). Nesta — como referi —, não só a presença da entidade que pede a festa é muito mais forte, como a corte imperial — presidida por Palha Velha — é uma réplica da corte de Palha Velha «lá onde ele está», e as crianças e pré-adolescentes que a integram representam todos eles encantados da mina e/ou da umbanda.

Esta multiplicação dos laços entre a festa do Divino e o mundo dos invisíveis reencontra-se noutro ritual que, embora com alguma autonomia, está também vinculado à festa do Divino em Igaraú: a mesa para Preto Velho que tem lugar no dia 13 de maio. Não só essa data é fundamental para a definição da data da festa do Divino, como todo o ritual é construído em articulação com a festa.

> Na sala entretanto já estavam os andores preparados para a procissão: primeiro a coroa do Divino, depois Nossa Senhora de Fátima e por fim São Benedito. De novo a mistura, típica da umbanda: a festa é para Preto Velho mas tem uma procissão com imagens católicas. Dois 13 de maio sobrepõem-se: o do Preto Velho e Fátima. São Benedito entra por conta dos escravos. E no meio o Divino. [Depois começou a procissão] que foi mais curta devido à chuva. [...]. Mas [...] além dos impérios trajados a rigor estavam também todas as filhas de santo vestidas igualmente a rigor, isto é, vestido branco, mas com motivos em vermelho. [...] Uma vez terminada a curta procissão [...] os andores foram depositados junto ao pano, onde já estava a comida para Preto Velho. [...] Uma vez os andores depositados no pano branco, iniciou-se uma ladainha com cânticos em latim (*Kyrie Eleison, Agnus Dei,* etc.), ainda com as velas acesas e com acompanhamento de caixa. Depois as filhas de santo sentaram-se dos dois lados do pano branco com as pernas cruzadas. As mais velhas sentaram-se em pequenas cadeiras. Na ponta da mesa Edmilson ia distribuindo a comida por copos de plástico. [...] Quem foi servindo as filhas de santo foram os impérios. [...] Uma vez terminada esta parte, foi a vez de os impérios serem servidos: aí os papéis inverteram-se, e quem fez a distribuição foram as filhas de santo. [...] Uma vez terminada a distribuição das comidas, começou a refeição, acompanhada de doutrinas com atabaques. A primeira foi para Janaína, a segunda para Jesus da Nazaré e assim sucessivamente, misturando entidades e santos. No final, todas as filhas de santo se colocaram de joelhos, e teve lugar um Pai Nosso cantado, seguido de uma oração católica, do sinal da cruz e do Bom Jesus da Cana Verde (uma doutrina que já tinha ouvido noutros terreiros). [...] Entretanto no barracão

começou um toque [...] que juntou as filhas de santo e, de novo, os impérios. Depois os impérios saíram da roda [...]. Entretanto o toque [...] evoluiu para um tambor de crioula, com a estátua de São Benedito circulando pelas filhas de santo (excerto do diário de campo).([119])

Noutros terreiros, o trabalho de apropriação do Divino pela mina é mais contido ou menos significativo. Estão neste grupo — embora por razões diferentes — a Casa das Minas e a Casa Fanti-Ashanti.

Na Casa das Minas, algumas das articulações entre Divino e mina estão lá, mas o reduzido número de dançantes combinado com o estilo «puritano» da casa — para citar uma formulação de Sérgio Ferretti (1995) — não as tornam tão evidentes. Por exemplo, se alguma entidade se manifesta durante a festa — incluindo nas sequências relacionadas com o mastro —, fá-lo de uma forma «discreta». O próprio facto de a festa ter uma frequência forte de sectores da classe média deve contribuir para que a respeitabilidade — impeditiva de associações mais audaciosas entre Divino e mina — se tenha tornado um valor fundamental da festa. Finalmente, o facto de nunca terem tido lugar toques de tambor no período da festa do Divino (S. Ferretti 2009 [1985]: 181) também não facilita o estabelecimento, por esse lado, de laços mais fortes entre mina e Divino.

Na Casa Fanti-Ashanti, a situação é mais complexa. Por um lado, Pai Euclides apresenta a festa como estando relacionada com entidades africanas do tambor de mina. Seria o caso de Toy Alabi, que, no manuscrito que preparou para Maria Amália Barretto, Pai Euclides indica como sendo a referência da festa (Barretto 1987: 164). No mesmo livro, provavelmente devido ao facto de Toy Alabi sincretizar com Oxalá (1987: 273), a festa é apresentada como sendo a «Festa do Divino ou de Oxalá» (1987: 203). Em entrevista comigo, ao mesmo tempo que confirmou a referência da festa a Toy Alabi, Pai Euclides insistiu

---

([119]) Esta presença múltipla dos invisíveis na festa do Divino de Pai Edmilson envolveu também, na festa de 2104, a mobilização de encantados da casa em oposição a uma demanda feita contra a festa.

sobretudo na sua relação com Oxalá (e Lissá) e também com Ifá, divindade iorubá da adivinhação.

Foram também essas conexões espirituais da festa que Pai Euclides sublinhou no depoimento que fez para Renata Amaral:

> Na minha casa, como eu já disse, tem essa ligação com meu vodum Lissá, pois a gente sabe que o Espírito Santo está representando a trindade, Pai, Filho e Espírito Santo, e o próprio Anievo vodun-Fá, que é o Divino Espírito Santo na língua Ewe Fon, se liga ao meu vodum a partir desse sincretismo, a gente junta Orumilá, Oxalá, é essa a história (Pai Euclides in R. Amaral 2012: 164).

Em resultado dessa associação, a festa do Divino articula-se com um ritual interno para Ifá. Segundo me disse Pai Euclides em entrevista,

> Então, aqui, a festa do Divino, a nossa, ela é exatamente ofertada à Trindade, na verdade. Por isso a gente faz o ritual interno para Ifá. Ifá significa o Espírito Santo. Ifá é uma linha iorubá. Então, a gente tem lá dentro essa coisa. Se a gente está festejando o Divino Espírito Santo, que é o Divino Espírito Santo no popular no português, então a gente também tem que fazer alguma oferendazinha para o próprio Ifá, que é o mesmo que o Espírito Santo, mas numa forma diferente. [...] Quem faz parte dessa energia é o orixá Oxalá, isso na linha nagô. Se a gente fala pela linha de onde ocupa a minha cabeça, aqui com a minha divindade, no caso é Lissá. Lissá e Oxalá é a mesma coisa, é a mesma energia. Só muda de nome assim, quando você fala de Lissá, a gente sabe que está falando da linha jeje e se fala de Oxalá está falando da linha nagô.

Também no passado, segundo Mundicarmo Ferretti, a festa do Divino

> era assumida por Pai Euclides com apoio do seu caboclo Corre Beirada que Pai Euclides pode incorporar nalguns momentos da festa. No encerramento da festa outras entidades espirituais caboclas manifestam-se também em pessoas da casa (2000: 241).

Mas, simultaneamente, Pai Euclides insiste na autonomia das festas do Divino. Apesar da sua ligação à festa do Divino, Lissá (ou Oxalá) «não se manifesta aqui com esse negócio da festa do Espírito Santo. Depois, quando tem os toques, que é inclusive para a ancestralidade, aí sim, aí que ele vem. Mas na festa do Divino Espírito Santo não». No decurso da mesma entrevista perguntei a Pai Euclides se era Toy Alabi que recebia a coroa no regresso da missa. A resposta, mais uma vez, foi taxativa: «o vodum não recebe nada aqui, quem recebe a coroa sou eu, ele nem vem no momento. [...] Ele vem depois que termina a festa, quando é no ritmo do toque, não é? Aí é que ele vem». Nessa mesma entrevista, como noutras ocasiões, Pai Euclides quis marcar de forma mais enfática a autonomia da festa do Divino em relação às entidades do tambor de mina:

> a festa do Espírito Santo não tem nada a ver com encantaria. Nós não temos nadinha que se manifeste em ninguém, nem D. Luís, nem D. Sebastião, não tem nada aqui. [...] Aqui em casa nenhuma criança se veste de mordomo, imperador, pra representar entidade nenhuma, aqui tudo é diferente, é isso, é isso e acabou, não tem essa coisa, o vodum e tal. [...] Aqui a gente ainda acompanha os tempos ainda de época, né? E agora tudo é muito moderno, né? Tem muitas invenções, as pessoas criam muita coisa assim pra chamar atenção, talvez pra ficar mais bonito, talvez seja por aí.
> [Pergunta:] Acha mal essas misturas?
> [Resposta:] Olha, eu não acho mau nada na casa dos outros, na minha [...] não acontece. Aqui, nenhum encantado que eu me lembre é escolhido pra ser nada, pra depois a criança sentar e representar o encantado, não, até o titular é o pai ou a mãe e a criança representa, mas agora sobre negócio de entidade, essas coisas não. [...] Aqui em casa [...] o encantado não pede nada, aqui quem resolve as coisas é eu com a comunidade — sem encantado, encantado aqui não pede nada, não escolhe nada.

Isso não quer dizer que não haja algumas costuras entre a festa e o tambor de mina. Mas significa que Pai Euclides — diferentemente de outros pais e mães de santo — tem uma abordagem à festa do Divino que poderíamos caracterizar como antissincrética (Stewart & Shaw 1994). Esta ênfase na separação entre mina e Divino encontra-se noutros casos também. É o que se passa no Terreiro Fé em Deus, onde Dona Elzita adota também uma posição de separação entre Divino e mina. Esta expressa-se desde logo nos convites, onde não há referências aos toques. Mas prolonga-se na insistência na natureza católica da festa. No âmbito dos terreiros estudados, é entretanto em Pai Euclides que essa abordagem às festas é mais significativa.

Trata-se, porém, de um antissincretismo *sui generis*, uma vez que inverte os termos com que este se apresenta usualmente nas religiões afro-brasileiras, em que a recusa de conexões entre géneros religiosos vistos como diferenciados é assumida sobretudo em referência à matriz africana da religião. No caso das articulações entre mina e Divino, trata-se, pelo contrário, de ressalvar a «pureza» católica das festas do Divino. São elas, e não o tambor de mina, que são alvo desses discursos.

Stefania Capone (2005) propôs a imagem do *continuum* para conceptualizar esse tipo de diferenciações teológicas e rituais nas religiões afro-brasileiras. Já antes Melville Herskovits (1966 [1945]) propusera uma estratégia similar para a análise dos africanismos no Novo Mundo. Creio que, no caso das articulações entre Divino e mina, esse tipo de aproximação pode ser apenas aplicado às casas situadas nos pontos mais extremos do arco de possibilidades de articulação entre os dois conjuntos rituais. Aí prevalecem políticas de gestão das fronteiras entre géneros religiosos que ora abrem mais ora fecham mais. Essas políticas exprimem-se não apenas naquilo que se faz, mas no modo como se faz e também naquilo que se diz que se faz. Delas fazem parte, portanto, o estilo mais «puritano» das festas — como na Casa das Minas — ou o antissincretismo como estratégia discursiva e ritual.

Entretanto, na maioria das festas estudadas, os modos de articulação entre Divino e mina não podem ser qualificados de forma tão geométrica. Por exemplo, no Terreiro Fé em Deus, os toques de tambor que se realizam no período da festa têm uma ligação menos relevante com a festa do Divino. Mas o mesmo terreiro é daqueles em que é mais forte a ideia de que os impérios representam entidades da mina. Pai Clemente Filho é também um dos pais de santo que mais hostilizam a presença dos caboclos nos segmentos rituais relacionados com o mastro. Mas isso não impede que no seu terreiro se manifeste uma vodum — Nanã Buruku — no derrubamento do mastro e que muitas outras costuras entre as festas e o tambor de mina sejam aí fortes. Não se trata tanto de uma questão de «mais ou menos», mas de opções mais qualitativas de acolhimento das festas em territórios que, para todos os efeitos, pertencem aos encantados.

Outro ponto que deve ser sublinhado a propósito da distribuição desigual dos modos de articulação entre Divino e mina é que estes também não são constantes ao longo do tempo. Num ano as articulações podem ser mais fortes, noutros anos mais discretas. Foi o que se passou na Casa Ilê Ashé Obá Izô na passagem da festa de 2013 para a festa de 2014, quando a festa não só introduziu o toque de tambor à chegada da coroa ao terreiro, como toda essa sequência foi — comparativamente com anos anteriores — muito mais longa e trabalhada cerimonialmente:

> Depois foi a chegada dos impérios da missa. [...] D. Luís, acompanhado de seus filhos Flor-de-Lis, D. Henrique e Luisinho, recebeu a coroa, e foi D. Luís que também depositou a coroa no altar, a mando das caixeiras. [...]. Em princípio, as coisas deveriam ficar por aí. Mas não. D. Luís tinha vindo para ficar por bastante mais tempo, o que foi uma surpresa para mim e uma inovação total em relação a anos anteriores. De seguida, D. Luís benzeu um a um os impérios. Antes ou depois [...], quando as caixeiras começaram a sua dança, muitas delas, além de saudarem os impérios e a coroa, saudavam também — beijando-lhe a mão — D. Luís. Aqui, atravessando uma fronteira que geralmente não atravessam, as caixeiras colocaram em pé de igualdade uma entidade afrorreligiosa e as entidades católicas — São Luís, o Divino Espírito Santo — ou de simbologia católica — os impérios —, que supostamente homenageiam em exclusivo. Durante toda a sequência, de resto, D. Luís ia sendo saudado respeitosamente por muita gente no terreiro. Terminado o toque de caixa, começou uma salva de tambor

> para D. Luís [...]. Pensei que fosse uma coisa rápida como na casa de Pai Jorge. Nada: foi uma salva, embora curta, em que foram cantadas várias doutrinas para D. Luís. E não parou por aqui. De seguida, D. Luís, acompanhado por seus filhos, foi até ao mastro, que abraçou. De seguida, foi até à cozinha para receber as saudações das filhas de santo que estavam lá trabalhando. E no pátio, de novo, recebeu as saudações respeitosas das restantes dançantes do terreiro, assim como de outras pessoas. Durante toda esta parte, os filhos de D. Luís eram também saudados. Mas teve mais: de seguida começou a ladainha, a que D. Luís e seus filhos, sentados em cadeiras, assistiram. [...] Na mesma linha, de registar o «Deus te abençoe» que D. Luís dizia a cada saudação que recebia. [...] Voltando à sequência, que se prolongou quase por uma hora e meia (ou mais): no final, D. Luís deixou os seus símbolos — anel e bengala — no altar. Tudo isto representou [...] uma inovação relativamente aos dois anos anteriores, em que a intervenção de D. Luís e seus filhos era mais discreta e curta (excerto do diário de campo).[120]

Num registo diacrónico mais alargado, também é possível encontrar algumas festas em que essas articulações foram fortes, mas que parecem ter evoluído no sentido do seu enfraquecimento relativo. É o que se passa com a Casa Fanti-Ashanti, onde a discrição ritual atualmente prevalecente nos segmentos relacionados com o mastro parece contrastar com a situação de alguns anos atrás, onde havia uma presença mais efetiva dos caboclos — designadamente de António Luís Corre Beirada (em cima de Pai Euclides).

Resumindo, a articulação entre mina e Divino não só não é uniforme de terreiro para terreiro, como não se apresenta

---

[120] A razão que me foi dada — assim como para outras inovações que tiveram lugar — enfatizava o carácter especial da festa. Esta não só «fazia dez anos», como dava cumprimento à promessa de Pai Wender relativa ao filho e — mais importante — concretizava uma profecia de D. Luís (em cima de Pai Jorge) quando este havia dito para Wender: «você é meu filho, está marcado pra mim, o seu reinado um dia vai ser na sua casa e no seu próprio momento». Era justamente esse reinado que — por intermédio do filho imperador — era concretizado nesse ano.

— dentro de cada terreiro — de forma constante ao longo do tempo. Além de haver múltiplos modos de articulação — umas vezes mais periféricos, outras vezes mais importantes —, estes são reversíveis: podem ser revistos, podem ser expandidos e encurtados, são — em suma — flutuantes.

Podem também — em casos-limite — ser cancelados. Foi o que se passou na festa do Divino do Terreiro de São Sebastião (no bairro do Angelim). Aí, com o envelhecimento gradual da mãe de santo, Dona Dorinha, houve uma separação funcional entre o terreiro e a festa. Enquanto a festa continuou sendo organizada por uma filha e uma nora de Dona Dorinha, o terreiro passou a ser dirigido por um pai de santo da cidade de Rosário (na Baixada Maranhense), que apenas realiza lá três toques de tambor de mina durante o ano (incluindo um que se segue à festa do Divino). Mas aquilo que era inicialmente uma divisão de responsabilidades religiosas acabou tendo como efeito a autonomização mútua da festa do Divino e do tambor de mina. Nestas circunstâncias, os rituais decorrem hoje sem qualquer tipo de integração ritual.

Esta reversibilidade das articulações entre Divino e mina deve ser sublinhada. Independentemente da importância das festas do Divino nos terreiros de tambor de mina, estas não constituem — em última instância — um elemento obrigatório no menu ritual de uma religião que tem as suas principais marcas distintivas no culto às entidades próprias da mina e no transe como forma de comunicação privilegiada entre devotos e entidades espirituais([121]). Por isso — embora minoritários — há terreiros de tambor de mina em São Luís que não realizam festas do Divino.

As caixeiras e as entidades

Referi que o *script* ritual das festas do Divino, apesar de algumas variações de terreiro para terreiro, apresenta — com

---

([121]) Sobre este ponto, ver Serra (1995: 198).

exceção da festa do Divino da Associação Tenda Umbandista de Santo Onofre (Igaraú) — uma certa regularidade ritual. Comparativamente, os modos de articulação entre Divino e mina apresentam um grau de variabilidade maior.

Essa regularidade ritual do *script* das festas do Divino — como referi — deve-se em grande medida às caixeiras, que, colocadas do lado da «tradição», atuam como elemento estabilizador da festa. A irregularidade das ligações entre Divino e mina deve-se, por seu lado, aos princípios de autonomia que regulam a atividade ritual dos terreiros e são encapsulados na expressão «cada casa é uma casa». Adotando uma terminologia que foi proposta para outro contexto (Boyer 1996; Goldman 2012), enquanto as festas do Divino estariam, conceptualmente falando, do lado da «iniciação» — no sentido em que se baseiam num corpo de normas rituais tradicionais transmitido de caixeira para caixeira —, as articulações entre mina e Divino estão do lado do «dom» — no sentido em que abrem espaço para combinações móveis entre o que é tradicional e aquilo que são as políticas de inovação religiosa de cada pai de santo (ou de cada entidade).

Os modos de apropriação do Divino pela mina podem, nessa medida, ser vistos como um *work in progress*. Esse *work in progress* não deixa de suscitar algumas fricções — embora ligeiras — junto de pessoas com um envolvimento maior na festa, como as caixeiras. De facto, algumas caixeiras têm uma posição de certa reserva — embora tolerante — em relação a alguns aspetos das articulações entre mina e Divino. Dona Luzia é menos insistente a esse respeito, mas não deixa de exprimir as suas reservas:

> Eles agora, eles deram pra misturar. Eu não gosto [...]. Eu não acho bonito... Eu gosto primeiro da festa do Divino, agora depois eles batiam o tambor deles. Agora eles batem no dia da festa. Eu não [gosto]. [Por exemplo, na casa de] Wender foi bonito o tambor. É muito bonito tudo, mas acontece que corta a parte do Divino, eles ficam ali no dia da festa, e é isso que eu não aprecio. Eu aprecio mais a festa e depois começar o tambor. [...] Como na Casa de Nagô. [...] Então eu acho melhor assim.

Quanto a Dona Jaci, é um pouco mais enfática:

[o Divino] vive misturado com a mina. Eles envolveram o Divino com a mina. Lá em casa [de sua mãe, onde começou batendo caixa] não, era só o Espírito Santo! [...] Eu não concordo. Porque Espírito Santo é limpo, Espírito Santo é puro, então não é para ser envolvido. A gente crê no Espírito Santo. São três pessoas da Santíssima Trindade, é o Pai, é o Filho e o Espírito Santo, resumindo, é uma só pessoa da Santíssima Trindade.

Algumas pessoas dizem que esta postura de Dona Jaci resulta do facto de muitos dos seus filhos carnais terem virado «crentes». Isso teria empurrado Dona Jaci para uma leitura mais despojada das festas do Divino. Pode ser. Mas penso que a razão principal destas reservas — que são também partilhadas por Dona Luzia, que tem uma relação de maior proximidade com o tambor de mina — se prende mais com o modo como a intervenção dos encantados em certas sequências da festa — com destaque para a receção dos impérios depois da missa — não só desvia as atenções do Divino para os encantados, como põe em causa a autoridade e o protagonismo ritual das caixeiras nesse segmento ritual. A questão pode ser colocada de outra forma. Geralmente, o trabalho de apropriação do Divino pela mina mantém — como referi — a autonomia das festas do Divino enquanto festa católica orientada para o culto ao Divino Espírito Santo. Ora, essa orientação da festa é assegurada pelas caixeiras, enquanto agentes populares de intermediação entre os devotos e o Divino. É relativamente aos pontos em que essa orientação pode de alguma forma ficar comprometida que as reservas das caixeiras, embora tolerantes, se exprimem.

Capítulo 11

Como as festas chegaram na mina

Vários autores têm sublinhado a importância de uma gramática incorporativa nos processos de estruturação das religiões afro-brasileiras (por exemplo, Serra 1995: 202–204). Para caracterizar esta disponibilidade incorporativa, Luis Nicolau Parés, no seu estudo sobre o candomblé jeje na Bahia, propôs o conceito de «princípio de agregação». Este visaria designar «a dinâmica [prevalecente no candomblé jeje] de incluir novas divindades num complexo ritual preexistente» (2011a: 277; itálicos meus), ou a

> reunião no seio de uma mesma congregação religiosa, de cultos correspondentes a várias divindades, a consequente justaposição de diversos assentos num mesmo espaço e a organização de formas de performance seriadas, para celebrar, simultânea ou consecutivamente essa pluralidade espiritual (2011a [2007]: 271).

Essa abertura do candomblé para o culto de «múltiplas divindades» — organizadas em «constelações ou grupos» — reger-se-ia por «uma lógica de eficácia religiosa e de acumulação de poder espiritual» (Parés 2011a [2007]: 271–273). Ao mesmo tempo que estaria associada no Brasil a processos regidos pela mobilidade e interação social e étnica, foi

> «o resultado também de influências lineares e diretas do "princípio de agregação" característico dos cultos de voduns [em África], ainda que aplicados a uma diversidade étnica mais extensa» (2011a [2007]: 273).

Embora formuladas para um contexto preciso, as teses de Luis Nicolau Parés podem ser produtivas para a caracterização de outros contextos afrorreligiosos. Sugiro que é esse o caso do tambor de mina do Maranhão: este reger-se-ia por um princípio similar, expresso numa capacidade muito forte de articular entre si — ou de incorporar — divindades e rituais provenientes de géneros religiosos mais ou menos distintos.

«Múltiplas divindades»

Essa capacidade agregativa do tambor de mina começa por operar relativamente a diferentes tradições de origem africana. Isso é particularmente evidente no modo como a grande maioria dos terreiros de São Luís cultua simultaneamente voduns — de origem jeje —, mas também orixás — de origem nagô. Em alguns terreiros, são muitas vezes estabelecidas, entre alguns voduns e orixás, equivalências similares àquelas que existem entre entidades de origem africana e santos católicos. Da mesma forma, as tobossas — de origem jeje — não só são identificadas em muitos terreiros como «princesas e senhoras», como são frequentemente associadas a Iemanjá, orixá de origem nagô. Essa capacidade de agregação é também evidente na abertura de muitas casas de tambor de mina ao tambor da mata, originário do terecô. Este é uma religião afro-brasileira de origem alegadamente centro-africana e predominante na região de Codó, em que Légua Boji Buá da Trindade (ou Seu Légua) — encarado frequentemente como uma versão afro-brasileira do Legba africano — ocupa um lugar dominante. Esta linha — cujo culto recorre a tambores e a ritmos diferentes, mais fortes e mais acelerados do que aqueles que encontramos no tambor de mina — teria sido introduzida no tambor de mina, de acordo com o mito de origem mais corrente em São Luís, nos anos vinte, no terreiro de Mãe Maximiana (por exemplo, M. Ferretti 2006: 92) ([122]).

([122]) Na realidade, a sua cooptação pelo tambor de mina pode ter sido anterior.

Esta capacidade de integração teológica e ritual do tambor de mina opera também em relação a universos religiosos aparentemente mais afastados da tradição africana. Têm sido sublinhados os laços entre a pajelança — onde influências indígenas se misturariam com tradições africanas e europeias de cura — e o tambor de mina. Muitos pais de santo são também pajés (ou curadores), e alguns deles começaram inclusivamente na pajelança e só depois passaram para a mina ([123]). Através dessa influência da pajelança, viajaram para a mina entidades como os surrupiras, as cobras ou os botos e viajou também o ritual de cura. Esta abertura para universos simbolicamente associados aos índios brasileiros é igualmente evidente na importância do tambor de borá — ou tambor de índio ou canjeré — no tambor de mina.

Como noutras religiões afro-brasileiras, é também importante a abertura do tambor de mina para entidades caboclas de origem brasileira. Estas entidades, de acordo, com Mundicarmo Ferretti,

> São brancos europeus, turcos (mouros) e crioulos, de origem nobre ou popular, que entraram na mata ou na zona rural, ou ainda que, renunciando ao trono ou à civilização, aproximaram-se da população indígena, miscigenando-se com ela e distanciando-se dos padrões do comportamento das camadas dominantes [...]. Os caboclos mais antigos [...] representam segmentos não dominantes da sociedade brasileira colonial, entre eles piratas franceses, [...], ciganos, mouros, judeus [...], negros aculturados, índios «civilizados» [...] e tantos outros (M. Ferretti 2000: 86).

Os caboclos — de acordo com a narrativa dominante em São Luís — teriam sido cooptados para o tambor de mina na Casa de Nagô (por exemplo, M. Ferretti 2000: 91), e teria sido a partir dela que a sua presença se generalizou à maioria dos terreiros de São Luís. Embora a maioria dos caboclos seja apenas conhecida em São Luís, em muitos terreiros podem também baixar caboclos conhecidos noutras religiões afro-brasileiras, o

---

([123]) Os exemplos contemporâneos desse trânsito entre pajelança e mina são significativos. Pais e mães de santo como Pai Euclides, Mãe Elzita, Pai Wender ou Pai Clemente Filho começaram todos eles na cura.

que se deve provavelmente à circulação de agentes, conhecimentos e entidades religiosas entre diferentes regiões do Brasil.

Simultaneamente, o tambor de mina dá passagem a categorias de entidades espirituais que são específicas da sua configuração teológica e ritual. É o que se passa com os nobres — de origem europeia — como Rei Sebastião, D. Luís, D. João, D. Manuel, etc. Como estas entidades chegaram no tambor de mina é um dossiê em aberto. A entrada de Rei Sebastião na mina — que tem suscitado um volume maior de pesquisas (M. Pereira 2000: 5–11, 94–110; Lima-Pereira 2012: 174–300) — terá sido provavelmente influenciada pela lenda dos Lençóis[124]. De acordo com essa lenda, Rei Sebastião ter-se-ia encantado na ilha de Lençóis — situada a norte de São Luís —, onde apareceria de noite sob a forma de um touro com uma estrela na testa. Caso fosse desencantado, a ilha de São Luís seria submergida pelo mar e desapareceria. Estes dois temas são retomados em doutrinas muito conhecidas do tambor de mina. Numa delas refere-se essa identificação entre Rei Sebastião e o touro:

> De quem é esse touro?
> É do Rei Sebastião,
> Esse touro é brabo,
> Não deixa fugir,
> O vaqueiro dele é Légua Boji.

Noutra, é a imersão da ilha de São Luís, como consequência do eventual desencantamento de Rei Sebastião, que é referida:

> Rei, Rei Sebastião
> Se desencantar lençol
> Vai abaixo o Maranhão,
> Se desencantar lençol
> Vai abaixo o Maranhão

---

[124] Do Maranhão, as entidades nobres viajaram para o batuque do Pará, onde foram estudadas por Taissa de Luca (2010).

Relacionada com a lenda de Lençóis, a agregação de Rei Sebastião — por vezes apresentado como o «rei dos índios» (M. Ferretti 2008b: 5) — ao tambor de mina teria ocorrido, segundo vários pais de santo (e antropólogos), por via da pajelança (por exemplo, M. Ferretti 2000: 67, 185; 2014).

Entre «as múltiplas divindades» do tambor de mina, deve ser feita uma menção especial aos turcos. Os turcos — como o Rei da Turquia, o Almirante Balão ou Ferrabrás — são entidades «mouras» — e portanto «pagãs» — de origem nobre. Pese embora esta sua origem, ao chegarem ao Brasil, os turcos optaram por renunciar aos seus privilégios reais, tendo-se casado com entidades indígenas e passando a viver na mata. Geralmente vistos — como ficou sugerido — como caboclos, os turcos são em alguns terreiros considerados um grupo mais específico de entidades que ocupa uma situação instável entre os nobres e os caboclos. Têm sido propostas várias hipóteses sobre a incorporação das entidades turcas no tambor de mina. Esta, segundo Mundicarmo Ferretti, remontaria a finais do século XIX e teria ocorrido no Terreiro de Manoel Teu Santo, onde Mãe Anastácia recebeu pela primeira vez o Rei da Turquia (M. Ferretti 1992). Mas teria sido no quadro do Terreiro da Turquia — fundado por Mãe Anastácia entre o final do século XIX e o início do século XX — que se deram os passos mais significativos na implantação e na difusão destas entidades no tambor de mina de São Luís. Ainda para Mundicarmo Ferretti (1992), este processo de cooptação das entidades turcas pelo tambor de mina estaria ligado à importância do ciclo carolíngio na literatura popular em circulação no Maranhão e também à importância das cheganças — um ritual que encena lutas entre mouros e cristãos — na cultura popular de São Luís[125].

Outras expressões da cultura e da religião popular do Maranhão foram também agregadas pelo tambor de mina, com destaque para o bumba-meu-boi, ele próprio instavelmente

---

[125] Há também quem avente — de uma forma mais hipotética do que empiricamente demonstrada — a importância que a presença sírio-libanesa em São Luís teria tido na adoção destas entidades.

situado entre devoção e folguedo, entre o culto de São João (e de São Pedro) e o culto das entidades. De facto, muitos terreiros têm bois de encantado, que são geralmente — como as festas do Divino — uma obrigação para uma entidade de tambor de mina (por exemplo, S. Ferretti 1996; L. Carvalho 2005; I. Nunes 2011: 84–87).

Esta capacidade de articular no mesmo conjunto religioso «múltiplas divindades» e também «múltiplos rituais» é, portanto, muito marcada e tem sido constatada por diversos autores. Foi referenciada por Bastide, que a valorizou negativamente. Foi posteriormente retomada por Maria Amália Barretto, num tom oscilante entre a crítica (Barretto 1977: 53–54) e a aceitação (Barretto 1987: 180). Mas foi sobretudo na obra de Mundicarmo Ferretti que tem sido mais sistematicamente trabalhada.

A pesquisa de Mundicarmo Ferretti (2000) sobre a Casa Fanti-Ashanti constrói-se em torno da importância dos caboclos — sobretudo dos turcos — na organização teológica e ritual do terreiro. Por seu intermédio, o que Mundicarmo Ferretti procura demonstrar é a relevância assumida por entidades não africanas num terreiro que se coloca sob o signo da reafricanização ([126]). Mas a sua pesquisa é também importante porque foi nela que pela primeira vez foi apresentada de forma sistematizada essa «multiplicidade espiritual» do tambor de mina. De facto, Mundicarmo Ferretti procede na primeira parte do seu livro a um enquadramento geral da Casa Fanti-Ashanti na tradição mineira, onde propõe uma caracterização de conjunto das entidades recebidas no tambor de mina. Essa caracterização distingue sucessivamente várias categorias: voduns e orixás;

---

[126] De alguma forma, este seu argumento pode ser visto como complementar ao de seu marido, Sérgio Ferretti. Enquanto Sérgio Ferretti (2009 [1985], 1995) mostra nos seus estudos sobre a Casa das Minas a importância do catolicismo no terreiro tradicional mais africano de São Luís — aquele que manteria a tradição jeje mais intocada —, Mundicarmo Ferretti mostra como, no terreiro de São Luís mais envolvido com o discurso da reafricanização, o «africanismo» não impede que este se abra simultaneamente para entidades e rituais não africanos de origem brasileira.

gentis; gentilheiros (onde estariam os turcos); caboclos; índios e selvagens; meninas (2000: 73) ([127]).

Na sequência desta sua obra, Mundicarmo Ferretti continuou a trabalhar sobre a «multiplicidade espiritual» do tambor de mina. Destacam-se os seus estudos sobre a importância do tambor da mata no tambor de mina, sobre as relações entre este, a pajelança e rituais de cura ou sobre a génese das entidades turcas. Mais recentemente — dando sequência ao seu interesse pelo tambor da mata —, Mundicarmo Ferretti teve também um papel pioneiro no estudo antropológico do terecô (M. Ferretti 2001, 2003) ([128]). Simultaneamente, alguns estudantes orientados por Sérgio e Mundicarmo Ferretti têm vindo a pesquisar aspetos mais precisos dessa capacidade agregativa da mina. É o caso das monografias de Cleides Amorim (1996), Jacira Pavão (1999) e Maria do Socorro Aires (2008) sobre o tambor de borá.

Essa capacidade de integração teológica e ritual do tambor de mina — que em alguns terreiros se pode estender ao espiritismo (M. Abreu 2002) e à umbanda (A. F. Cunha 2002) — foi também enfatizada por Luis Nicolau Parés na sua tese de doutoramento, sobretudo em referência à «mina de caboclo». Segundo ele, «o tambor de mina contemporâneo desenvolveu-se através da combinação das práticas das casas mais tradicionais com [práticas] diversas com outras origens culturais», envolvendo «o encontro de tradições africanas que eventualmente existiam em África e tradições culturais, pré-existentes ou emergentes, de origem ibérica ou ameríndia, entre as quais o "universo caboclo"» (1997: 15) ([129]). Expressões como «interpenetração»,

---

[127] Para uma listagem exaustiva das diferentes entidades do tambor de mina num terreiro concreto, ver Prandi & Souza (2004), que pesquisaram o terreiro de Francelino de Xapanã — iniciado por Pai Jorge —, em São Paulo.

[128] Sobre o terecô, para além das publicações de Mundicarmo Ferretti, ver também Martina Ahlert (2013) e Centriny (2015).

[129] Entre as tradições africanas, Parés (2011b) chama a atenção, além das influências jeje e nagô, para a influência banta, sobretudo em meios rurais. Walter Hawthorne (2010: 208–247) sublinhou também a importância dos escravos originários da costa da Guiné na formação das religiões de base africana no Maranhão.

«interação», «influência» ou outras de sentido similar são por isso frequentes na sua análise.

Começando por se manifestar relativamente a distintas tradições afrorreligiosas (mas também ameríndias e europeias), essa capacidade de agregação estende-se ainda ao catolicismo. Por um lado, é possível encontrar no tambor de mina as expressões do chamado «sincretismo afro-católico» mais correntes noutras religiões afro-brasileiras, nomeadamente o estabelecimento de correlações entre os voduns (e os orixás) e os santos católicos (ou santas ou invocações de Nossa Senhora). Como tem sido sublinhado, porém, essas correlações podem assumir uma forma diferente daquela que podemos encontrar noutras religiões afro-brasileiras, uma vez que, em muitos casos, a entidade é apresentada como sendo devota do santo (ou santa ou invocação de Nossa Senhora) (por exemplo, Barretto 1977: 74; S. Ferretti 2009 [1985]: 92, M. Ferretti 2000: 107). Noutros casos, a insistência é — como noutras religiões afro-brasileiras — na analogia entre a entidade e o santo, mas há também muitas pessoas que transformam essa analogia numa relação de identificação total entre ambos. Em consequência destas conexões flutuantes entre entidades e santos, os altares dos terreiros são decorados com imagens de santos, e as festas para as entidades afrorreligiosas principais de cada casa combinam toques de tambor de mina — e outros rituais internos — com celebrações católicas para o santo (ou santa ou invocação de Nossa Senhora) correspondente. Antes do toque, é rezada uma ladainha para o santo e, em algumas festas, pode mesmo ser realizada uma pequena procissão com a imagem do santo (ou santa ou invocação de Nossa Senhora) no bairro onde se localiza o terreiro. Em algumas casas, filhas de santo mais devotas podem também participar na missa católica do dia. Em muitos terreiros — por exemplo na Casa de Iemanjá —, os rituais de saída das recém--iniciadas envolviam também a assistência à missa. E, como em muitas outras religiões afro-brasileiras, a atividade dos terreiros é suspensa durante a Quaresma, sendo retomada no sábado de Aleluia ou no domingo de Páscoa.

Para além destas expressões mais genéricas, o tambor de mina articula-se de forma mais precisa com alguns rituais do catolicismo, relacionados, por exemplo, com o Natal ou com a devoção a São Lázaro.

No Natal, muitos terreiros armam um presépio — frequentemente com duas imagens do Menino Jesus — que permanece aberto até ao dia de Reis (6 de janeiro) ou até ao dia de São Sebastião (20 de janeiro), quando se realiza a «queimação das palhinhas» ([130]). Eis a descrição que Sérgio Ferretti faz do ritual tal como se realiza na Casa das Minas:

> A ladainha foi cantada na varanda de danças, diante do presépio, e acompanhada por um conjunto de quatro ou cinco músicos que tocam em quase todas as festas. Acenderam velas no presépio, que foi também incensado, vieram alguns voduns e, ao fim da ladainha, queimaram as palhinhas, ou folhas de murta e unhas-de-gato que o enfeitavam. Os voduns foram retirando as imagens e as entregaram a um casal que as recebeu sobre uma toalha branca. Este haveria de ser o casal de padrinhos do presépio para o ano seguinte [...]. Depois foram oferecidos aos presentes doces e refrigerante (2009 [1985]: 148).

Outro ritual católico que ocupa lugar de destaque no *script* ritual do tambor de mina é o «banquete dos cachorros», «um ritual do catolicismo popular realizado em pagamento de promessa a São Lázaro» (S. Ferretti 2001b: 3). Com uma difusão mais vasta no Nordeste e no Norte do Brasil (ver S. Ferretti 2009 [1985]: 145), o ritual tem uma data variável de terreiro para terreiro, mas realiza-se tendencialmente entre o final de janeiro — no dia de São Sebastião (20 de janeiro) — e o início de

---

([130]) Alguns pais de santo relacionam a existência de duas imagens do Menino Jesus com o culto africano dos ibéji, que é também importante nas festas de São Cosme e Damião, que muitos terreiros celebram no final de setembro. Entretanto, para a Casa das Minas, Sérgio Ferretti propõe outra explicação: «Indagadas, as pessoas respondem que sempre foi assim, que a Casa possui duas imagens que são de duas filhas, e que não querem deixar de as expor. [...] A explicação que nos pareceu mais lógica é que Zomadônu tem dois filhos, Toçá e Tocé, pelo que se diz que lá tudo costuma acontecer em dobro. As outras casas talvez adotem esse costume seguindo a mesma tradição» (S. Ferretti 2009 [1985]: 147).

fevereiro — no dia de São Roque (11 de fevereiro). Ligado originalmente a promessas relacionadas com «feridas, doenças de pele ou epidemias» (2009 [1985]: 145), o culto cobre hoje em dia tipos mais diversificados de promessas. Simultaneamente a esta sua dimensão católica, o ritual é também uma obrigação para Acóssi (ou Acóssi Sapatá), divindade jeje que «sincretiza» com São Lázaro. Na Casa das Minas,

> o banquete dos cachorros é realizado na tarde do dia 20 de janeiro. Os cachorros convidados devem comparecer lavados, e antes recebem uma fita vermelha ao pescoço. Cada cachorro é segurado pelo seu dono e come ao lado de uma criança, numa bonita mesa arrumada no chão da varanda de danças. As crianças são meninos e meninas de idades variadas, em número igual ao dos cachorros. Crianças e cachorros comem em pratos separados, e a comida é qualquer uma, que seja bem feita (S. Ferretti 2009 [1985]: 147).

Este *script* do ritual reencontra-se noutros terreiros onde — como na Casa das Minas — é de sete o número de cachorros e crianças. É também geral a associação do banquete dos cachorros a rituais afrorreligiosos relacionados com Acóssi. Na Casa das Minas, os voduns associam-se ao ritual de forma mais discreta, mas na maioria dos terreiros, depois de concluído o banquete — ou ainda durante a sua realização —, os espíritos ligados a Acóssi baixam em algumas filhas de santo. Segundo Jorge Itaci, o transe associado a essas entidades é particularmente violento:

> As criaturas por ele incorporadas, levadas ao estado de transe, ficam todas deformadas perdendo por completo a fisionomia, com os membros todos crispados em convulsões, emitem gritos roucos, babam e se contorcem, tomando água em abundância e azeite de dendê e os possuídos só voltam a si depois de fricções de azeite de dendê e tomar golos do mesmo e cânticos em dialectos africanos (J. I. Oliveira 1989: 48).[131]

---

[131] Para uma descrição similar do ritual — no terreiro Ilê Ashé Ogum Sogbô —, ver Lindoso (2014: 133–134).

Devido à violência do transe com as entidades ligadas a Acóssi, este é considerado particularmente doloroso — e até perigoso — e é geralmente de curta duração, para não pôr em risco a integridade física dos «cavalos».

Pode portanto falar-se de uma abertura mais geral do tambor de mina em relação ao catolicismo ([132]). Esta abertura — também ela regida por princípios «de eficácia religiosa e de acumulação de poder espiritual» (Parés 2011a [2007]: 273) — deve ser vista no quadro da disponibilidade agregativa mais geral do tambor de mina em relação a outras formulações religiosas. Começando por operar em relação a géneros mais próximos — ou mais evidentemente compatíveis entre si —, estende-se depois a géneros aparentemente mais heterogéneos — ou menos evidentemente compatíveis entre si — como o catolicismo. É neste quadro geral, caracterizado pela extensão do princípio da agregação para o catolicismo, que é possível interpretar a cooptação das festas do Divino pelos terreiros de tambor de mina e os modos de articulação entre Divino e mina a que ela dá lugar.

As razões da história, as razões do presente

As condições históricas desta abertura do tambor de mina em relação ao catolicismo — e às festas do Divino em particular — têm sido abordadas na literatura sobre o tambor de mina. Para Otávio Eduardo (1948: 1–2), que trabalhou com base nas propostas de Melville Herskovits, a aculturação religiosa no tambor de mina seria resultado do «contacto de culturas» e das dinâmicas contraditórias de retenção e integração cultural. Esta última, ao mesmo tempo que teria sido favorecida por algumas similitudes entre a cultura europeia e as culturas africanas transplantadas de África (1948: 2), seria também o resultado da

---

([132]) Essa capacidade agregativa tem outras expressões. Como sublinhei, em muitas casas, o tambor de borá — ou tambor de índio — realiza-se sob o signo de santos católicos — sobretudo São Miguel e São Sebastião —, que são também vistos como «chefes» dessas linhas de entidades.

posição «subordinada» das populações negras no Novo Mundo (1948: 3). Já Sérgio Ferretti encara o sincretismo «como estratégia de adaptação» (1995: 220) a «uma sociedade preconceituosa, que se pretende branca e católica» (1995: 219). Essa estratégia de branqueamento teria sido historicamente condicionada pela perseguição e o preconceito de que o tambor de mina foi alvo:

> «a dependência aparente da mina ao catolicismo decorre de mais de um século e meio de circunstâncias históricas em que a religião foi proibida, perseguida e conseguiu sobreviver com grande dificuldade» (1995: 218).

Estas explicações retomam para o caso do tambor de mina interpretações genéricas dadas por outros autores para o chamado sincretismo afro-católico no Brasil. Umas e outras enfatizam — embora de forma diferente — o estatuto do catolicismo como religião dominante, imposto em condições de marcada desigualdade económica, política e ideológica aos sectores negros da população. Quanto às teses sobre o recurso ao catolicismo — e especificamente às festas do Divino — como dispositivo de branqueamento dos terreiros, aproximam-se das de Roger Bastide (por exemplo, 2002 [1946], 1967: 161) sobre o sincretismo como «máscara» e sublinham o seu papel como estratégia na luta contra a perseguição.

Estes fatores foram sem dúvida importantes para a cooptação das festas do Divino pelos terreiros de tambor de mina. Esta desenvolveu-se historicamente num quadro marcado pela dominação branca, pela repressão e pelo preconceito. A importância, neste quadro, de estratégias de nobilitação religiosa não deve ser desprezada, como mostram os processos de *upgrade* da pajelança para o tambor de mina, usados por muitos pajés como forma de proteger a sua atividade e de fugir à repressão (Pacheco 2004: 54; M. Ferretti 2008a; Laveleye 2010: 205). Didier de Laveleye (2010: 229), por exemplo, defendeu esta tese relativamente à passagem sucessiva — entre os pajés de Cururupu — da pajelança para o tambor de mina e deste para a celebração dos santos católicos. O mesmo poderá ter sucedido com a cooptação das festas do Divino pelos terreiros de tambor de mina.

É entretanto importante sublinhar que, contrariando a aceitação generalizada do sincretismo como resultado da dominação branca, muitos pais de santo, quando confrontados com a tese do branqueamento, não a subscrevem, preferindo acentuar a dimensão religiosa da festa ou insistindo no seu carácter tradicional. Este foi, por exemplo, o argumento utilizado por Pai Euclides quando abordei com ele o tema:

> Eu acho que é mais por conta da fé no Espírito Santo que as pessoas se locomoviam pra chegar até essas festas, né? E eram pessoas que também, na época, não tinha vodum, não tinha orixá, não tinha nada e também não era caixeira, apenas iam pra acompanhar, porque alguém conhecido, um colega, um parente, tava inserido naquela festa, então eu acho que é mais ou menos por aí. Porque ela é uma festa muito contagiante, a festa do Divino Espírito Santo. O pessoal se liga muito com a cantoria, aquela coisa do solene, a hora dos rituais, de alvorada, a hora da missa, que é um momento do ritual muito bonito, chegada da missa, saída da igreja, né? E o povo, então [...] eles acompanhavam, pra poder dar mais suporte à própria festa, né? E tem mais esse vínculo, porque todo o povo de terreiro, aqui do Maranhão, tem esse vínculo muito forte com o catolicismo. Então, faz uma fusão de coisas, né, e que dá certo, tem dado certo.

De facto, a par de mecanismos de circulação vertical ligados à dominação branca, mecanismos de circulação horizontal das festas devem ter sido também importantes. Matthias Assunção (1995, 2005) chamou a atenção para o quadro mais complexo que marca historicamente não apenas a capacidade agregativa do tambor de mina, mas a importância mais abrangente dos «processos de integração cultural, assimilação, sincretismo e disjunção» (1995: 275-176) que caracterizam a cultura popular do Maranhão, em geral, e a esfera religiosa, em particular. Para o autor, a cultura popular do Maranhão «é o resultado de um permanente confronto entre [...] as diferentes subculturas dos grupos subordinados e a cultura da elite e as intervenções da elite [na cultura popular]» (1995: 265). As razões invocadas por Assunção para a importância destes processos são várias e decorrem de algumas características económicas e sociais do Maranhão oitocentista. Entre elas, Assunção refere a existência de uma estrutura social complexa com um forte campesinato compreendendo três segmentos principais. Um deles seria o segmento caboclo, formado a partir da dissolução dos aldeamentos missionários, «ligado a elementos de crenças indígenas mas vivendo em estruturas familiares inspiradas pelo catolicismo e partilhando a fé católica» (1995: 271). As fronteiras entre este grupo e grupos indígenas «brabos» eram fluidas, e as práticas caboclas «eram constantemente reforçadas e sustentadas a partir do exterior da sociedade colonial» (1995: 271). Um segundo segmento era composto por descendentes libertos de escravos africanos, cuja interação com grupos ameríndios era significativa. Um terceiro grupo era composto por camponeses e vaqueiros oriundos do Nordeste, constituindo uma «população já etnicamente misturada de mestiços e de índios domesticados» (1995: 272). A interação entre estes segmentos era forte e facilitada por linhas de fratura racial fluidas entre grupos brancos e negros da população: muitos brancos ocupavam posições subalternas, e existiria também um forte contingente de mestiços que tanto podiam ser escravos (ou libertos) como proprietários de escravos. Entre os escravos — cujos números por plantação não excedia em média os 50 (em comparação com o número médio de 100 escravos por fazenda na Bahia) —, a importância da produção camponesa autónoma era também importante[133].

Desta interação, segundo Assunção, «resultou numa religião sincrética [...] que fundiu o catolicismo medieval e crenças indígenas e africanas» (1995: 273). A evangelização intermitente do Maranhão foi um agente facilitador do processo. Depois da expulsão dos jesuítas, a ausência de clero regular «alimentou a reapropriação da religião e a reinterpretação do dogma por leigos», e «a transição para práticas claramente não católicas não era difícil» (1995: 274).

---

[133] Para um tratamento aprofundado das principais características da formação social maranhense no século XIX, ver Assunção (2015).

O ponto que deve ser retido no argumento de Assunção é a ênfase que ele coloca em vetores simultaneamente verticais e horizontais de circulação da cultura e da religião no Maranhão. Noutro artigo, Assunção volta a este ponto, ao diferenciar entre aquilo a que chama «sincretismo horizontal» e «sincretismo vertical» (2005: 161). Este último — marcado pela dominação — seria importante, mas, simultaneamente, «as interações entre diferentes grupos subalternos são cruciais para compreender a formação da cultura popular» do Maranhão (2005: 164). Complementarmente, sublinha Assunção, haveria que complexificar o «sincretismo vertical»: «não foram apenas os escravos que se creolizaram, mas também os seus senhores», e «a troca cultural em ambas as direções» (2005: 164) era frequente.

No decurso da sua argumentação, o autor faz referência às festas do Divino no Maranhão, sugerindo que a sua cooptação pelos terreiros de tambor de mina seria também parte integrante desses processos de circulação horizontal de crenças e rituais (Assunção 1995: 275). Embora essa referência seja muito breve, há alguns dados históricos que — embora para datas posteriores às referidas por Assunção — sugerem a importância destes mecanismos de circulação horizontal.

Por exemplo, tanto o estudo de Otávio Eduardo (1948) como a memória oral de Pai Euclides (in R. Amaral 2012: 180) permitem entrever, para a primeira metade do século XX, a importância das festas na devoção popular de São Luís, expressa nomeadamente num elevado número de festas realizadas em casas particulares. O trânsito entre a devoção popular ao Divino e os terreiros deveria também ser corrente, como parecem indicar os exemplos das festas do Divino na Casa de Nagô e no Terreiro da Turquia que referi no capítulo anterior. Em ambos os casos, numa situação em que as festas haviam sido interrompidas, foi a pedido de filhas de santo devotas do Divino que foram retomadas (Santos & Neto 1989: 61, 85). Simultaneamente, as migrações para São Luís a partir de meios rurais onde as festas deveriam já ser fortes — na ilha de São Luís ou na Baixada Maranhense — podem também ter sido importantes. Ainda hoje é frequente encontrarmos devotos do Divino que fazem recuar a devoção às suas origens rurais. É esse — como referi — o caso da promessa da mãe carnal de Pai Clemente Filho, de que resulta a festa do Divino do Terreiro de Mina Jardim da Encantaria. Estes processos de interface entre devoção popular ao Divino e terreiros de tambor de mina foram também facilitados pelo facto de as festas se basearem no monopólio popular — assente nas caixeiras — da intermediação com a divindade. O trânsito das festas do Divino para os terreiros pode ter sido tanto mais fácil quanto a interlocução dos pais e mães de santo se fazia com agentes eclesiásticos populares que circulavam no mesmo campo religioso.

O mais provável, portanto, é que processos de cooptação vertical das festas — como os sugeridos por Eduardo e Ferretti — tenham historicamente coexistido com processos de circulação horizontal do culto ao Divino — na linha das sugestões de Matthias Assunção. Simultaneamente, o processo de apropriação das festas pelos terreiros de tambor de mina foi também facilitado por fatores decorrentes da gradual emergência das suas virtualidades

Foram algumas dessas virtualidades — tal como se expressam no presente — que tive oportunidade de abordar nos capítulos anteriores. Essas virtualidades decorrem da capacidade que as festas do Divino — definidas enquanto «festas maiores dos terreiros» — têm de construir conexões com pessoas e grupos não necessariamente envolvidos com a atividade regular dos terreiros e de os projetar na esfera pública. Desempenham, nessa medida, um papel importante no enriquecimento do «capital social» dos terreiros e são um importante dispositivo ritual de afirmação do seu renome e prestígio. Esse seu papel foi reforçado recentemente pelas políticas de patrimonialização das festas, que, ao mesmo tempo que lhes acrescentaram um valor «cultural», transformaram os terreiros em principais guardiões de uma «tradição» valorizada positivamente pelas políticas públicas e pela sociedade.

Mas essas virtualidades são também — são sobretudo — religiosas. Como me disse Pai Wender, relativizando a importância da dimensão patrimonial das festas na sua expansão recente, tem algum [motivo mais forte para a realização das festas]. Fé, devoção, algum pedido do Divino ali à mistura. [Ou] obrigação da casa [...], alguma entidade que pediu [...] alguma coisa relacionada a isso [...]. Creio eu que seja por devoção e amor do Espírito Santo ou da [...] entidade que pediu essa festa.

De facto, a presença das festas do Divino em terreiros de tambor de mina é um reflexo da frequência e da importância dos trânsitos entre devoção católica e obrigação afrorreligiosa, entre Divino, santos (ou santas ou invocações de Nossa Senhora) e entidades espirituais da mina, tanto por parte de segmentos significativos do «povo de santo» como por parte de outros segmentos populares com ligação mais forte com o catolicismo. Para utilizar uma terminologia inspirada no tambor de mina, as razões «visíveis» — sociais e «culturais» — para a cooptação das festas não devem deixar para trás este ponto. Com o tempo, as festas do Divino ganharam um papel importante em formas de comunicação entre os homens (e as mulheres) e os deuses, que foram juntando Divino Espírito Santo e encantados, filha(o)s de santo e devotos, promessa e obrigação, devoção e diversão, santos e entidades espirituais da mina, estrutura e antiestrutura. É essa eficácia religiosa das festas — baseada no recurso a diferentes fontes de legitimidade religiosa, a atores humanos e espirituais diversos e a modos de ritual e *performance* distintos — que permite explicar a sua continuada cooptação pelos terreiros de tambor de mina. Que à eficácia religiosa das festas se acrescentem outras razões para a sua apropriação pelo tambor de mina não implica que essa sua dimensão possa ser posta de lado.

Pode até ser-se mais assertivo a esse respeito. É porque as festas do Divino se situam maioritariamente num espaço de indecisão entre catolicismo e tambor de mina que têm essa capacidade de abrir os terreiros para fora — que pais e mães de santo lhes reconhecem. Posto de outra forma: é porque juntam encantados e Divino, santos (e santas e invocações de Nossa Senhora) gentis e orixás, que as festas do Divino podem também juntar com sucesso mineiros e devotos, filha(o)s de santo e caixeiras, terreiros e esfera pública.

Múltiplas causalidades

Apoiada neste feixe de razões mais genéricas, a apropriação das festas do Divino pelos terreiros de tambor de mina assume — como vimos — várias formas. Essa multiplicidade requer que às razões genéricas indicadas sejam acrescentadas razões mais específicas e variáveis, capazes de dar conta desses diferentes modos de articulação entre Divino e mina.

Algumas dessas razões podem ser relacionadas com as políticas mais gerais de gestão das fronteiras religiosas adotadas pelos diferentes terreiros ou — para colocar a questão em termos ligeiramente diferentes — com os modos como é gerida em cada casa a capacidade agregativa do tambor de mina. Assim, por exemplo, no caso da Tenda Associação Umbandista de Santo Onofre (Igaraú), a articulação forte entre Divino e mina não pode ser desligada da liberdade de composição e de abertura do *script*, decorrente do facto de se tratar de um terreiro de mina cruzado com umbanda. É efetivamente reconhecida a maior liberdade de composição da umbanda — comparativamente com outras religiões afro-brasileiras —, em particular no tocante à gestão conjunta de entidades católicas e entidades afro-brasileiras. O facto de se tratar de um terreiro periférico em relação ao campo afrorreligioso de São Luís também deve ser sublinhado, uma vez que o liberta de eventuais pressões normalizadoras que se fazem sentir de forma mais efetiva na capital.

A comparação entre a Casa de Iemanjá — onde as articulações entre Divino e mina são mais fortes — e a Casa Fanti-Ashanti — onde estas não são tão expressivas — é também esclarecedora. Tendo surgido sensivelmente na mesma altura e desempenhado um papel central na renovação da cena afrorreligiosa de São Luís a partir dos anos setenta, ambos os terreiros desenvolveram estratégias diferentes de gestão das suas fronteiras religiosas, com reflexo nas articulações entre Divino e mina. Na Casa de Iemanjá, a articulação mais forte entre mina e Divino parece integrar-se na política de gestão mais aberta do tambor de mina adotada por Pai Jorge. Esta foi — como vimos — uma das características distintivas mais importantes do esforço de renovação e visibilização da mina adotada por este pai de santo a partir dos anos sessenta. No caso da Casa Fanti-Ashanti — também como vimos —, a inovação fez-se mais pelo lado do reforço da componente africana do terreiro, assente, num primeiro momento, na reclamação da sua origem fanti-ashanti e, num segundo momento, na cooptação do candomblé para o menu afrorreligioso do terreiro. Na gestão das fronteiras entre mina e candomblé — até como forma de se defender das acusações de que estaria desvirtuando a mina —, Pai Euclides adotou o «princípio do corte». Isso significa que as entidades da mina e do candomblé têm cultos separados. As iniciações são diferenciadas e, a par de filhas de santo iniciadas simultaneamente no tambor de mina e no candomblé, muitas são iniciadas apenas num ou noutro culto. Os toques de tambor de mina também não se misturam com os toques de candomblé: são realizados em dias diferentes e em salões diferentes. Esse princípio do corte — como referi anteriormente — é também uma das preocupações de Pai Euclides em relação às festas do Divino. Ora, entre as políticas de gestão das fronteiras adotadas na relação entre mina e candomblé e entre Divino e mina parece haver, segundo pais de santo próximos de Pai Euclides, uma relação. Quando abordei a ausência de caboclos na Casa Fanti-Ashanti com Pai Wender, foi essa a sua sugestão:

> Segundo [Pai Euclides] me relatou uma vez, lá ele tinha tudo isso, mas depois da chegada do candomblé isso quebrou um pouco, não se sabe se é por causa dos rituais de aceitamento, a entidade não se torna numa figura muito à vontade, as dançantes que devem obrigação, não sei... Pode ter sido alguma coisa referente a isso, mas não sei lhe dizer se essa foi a história.

Noutros casos, é a relação pessoal do pai ou mãe de santo com o catolicismo que parece explicar certas opções tomadas. Assim, no terreiro Fé em Deus, Dona Elzita define-se a si própria — e é definida pelos outros — com uma católica fervorosa. A sua participação direta em segmentos mais religiosos das festas do Divino — como a procissão com a imagem de Santana — é muito destacada e, a partir de 2012, passou mesmo a incluir uma pequena cerimónia religiosa católica na capela situada perto do terreiro. Na época natalícia, promove também *O Pastor do Oriente*, um auto natalício centrado na encenação do nascimento de Jesus, em que a visita das «pastorinhas» ocupa lugar de particular relevo (I. Nunes 1977: 111–136). Realizado em frente ao presépio da casa e terminando com a queimação das palhinhas, o auto é apresentado por Dona Elzita como «uma obrigação a Menino Jesus porque Jesus é poderoso e ele sabe a missão que eu quero cumprir [...] com ele» (in I. Nunes 1977: 111) ([134]). No Terreiro de Mina Jardim da Encantaria, Pai Clemente Filho procura também fazer a ponte — como referi — com o catolicismo e com os frequentadores católicos da casa.

Em ambos os casos, esta proximidade dos pais e mães de santo relativamente ao catolicismo parece ter consequências nos modos de articulação entre mina e Divino. No caso de Dona Elzita, justifica a sua insistência em separar discursivamente mina e Divino. No caso de Pai Clemente Filho, justifica — como referi — a sua posição de hostilidade relativamente à presença dos caboclos nos segmentos rituais relacionados com o mastro.

Deve de qualquer forma ser sublinhado que não há correlação sistemática entre catolicismo e gestão — mais fechada ou mais aberta — das fronteiras entre mina e Divino. Este ponto foi sublinhado por Sérgio Ferretti para a Casa das Minas: aí, «o sincretismo [católico] não se opõe à tradicionalidade ou à africanidade do tambor de mina» (1999b: 117). Pode dizer-se o

---

([134]) A realização deste auto no Terreiro Fé em Deus não deixa de ter um paralelismo interessante com a realização da dança das taieiras (Dantas 1972) no terreiro de Mãe Belina em Laranjeiras (Sergipe), que a pesquisa de Beatriz Góis Dantas (1988) tornou famoso. Num caso como noutro, estamos perante terreiros com uma matriz africana forte, mas que reservam no seu menu ritual um lugar importante a representações dramáticas de acentuado pendor católico. Entretanto, no caso da dança das taieiras, Mãe Belina estabelecia — diferentemente do que parece fazer Dona Elzita — alguma relação entre o ritual e o culto de entidades afrorreligiosas (ver Dantas 1972:72).

mesmo da Casa de Iemanjá e da Tenda Associação Umbandista de Santo Onofre (Igaraú). Em ambos os casos — embora de modos diferentes —, uma gestão muito aberta das fronteiras entre mina e Divino coexiste com uma opção vincada dos pais de santo pelo catolicismo. No caso de Pai Jorge, essa orientação católica, segundo Dona Bidoca — sua viúva —, era muito forte:

> ele era muito católico assim, pessoas até nem imaginavam o tanto ele era tão católico, ele sabia tanto da Bíblia como as pessoas nem imaginavam. [...] [Por isso] aqui é assim, tudo que tem, tem missa, festa, se tiver um filho de santo preparado para sair da camarinha, a primeira coisa que faz é ir assistir uma missa [...]. Poucas casas que fazem isso. Os filhos da casa, ele dizia, «quando sair daqui, você tem que seguir isso mesmo», ele era muito católico. [...] Aqui, todas as obrigações, digamos, todos os santos, dias de santos, [...] primeiro que [...] elas vem pra cá [...] elas já estão vindo da missa, elas vão primeiro a missa, aí é que elas vem para cá, pra fazer obrigação, pra fazer as obrigações delas.

Pai Edmilson também se define como muito católico. Como é ele o imperador perpétuo da sua festa, é também, entre os terreiros que pesquisei, o único pai de santo que assiste à missa do dia da festa. Esta, em anos anteriores, era rezada por um padre católico no terreiro e, no seu decurso, tinham lugar cerimónias católicas como batizados ou confirmações. Com a imposição de novas regras pela diocese, essa prática terminou, o que foi mal aceite — segundo Dona Teresa de Légua (em cima de Pai Edmilson) — pelo pai de santo:

> Porque os padre dizia a missa aqui. Dizia a missa campal. Dizia a missa na tribuna. Aí quando foi um dia ele mandou que não poderia mais dizer a missa, porque o papa não aceitaria, porque tem a capela. Tem a capela, então onde tem capela não pode se dizer missa fora da capela. Então, digo eu, em nome de Edmilson, quando eu encontrar uma pessoa do nível mais superior pra nós chegar até a diocese do centro, falar com o bispo ou arcebispo [...], que não tinha nada com macumba, pra que nós dissesse as nossas missas dentro do nosso tribunal.

Se, em alguns casos — como o de Dona Elzita —, a insistência do pai ou da mãe de santo na autonomia recíproca de mina e Divino parece estar correlacionada com o seu catolicismo mais pronunciado, noutros casos — como na Casa Fanti-Ashanti —, não é isso que sucede. Não deixa de ser significativo que aí a génese da festa do Divino seja relatada por Pai Euclides sem encantamento, mas também sem devoção ao Divino, apenas como o resultado da satisfação de um desejo da mãe, que era caixeira:

> A minha mãe foi a primeira caixeira aqui da casa. [...] E eu só fiz essa festa do Divino Espírito Santo por causa dela, porque ela era tocadeira de caixa desde menina. [...] A minha madrinha festejou o Espírito Santo muitos anos. [...] [e] a minha mãe era caixeira régia lá. Com a morte da minha madrinha, minha mãe ficou tocando em várias casas. [...] [Mas] Ela sempre se reclamava, se reclamava, se reclamava, [...] que faltava não sei o quê, que estava errado assim, que... Eu disse assim: «Olhe, quando Deus quiser e o Espírito Santo, eu vou fazer uma festa, pra senhora tomar conta». Eu já tinha um pombinho e não tinha coroa. Aí tudo mais chegou e tal, foi o tempo que eu botei terreiro em 58 [...]. Quando foi em 60, em julho de 1960 foi o primeiro ano de festa. [...] Aí pronto, minha mãe abria a tribuna, ela é que fechava, eu só fazia organizar as coisa de alimentação, de não sei o quê. O negócio da corte, das caixeira, ela é que convidava e tudo.

Simultaneamente às razões decorrentes de diferentes políticas de gestão das fronteiras religiosas, a apropriação diferenciada das festas do Divino pelos terreiros parece estar também relacionada com diferentes políticas de gestão da alternância entre estrutura e antiestrutura que caracteriza as festas. A abertura das festas para segmentos que estão mais do lado da antiestrutura, com relevo para o buscamento, o levantamento e o derrubamento do mastro, é de facto variável. Ao lado de terreiros — como a Casa de Iemanjá ou a Casa Ilê Ashé Obá Izô —, em que o excesso e a desmesura são mais pronunciados, noutros terreiros — como a Casa das Minas, a Casa Fanti-Ashanti ou o

Terreiro de Mina Jardim da Encantaria —, a componente de brincadeira e folguedo está presente, mas dá-se de uma forma comparativamente mais controlada. Num certo sentido, esta opção pode ser vista como estilística. Mas não me parece que, na linha dos argumentos de Daniel Halperin (1995), possa ser correlacionada com o carácter mais ou menos antiestrutural do *script* ritual do tambor de mina nos diferentes terreiros. Com exceção da Casa das Minas, tanto a casa Fanti-Ashanti como o Terreiro de Mina Jardim da Encantaria combinam entidades e rituais mais colocados do lado de hierarquia e decoro cerimoniais com entidades e rituais mais agitados e turbulentos.

Em contrapartida, parece-me importante outro fator que decorre da natureza da festa do Divino como «festa maior dos terreiros» e do modo como ela opera como um dispositivo ritual de interface dos terreiros com a esfera pública. Como resulta das falas citadas de Pai Euclides e de Pai Clemente Filho, o que parece estar em causa no desenho mais contido das sequências relacionadas com o mastro é a imagem que a festa projeta para o exterior. Nas falas de Pai Clemente Filho, esse «exterior» é representado pelos católicos que frequentam as festas do Divino. Nas de Pai Euclides, é objetificado de forma menos precisa, mas o que parece estar em causa é o modo excessivamente «ruidoso» como os filhos e filhas de santo se apresentam em público. Recordando as suas palavras, quando os caboclos vinham com mais frequência no mastro,

> eles não andavam *pela rua*, assim com garrafa no braço, debaixo do braço, não andavam de rosário no pescoço, nada dessas coisas assim não. Era todo mundo bem discreto [...] mas muito simples, nada de rosário, o rosário era exatamente para a hora do ritual, *nada pra andar circulando pela rua* enrosarado, de rosário atravessado, não sei o quê (os itálicos são meus).

Seja como for, dada a correlação entre o carácter mais ou menos antiestrutural dos segmentos rituais relacionados como o mastro e a presença mais ou menos importante — ou mais ou menos expansiva — dos caboclos, esta opção estilística pela discrição em detrimento do ruído tem consequências nos modos de articulação entre mina e Divino prevalecentes em cada terreiro.

Para além destes fatores, as diferenças nos modos de articulação entre mina e Divino decorrem também, em alguns casos, de razões de natureza mais pragmática, relacionadas com constrangimentos práticos. Por exemplo, a presença mais discreta das articulações entre mina e Divino na Casa das Minas — comparativamente com outros terreiros — também não pode ser desligada — embora não seja essa a única explicação — da crise afrorreligiosa que o terreiro atravessa. Não só não há já toques de mina, como o terreiro parece caminhar para o seu suicídio cultural (S. Ferretti 2012b). O caso do Terreiro de São Sebastião — como referi — é também revelador. Aí, a dissociação funcional entre a direção da festa — a cargo da filha e da nora de Dona Dorinha — e a direção do terreiro — a cargo de um pai de santo residente no Rosário e que só três vezes por ano usa o terreiro — faz com que as articulações entre mina e Divino sejam inexistentes.

Em suma, se quisermos explicar os modos diferenciados de articulação entre Divino e mina, é necessário fazer intervir, para além dos grandes fatores que começámos por notar, razões mais precisas, relacionadas com opções ou constrangimentos que pesam na gestão conjunta dos dois géneros religiosos — a mina e o Divino — em cada terreiro.

Esse facto permite colocar em evidência o modo como a articulação entre Divino e mina é um exercício de inovação e criatividade. Em muitos casos, esse exercício tem no pai ou mãe de santo — que é também o dono da festa — o seu principal agente. Noutros, pode ser visto como uma coprodução entre o pai ou a mãe de santo e entidades afrorreligiosas. Mas é também, frequentemente, um exercício que envolve várias outras mãos. O caso mais flagrante é o dos caboclos no buscamento, no levantamento e no derrubamento do mastro: são eles que encostam esses segmentos rituais ao tambor de mina. Isso é muito claro no Terreiro Fé em Deus, onde os caboclos da casa não são autorizados a aparecer no mastro e são, portanto, os caboclos de outras casas que encostam à mina os segmentos relacionados com o mastro.

Este exercício articula em proporções variáveis a adoção de novas soluções com a combinação criativa de soluções anteriormente experimentadas. No primeiro caso estão, por exemplo, a presença dos impérios no toque para princesas ou o toque de tambor quando os impérios regressam da missa — soluções que nasceram na Casa de Iemanjá —, a recolha da coroa no último toque a seguir à festa — solução que surgiu na Casa Fanti-Ashanti — ou a realização de uma passagem de cura — solução inovadora adotada na Casa Ilê Ashé Obá Izô (mas aparentemente também adotada, talvez de forma independente, por outros terreiros). No segundo caso está de novo a Casa Ilê Ashé Obá Izô e o modo como a festa do Divino combina — de uma forma que é inovadora — soluções adotadas na Casa de Iemanjá e na Casa Fanti-Ashanti, que Pai Wender sucessivamente frequentou.

E o sincretismo?

Foi sob o signo do conceito de sincretismo que se iniciou esta parte do livro, tendo como referência a importância que ele ocupa nas obras de Otávio Eduardo (1948) e de Sérgio Ferretti (1995, 2009 [1985]). Mas, uma vez apresentado esse quadro analítico — que foi historicamente central na emergência de um interesse antropológico pelo tambor de mina —, o conceito só voltou a aparecer no texto de uma forma intencionalmente rarefeita e sempre a partir dos usos que outros autores fazem dele.

Esta utilização do conceito de sincretismo decorre de algumas razões. Uma delas — não necessariamente a principal — é de natureza teórica. Como foi sublinhado por diferentes autores (por exemplo, S. Ferretti 1995: 25–93; Capone 2007; Motta 2011), o conceito de sincretismo teve o seu período de glória entre os anos quarenta e os anos setenta. Mas a procura de expressões analíticas capazes de descrever os modos de articulação entre religiões de matriz africana e rituais e crenças do catolicismo iniciou-se na realidade antes dos anos quarenta. Já estava presente na obra de Nina Rodrigues (2006 [1896–97]), foi também importante na obra de Fernando Ortiz (2003 [1947]: 97–103) e particularmente relevante na obra de Melville Herskovits (1966 [1945]). Mas até aos anos quarenta era ainda grande a indecisão vocabular. Nina Rodrigues falava de mestiçagem. Fernando Ortiz propôs o conceito de transculturação. Quanto a Herskovits, trabalhou com o conceito de aculturação (cf. Leal 2011b). Foi nos anos quarenta que a viragem para o conceito de sincretismo se operou. Um dos autores centrais nessa viragem foi Melville Herskovits, que, a partir de 1945, começou a recorrer regularmente a ele para caraterizava o que antes designava por processos de aculturação religiosa baseados na reinterpretação (Herskovits 1966 [1945]).

Mas, como o próprio Herskovits indicou, a cooptação do conceito para a antropologia das religiões afro-brasileiras foi anterior aos seus escritos e deveu-se a Arthur Ramos, que — como sublinhou Roberto Motta (2011) — começou por o usar em *O Negro Brasileiro* (2001 [1934]) e o retomou e expandiu em obras imediatamente posteriores, como *O Folclore Negro no Brasil* (2007 [1935]). Deve ter sido a partir da sua utilização por Arthur Ramos que o conceito se difundiu entre outros antropólogos e folcloristas brasileiros, que, ao longo dos anos trinta e cinquenta, pesquisaram sobre religiões afro-brasileiras, em particular no Recife, como Gonçalves Fernandes (1941) ou Waldemar Valente (1976 [1953]). Mas foi sobretudo a obra de Roger Bastide que se revelou decisiva para o triunfo antropológico do conceito de sincretismo. Esse triunfo não deixa de ter algo de paradoxal, como sublinhou por exemplo Stefania Capone (2007). De facto, a importância do contributo de Bastide para a tematização do conceito de sincretismo é incontornável. No seu tempo, Bastide foi o principal teorizador do sincretismo nas religiões afro-brasileiras e afro-americanas[135]. Mas, sendo simultaneamente

---

[135] Ver, entre outras obras, Bastide (1953, 1955, 2000a [1963], 2000b [1965], 1967).

um dos principais artífices do paradigma africanista na análise das religiões afro-brasileiras (Bastide 2005 [1958]), a sua reflexão acabou por ser afetada por reservas e juízos de valor que fizeram com que muitas expressões do sincretismo fossem por ele vistas como parte de um processo de perda de «autenticidade» das religiões afro-brasileiras. A distinção entre sincretismo mágico — avaliado negativamente — e sincretismo religioso — o bom sincretismo — faz parte desse processo (Bastide 2000b [1965]). E é também nessa perspetiva que é possível encarar o famoso «princípio do corte» (Bastide 1955). De facto, este princípio, ao mesmo tempo que permitiria dar conta do sincretismo afro--católico nas religiões afro-brasileiras, insistia no seu carácter superficial. O catolicismo estava lá, mas podia ser visto como uma espécie de máscara (Bastide 2002 [1946]) que mantinha intocada a matriz africana do candomblé.

Tendo tido um papel de grande relevo na tematização conceptual do sincretismo, Bastide acabou por não ter muitos seguidores. De facto, os anos setenta marcaram uma viragem no estudo antropológico das religiões afro-brasileiras que afetou significativamente a relevância do conceito. A melhor expressão dessa viragem é dada pela publicação, em 1975, de *Guerra de Orixá*, de Yvonne Maggie (Velho 1975). Mas outros sinais são importantes. Por exemplo, também em 1975, Seth e Ruth Leacock publicaram *The Spirits of the Deep*, sobre o batuque de Belém do Pará, que, tal como o tambor de mina de São Luís, é caracterizado pela capacidade de incorporação de entidades espirituais e rituais provenientes de horizontes religiosos distintos — incluindo o catolicismo — no seu menu ritual. Apesar disso, o conceito de sincretismo é apenas referido uma vez na monografia para ser de imediato posto de lado (Leacock & Leacock 1975: 320–321). Este padrão — que combina a simultânea secundarização do sincretismo com a formulação de reservas críticas — tornar-se-á recorrente na antropologia brasileira. Por um lado, muitas monografias escritas nos anos setenta e oitenta adotaram horizontes de análise que tornaram irrelevante o sincretismo. Por outro lado, a centralidade que em muitas pesquisas começou a assumir a relação com África chocou de frente com o sincretismo e alimentou-se mais do Bastide africanista do que do Bastide sincrético.

Nos anos noventa, a situação começou a mudar. Foi nessa década que foram publicadas as obras de Sérgio Ferretti (1995) e de Ordep Serra (1995) — esta última sobre o candomblé da Bahia —, marcadas justamente pela tentativa de reabilitação de ideias sobre sincretismo. Mas estes autores remavam um pouco contra a maré, tal como Roberto Motta, que havia abordado o tema nos anos oitenta (por exemplo, Motta 1988) e continuou até hoje a pesquisar sobre ele (por exemplo, Motta 2011)([136]).

A partir de final dos anos noventa e no decurso da primeira década de 2000 — beneficiando de um quadro teórico marcado pelo interesse por processos de contactos de culturas tematizados através de conceitos como os de crioulização (por exemplo, Hannerz 1987), hibridez (por exemplo, García Canclini 1998 [1989]), mestiçagem (por exemplo, Amselle 1998 [1990]) ou zona de contacto (Pratt 1992) —, o regresso do conceito de sincretismo tornou-se mais enfático.

Esse regresso assumiu duas modalidades principais. Uma delas — muito bem representada na obra de André Mary (1999, 2000) — passa pelo retorno entusiasmado a Bastide e à exploração assertiva das potencialidades da sua teorização sobre o sincretismo. A outra assenta num conjunto de autores que recorrem a ideias sobre sincretismo para discutir novas questões que se encontravam sub-representadas na literatura clássica sobre o tema. Estão neste grupo autores como Charles Stewart (Stewart & Shaw 1994; Stewart 2011), José Carlos Anjos (2006), Ari Pedro Oro (e José Carlos Anjos; ver Oro e Anjos 2008) Roger Sansi (2007), Stefania Capone (2014) ou Marcio Goldman (2015). As direções de trabalho são muito diversas. Stewart trabalhou

---

([136]) Não é que neste período o conceito de sincretismo não tivesse continuado a ser usado por antropólogos como Pierre Sanchis (1995) ou historiadores com Laura Mello e Souza (1986), mas a recetividade ao conceito por parte dos antropólogos que pesquisavam sobre religiões afro-brasileiras foi periférica e/ou reticente.

sobretudo a partir do conceito de antissincretismo. Anjos contrapôs à lógica essencializadora das teorias clássicas sobre sincretismo a lógica rizomática que estruturaria as religiões afro-brasileiras, que «conecta[m] o diferente ao diferente, deixando as diferenças subsistirem como tal» (2006: 22). Oro e Anjos escreveram sobre o sincretismo enquanto «sobreposição de territórios cosmopolíticos» (2008: 84) e exploraram a pluralidade de pontos de vista «nativos» sobre essa sobreposição. Sansi, trabalhando sobre o duplo processo de dessincretização católica e patrimonialização africanista no candomblé da Bahia, propôs o conceito de «sincretismo da cultura» (2007). Stefania Capone, ao lado de uma reflexão crítica sobre a obra de Bastide (Capone 2007), reabilitou o conceito de sincretismo como horizonte a partir do qual seria possível caracterizar os processos de unificação religiosa transnacional no interior da «religião de orixás» (2014). Quanto a Marcio Goldman (2015), tem-se interessado pelas trocas religiosas entre grupos de ascendência africana e indígena, que caracteriza através do conceito de contramestiçagem (ou contrassincretismo)([137]).

Apesar da sua diversidade, as aproximações destes autores têm em comum um regresso a preocupações que no passado eram tratadas por intermédio do conceito de sincretismo. Esse retorno é entretanto crítico e faz-se num modo que poderíamos designar por pós-sincrético, assente numa vontade de superação das tematizações clássicas do sincretismo.

Esta orientação deve-se certamente a vários fatores. Entre eles contam-se as resistências e críticas que o conceito de sincretismo — e conceitos com o mesmo «ar de família» — continuam a suscitar. Um bom exemplo dessas resistências encontra-se na obra de Stephan Palmié (2013a, 2013b).

Os argumentos contra o sincretismo — e por vezes contra aquilo que podemos designar por «conceitos de substituição» (por exemplo, hibridez, crioulização) — têm sido vários. Um deles prende-se com a irrelevância do conceito de sincretismo para a análise das religiões afro-americanas. Este argumento foi

---

([137]) Ver também Goldman (2003).

retomado mais recentemente por Stephen Selka (2007: 40) e Palmié (2013a: 129), mas antes já havia sido formulado por William Bascom (1950: 65). Outro argumento recorrente é o de que a operacionalidade do conceito de sincretismo repousaria sobre uma visão fechada da cultura. Tendo esta visão sido abandonada, o conceito deixaria de fazer sentido. Adaptando uma formulação feliz que Stewart empregou para o conceito de hibridez, «it's syncretisms all the way down» («são sincretismos em toda a linha») ([138]).

Estes dois argumentos têm algumas fragilidades. Relativamente ao primeiro, o que se pode dizer é que a irrelevância, em determinados contextos, de dispositivos de inter-relação de géneros religiosos distintos não significa a sua irrelevância noutros contextos. Relativamente ao segundo argumento, creio que não é preciso ter uma visão fechada da cultura para reconhecer que géneros religiosos distintos se caracterizam por algum tipo de autonomia, que se combina com graus variáveis de abertura. Políticas de autenticidade e de gestão fechada de fronteiras coexistem com políticas inclusivistas e de atravessamento de fronteiras. Nesse sentido, «it's not syncretisms all the way down» («não são sincretismos em toda a linha»), e conceitos que nos ajudem a pensar os atravessamentos continuam a ser importantes para descrever essas políticas e os seus resultados.

Há, entretanto, outros argumentos contra o sincretismo, nomeadamente em relação às religiões afro-brasileiras, aos quais sou sensível. Um primeiro sublinha as origens «religiosas» do conceito. Este, como mostrou Kurt Rudolph (2004), tem raízes na ação pastoral do cristianismo e começou por ser elaborado teologicamente no quadro da Reforma protestante, tendo posteriormente migrado para o catolicismo. A sua reciclagem científica iniciou-se em finais do século XIX, no âmbito da história

---

([138]) A expressão original de Charles Stewart é «It's hybrids all the way down» (2011: 53) e é usada com um sentido crítico; por seu intermédio, Stewart visa designar a posição daqueles autores — dos quais discorda — que criticam a conceito de hibridez com o argumento de que a universalidade do fenómeno retiraria qualquer valor analítico ao conceito.

das religiões, e, como vimos, só ganhou a antropologia nos anos quarenta, triunfando sobre designações alternativas que tinham pelo menos o mérito de não depender de uma terminologia vinda da religião dominante para descrever os modos de integração — muitas vezes forçada — de religiões subordinadas na sua esfera de influência.

O segundo argumento decorre do primeiro. Devido às suas origens cristãs, o conceito de sincretismo — apesar da utilização mais abrangente que dele fizera inicialmente Arthur Ramos (2001 [1934]) — tem sido predominantemente usado para tematizar um tipo específico de sincretismo: o «sincretismo afro-católico». Nesse quadro, já de si fechado, muitos autores fazem uma utilização ainda mais restrita do conceito que o limita — ou porque é essa a sua forma dominante ou porque é a mais conhecida — a processos específicos de equivalência entre entidades afrorreligiosas e santos católicos. Essa visão do sincretismo está já presente em Herskovits e na sua teoria da reinterpretação (1966 [1945]). Mas reencontra-se também em Bastide (por exemplo, 1960) e prolonga-se em autores contemporâneos (por exemplo, Palmié 2013a: 114, 129). É também nesta aceção que muitos autores que não trabalham necessariamente sobre o tema se referem de passagem ao sincretismo (por exemplo, Segato 2005 [1995]: 141; Johnson 2002: 70).

A par destes inconvenientes teóricos, o conceito de sincretismo apresenta outros, que decorrem das conotações politicamente problemáticas que este adquiriu no Brasil. Por um lado, o sincretismo é visto como fazendo parte da ideologia freiryana das três raças. Mas, sobretudo, passou a integrar o debate religioso no espaço público. A expressão mais conhecida dessa migração do sincretismo para o debate político-religioso decorre das políticas de dessincretização do candomblé iniciadas em 1984, na Bahia (Serra 1995; Caroso & Bacelar 1999), e que se prolongam, atualmente, nos processos de transformação da «religião dos orixás» em *world religion* (Capone 2014). Em simultâneo — «honrando» as suas origens religiosas setecentistas —, continua a ocupar um lugar de relevo nas políticas da Igreja Católica em relação às religiões afro-brasileiras, muito marcadas pela distinção entre um «bom sincretismo» — a inculturação dos teólogos e da ação pastoral — e um sincretismo problemático — o sincretismo dos «nativos» e dos antropólogos. Por outras palavras, o conceito de sincretismo passou a figurar de forma destacada em polémicas no espaço público, onde se tornou uma arma de arremesso.

Mas há outro inconveniente a que, no decurso da minha pesquisa, me tornei cada vez mais sensível e que decorre da importância concedida às «categorias nativas» em antropologia. Como tem sido sublinhado por diversos autores (por exemplo, Capone 2014; Palmié 2013b: 474), o conceito de sincretismo passou de conceito *etic* a conceito *emic*, usado não apenas por antropólogos, mas também pelos próprios «nativos». Isso também acontece no caso de São Luís. Mas, talvez por influência da antropologia, o conceito é utilizado em São Luís de forma também ela rarefeita e muito seletiva. Aplica-se sobretudo — como na própria literatura antropológica — à equivalência entre entidades espirituais do tambor de mina e santos católicos. Isso acontece tanto espontaneamente como em resposta a perguntas. Mas, sobretudo, «o sincretismo» não é espontaneamente usado para falar da articulação entre mina e Divino. Em relação a esta última, é de resto sublinhada a autonomia recíproca dos dois rituais, que, para a maioria dos meus interlocutores, não era posta em causa pelo modo como simultaneamente se articulam.

Estas reticências «nativas» em relação ao sincretismo foram decisivas na construção gradual das minhas próprias reticências em relação ao conceito. Foi-se tornando claro que, para continuar a falar de coisas sobre as quais eu e os meus interlocutores estamos de acordo, estas dificilmente poderiam ser caracterizadas a partir de uma categoria que eles próprios ou não usam, ou usam pouco, ou consideram inadequada para referir o modo como mina e Divino se articulam. Pai Euclides, que uma vez me disse que o sincretismo era uma «invenção dos antropólogos», foi sempre muito assertivo a esse respeito.

Conclusões

Por estas razões, fui construindo no decurso da minha pesquisa uma posição de cada vez maior prudência em relação ao conceito de sincretismo. Esta prudência reflete-se — como sublinhei — no carácter rarefeito do uso que fiz dele e no modo como, quando a ele recorri, o fiz sempre a partir dos seus usos por outros autores. Mas reflete-se sobretudo no modo como preferi trabalhar com expressões analíticas alternativas que me pareceram mais adequadas e produtivas para pensar algumas das principais características da cooptação das festas do Divino pelo tambor de mina.

A escolha da expressão «modos de articulação» decorre desta opção por uma categoria analítica que, embora não seja uma categoria *emic*, tem pelo menos a vantagem de descrever experiências *emic* de uma forma menos controversa. Simultaneamente, a expressão tem também — creio — algumas vantagens analíticas: insiste na pluralidade e na multiplicidade dos modos de interação entre géneros religiosos diferentes; insiste no seu carácter aberto e incerto; foge de conceções excessivamente geométricas — como as que encontramos em Bastide —, preocupadas com o produto final exato dessa interação e menos com a sua dimensão processual([139]).

Neste sentido, o meu argumento é o de que, para falar de modos de articulação entre géneros religiosos diferentes, o conceito de sincretismo pode ser, em determinadas circunstâncias, mais um obstáculo do que uma virtualidade.

A par deste argumento, outros são relevantes na análise que desenvolvi. Falando de modos de articulação entre mina e Divino, tentei inseri-los no quadro de um princípio mais geral do tambor de mina que tematizei com recurso a conceitos como os de «agregação» (Parés 2011a) ou «incorporação» (Serra 1995). Sob um ponto de vista histórico, insisti na necessidade

---

([139]) Esta preocupação geométrica de Bastide é evidente na terminologia que frequentemente usa para tematizar o sincretismo: «princípio do *corte*» (1955), «sincretismo em *mosaico*» (1967: 159), etc. (os itálicos são meus).

de entender os modos de articulação entre Divino e mina combinando a atenção a formas verticais de circulação de rituais e conceções religiosas — ligadas à dominação branca ou traduzindo cedências forçadas em relação a ela — com a atenção a modos mais horizontais de circulação de formas e conteúdos religiosos — de natureza mais democrática e operando entre grupos subalternos da população.

Finalmente, chamei a atenção para as razões que, no presente — alguma delas eventualmente no passado —, ajudam a entender a cooptação das festas do Divino pelos terreiros de tambor de mina. Esta pode ser vista — como foi sugerido — como um meio de reforço do capital social e cultural dos terreiros. Mas a cooptação das festas pelo tambor de mina obedece também a uma lógica religiosa cuja importância não pode ser subestimada e que é, em última instância, decisiva.

O ponto com que queria terminar tem de novo a ver com a multiplicidade e imprevisibilidade das articulações entre mina e Divino. Independentemente das suas razões, os modos de articulação entre Divino e mina não são uma propriedade, mas uma virtualidade. São um *script* aberto, que pode ser acionado de diferentes modos, variáveis não apenas de terreiro para terreiro, mas também — em cada terreiro — de ano para ano. Mais do que isso, embora seja dominante na maioria dos terreiros, a presença das festas não é, no limite, obrigatória. No passado — em casas importantes como a Casa de Nagô e a Casa das Minas —, houve períodos em que as festas não se realizaram. No presente, também alguns terreiros conhecidos de São Luís passam sem elas. A própria expansão do tambor de mina para fora do Maranhão não incorporou necessariamente as festas do Divino, como mostra o caso do batuque do Pará ou os casos, mais recentes, do terreiro do falecido Francelino de Xapanã (São Paulo) ou de terreiros de mina no Amapá. Nesse sentido — mais uma vez —, «it's not syncretisms all the way down» («não são sincretismos em toda a linha»).

Conclusão

Dois aspetos surpreendem nas festas do Espírito Santo. Por um lado, a sua escala, expressa num muito elevado número de festas, na sua espessura histórica e na amplitude da sua geografia. Por outro, o modo como combinam alguns motivos recorrentes com uma grande capacidade de diversificação do seu *script* ritual.

Esse vaivém entre unidade e diversidade — sobre o qual insisti no capítulo 1 — não diz apenas respeito à composição etnográfica das festas, mas aos seus significados — que explorei nos capítulos seguintes, consagrados às festas do Espírito Santo nos Açores, na América do Norte e em São Luís (Brasil). Nesses vários contextos, podemos reconhecer nas festas alguns sentidos — religiosos e sociais — comuns. As festas do Espírito Santo são uma tecnologia ritual fundamental para a construção de conexões entre os homens (e as mulheres) e a divindade e para o estabelecimento de conexões dos homens (e das mulheres) entre si. Embora recorram frequentemente a linguagens próximas da gratuitidade, do espetáculo ou da brincadeira, podem nessa medida ser caracterizadas como um trabalho que detém o poder de fabricação simultânea do religioso e do social. Essa fabricação faz-se entretanto de formas diferentes.

Começando por vincular os homens e as mulheres à divindade, as festas trabalham esse vínculo de acordo com linguagens distintas, que ora se sobrepõem ora se excluem. Tanto repousam sobre promessas específicas como podem tomar a forma de uma devoção mais genérica. Devoção e promessas podem ser «maiores» — organizar a festa durante um ou mais anos, tocar para o Divino toda a vida — ou «menores» — assegurar cargos específicos na festa, contribuir para as suas despesas, associar-se às rezas para o Divino num ano determinado. As formas de louvação ao Divino são também diferenciadas: envolvem terços e novenas, mas repousam igualmente sobre repertórios musicais específicos, assegurados por grupos de especialistas rituais (caixeiras, folias). Nuns casos as festas criam uma interlocução exclusiva com o Divino Espírito Santo, noutros — como em São Luís — englobam outras entidades espirituais católicas e não católicas.

O modo como as festas constroem conexões entre pessoas e grupos é também diversificado. Nos Açores, no decurso dos anos sessenta a oitenta, as festas do Espírito Santo foram fundamentais para a reconfiguração transnacional das relações sociais; uma vez enfraquecida essa sua ligação com a emigração, recuperaram a sua capacidade de produção de formas de «localidade» (Appadurai 2000) mais territorializadas. Na América do Norte, as festas tornaram-se um importante instrumento de produção de novas identidades e sociabilidades, de tipo étnico. Por seu intermédio, os açorianos deixaram de ser apenas «açorianos» para se tornarem «açoriano-americanos» (ou «açoriano-canadianos»). Em São Luís, são fundamentais para a abertura para fora dos terreiros de tambor de mina e para a construção da sua visibilidade na esfera pública. Em todos estes casos, as festas combinam a capacidade de mobilizar redes sociais mais precisas com a sua aptidão para a construção de coletivos que operam com base em relações face a face ou definem sentidos de pertença mais próximos da «comunidade imaginada» (Anderson 1991). Vão e vêm entre formas de fabricação mais densas do social e formas mais abrangentes de construção de sentidos de *groupness* (Brubaker 2002).

Subjacente a estes diferentes modos de fabricação do religioso e do social encontra-se um princípio de autonomia que é comum a todas as festas. Essa autonomia é religiosa. Criando conexões entre os homens (e as mulheres) e a divindade, as festas fazem-no num registo que ignora ou subverte as relações de poder vigentes no quadro do catolicismo. Em vez da mediação institucional assegurada por agentes eclesiásticos, instauram uma relação direta entre os devotos e as divindades ou recorrem a mediadores não institucionais, como o «dono da festa» ou, em São Luís, as caixeiras.

Esse princípio de autonomia é também social. As festas podem ser vistas como uma tecnologia ritual de empoderamento, particularmente evidente quando são realizadas por grupos populares (ou com uma ancestralidade popular): camponeses nos Açores, imigrantes na América do Norte, segmentos afrodescendentes de baixo rendimento em São Luís. Em todos esses casos, as festas têm a capacidade de construção de espaços de autonomia política e social, de produção de grupos e coletivos autogeridos e de construção da sua afirmação na esfera pública.

Esses espaços de autonomia social são espaços internamente estratificados. Para as pessoas que a cada ano ocupam os cargos mais relevantes no ritual, as festas são também, em muitos casos, um instrumento de afirmação do seu prestígio e do seu renome individuais. Por esse motivo, as festas estão muitas vezes ligadas a processos de mobilidade ascendente dos seus protagonistas, como na América do Norte — no caso de San Diego (Califórnia) — e nos Açores — no caso das Ribeiras (Pico). Mesmo em São Luís, ao lado de uma maioria de terreiros de base inequivocamente popular, algumas festas podem estar articuladas — como mostrou Ferretti para a Casa das Minas (1995: 171) — com processos de afirmação de uma classe média afrodescendente.

Esse espaço de autonomia é também um espaço disputado, como mostram as atitudes de hostilização das festas assumidas pela hierarquia católica em Toronto. As próprias tentativas de patrimonialização das festas — nos Açores e em São Luís —, ao mesmo tempo que são uma fonte de prestígio simbólico para as festas, podem também ser vistas como processos de disputa dos seus significados, conduzidos por elites culturais e políticas.

É justamente sobre esse princípio de autonomia que repousa a capacidade de constante diversificação do *script* das festas, a partir da qual são ensaiadas novas soluções. Algumas operam no interior do *script* genérico da festa. Outras caracterizam-se pela sua capacidade de dialogar com formulações provenientes de horizontes culturais e religiosos distintos. Este aspeto é muito evidente na América do Norte, onde as festas misturam procissão e *parade*, imperadores e *queens*, tornando imprecisas as fronteiras entre país de origem e país de destino. Mas é particularmente expressivo em São Luís, onde as festas se abrem para novas entidades e referências religiosas, provenientes do tambor de mina. Essa abertura do Divino para a mina — e os modos de articulação a ela associados — é tanto uma demonstração das virtualidades de uma visão inclusiva e cosmopolita do mundo espiritual como a melhor expressão do poder de autogestão ritual das festas detido pelos «devotos do Divino» — para retomar a frase de abertura da famosa canção de Ivan Lins, *Bandeira do Divino*. Escrita durante a ditadura militar brasileira, essa canção — entretanto transformada em hino oficioso das festas do Divino no Brasil — fala do poder transformativo da festa «atrás de melhores dias». É com ela que termino este livro:

> Os devotos do Divino vão abrir sua morada
> Pra bandeira do menino ser bem-vinda, ser louvada, ai, ai
> Deus nos salve esse devoto pela esmola em vosso nome
> Dando água a quem tem sede, dando pão a quem tem fome,
> ai, ai
> A bandeira acredita que a semente seja tanta
> Que essa mesa seja farta, que essa casa seja santa, ai, ai
> Que o perdão seja sagrado, que a fé seja infinita
> Assim como os três reis magos que seguiram a estrela guia
> A bandeira segue em frente atrás de melhores dias
> No estandarte vai escrito que ele voltará de novo
> E o Rei será bendito, ele nascerá do povo, ai, ai.

Agradecimentos

Este livro não teria sido possível sem a ajuda de diversas instituições e pessoas, a quem gostaria de agradecer.
Agradeço à Fundação para a Ciência e a Tecnologia, que foi o financiador principal dos projetos «EUA e Brasil: processos de transnacionalização da açorianidade» (2000–2002; POCTI/ANT/35999/2000) e «Ritual, etnicidade e transnacionalismo: as festas do Espírito Santo na América do Norte» (2010–2014; PTDC/CS-ANT/100037/2008) e me atribuiu uma bolsa de licença sabática que permitiu a realização do trabalho de campo em Toronto (2008); à Fundação Calouste Gulbenkian e à FLAD, que cofinanciaram o projeto «EUA e Brasil: processos de transnacionalização da açorianidade»; à Direção Regional das Comunidades (Açores), que cofinanciou o projeto «Ritual, etnicidade e transnacionalismo: as festas do Espírito Santo na América do Norte»; à FAPEMA, que me atribuiu uma bolsa de Professor/Investigador Visitante entre maio e setembro de 2014; ao Departamento de Ciências Sociais da UFMA, que me acolheu no mesmo período; ao ISCTE-IUL e à Faculdade de Ciências Sociais e Humanas (UNL), que autorizaram as licenças sabáticas que desde 2000 permitiram sucessivos períodos de trabalho de campo; ao CEAS (ISCTE-IUL) e ao CRIA, que forneceram o enquadramento institucional e científico da minha pesquisa.
Agradeço aos muitos «donos (e donas) da festa» — nos Açores, nos EUA, no Canadá e em São Luís — a hospitalidade e a paciência que tiveram comigo. Estou grato à direção do império mariense de East Providence (RI), em particular a Tony Amaral e a João Amaral; à direção e mordomos das festas do

Espírito Santo de Santa Inês e da Irmandade do Imigrante em Louvor do Divino Espírito Santo (Toronto), em particular a José Luís Tavares e a Manuel da Costa; à direção e mordomos das festas do Espírito Santo de Santa Cruz das Ribeiras (Pico); aos pais e mães de santo, impérios e dançantes da Casa das Minas, Casa Fanti-Ashanti, Terreiro Fé em Deus, Casa de Iemanjá, Terreiro de Mina Jardim da Encantaria, Associação Tenda Umbandista Santo Onofre e Terreiro de São Sebastião (São Luís). Agradeço em particular a Mãe Deni, Pai Euclides (ambos já falecidos), Eusébio, Dona Elzita, Dona Roxa, Biné, Dona Dedé, Pai Clemente Filho, Pai Edmilson, Dona Mariazinha e às caixeiras Dona Luzia, Dona Jaci e Dona Emília. Agradecimentos especiais e muito calorosos são devidos a Pai Wender e a Seu Cravinho e a todas e todos os dançantes e abatazeiros da Casa Ilê Ashé Obá Izô.

Agradeço também a muitas outras pessoas, incluindo colegas, que me ajudaram e/ou com as quais colaborei durante a pesquisa. Estou em particular grato a Andrea Klimt, Catarina Faria, Filomena Silvano, Glória Sá, Ilda Januário, José Mapril e Miguel Moniz, que integraram a equipa do projeto «Ritual, etnicidade e transnacionalismo: as festas do Espírito Santo na América do Norte»; e também a Dulcinea Gil, Diogo Correia e Diogo Ferreira, que colaboraram na pesquisa desenvolvida no âmbito do projeto. Agradeço a Gonçalo Antunes a versão final dos mapas publicados no capítulo 1. Nos Açores, continuo tendo uma enorme dívida de gratidão para com Ana de Fontes. Nos EUA, agradeço a Onésimo Teotónio de Almeida (Brown University) e, no Canadá, a Manuela Marujo (Universidade de Toronto), José Mário Costa, Manuel Leal (ambos já falecidos) e Henrique Reis. Em São Luís, agradeço a Sérgio e Mundicarmo Ferretti (UFMA), Maria do Socorro Aires, Joana Rodrigues, Ester Marques e Jandir Gonçalves.

Sérgio e Mundicarmo Ferretti, José Mapril e Filipe Verde merecem agradecimentos redobrados pela paciência que tiveram ao ler e comentar a versão pré-final do livro, cuja edição final esteve a cargo de Catarina Mira, a quem também agradeço. Os meus agradecimentos vão também para Márcia Wolff, que leu e comentou alguns capítulos do livro, e para Maria de Lurdes

Rosa, que leu e comentou uma primeira versão do capítulo 1. Agradeço a Diogo Ramada Curto o entusiasmo com que aceitou o desafio de editar este livro. Ao longo dos anos, muitos outros colegas — em colóquios e outros eventos científicos ou como *referees* de artigos publicados — foram também de grande importância para a gradual formulação e reformulação das ideias apresentadas ao longo do livro. Para eles (e elas), também os meus agradecimentos.

Este livro é dedicado à memória da minha mãe, Ivone Félix Mendes de Freitas Leal: sei que gostaria muito de o ter lido.

Ao longo da pesquisa pude contar sempre com a compreensão e por vezes com os protestos da Margarida, da Sofia e da Teresa. Muito obrigado!

Bibliografia

Abreu, Laurinda, 2004, «Confrarias do Espírito Santo e Misericórdias: um Percurso Histórico Moldado pela Intervenção Régia», in José Vicente Serrão (ed.), *Em Nome do Espírito Santo. História de um Culto*, Lisboa, Torre do Tombo, 51–59.
Abreu, Marilande, 2002, *Sincretismo Religioso. Tambor de Mina e Espiritismo*, São Luís, UFMA (monografia de graduação).
Abreu, Martha, 1999, *O Império do Divino. Festas Religiosas e Cultura Popular no Rio de Janeiro*, Rio de Janeiro, Editora Nova Fronteira.
Ahlert, Martina 2013, *Cidade Relicário. Uma Etnografia sobre Terecô, Precisão e Encantaria em Codó (Maranhão)*, Brasília, Universidade de Brasília (tese de doutorado).
Aires, Maria do Socorro, 2008, *Terreiro Fé em Deus: Um Estudo de Rituais Não Africanos no Tambor de Mina*, São Luís, UFMA (monografia de graduação).
Aires, Maria do Socorro, 2014, *Festa de Sant'Ana e Divino Espírito Santo no Terreiro Fé em Deus: As Relações do Pesquisador no Campo*, São Luís, UFMA (tese de mestrado).
Alba, Richard, & Victor Nee, 2003, *Remaking the American Mainstream. Assimilation and Contemporary Immigration*, Cambridge MA, Harvard University Press.
Albernaz, Lady Selma, 2004, *O «Urrou» do Boi em Atenas. Instituições, Experiências Culturais e Identidade no Maranhão*, Campinas, Universidade Estadual de Campinas (tese de doutorado).
Almeida, Alfredo Wagner, 2008, *A Ideologia da Decadência. Leitura Antropológica a Uma História da Agricultura no Maranhão* (2.ª edição revista e aumentada), Rio de Janeiro, Editora Casa 8 — Fundação Universidade do Amazonas.
Almeida, Gabriel d', 1889, *Fastos Açorianos*, Lisboa, Companhia Nacional Editora.

Almeida, Luiz Nunes, 2008, *Rio Tietê. Estrada Líquida Dos Romeiros do Divino Espírito Santo*, São Paulo, PUC (dissertação de mestrado).
Almeida, Onésimo Teotónio, 1980, «A profile of the Azorean», in Macedo Donaldo (ed.), *Issues in Portuguese Bilingual Education*, Cambridge, Mass., National Assessment for Portuguese Bilingual/Bicultural Education, 113–164.
Almeida, Onésimo Teotónio, 1987, *L(USA)Lândia. A Décima Ilha*, Angra do Heroísmo, Secretaria Regional dos Assuntos Culturais/Direcção de Serviços de Emigração.
Almeida, Onésimo Teotónio, 1989, *Açores, Açorianos, Açorianidade. Um Espaço Cultural*, Ponta Delgada, Signo.
Almeida, Onésimo Teotónio, 2010, *O Peso do Hífen. Ensaios sobre a Experiência Luso-Americana*, Lisboa, Imprensa de Ciências Sociais.
Alvarenga, Oneyda, 1948, *Registos Sonoros do Folclore Musical Brasileiro. II. Tambor-de-Mina e Tambor-de Crioulo*, São Paulo, Prefeitura do Município de São Paulo (Departamento de Cultura).
Alves, Jói Cletison (ed.), 2000, *I Congresso Internacional das Festas do Divino Espírito Santo, Florianópolis*, Núcleo de Estudos Açorianos/Universidade Federal de Santa Catarina.
Alves, Lomelino, 2002, «San Diego», in Tony Goulart (ed.), *The Holy Ghost Festas. A Historic Perspective of the Portuguese in California*, San Jose CA, Portuguese Chamber of Commerce, 425–433.
Amaral, Renata, 2012, *Pedra da Memória. Euclides Talabyan, Minha Universidade É o Tempo*, São Paulo, Maracá Cultura Brasileira.
Amaral, Rita, 1998, *Festa à Brasileira. Significados do Festejar no «País Que Não É Sério»*, São Paulo, USP (tese de doutorado).
Amorim, Cleides, 1996, *Surrupirinha dos Espíritos. A Representação Social de uma Entidade Cabocla no Tambor de Mina*, São Luís, UFMA (monografia de graduação).
Amselle, Jean-Loup, 1998 [1990], *Mestizo Spaces. Anthropology of Identity in Africa and Elsewhere*, Stanford CA, Stanford University Press.
Anais do III Congresso Internacional sobre Festas do Divino Espírito Santo, s/d, Porto Alegre, Casa dos Açores do Estado do Rio Grande do Sul.
Anderson, Benedict, 1998, «Long-distance nationalism», in *The Spectre of Comparisons. Nationalism, Southeast Asia and the World*, Londres/Nova Iorque, Verso.
Anderson, Benedict, 1991 [1983], *Imagined Communities. Reflections on the Origin and Spread of Nationalism*, Nova Iorque, Verso.

Angelo, Elis, 2009, «Memórias e identidades dos açorianos: a festa do Divino Espírito Santo na Vila Carrão em São Paulo», in *Oralidades*, 3 (5): 45–59.

Anjos, José Carlos Gomes, 2006, *No Território da Linha Cruzada: A Cosmopolítica Afro-Brasileira*, Porto Alegre, UFRGS Editora.

Appadurai, Arjun, 2000, «The production of locality», in *Modernity at Large. The Cultural Dimensions of Globalization*, Minneapolis, University of Minnesota Press, 178–199.

Araújo, Alceu Maynard, 1973, *Cultura Popular Brasileira*, São Paulo, Edições Melhoramentos.

Araújo, Alceu Maynard, 2004 [1964], *Folclore Nacional I. Festas, Bailados, Mitos e Lendas*, São Paulo, Martins Fontes.

Araújo, Ana Maria, 2005, *Festa do Divino e Suas Transformações na Comunicação e na Cultura*, São Paulo, Andross.

Araújo, Eduardo, 2009, *Transnacionalismo e etnicidade: o movimento associativo português na Suíça*, Lisboa, FCSH-UNL (tese de mestrado).

Assunção, Matthias Röhrig, 1995, «Popular culture and regional society in nineteenth-century Maranhão, Brazil», in *Bulletin of Latin American Research*, 14 (3): 265–286.

Assunção, Matthias Röhrig, 2005, «Brazilian Popular Culture or the Curse and Blessings of Cultural Hybridism», in *Bulletin of Latin American Research*, 24 (2): 157–166.

Assunção, Matthias Röhrig, 2015, *De Caboclos a Bem-Te-Vis. Formação do Campesinato numa Sociedade Escravista: Maranhão 1800–1850*, São Paulo, Annablume.

Ataíde, Leite, 1973 [1918], «Teatros do Espírito Santo», in *Etnografia, Arte e Vida dos Açores*, Coimbra, Biblioteca Geral da Universidade, vol. I, 250–256.

Ataíde, Luís Bernardo Leite de, 1973-76, *Etnografia, Arte e Vida Antiga dos Açores*, 4 vols., Coimbra, Biblioteca Geral da Universidade.

Avelar, José Cândido da Silveira, 1902, *A Ilha de São Jorge (Açores). Apontamentos para a Sua História*, Horta, Typ. Minerva Insulana.

Ávila, Edison, d', 1999, «A festa do Divino Espírito Santo em Itajaí», in *Anuário de Itajaí*, 103–104.

Azevedo, Álvaro, 1926 [1924], *Benavente. Estudo Histórico-Descritivo*, Lisboa, Minerva Lisbonense.

Bakhtin, Mikhail, 2011 [1981], *The Dialogic Imagination. Four Essays*, Austin, University of Texas Press.

Banner, Lois, 1983, *American Beauty*, Chicago, University of Chicago Press.

Barbosa, Marise, 2006, *Umas Mulheres que Dão no Couro. As Caixeiras do Divino no Maranhão*, São Paulo, Empório de Produções e Comunicações.

Barretto, Maria Amália, 1977, *Os Voduns do Maranhão*, São Luís, Fundação Cultural do Maranhão.

Barretto, Maria Amália, 1987, *A Casa de Fanti-Ashanti em São Luís do Maranhão*, Rio de Janeiro, UERJ (tese de doutorado).

Barros, António Evaldo, 2005, «O Maranhão e o maranhense no "Bim Bum Bum" das caixas do Divino», in *Boletim da Comissão Maranhense de Folclore*, 31: 6–9.

Barros, António Evaldo, 2007, *O Pantheon Encantado. Cultura e Heranças Étnicas na Formação da Identidade Maranhense (1937–65)*, Salvador, Universidade Federal da Bahia (dissertação de mestrado).

Barth, Frederick, 1969, «Introduction», in F. Barth (ed.), *Ethnic Groups and Boundaries. The Social Organization of Cultural Difference*, Bergen-Oslo, Universitets Forlaget, Londres, George Allen & Unwin, 9–38.

Basch, Linda, Nina Glick Schiller, & Cristina Szanton Blanc, 1994, *Nations Unbound. Transnational Projects, Postcolonial Predicaments and Deterritorialised Nation-States*, Basileia, Gordon and Breach Publishers.

Bascom, William, 1950, «The focus of Cuban santeria», in *Southwestern Journal of Anthropology*, 6 (1): 64–68.

Bastide, Roger, 1953, «Contribution à l'étude de la participation», in *Cahiers Internationaux de Sociologie*, 14: 30–40.

Bastide, Roger, 1955, «Le principe de coupure et le comportement Afro-Brésilien», in *Anais do 31.º Congresso Internacional de Americanistas*, vol. I, São Paulo, 493–503.

Bastide, Roger, 1960, *Les Religions Africaines au Brésil*, Paris, P.U.F.

Bastide, Roger, 1967, *Les Amériques Noires*, Paris, Payot.

Bastide, Roger, 2000a [1963], «L'acculturation formelle», in *Le Prochain et le Lointain*, Paris, l'Harmattan, 137–148.

Bastide, Roger, 2000b [1965], «Le syncrétisme mystique en Amérique Latine», in *Le Prochain et le Lointain*, Paris, l'Harmattan, 237–241.

Bastide, Roger, 2002 [1946], «Contribution à l'étude du syncrétisme catholico-fétichiste», in *Poètes et Dieux. Études Afro-Brésiliennes*, Paris, l'Harmattan, 183–221.

Bastide, Roger, 2005 [1958], *O Candomblé da Bahia*, São Paulo, Companhia das Letras.

Batista, José, 2002, «San Diego: once the tuna capital of the world», in Tony Goulart (ed.), *The Holy Ghost Festas. A Historic Perspective of the*

Portuguese in California, San Jose CA, Portuguese Chamber of Commerce, 423–424.
Bettencourt, Joe, 2002, «Gustine», in Tony Goulart (ed.), 2002, *TheHoly Ghost Festas. A Historic Perspective of the Portuguese in California*, San Jose CA, Portuguese Chamber of Commerce, 367–369.
Bettencourt, John, 2010, «The founding and history of D.E.S. of Colorado Springs», in José Rodrigues & Tony Goulart (eds.), *Actas do IV Congresso Internacional sobre as Festas do Espírito Santo*, San Jose CA, Portuguese Heritage Publications of California, *e-book*, 359–362.
Blake, Janet, 2006, *Commentary on the UNESCO 2003 Convention of the Safeguard of The Intangible Cultural Heritage*, Leicester, Institute of Arts and Law.
Boissevain, Jeremy, 1992, «Introduction: revitalizing European rituals», in J. Boisssevain, *Revitalizing European Rituals*, Londres, Routlege, 1–19.
Boyer, Véronique, 1996, «Le don et l'initiation. De l'impact de la littérature sur les cultes de possession au Brésil», in *L'Homme*, 36 (138): 7–24.
Boyer, Véronique, 2008, «Passado português, presente negro e indizibilidade ameríndia: o caso de Mazagão Velho, Amapá», in *Religião e Sociedade*, 28 (2): 11–29.
Braga, Ana Socorro, 2000, *Folclore e Política Cultural. A Trajetória de Domingos Vieira Filho e a Institucionalização da Cultura*, São Luís, UFMA (dissertação de mestrado).
Braga, Reginaldo, 2002, «Folclore msical do Espírito Santo: folia do Divino em Osório», in Rose Marie Reis (ed.), *Contribuições Luso-Açorianas no Rio Grande do Sul*, Porto Alegre, Comissão Gaúcha de Folclore, 38–57.
Braga, Teófilo, 1982 [1869], *Cantos Populares do Arquipélago Açoriano*, Ponta Delgada, Universidade dos Açores.
Braga, Teófilo, 1986 [1885], *O Povo Português nos Seus Costumes, Crenças e Tradições*, vol. II, Lisboa, Publicações D. Quixote.
Brandão, Carlos Rodrigues, 1978, *O Divino, O Santo e a Senhora*, Rio de Janeiro, FUNARTE.
Brandão, Carlos Rodrigues, 1981, *Sacerdotes de Viola. Rituais Religiosos do Catolicismo Popular em São Paulo e Minas Gerais*, Petrópolis, Vozes.
Brandão, Carlos Rodrigues, 1985, *Memória do Sagrado. Estudos de Religião e Ritual*, São Paulo, Edições Paulinas.
Brandão, Fr. Francisco, 1672, *Sexta Parte. Monarchia Lusitana*, Lisboa.

Brettell, Caroline, 1983, «Emigração, a Igreja e a festa religiosa do Norte de Portugal: estudo de um caso», in *Estudos Contemporâneos*, 5: 175-204.

Breton, Raymond, 1964, «Institutional completeness of ethnic communities and the personal relations of immigrants», in *American Journal of Sociology*, 70 (2): 193-205.

Brown, David, 2003, *Santería Enthroned. Art, Ritual, and Innovation in an Afro-Cuban Religion*, Chicago, The University of Chicago Press.

Brubaker, Rogers, 2002, «Ethnicity without groups», in *Archives Européennes de Sociologie*, XLIII (2): 163-189.

Cabral, Pe. Joaquim Chaves, 1921, «Festas do Espírito Santo na ilha de Santa Maria», in *Arquivo dos Açores*, XIV: 61-78.

Camara, Joanne, 2010, «I.D.E.S of the State of California Irmandade do Divino Espírito Santo — since 1889», in José Rodrigues & Tony Goulart (eds.), *Actas do IV Congresso Internacional sobre as Festas do Espírito Santo*, San Jose CA, Portuguese Heritage Publications of California, *e-book*, 427-432.

Capone, Stefania, 2005, A *Busca de África no Candomblé. Tradição e Poder no Brasil*, Rio de Janeiro, Pallas — ContraCapa.

Capone, Stefania, 2007, «Transatlantic dialogue: Roger Bastide and the African American religions», in *Journal of Religion in Africa*, 37 (3): 1-35.

Capone, Stefania, 2014, «Les Babalowa en quête d'une Afrique "universelle" ou le syncrétisme revisité», in Phillipe Chanson, Yvan Droz, Yonatan Gez & Édio Soares (eds.), *Mobilité Religieuse. Retours Croisés des Afriques aux Amériques*, Paris, Karthala, 95-114.

Cardoso Jr., Sebastião, 2001, *Nagon Abionton: Um Estudo sobre a Casa de Nagô*, São Luís, UFMA (monografia de graduação).

Cardoso, Letícia, 2008, *O Teatro do Poder. Cultura e Política no Maranhão*, São Luís, UFMA (dissertação de mestrado).

Caroso, Carlos, & Jefferson Bacelar (eds.), 1999, *Faces da Tradição Afro-Brasileira*, Rio de Janeiro, Pallas.

Carty, Maria da Ascensão, 2002a, «Festa queens», in Tony Goulart (ed.), *The Holy Ghost Festas. A Historic Perspective of the Portuguese in California*, San Jose CA, Portuguese Chamber of Commerce, 451-462.

Carty, Maria da Ascensão, 2002b, «Conclusion: a look to the future», in Tony Goulart (ed.), *The Holy Ghost Festas. A Historic Perspective of the Portuguese in California*, San Jose CA, Portuguese Chamber of Commerce, 480-481.

Carty, Maria da Ascensão, 2010, «The Holy Spirit Festas as celebrated in Nevada», in José Rodrigues & Tony Goulart (eds.), *Actas do IV Congresso Internacional sobre as Festas do Espírito Santo*, San Jose CA, Portuguese Heritage Publications of California, *e-book*, 363–403.

Carvalho, José Adriano, 1991, «Joachim di Flore au Portugal: XIIIème–XVIème siècles: un itinéraire possible», in Gian Luca Potestà (ed.), *Il Profetismo Gioachimita tra Quattrocento e Cinquecento. Atti del III Congresso Internazionale di Studi Gioachimiti*, 415–432.

Carvalho, Luciana Gonçalves de, 2005, *A Graça de Contar: Narrativas de um Pai Francisco no Bumba-Meu-Boi do Maranhão*, Rio de Janeiro, UFRJ (tese de doutorado).

Carvalho, Luciana, 2016, «Tradições devotas, lúdicas inovações: o sairé em múltiplas versões», in *Sociologia & Antropologia*, 6 (1): 237–259.

Cascudo, Luís da Câmara, 2002 [1999], *Dicionário do Folclore Brasileiro*, São Paulo, Global Editora.

Cascudo, Luís da Câmara, 2004 [1964], *Folclore Nacional I. Festas, Bailados, Mitos e Lendas*, São Paulo, Martins Fontes.

Castillo, Lisa Earl, 2010, *Entre a Oralidade e a Escrita. A Etnografia nos Candomblés da Bahia*, Salvador, EDUFBA.

Castro, Francisco Canto e, 1946, «Memoria histórica das festas do Divino Espírito Santo na ilha de São Jorge», in *Insulana*, III: 495–502.

Cavalcanti, Maria Laura, 1995, *Carnaval Carioca. Dos Bastidores ao Desfile*, Rio de Janeiro, Edições UFRJ — FUNARTE.

Centriny, Cícero, 2015, *Terecô de Codó. Uma Religião a Ser Descoberta*, São Luís, Zona V.

Chaves, Francisco A., 1904, «Festas do Espírito Santo nos Açores», in *Arquivo dos Açores*, XIII: 11–35.

Chaves, Francisco A., 1906, «As Festas de S. Marcos em algumas ilhas dos Açores e a sua origem provável», in Lisboa, Imprensa Nacional.

Cinel, Dino, 1982, From *Italy to San Francisco: The Immigrant Experience*, Stanford CA, Stanford University Press.

Clifford, James, 1997, *Routes. Travel and Translation in the Late Twentieth Century*, Cambridge MA, Harvard University Press.

Coelho, Adolfo, 1993 [1880], *Festas, Costumes e Outros Materiais para uma Etnologia de Portugal (Obra Etnográfica, Vol. I)*, Lisboa, Publicações D. Quixote.

Congar, Yves, 2012, *Je Crois en l'Esprit Saint*, Paris, Les Éditions du Cerf.

Correia, Aires Jácome, 1921, «História documental da revolução de 1821 na ilha de São Miguel para a separação da capitania geral da ilha Terceira», in *Revista Micalense*, 4 (1): 907–1000.

Cortesão, Jaime, 1980, *Os Descobrimentos Portugueses*, vol. I, Lisboa, Livros Horizonte.

Cortesão, Jaime, 2016, *Os Descobrimentos Portugueses*, vol. VI, Lisboa, INCM-Alêtheia.

Côrtes-Rodrigues, Armando, 1982, *Adagiário Popular Açoriano*, 2 vols., Angra do Heroísmo, Secretaria Regional da Cultura.

Costa, Ana Paula, 2005, *Natália Correia. Fotobiografia*, Lisboa, D. Quixote.

Costa, Antonieta, 1999, *O Poder e as Irmandades do Divino Espírito Santo*, Lisboa, Rei dos Livros.

Costa, Antonieta, 2008, *O Culto do Espírito Santo no Ciclo das Mitologia Agrárias*, Lisboa, Ésquilo.

Costa, Carreiro da, 1957, «As festas do Espírito Santo nos Açores: breve notícia a seu respeito em cada uma das ilhas do arquipélago», in *Insulana*, XIII: 5–54.

Costa, Carreiro da, 1989-1991, *Etnologia dos Açores*, 2 vols. Lagoa, Câmara Municipal de Lagoa.

Costa, José Maria, 1913, «O Espírito Santo nos Açores», in *Revista do Minho*, XV: 26–27.

Costa, Manuel da, s/d, *À Irmandade do Divino Espírito Santo da Igreja de Santa Helena*, Toronto (manuscrito).

Costa, Manuel da, s/d, *Ameaçadas no Canadá as Tradições Açorianas... Um pouco de História*, Toronto (manuscrito).

Costa, Maria Augusta, 2012, «Turismo e patrimônio cultural: a festa do sairé em tempos de mudança cultural», in Luciana Carvalho & Bruno Mileo (eds.), *Patrimônio Cultural e Direitos Culturais na Amazônia. Experiências de Pesquisa e Gestão*, Santarém (Pará), UFOPA, 79–108.

Costa, Selda Vale, 1997, *Labirintos do Saber: Nunes Pereira e as Culturas Amazônicas*, São Paulo, PUC (tese de doutorado).

Cruces, Francisco, & Angel Díaz de Rada, 1992, «Public celebrations in a Spanish valley», in J. Boissevain (ed.), *Revitalizing European Rituals*, Londres, Routledge, 62–79.

Cruz, Jairton, 2010, «Festa do Divino Espírito Santo em Gravataí, RS: estudo sobre a reinvenção da açorianidade no séc. XXI», in José Rodrigues & Tony Goulart (eds.), *Actas do IV Congresso Internacional sobre as Festas do Espírito Santo*, 2010, San Jose CA, Portuguese Heritage Publications of California, *e-book*, 183–200.

Cruz, Jairton, 2013, «Estudos comparativos sobre a Festa do Divino em Gravataí/RS e São José da Califórnia/Estados Unidos», in *Anais do IV Encontro de História das Religiões e das Religiosidades*, http://www.dhi.uem.br/gtreligiao/anais4/sti5/9.pdf (acesso em 24-12-2013).

Cunha, António Furtado, 2002, *Pedra de Encantaria: um Estudo Etnográfico de um Terreiro de Tambor de Mina em São Luís*, São Luís: UFMA (monografia de graduação).

Cunha, D. Rodrigo, 1642, *Historia Ecclesiastica da Igreja de Lisboa*, vol. I, Lisboa.

Cunha, Euclides da, 2003 [1902], *Os Sertões*, São Paulo, Editora Martin Claret.

Cunha, Manuela Carneiro da, 2009, *«Culture» and Culture. Traditional Knowledge and Intellectual Rights*, Chicago, Prickly Paradygm Press.

Cunha, Pe. Alberto, 1992, *Em Louvor do Divino Espírito Santo*, Toronto, Edição do Jornal *Família Portuguesa*.

Cunha, Pe. Manuel da, 1981 [1906], «Festas do Espírito Santo na ilha de São Jorge», in *Notas Históricas*, vol. I, *Estudos sobre o Concelho da Calheta (São Jorge)*, Ponta Delgada, Universidade dos Açores, 423–461.

Dantas, Beatriz Góis, 1972, *A Taieira de Sergipe. Pesquisa Exaustiva sobre uma Dança Tradicional do Nordeste*, Petrópolis, Vozes.

Dantas, Beatriz Góis, 1988, *Vovó Nagô e Papai Branco. Usos e Abusos da África no Brasil*, Rio de Janeiro, Edições GRAAL.

Deus, Maria Socorro, & Mónica Martins da Silva, 2002, *História das Festas e Religiosidades em Goiás*, Goiânia, Agência Goiana de Cultura Pedro Ludovico Teixeira.

Dias, Eduardo Mayone, 2009, «A chronology of the Portuguese presence in California», in *The Portuguese Presence in California*, San Jose CA, Portuguese Heritage Publications of California (http://portuguesebooks.org/wordpress/wp-content/uploads/documents/PHPC-Chronology-English.pdf) (acesso em 15-11--2008).

Dias, Urbano Mendonça, 1946, *A Vida de Nossos Avós. Estudo Etnográfico da Vida Açoreana através das Suas Leis, Usos e Costumes*, Vol.V, Vila Franca do Campo, Tip. de *A Crença*.

Duparc, Pierre, 1958, «Confréries du Saint-Esprit et communautés d'habitants au Moyen-Age», in *Revue Historique de Droit Français et Etranger*, 4.ème série, n.º 3: 349–367, n.º 4: 555–585.

Dutra, Ramiro, 2002, «Redlands», in Tony Goulart (ed.), *The Holy Ghost Festas. A Historic Perspective of the Portuguese in California*, San Jose CA, Portuguese Chamber of Commerce, 437–439.

Ebaugh, Helen, & Janet Chafetz (eds.), 2002, *Religion Across Borders. Transnational Immigrant Networks*, Walnut Creek, Altamira Press.

Ebaugh, Helen, & Janet Chafetz, 2000, *Religion and the New Immigrants. Continuities and Adaptations in Immigrated Congregations*, Walnut Creek, Altamira Press.

Eduardo, Otávio da Costa, 1948, *The Negro in Northern Brazil. A Study in Acculturation*, Seattle/Londres, University of Washington Press.

Enes, Pe. Inocêncio, 1948, «As festas do Espírito Santo nos altares», in *Boletim do Instituto Histórico da Ilha Terceira*, VI: 107–123.

Enloe, Cynthia, 1996, «Religion and ethnicity», in John Hutchinson & Anthony D. Smith (eds.). *Ethnicity*, Oxford, Oxford University Press, 197–202.

Esperança, Fr. Manoel da, 1656, *História Seráfica da Ordem dos Frades Menores de S. Francisco na Província de Portugal*, I, Lisboa.

Estatutos das Irmandades do Divino Espírito Santo, 1999, Toronto, Arquidiocese de Toronto/Conselho Pastoral Português.

Etzel, Eduardo, 1995, *Divino Simbolismo no Folclore e na Arte Popular*, Rio de Janeiro, Livraria Kosmos.

Fabre, Geneviève, & Jürgen Heideking, 2001, «Introduction», in Jürgen Heideking, Geneviève Fabre & Kai Dreisbach (eds.), *Celebrating Ethnicity and Nation. American Festive Culture from the Revolution to the Early Twentieth Century*, Nova Iorque/Oxford, Berghahn Books, 1–24.

Faist, Thomas, 2000, *The Volume and Dynamics of International Migration and Transnational Social Space*, Oxford, Oxford University Press.

Fardon, Richard (ed.), 1999, *Localizing Strategies. Regional Traditions of Ethnographic Writing*, Edinburgh/Washington, Scottish Academic Press/Smithsonian Institution Press.

Faria, Catarina, 2014, «The shadowed paths of the Holy Ghost Festas in New England», in Seminário *Holy Ghost Festas in North America. Ritual, Ethnicity, Transnationalism*, Lisboa, CRIA.

Farias, Wilson, 1998, *Dos Açores ao Brasil Meridional. Uma Viagem no Tempo*, vol. I, Florianópolis, Centro de Educação/UFSC.

Farias, Wilson, 2000, *Dos Açores ao Brasil Meridional. Uma Viagem no Tempo*, vol. II, Florianópolis, Centro de Educação/UFSC.

Fernandes, Gonçalves, 1941, *O Sincretismo Religioso no Brasil*, São Paulo, Editora Guaíra.

Fernandes, Pe. Manoel, 1690, *Alma Instruída na Doutrina e Vida Christã*, vol. II, Lisboa.
Ferreira, Euclides Menezes, 1984, *O Candomblé no Maranhão*, São Luís, Editora Alcântara.
Ferreira, Euclides Menezes, 1985, *Orixás e Voduns em Cânticos Associados*, São Luís, edição do autor.
Ferreira, Euclides Menezes, 1987, *A Casa de Fanti-Ashanti e Seu Alaxé*, São Luís, Editora Alcântara.
Ferreira, Euclides Menezes, 1990, *Candomblé. A Lei Complexa*, São Luís, Casa Fanti-Ashanti.
Ferreira, Euclides Menezes, 1997, *Tambor de Mina em Conserva*, São Luís, edição do autor.
Ferreira, Euclides Menezes, 2003, *Pajelança*, São Luís, edição do autor.
Ferreira, Euclides Menezes, 2004, *Álbum Fotográfico. Arquivo de um Babalorixá*, São Luís, edição do autor.
Ferreira, Euclides Menezes, 2008, *Itan de Dois Terreiros Nagô*, São Luís, Casa Fanti-Ashanti.
Ferreira, Euclides Menezes, 2013, *Cartilha de Memórias. Agora é Minha Vez*, São Luís, Casa Fanti-Ashanti.
Ferreira, Sérgio, 2010, «Florianópolis: o município brasileiro que tem lei que declara a abertura das festas do Divino Espírito Santo», in José Rodrigues & Tony Goulart (eds.), *Actas do IV Congresso Internacional sobre as Festas do Espírito Santo*, 2010, San Jose CA, Portuguese Heritage Publications of California, e-book, 129–153.
Ferretti, Mundicarmo, 1992, «Repensando o turco no tambor de mina», in *Afro-Ásia*, 15: 56–70.
Ferretti, Mundicarmo, 2000, *Desceu na Guma. O Caboclo do Tambor de Mina em um Terreiro de São Luís. A Casa Fanti-Ashanti*, São Luís, EDUFMA.
Ferretti, Mundicarmo, 2001, *Encantaria de Barba Soeira: Codó, Capital da Magia Negra?*, São Paulo, Siciliano.
Ferretti, Mundicarmo, 2003, «Formas sincréticas das religiões afro--americanas: o terecô de Codó (MA)», in *Cadernos de Pesquisa*, 14 (2): 95–108.
Ferretti, Mundicarmo, 2006, «Tambor de mina em São Luís: dos registros da Missão de Pesquisas Folclóricas até aos nossos dias», in *Revista Pós: Ciências Sociais*, 3 (6): 89–105.
Ferretti, Mundicarmo, 2008a, *Cura e Pajelança em Terreiros do Maranhão (Brasil)*, comunicação apresentada no Curso de Aperfeiçoamento em Antropologia Médica — Università degli Studi di Milano Bicocca

(Itália), http://www.gpmina.ufma.br/arquivos/Cura%20e%20 pajelanca.pdf (acesso em 20-08-2016).

Ferretti, Mundicarmo, 2008b, *Encantados e Encantarias no Folclore Brasileiro*, comunicação apresentada no *VI Seminário de Ações Integradas em Folclore*, São Paulo, http://www.gpmina.ufma.br/arquivos/Encantados%20e%20encantarias.pdf (acesso em 20-08-2016).

Ferretti, Mundicarmo, 2014, «Brinquedo de cura em terreiro de mina», in *Revista do Instituto de Estudos Brasileiros*, 59: 57–78.

Ferretti, Mundicarmo, 2015, «O Terreiro do Egito e o navio encantado de D. João», in *Boletim da Comissão Maranhense de Folclore*, 59: 9–11.

Ferretti, Mundicarmo, 2016, *Terreiros Filiados ao Egito* (manuscrito).

Ferretti, Mundicarmo, & Paulo Sousa, 2009, *Nagon Abioton. Um Estudo Fotográfico e Histórico sobre a Casa de Nagô*, São Luís, edição dos autores.

Ferretti, Sérgio, 1995, *Repensando o Sincretismo. Estudo sobre a Casa das Minas*, São Paulo, EDUSP/FAPEMA.

Ferretti, Sérgio, 1996, «Boi de encantado na mina do Maranhão», in *Boletim da Comissão Maranhense de Folclore*, 6: 4.

Ferretti, Sérgio, 1999a, «La fête du Divin chez le tambour de mina», comunicação apresentada à XXV conferência da Société Internationale de Sociologie des Religions, htpp//www.ufma.br/canais/gpmina/textos/10.htm (acesso em 7-7-2007).

Ferretti, Sérgio, 1999b, «Sincretismo afro-brasileiro e resistência cultural», in Carlos Caroso & Jefferson Bacelar (eds.), *Faces da Tradição Afro-Brasileira*, Rio de Janeiro, Pallas, 113–130.

Ferretti, Sérgio, 2001a, «Religious syncretism in an Afro-Brazilian cult house», in Sidney Greenfield & André Droogers (eds.), *Reinventing Religions. Syncretism and Transformation in Africa and the Americas*, Laham, Rowman & Littlefield Publishers, 87–97.

Ferretti, Sérgio, 2001b, «Banquete dos cachorros para São Lázaro», in *Boletim da Comissão Maranhense de Folclore*, 19: 3–4.

Ferretti, Sérgio, 2005, «Festa do Divino no Maranhão», in L. Carvalho (ed.), *Divino Toque do Maranhão*, Rio de Janeiro, Centro Nacional de Folclore e Cultura Popular/IPHAN, 23–31.

Ferretti, Sérgio, 2007, «Sincretismo e religião nas festas do Divino», in comunicação apresentada ao Encontro Internacional sobre o Divino, São Luís, SESC, http://www.gpmina.ufma.br/pastas/doc/Sincretismo%20a%20Festa%20do%20Divino.pdf (acesso em 7-7-2007).

Ferretti, Sérgio, 2009 [1985], *Querenbentã de Zomadônu. Etnografia da Casa das Minas do Maranhão*, Rio de Janeiro, Pallas.

Ferretti, Sérgio, 2012a, «Perfil popular: Maria Michol Pinto de Carvalho», in *Boletim da Comissão Maranhense de Folclore*, 53: 20.

Ferretti, Sérgio, 2012b, «O longo declínio da Casa das Minas do Maranhão: um caso de suicídio cultural?», comunicação apresentada à 24.ª Reunião Brasileira de Antropologia, São Paulo, PUC.

Ferretti, Sérgio, 2016, «O Egito na memória da comunidade do Cajueiro», in *Boletim da Comissão Maranhense de Folclore*, 60: 3–10.

Fichte, Hubert, 1987, *Etnopoesia. Antropologia Poética das Religiões Afro-Americanas*, São Paulo, Editora Brasiliense.

Figueiredo Jaime de, 1957, *Impérios Marienses (Folclore Açoreano)*, Lisboa, C. de Oliveira.

Fitzgerald, David, 2004, «Beyond "transnationalism": Mexican hometown politics at an American labour union», in *Ethnic and Racial Studies*, 27 (2): 228–247.

Fitzgerald, David, 2008, «Colonies of the little motherland: membership, space and time in Mexican migrant hometown associations», in *Comparative Studies in Society and History*, 50 (1), 145–169.

Fitzgerald, David, 2013, «Immigrant impacts in Mexico: a tale of dissimilation», in Suzan Eckstein & Adil Najam (eds.), *How Immigrants Impact their Homelands*, Durham, Duke University Press, 114–137.

Folgado, Pedro, 2010, «Alenquer, "A Terra do Espírito Santo"», in José Rodrigues & Tony Goulart (eds.), *Actas do IV Congresso Internacional sobre as Festas do Espírito Santo*, San Jose CA, Portuguese Heritage Publications of California, *e-book*, 37–45.

Foner, Nancy, 1997, «What's new about transnationalism? New York immigrants today and at the turn of the century», in *Diaspora*, 6 (3): 355–375.

Frazer, James G., 1978 [1922], *The Golden Bough. A Study in Magic and Religion* (abridged edition), Londres, MacMillan Press.

Frutuoso, Gaspar, 1971 [1590], *Livro Terceiro das Saudades da Terra*, Ponta Delgada, Instituto Cultural de Ponta Delgada.

Frutuoso, Gaspar, 1977 [1590], *Livro Quarto das Saudades da Terra*, vol. I, Ponta Delgada, Instituto Cultural de Ponta Delgada.

Frutuoso, Gaspar, 1978 [1590], *Livro Sexto das Saudades da Terra*, Ponta Delgada, Instituto Cultural de Ponta Delgada.

Frutuoso, Gaspar, 1981 [1590], *Livro Quarto das Saudades da Terra*, vol. II, Ponta Delgada, Instituto Cultural de Ponta Delgada.

Furtado, Arruda, 1884, *Materiais para o Estudo Antropológico dos Povos Açorianos. Observações sobre o Povo Micaelense*, Ponta Delgada.

Gans, Herbert, 1996 [1979], «Symbolic ethnicity: the future of ethnic groups and cultures in America», in W. Sollors (ed.), *Theories of Ethnicity. A Classical Reader*, Londres, MacMillan Press, 425–459.

García Canclini, Néstor, 1998 [1989], *Culturas Híbridas. Estratégias para Entrar e Sair da Modernidade*, São Paulo, EDUSP.

Gascon, J. A., 1921/22, «Festas de Monchique. IV. Santo-Espírito», in *Revista Lusitana*, 24: 274–285.

Gilroy, Paul, 2002 [1993], *The Black Atlantic. Modenity and Double Consciousness*, Londres/Nova Iorque, Verso.

Glazer, Nathan, & Daniel Moynihan, 1963, *Beyond the Melting Pot. The Negroes, Puerto Ricans, Jews, Italians and Irish of New York City*, Cambridge MA, The M.I.T. Press.

Gleason, Judith, 1970, *Agotime. Her Legend*, Nova Iorque, Grossman Publishers.

Glick Schiller, Nina, & Georges Fouron, 2001, *Georges Woke Up Laughing. Long-Distance Nationalism and the Search for Home*, Durham NC, Duke University Press.

Glick Schiller, Nina, Linda Basch & Cristina Blanc-Szanton, 1992, «Transnationalism: a new analytical framework for understanding migration», in *Annals of the New York Academy of Sciences*, 645: 1–24.

Glick Schiller, Nina, Linda Basch & Cristina Szanton Blanc, 1999, «From immigrant to transmigrant: theorizing transnational migration», in L. Pries (ed.), *Migration and Transnational Spaces*, Aldershot, Ashgate, 73–105.

Goldman, Marcio, 2003, «Observações sobre o "sincretismo afro-brasileiro"», in *Kàwé Pesquisa. Revista Anual do Núcleo de Estudos Afro-Baianos Regionais da UESC*, I (1): 132–137.

Goldman, Marcio, 2012, «O dom e a iniciação revisitados: o dado e o feito em religiões de matriz africana no Brasil», in *Mana*, 18 (2): 269–288.

Goldman, Marcio, 2015, «"Quinhentos anos de contacto": para uma teoria etnográfica da (contra)mestiçagem», in *Mana*, 21 (3): 641–659.

Gonçalves, Jandir, & João Leal, 2016, «Festas do Espírito Santo no Maranhão: uma aproximação de conjunto», in *Boletim da Comissão Maranhense de Folclore*, 60: 10–17.

Gonçalves, Jandir, & Lenir Oliveira, 1998, «Os foliões da divindade no cemitério dos Caldeirões», in *Boletim da Comissão Maranhense de Folclore*, 12: 4–5.

Gonçalves, Jandir, 1994, «Versos de pé quebrado: os foliões da divindade e rezadeiras na cidade de Caxias», in *Boletim da Comissão Maranhense de Folclore*, 2: 2.

Gonçalves, José Reginaldo, & Márcia Contins, 2008, «Entre o Divino e os homens: a arte nas festas do Divino Espírito Santo», in *Horizontes Antropológicos*, 29 (14): 69–94.

Goulart, Tony (ed.), 2002a, *The Holy Ghost Festas. A Historic Perspective of the Portuguese in California*, San Jose CA, Portuguese Chamber of Commerce.

Goulart, Tony, 2002b, «San José. Aliança Jorgense», in Tony Goulart (ed.), *TheHoly Ghost Festas. A Historic Perspective of the Portuguese in California*, San Jose CA, Portuguese Chamber of Commerce, 256–257.

Goulart, Tony, & Manuel Chaves, 2002, «Oakdale. Marienses», in Tony Goulart (ed.), *The Holy Ghost Festas. A Historic Perspective of the Portuguese in California*, San Jose CA, Portuguese Chamber of Commerce, 341.

Gouveia, Cláudia, 1997, *«O Reinado de Vó Missã». Estudo da Festa do Divino em Um Terreiro de Mina*, São Luís, UFMA (monografia de graduação).

Gouveia, Cláudia, 2001, *«As Esposas do Divino». Poder e Prestígio na Festa do Divino Espírito Santo em Terreiros de Tambor de Mina de São Luís — Maranhão*, Recife, Universidade Federal de Pernambuco (dissertação de mestrado).

Gouveia, Paulo, s/d, *Arquitectura Baleeira nos Açores*, s/l, Gabinete de Emigração e Apoio às Comunidades Açorianas.

Graebin, Cleusa Maria Gomes, 2004, *Sonhos, Desilusões e Formas Provisórias de Existência: os Açorianos no Rio Grande de São Pedro*, São Leopoldo, Unisinos (tese de doutorado).

Hafstein, Valdimar, 2007, «Claiming culture: intangible heritage inc., folklore, traditional knowledge», in Dorothee Hemme, Markus Tauschek & Regina Bendix (eds.), *Prädicat «Heritage». Wertschöpfungen aus Culturellen Ressorcen*, Munster, Lit Verlag, 75–100.

Hagan, Jacqueline, & Helen Rose Ebaugh, 2003, «Calling upon the sacred: migrants' use of religion in the migration process», in *International Migration Review*, 37 (4): 1145–1162.

Halperin, Daniel, 1995, *Dancing at the Edge of Chaos. An Ethnography of Wildness and Ceremony in an Afro-Brazilian Possession Religion*, Berkeley, University of California at Berkeley (PhD thesis).

Handler, Richard, 1988, *Nationalism and the Politics of Culture in Quebec*, Madison, University of Wisconsin Press.

Hannerz, Ulf, 1987, «The world in creolization», in *Africa*, 57 (4): 546–557.

Hansen, Marcus, 1996 [1923], «The problem of the third generation immigrant», in W. Sollors (ed.), *Theories of Ethnicity. A Classical Reader*, Londres, MacMillan Press, 202–215.

Harney, Nicholas, 1999, *«Eh Paesan»! Being Italian in Toronto*, Toronto, University of Toronto Press.

Hawthorne, Walter, 2010, *From Africa to Brazil. Culture, Identity, and an Atlantic Slave Trade 1600–1830*, Cambridge, Cambridge University Press.

Henriques, Francisco, 1996, *A Festa do Espírito Santo no Ladoeiro e no Sul da Beira Interior*, Vila Velha de Ródão, Associação de Estudos do Alto Tejo.

Herskovits Melville, 1966 [1945], «Problem, method and theory in Afro-American studies», in *The New World Negro. Selected Papers in Afro-American Studies*, s/l, Minerva Press, 43–61.

Hirschman, Charles, 2004, «The role of religion in the origins and adaption of immigrant groups in the United States», in *International Migration Review*, 38 (3): 1206–1223.

Hobsbawm, Eric, 1983, «Introduction: the invention of tradition», in E. Hobsbawm & T. Ranger (eds.), *The Invention of Tradition*, Cambridge, Cambridge University Press, 1–14.

Holton, Kim, & Andrea Klimt (eds.), 2009, *Community, Culture and the Makings of Identity. Portuguese-Americans along the Eastern Seaboard*, Dartmouth MA, Center for Portuguese Studies and Culture / University of Massachusetts (Dartmouth).

Ingold, Tim, & Elisabeth Hallam, 2007, «Creativity and cultural improvisation: an introduction», in T. Ingold, & E. Hallam, *Creativity and Cultural Improvisation*, Oxford/Nova Iorque, Berg, 1–24.

Irmandades do Divino Espírito Santo. Notas Históricas. Na Europa. Em Portugal Continental. Nos Açores e na Madeira, 1999, Toronto, Arquidiocese de Toronto/Conselho Pastoral Português.

Itzigsohn, José, Carlos Dore Cabral, Esther Hernández Medina & Obed Vázquez, 1999, «Mapping Dominican transnationalism: narrow and broad transnational practices», in *Ehnic and Racial Studies*, 22 (2): 316-339.

Jacquemet, Célia, 2002, *Tempo de Festa. Uma Análise das Festas do Divino (Espírito Santo), Gravataí e Santo António da Patrulha — RS, 1859-1933*, Porto Alegra, Evangraf.

Johnson, Paul, 2002, *Secrets, Gossip, and Gods. The Trnasformation of Brazilian Candomblé*, Oxford, Oxford University Press.

Kirshenblatt-Gimblett, Barbara, 1998, *Destination Culture. Tourism, Museums, and Heritage*, Berkeley, University of California Press.

Lacerda, D. Fernando Correia de, 1680, *História da Vida, Morte e Milagres, Canonização e Transladação de Santa Isabel Sexta Rainha de Portugal*, Lisboa, João Galrão.

Lacroix, Maria de Lourdes, 2006, *Jerônimo de Albuquerque. Maranhão: Guerra e Fundação no Brasil Colonial*, São Luís, UEMA.

Lacroix, Maria de Lourdes, 2008, *A Fundação Francesa de São Luís e Seus Mitos*, São Luís, UEMA.

Latour, Bruno, 2005, *Reassembling the Social. An Introduction to Actor-Network Theory*, Oxford, Oxford University Press.

Laveleye, Didier de, 2010, *Peuple de La Mangrove. Approche Ethnologique d'un Espace Social Métissé (Région de Cururupu — Mirinzal, Maranhão, Brésil)*, Sarrebuck, Éditions Universitaires Européenes.

Leacock, Seth, & Ruth Leacock, 1975, *The Spirits of the Deep. A Study of an Afro-Brazilian Cult*, Nova Iorque, Anchor Press.

Leacock, Seth, 1964, «Fun-loving deities in an Afro-Brazilian cult», in *Anthropological Quarterly*, 37 (3): 94-109.

Leal, João, 1984, *Etnografia dos Impérios de Santa Bárbara (Santa Maria, Açores)*, Lisboa, Instituto Português do Património Cultural.

Leal, João, 1994, *As Festas do Espírito Santo nos Açores. Um Estudo de Antropologia Social*, Lisboa, Publicações D. Quixote.

Leal, João, 1996, «Festa e emigração numa freguesia açoriana», in F. O. Baptista, J. P. Brito & B. Pereira (eds.), *O Voo do Arado*, Lisboa, Museu Nacional de Etnologia, 582-589.

Leal, João, 2000, *Etnografias Portuguesas (1870-1970). Cultura Popular e Identidade Nacional*, Lisboa, Publicações D. Quixote.

Leal, João, 2007, *Cultura e Identidade Açoriana. O Movimento Açorianista em Santa Catarina*, Florianópolis, Editora Insular.

Leal, João, 2009, «Travelling rituals. Azorean Holy Ghost festivals in Southeastern New England», in K. Holton & A. Klimt (eds.), *Community, Culture and the Makings of Identity. Portuguese-Americans Along the Eastern Seaboard*, Dartmouth MA, University of Massachusetts

(Dartmouth)/Center for Portuguese Studies and Culture, 127–144.

Leal, João, 2011a, *Azorean Identity in Brazil and the United States: Arguments about History, Culture and Transnational Connections*, Dartmouth MA, Center for Portuguese Studies and Culture / University of Massachusetts (Dartmouth).

Leal, João, 2011b, «"The past is a foreign country"? Acculturation theory and the Anthropology of globalization», in *Etnográfica*, 15 (2): 313–336.

Leal, João, 2012, «Festas do Divino em São Luís. Um retrato de grupo», in *Boletim da Comissão Maranhense de Folclore* 53, 3–7.

Leal, João, 2014, «What's (not) in a parade? Nationhood, ethnicity and regionalism in a diasporic context», in *Nations and Nationalism*, 20 (2): 200–217.

Leal, João, 2015, «Património cultural imaterial, festa e comunidade», in Yussef Campos (ed.), *Património Cultural Plural*, Belo Horizonte, Arraes Editores, 144–162.

Leal, João, 2016, «Festivals, group making, remaking and unmaking», in *Ethnos*, 81 (4): 584–599.

Leal, João, Ilda Januário & José Mapril, [no prelo], «Migrant festivals, sociabilities and identities: Holy Spirit *festas* in Canada», in *Portuguese Studies Review*.

Levitt, Peggy, 1998, «Social remittances: migration-driven local-level forms of cultural diffusion», in *International Migration Review*, 32 (4): 926–948.

Levitt, Peggy, 2001, *The Transnational Villagers*, Berkeley, University of California Press.

Levitt, Peggy, 2003, «"You know Abraham was really the first immigrant": religion and transnational migration», in *International Migration Review*, 37 (4): 847–873.

Lima, Carlos de, 1988 [1972], *Festa do Divino Espírito Santo em Alcântara (Maranhão)*, Brasília, Ministério da Cultura/Grupo de Trabalho de Alcântara.

Lima, Carlos de, 2002a, «O Divino Espírito Santo (1.ª Parte)», in *Boletim da Comissão Maranhense de Folclore*, 22: 6–8.

Lima, Carlos de, 2002b, «Reportagem-viagem ao Divino Espírito Santo dos Açores», in *Boletim da Comissão Maranhense de Folclore*, 24: 14–16.

Lima, Carlos de, 2004, «O Divino Espírito Santo», in *Boletim da Comissão Maranhense de Folclore*, 28: 2–3.

Lima, Gervásio, 1932, *Festas do Espírito Santo. Cantores e Cantares*. Angra do Heroísmo, Livraria Editora Andrade.

Lima, José Leonildo, 2000, *Vila Bela da Santíssima Trindade — MT. Sua Fala, Seus Cantos*, Campinas, Universidade Estadual de Campinas (dissertação de mestrado).

Lima, Marcelino, 1940, *Anais do Município da Horta. Ilha do Faial*. Famalicão, Grandes Oficinas Gráficas Minerva.

Lima-Pereira, Rosuel, 2012, *Mythogenèse, Syncrétisme et Pérennité du Sébastianisme dans L'Identité Brésilienne du XXe et du Début du XXIe Siécle (L'État du Maranhão et ses Manifestations Socioreligieuses)*, Bordéus, Université Michel de Montaigne Bordeaux 3 (thèse de doctorat).

Lindoso, Gerson, 2014, *Ilê Ashé Ogum Sogbô. Etnografia de um Terreiro de Mina em São Luís do Maranhão*, São Luís, Café & Lápis/EDUFMA.

Litwicki, Ellen, 2004, «"Our hearts burn with ardent love for two countries": ethnicity and assimilation», in Amitai Etzioni & Jared Bloom (eds.), *We Are What We Celebrate. Understanding Holydays and Rituals*. Nova Iorque/Londres, New York University Press, 233–245.

Löfgren, Orvar, 1989, «The nationalization of culture», in *Ethnologia Europaea*, XIX: 5–24.

Lopes, Aurélio, 2004, *Devoção e Poder nas Festas do Espírito Santo*, Lisboa, Cosmos.

Lopes, Edmundo Correia, 1942, «O Kpoli da Mãe Andresa», in *O Mundo Português*, IX: 139–144.

Lopes, Edmundo Correia, 1945, *Os Trabalhos de Costa Peixoto e a Língua Ewe no Brasil*, Lisboa, Agência Geral das Colónias.

Lopes, Edmundo Correia, 1947, «A propósito da Casa das Minas», in *Atlântico. Revista Luso Brasileira*, 57: 78–82.

Lopes, Frederico, 1979a, *Notas de Etnografia*, Angra do Heroísmo, Instituto Histórico da Ilha Terceira.

Lopes, Frederico, 1979b [1950], «Donde terão vindo as varas da festa do Espírito Santo?», in *Ilha Terceira. Notas Etnográficas*, Angra do Heroísmo, Instituto Histórico da Ilha Terceira, 287–289.

Lopes, Frederico, 1979c [1957], «As festas do Espírito Santo», in *Ilha Terceira. Notas Etnográficas*, Angra do Heroísmo, Instituto Histórico da Ilha Terceira, 211–286.

Lopes, José Rogério, 2007, «Deus salve Casa Santa, morada de foliões: rito, memória e performance identitária em uma festa rural no estado de São Paulo», in *Campos*, 8 (1):125–144.

Lourenço, Maria Paula Marçal, 2004, «Identidades e especificidades no universo confraternal: as confrarias do Espírito Santo da Casa das Rainhas na época moderna», in José Vicente Serrão (ed.), *Em Nome do Espírito Santo. História de um Culto*, Lisboa, Torre do Tombo, 69-77.

Lubac, Henri de, 2014 [1981], *La Posterité Spirituelle de Joaquim de Flore*, Paris, Éditions du Cerf.

Luca, Taissa Tavernard de, 2010, *«Tem Branco na Guma». A Nobreza Europeia Montou Corte na Encantaria Mineira*, Belém, Universidade Federal do Pará (tese de doutorado).

Machado Filho, Aires da Mata, 1951, «A festa do Divino e os caboclinhos em Diamantina», in *Anais do I Congresso de Brasileiro de Folclore*, Rio de Janeiro, Serviço de Publicações do Ministério das Relações Externas, 73-91.

Maciel, António, 2010, «Em busca do Divino em Cabo Verde», in José Rodrigues & Tony Goulart (eds.), *Actas do IV Congresso Internacional sobre as Festas do Espírito Santo, 2010*, San Jose CA, Portuguese Heritage Publications of California, e-book, 75-82.

Magalhães, Beatriz, 2001, «O Divino e a "festa do Martírio"», in I. Jancsó & I. Kantor (eds.), *Festa. Cultura e Sociabilidade na América Portuguesa*, vol. II, São Paulo, EDUSP, 935-947.

Mapril, José, 2016, «Travelling spirits, localizing roots: transnationalisms, home and generation among Portuguese-Canadians in British Columbia», in *Journal of International Migration and Integration*, DOI 10.1007/s12134-016-0502-0.

Mariano, Fabiene, 2010, «O Divino em Viana do Espírito Santo», in José Rodrigues & Tony Goulart (eds.), *Actas do IV Congresso Internacional sobre as Festas do Espírito Santo, 2010*, San Jose CA, Portuguese Heritage Publications of California, e-book, 119-128.

Mariano, Neuza, 2007, *Divina Tradição Ilumina Mogi das Cruzes*, São Paulo, USP (tese de doutorado).

Marques, Evaristo, 1950, «Costumes regionais da ilha Terceira», in *Mensário das Casas do Povo*, IV (47): 12-13.

Martins, Francisco Ernesto Oliveira, 1985, *Festas Populares dos Açores*, s/l, Região Autónoma dos Açores/Imprensa Nacional — Casa da Moeda.

Martins, William de Sousa, 2013, «Irmandades, folias e imperadores: festas do Divino na corte do Rio de Janeiro c.1750 — c. 1830», in Gisele Sanglard, Carlos Araújo & José Jorge Siqueira (eds.), *História Urbana. Memória, Cultura e Sociedade*, Rio de Janeiro, Editora FGV.

Mary, André, 1999, *Le Défi du Syncrétisme. Le Travail Symbolique de la Religion d'Egoba (Gabon)*, Paris, Éditions de l'EHESS.

Mary, André, 2000, *Le Bricolage Africain des Héros Chrétiens*, Paris, Éditions du Cerf.
Matos, Hernani, 2010, «As festas do Espírito Santo em Idaho», in José Rodrigues & Tony Goulart (eds.), *Actas do IV Congresso Internacional sobre as Festas do Espírito Santo*, San Jose CA, Portuguese Heritage Publications of California, e-book, 355–358.
Matos, Vicente, 2010, «As festas do Espírito Santo em São Jorge do Kátofe», in José Rodrigues & Tony Goulart (eds.), *Actas do IV Congresso Internacional sobre as Festas do Espírito Santo*, San Jose CA, Portuguese Heritage Publications of California, e-book, 83–90.
Mauss, Marcel, 1983 [1923/24], «Essai sur le don: forme et raison de l'échange dans les sociétés archaïques», in *Sociologie et Anthropologie*, Paris, P.U.F., 145–279.
McCabe, Marsha, & Joseph Thomas (eds.), 1998, *Portuguese Spinner. An American History*, New Bedford MA, Spinner Publications.
Meco, José, 2009, «Talha», in Dalila Borges (ed.), *Arte Portuguesa. Da Pré-História ao Século XX. Estética Barroca II: Pintura, Arte Efémera, Talha e Azulejo*, Lisboa, Fubu Editores, 75–109.
Meira, Elinaldo, 2009, *No Lugar da Rua do Porto. Das Poéticas de uma Festa do Divino*, Campinas, Universidade Estadual de Campinas (tese de doutorado).
Mello, José de Almeida, 2009, *Grandes Festas do Divino Espírito Santo de Ponta Delgada*, Ponta Delgada, Publiçor.
Melo, Daniel, 2007, «As pátrias à distância: nacionalidade e regionalidade no associativismo emigrante português do Reino Unido», in *Revista Negócios Estrangeiros*, 10: 409–446.
Melo, Daniel, 2009, «Portugalidade e regionalidade no associativismo português: o caso da Bélgica», in Daniel Melo & Eduardo Caetano da Silva (eds.), *Construção da Nação e Associativismo na Emigração Portuguesa*, Lisboa, Imprensa de Ciências Sociais, 193–235.
Melo, Daniel, & Eduardo Caetano da Silva (eds.), 2009, *Construção da Nação e Associativismo na Emigração Portuguesa*, Lisboa, Imprensa de Ciências Sociais.
Memórias de Velhos. Depoimentos. Uma Contribuição à Memória Oral da Cultura Popular Maranhense, vol. I, 1997, São Luís, Secretaria de Estado da Cultura / Centro de Cultura Popular Domingos Vieira Filho.
Mendes, Hélder Fonseca, 2006, *Do Espírito Santo à Trindade. Um Programa Social de Cristianismo Inculturado*, Porto, Universidade Católica Portuguesa.

Mendes, Thiago, 2016, *O Circuito Comunitário da Festa do Divino em Brotas de Macaúbas*, São Paulo, USP (dissertação de mestrado).

Michelute, Maria Eliete, 2000, *A Festa do Divino em Santo Amaro da Imperatriz*, Florianópolis, Editora Garapuvu.

Mishak, Jane Jacinto, 2000, *Portuguese of Redlands East Valley*, s/l, edição da autora.

Moniz, Humberto, 2008, *Recordando as Grandes Festas do Divino Espírito Santo (1976–77–78 e 1987–88)*, Ponta Delgada, edição do autor.

Monteiro, Mário Ypiranga, 1983, *Culto de Santos e Festas Profano-Religiosas*, Manaus, Imprensa Oficial do Estado do Amazonas.

Moraes, Fernando Oliveira Melo, 2003, *A Festa do Divino em Mogi das Cruzes. Folclore e Massificação na Sociedade Contemporânea*, São Paulo, Anna Blume.

Moraes Filho, Mello, 1999 [1893], *Festas e Tradições Populares do Brasil*, Belo Horizonte/Rio de Janeiro, Editora Itatiaia.

Motta, Roberto, 1988, «Indo-Afro-European syncretic cults in Brazil: their economic and social roots», in *Cahiers du Brésil Contemporain*, 5: 27–48.

Motta, Roberto, 2011, «Arthur Ramos, sincretismo e mentalidade pré--lógica», in Luitgarde Barros (ed.), *Arthur Ramos*, Rio de Janeiro, Fundação Miguel de Cervantes, 30–79.

Moya, Jose, 2005, «Immigrants and associations: a global and historical perspective», in *Journal of Ethnic and Migration Studies*, 31 (5): 833–864.

Nadruz, Ana Cristina, 2008, *O Império do Divino em Paraty*, Rio de Janeiro, Imperial Novo Milénio.

Nemésio, Vitorino, 1986a [1940], «Le mythe de Monsieur Queimado», in M. Margarida Gouveia (ed.), *Vitorino Nemésio. Estudo e Antologia*, Lisboa, ICALP, 403–415.

Nemésio, Vitorino, 1986b [1929], «O açoriano e os Açores», in M. Margarida Gouveia (ed.), *Vitorino Nemésio. Estudo e Antologia*, Lisboa, ICALP, 317–329.

Nemésio, Vitorino, 1986c [1932], «Açorianidade», in M. Margarida Gouveia (ed.), *Vitorino Nemésio. Estudo e Antologia*, Lisboa, ICALP, 401–402.

Nogueira, J. V. Paula, 1894, *As Ilhas de São Miguel e Terceira*, Lisboa, Portugal Agrícola.

Nunes, Izaurina, 1977, *Os Visitantes da Hora do Galo. Um Estudo Sobre o Pastor em São Luís*, São Luís, SIOGE.

Nunes, Izaurina (ed.), 2011, *Complexo Cultural do Bumba-meu-boi do Maranhão. Dossiê do Registro*, São Luís, IPHAN.
Nunes, Lélia Silva, 2007, *Caminhos do Divino. Um Olhar sobre a Festa do Espírito Santo em Santa Catarina*, Florianópolis, Editora Insular.
Oliveira, Álamo, 1999, *Já Não Gosto de Chocolates*, Lisboa, Edições Salamandra.
Oliveira, Ernesto Veiga de, 1984a, «O Primeiro de Maio», in *Festividades Cíclicas em Portugal*, Lisboa, Publicações D. Quixote, 97–107.
Oliveira, Ernesto Veiga de, 1984b, «As Maias», in *Festividades Cíclicas em Portugal*, Lisboa, Publicações D. Quixote, 109–113.
Oliveira, Ernesto Veiga, 1966, *Instrumentos Musicais Populares Portugueses*, Lisboa, Fundação Calouste Gulbenkian.
Oliveira, Ernesto Veiga, & Benjamim Pereira, 1987, *Tecnologia Tradicional dos Açores*, Lisboa, INIC.
Oliveira, Jorge Itaci, 1989, *Orixás e Voduns nos Terreiros de Mina*, São Luís, Secretaria de Estado da Cultura.
Oro, Ari Pedro, & José Carlos Gomes Anjos, 2008, *Festa de Nossa Senhora dos Navegantes em Porto Alegre. Sincretismo entre Maria e Iemanjá*, Porto Alegre, Editora da Cidade/Instituto Estadual do Livro/Prefeitura de Porto Alegre.
Ortiz, Fernando, 2003 [1947], *Cuban Counterpoint. Tobacco and Sugar*, Durham, Duke University Press.
Pacheco, Gustavo, 2004, *Brinquedo de Cura. Um Estudo sobre a Pajelança Maranhense*, Rio de Janeiro, UFRJ/Museu Nacional (tese de doutorado).
Pacheco, Gustavo, Cláudia Gouveia & Maria Clara Abreu, 2005, *Caixeiras do Divino Espírito Santo de São Luís do Maranhão*, Rio de Janeiro, Associação Cultural Caburé.
Palmié, Stephan 2013a, *The Cooking of History. How Not to Study Afro-Cuban Religion*, Chicago, The University of Chicago Press.
Palmié, Stephan 2013b, «Mixed blessings and sorrowful mysteries: second thoughts about "hibridity"», in *Current Anthropology*, 54 (4): 463–482.
Pap, Leo, 1981, *The Portuguese Americans*, Boston, Twayne Publishers.
Parés, Luis Nicolau, 1997, *The Phenomenology of Spirit Possession in the Tambor de Mina (An Ethnographic and Audio-Visual Study)*, Londres, SOAS (PhD thesis).
Parés, Luis Nicolau, 2011a [2007], *A Formação do Candomblé. História e Ritual da Nação Jeje na Bahia*, Campinas, Editora UNICAMP.

Parés, Luis Nicolau, 2011b, «Apropriações e transformações crioulas da pajelança cabocla no Maranhão», in M. Rosário Carvalho, Edwin Reesink & Julie A. Cavignac (eds.), *Negros no Mundo dos Índios: Imagens, Reflexos e Alteridades*, Natal, EDUFRN, 101-130.

Parodi, Michelle, 2011, *Il Campo del Folclore tra Valorizzazione e Integrazione Culturale. Il Caso di São Luís del Maranhão (Brasile)*, Milão, Università degli Studi di Milano Bicocca (tesi di dottorato).

Paula, Zuleika, 1978, *Festa de Anhemi. Encontro e Amortalhados*, São Paulo, Conselho Estadual de Artes e Ciências Humanas.

Pavão, Jacira, 1999, *Tambor de Borá. A Representação do Índio na Mina Maranhense*, São Luís, UFMA (monografia de graduação).

Pavão, Jacira, 2003 [1998], «Festa do Divino no Terreiro das Portas Verdes», in Izaurina Nunes (ed.), *Olhar, Memória e Reflexões sobre a Gente do Maranhão*, São Luís, Comissão Maranhense de Folclore, 171-174.

Penteado, Pedro, 2004, «Fontes arquivísticas sobre a devoção do Espírito Santo em Portugal», in José Vicente Serrão (ed.), *Em Nome do Espírito Santo. História de um Culto*, Lisboa, Torre do Tombo, 19-29.

Pereira, Luzimar, 2001, *Os Giros do Sagrado. Um Estudo Etnográfico sobre as Folias em Urucuia, MG*, Rio de Janeiro, 7 Letras.

Pereira, Madian, 2000, *O Imaginário Fantástico na Ilha dos Lençóis: Estudo sobre a Construção da Identidade Albina numa Ilha Maranhense*, Belém, Universidade Federal do Pará (dissertação de mestrado).

Pereira, Nunes, 1979 [1947], *A Casa das Minas. Contribuição ao Estudo das Sobrevivências do Culto dos Voduns do Panteão Daomeano, no Estado do Maranhão, Brasil*, Petrópolis, Vozes.

Pereira, Nunes, 1989, *O Sahiré e o Marabaixo*, Recife, Fundação Joaquim Nabuco/Editora Massangana.

Pereira, Paulo, 2014, *Arte Portuguesa. História Essencial*, Lisboa, Temas & Debates.

Phelan, Angelina, 2010,«The Holy Ghost discovers Florida», in José Rodrigues & Tony Goulart (eds.), *Actas do IV Congresso Internacional sobre as Festas do Espírito Santo*, San Jose CA, Portuguese Heritage Publications of California, *e-book*, 332-354.

Pianzola, Maurice, 1992, *Os Papagaios Amarelos. Os Franceses na Conquista do Brasil*, São Luís, Secretaria da Cultura do Estado do Maranhão/ Alhambra.

Piazza, Walter, 1988, *A Colonização de Santa Catarina*, Florianópolis, Lunardelli, 2.ª edição.

Pimentel, Beatriz, 2009, *Festas do Divino no Estado do Maranhão (Brasil): Diferentes Cenários Para a Reconstrução de uma Prática Ritual com Origem Portuguesa*, Lisboa, FCSH-UNL (dissertação de mestrado).

Pinto, Mércia, 2005, «Memória e modernidade numa festa popular do Cerrado, Londrina», in XXI Simpósio Nacional de História, http://docplayer.com.br/7984437-Memoria-e-modernidade-numa-festa-popular-do-cerrado-mercia-pinto-introducao.html (acesso em 20-08-2016).

Pires, Álvaro Roberto, 1999, *Ao Rufar dos Tambores. Casa Fanti-Ashanti, Intelectuais e a (Re)Construção do Universo Religioso Afro-Maranhense*, São Paulo, PUC (tese de doutorado).

Pires, Cibélia, 2009, «A religiosidade caipira: a festa do Divino em Piracicaba», in *Revista de História e Estudos Culturais*, 6 (2), http://www.revistafenix.pro.br/PDF19/Artigo_08_Cibelia_Renata_da_Silva_Pires.pdf (acesso em 18-08-2016).

Portes, Alejandro, 1999, «Os filhos dos emigrantes: a assimilação segmentada e as suas seterminantes», in *Migrações Internacionais. Origens, Tipos e Modos de Incoporação*, Oeiras, Celta, 97–125.

Portes, Alejandro, 2003, «Conclusion: theoretical convergencies and empirical evidence in the study of immigrant transnationalism», in *International Migration Review*, 37(3): 874–892.

Portes, Alejandro, Luis Guarnizo & Patricia Landolt, 1999, «The study of transnationalism: pitfalls and promises of an emergent research field», in *Ethnic and Racial Studies* 22 (2), 217–237.

Portugaliae Monumenta Misericordiarum, 2003, Lisboa, Centro de Estudos de História da Religião, vol. 2.

Prado, Regina, 2007 [1976], *Todo o Ano Tem. As Festas na Estrutura Social Camponesa*, São Luís, EDUFMA.

Prandi, Reginaldo, & Patrícia Souza, 2004, «Encantaria de mina em São Paulo», in Reginaldo Prandi (ed.), *Encantaria Brasileira. O Livro dos Mestres, Caboclos e Encantados*, Rio de Janeiro, Pallas, 216––280.

Pratt, Mary Louise, 1992, *Imperial Eyes: Travel, Writing and Transculturation*, Nova Iorque, Routledge.

Queiroz, Maria Isaura Pereira de, 2003 [1966],*O Messianismo no Brasil e no Mundo*, São Paulo, Editora Alfa-Omega.

Ramos, Arthur, 2001 [1934], *O Negro Brasileiro*, Rio de Janeiro, Graphia Editorial.

Ramos Arthur, 2007 [1935], *O Folclore Negro do Brasil, Demopsicologia e Psicanálise*, São Paulo Martins Fontes.

Reeves, Marjorie, 1993 [1969], *The Influence of Prophecy in the Later Middle Ages: a Study in Joachimism*, Londres, University of Notre Dame.

Ribeiro, Darcy, 1996, *Diários Índios. Os Urubur-Kaapor*, São Paulo, Companhia das Letras.

Ribeiro, Luís da Silva, 1983a [1919], «Os Açores de Portugal», in *Obras II. História*, Angra do Heroísmo, Instituto Histórico da Ilha Terceira/ Secretaria Regional da Educação e Cultura, 1–17.

Ribeiro, Luís da Silva, 1983b [1936], «Subsídios para um ensaio sobre a açorianidade», in *Obras II. História*, Angra do Heroísmo, Instituto Histórico da Ilha Terceira/Secretaria Regional da Educação e Cultura, 515–556.

Ribeiro, Luís Silva, 1982 [1942], «Os foliões do Espírito Santo nos Açores», in *Obras I*, Angra do Heroísmo, Instituto Histórico da Ilha Terceira/Secretaria Regional da Educação e Cultura, 253–266.

Ribeiro, Luís Silva, 1982–1996, *Obras*, 4 vols., Angra do Heroísmo, Instituto Histórico da Ilha Terceira/Secretaria Regional da Educação e Cultura

Ribeiro, Orlando, 1955, *Aspectos e Problemas da Expansão Portuguesa*, Lisboa, Fundação da Casa de Bragança.

Rocha, Maria de Fátima Sopas, 2010a, «A coroa do rei/a crôa do Divino: variação lexical nos cânticos e depoimentos sobre a festa do Divino Espírito Santo», in M. C. Ramos, J. R. M. Bezerra & M. F. S. Rocha (eds.), *O Português Falado no Maranhão. Múltiplos Olhares*, São Luís, EDUFMA, 120–131.

Rocha, Maria de Fátima Sopas, 2010b, «O Divino Espírito Santo d'aquém e d'além mar: estudo terminológico», in M. J. M. Azevedo, M. C. Lima-Hernandes, E. Esteves, M. C. Fonseca, O. Gonçalves, A. L. Vilela & A. A. Silva (eds.), *Língua Portuguesa: Ultrapassar Fronteiras, Juntar Culturas*, Évora, Universidade de Évora, 144–165.

Rodrigues, Herbert, 2006, *Entre o Espetáculo e a Devoção. A Festa do Divino em Mogi das Cruzes (SP)*, São Paulo, USP (dissertação de mestrado).

Rodrigues, José Damião, 2007, «Das ilhas ao Atlântico Sul: a política ultramarina portuguesa e a emigração açoriana para o Brasil no reinado de D. João V», in *Anais de História do Além-Mar* VIII, 57–67.

Rodrigues, José, & Tony Goulart (eds.), 2010, *Actas do IV Congresso Internacional sobre as Festas do Espírito Santo*, San Jose CA, Portuguese Heritage Publications of California, *e-book*.

Rodrigues, José Damião, & Artur Madeira, 2003, «Rivalidades imperiais e emigração: os açorianos no Maranhão e no Pará no Século XVII e XVIIXVIII», in *Anais de História do Além-Mar*, IV, 247–263.

Rodrigues, Nina, 2006 [1896–1897], *O Animismo Fetichista dos Negros Baianos*, Rio de Janeiro, Fundação Biblioteca Nacional/Editora UFRJ.

Rosa, Fernando, 2010, «Três décadas de festas ao Espírito Santo em Hartford, Connecticut», in José Rodrigues & Tony Goulart (eds.), *Actas do IV Congresso Internacional sobre as Festas do Espírito Santo*, San Jose CA, Portuguese Heritage Publications of California, *e-book*, 311–314.

Rudolph, Kurt, 2004, «Syncretism: from teological invective to a concept in the study of religion», in Anita Leopold & Jeppe Jensen, *Syncretism in Religion. A Reader*, Nova Iorque, Routledge, 68–85.

Ryan, Mary, 1989, «The American parade: representations of the nineteenth-century social order», in Linda Hunt (ed.), *The New Cultural History*, Berkeley, University of California Press, 131–153.

Sá, Glória de, 2014, «Working for the Divine: ritual, spectacle and the performance of identity», comunicação apresentada ao seminário «Holy Ghost Festas in North America: Ritual, Ethnicity, Transnationalism», Lisboa, CRIA.

Salvador, Mari Lyn, 1981, *"Festas Açorianas". Portuguese Religious Celebrations in the Azores and California*, Oakland CA, The Oakland Museum.

Sanchis, Pierre, 1983, *Arraial, Festa de um Povo. As Romarias Portuguesas*, Lisboa, Publicações D. Quixote, 1–15.

Sanchis, Pierre, 1995, «As tramas sincréticas da História: sincretismo e modernidade no espaço luso-brasileiro», in *Revista Brasileira de Ciências Sociais*, 10 (28): 1–15.

Sansi, Roger, 2007, *Fetishes and Monuments. Afro-Brazilian Art and Culture in the 20th Century*, Nova Iorque/Oxford, Berghahn Books.

Santos, João Cursino dos, 2008, *A Festa do Divino em São Luiz do Paraitinga. O Desafio da Cultura Popular na Contemporaneidade*, São Paulo, USP (dissertação de mestrado).

Santos, Jocélio Teles dos, 2005, *O Poder da Cultura e a Cultura no Poder. A Disputa Simbólica da Herança Cultural Negra no Brasil*, Salvador, EDUFBA.

Santos, Maria do Rosário Carvalho, & Manoel dos Santos Neto, 1989, *Boboromina. Terreiros de São Luís. Uma Interpretação Socio-Cultural*, São Luís, SECMA/SIOGE.

Santos, Pedro Braga, 1980, *Alcântara. A Sociologia da Festa do Divino*, São Luís, Fundação Instituto de Pesquisas Económicas e Sociais.

Santos, Wendel, Julian Santos & Denise Dias, 2010, «Vô cantar avoradinha do Divino Espírito Santo: um estudo lexicológico da festa do Divino no Maranhão», in M. C. Ramos, J. R. M. Bezerra & M. F. S. Rocha (eds.), O *Português Falado no Maranhão. Múltiplos Olhares*, São Luís, EDUFMA, 132-143.

Schauffert, Olinda, 2003, *A Festa do Divino Espírito Santo em Penha — SC. Análise Turística e Antropológica dos Rituais de Preparação da Festa*, Balneário Camboriú (SC), UNIVALI (dissertação de mestrado).

Schechner, Richard, 2002, *Performance Studies. An Introduction*, Nova Iorque/Londres, Routledge.

Schwarcz, Lilia Moritz, 2008, *As Barbas do Imperador. D Pedro II, um Monarca nos Trópicos*, São Paulo, Companhia das Letras.

Segato, Rita Laura, 2005 [1995], *Santos e Daimones. O Politeísmo Afro-Brasileiro e Tradição Arquetipal*, Brasília, Editora UnB.

Selka, Stephen, 2007, *Religion and the Politics of Ethnic Identity in Bahia, Brazil*, Gainesville FL, University Press of Florida.

Serra, Ordep, 1995, *Águas do Rei*, Petrópolis, Vozes/Rio de Janeiro, Koinonia.

Silva Júnior, Augusto, 2008, «Vozes e versos na festa quilombola dos Kalunga», in *Revista África e Africanidades*, 1, http://www.africaeafricanidades.com.br/documentos/Vozes_e_versos_na_festa_quilombola_dos_kalunga.pdf (acesso em 20-08-2016).

Silva, Adriana, 2009, *A Folia do Divino. Experiência e Devoção em São Luís do Paraitinga e Lagoinha*, São Paulo, USP (dissertação de mestrado).

Silva, Agostinho da, 1988, *Dispersos*, Lisboa, ICALP.

Silva, Estefanni, 2011, «A festa do Divino Espírito Santo em Poções — Bahia: aspectos religiosos, profanos e memorialístas», in *V Congresso Internacional de História*, DOI:10.4025/5cih.pphuem.0906.

Silva, Josimar, 1997, *Festa do Divino Espírito Santo do Goiabal. Uma Abordagem Histórica*, São Luís, UEMA (monografia de graduação).

Silva, Luís, 2014, *Património, Ruralidade e Turismo. Etnografias de Portugal Continental e dos Açores*, Lisboa, Imprensa de Ciências Sociais.

Silva, Mónica Martins, 2001, *A Festa do Divino. Romanização, Património e Tradição em* Pirénopolis, Goiânia, Agência Goiana de Cultura Pedro Ludovico Teixeira.

Silvano, Filomena, 2015, «As costureiras, as queens e os seus mantos: desterritorialização, cultura material e construção do lugar», in *Finisterra* 100: 133–142

Silvano, Filomena, [2017], «Les couturières et leurs petites reines: entre les Açores et l'Amérique, les parcours transnationaux de rituels, d'objets et de savoir-faire», ms.

Smith, Anthony D., 1991, *National Identity*, Hardsmondworth, Penguin Books.

Smith, Anthony D., 1996, «Chosen peoples», in John Hutchinson & Anthony D. Smith (eds.), *Ethnicity*, Oxford, Oxford University Press, 189–197.

Smith, M. Estellie, 1975, «A tale of two cities: the reality of historical difference», in *Urban Anthropology*, 4 (1): 61–72.

Smith, M. Estellie, 1978, «The case of disappearing ethnics», in *Southern Anthropological Proceedings*, 12: 63–77.

Smith, Robert, 2000, «How durable and new is transnational life? Historical retrieval through local comparison», in *Diaspora*, 9 (2): 203–233.

Soehl, Thomas, & Roger Waldringer, 2010, «Making the connection: Latino immigrants and their cross-border ties», in *Ethnic and Racial Studies*, 33 (9): 1489–1510.

Sousa, Paulo, 2009, «No rastro da memória oral do tambor de mina da Casa de Nagô», in Mundicarmo Ferretti & Paulo Sousa, *Nagon Abioton. Um Estudo Fotográfico e Histórico sobre a Casa de Nagô*, São Luís, edição dos autores, 26–85.

Sousa, Poliana, & Frederico Oliveira, 2007, «Deus da luz: um olhar dos nativitanos sobre o vídeo-documentário», in XXX Congresso Brasileiro de Ciências da Comunicação, http://www.intercom.org.br/papers/nacionais/2007/resumos/R0498-1.pdf (acesso em 20-08-2016).

Souza, Laura Mello, 1986, *O Diabo e a Terra de Santa Cruz*, São Paulo, Companhia das Letras.

Souza, Marina Mello e, 2008 [1994], *Paraty. A Cidade e as Festas*, Rio de Janeiro, Ouro sobre Azul.

Spinelli, Céline, 2010, «Cavalhadas em Pirenópolis: tradições e sociabilidade no interior de Goiás», in *Religião e Sociedade*, 30 (2): 59–73.

Stanger-Ross, Jordan, 2006, «An inviting parish: community without locality in Postwar Italian Toronto», in *The Canadian Historical Review*, 87 (3): 381–407.

Starkey, Evelyn, 2010, «Irmandade do Espírito Santo da Santíssima Trindade. Brotherhood of Punchbowl Holy Ghost Honolulu», in José Rodrigues & Tony Goulart (eds.), *Actas do IV Congresso Internacional sobre as Festas do Espírito Santo*, San Jose CA, Portuguese Heritage Publications of California, *e-book*, 405–408.

Stewart, Charles, & Rosalind Shaw, 1994, «Introduction: problematizing syncretism», in Charles Stewart & Rosalind Shaw (eds.), *Syncretism/Anti-Syncretism. The Politics of Religious Synthesis*, Londres/Nova Iorque, Routledge, 1–26.

Stewart, Charles, 2011, «Creolization, hybridity, syncretism, mixture», in *Portuguese Studies*, 27 (1): 48–55.

Tassinari, Antonella, 2003, *No Bom da Festa. O Processo de Construção Cultural das Famílias Karipuna do Amapá*, São Paulo, EDUSP.

Tavares, Pe. José João, 1979 [1944], *A Vila da Lagoa e o Seu Concelho (Subsídios para a sua História)*, Ponta Delgada, Câmara Municipal da Lagoa.

Teixeira, Carlos, 1999, *Portugueses em Toronto. Uma Comunidade em Mudança*, Angra do Heroísmo, Direção Regional das Comunidades.

Teixeira, Carlos, & Vítor da Rosa (eds.), 2000, *The Portuguese in Canada*, Toronto, University of Toronto Press.

Teixeira, Carlos, & Vítor da Rosa (eds.), 2009, *The Portuguese in Canada*, Toronto, University of Toronto Press, 2.ª edição.

Trindade, Maria Beatriz Rocha, 1976, «Comunidades migrantes em situação dipolar», in *Análise Social*, XII (48): 983–987.

Turner, Victor, 1969, *The Ritual Process. Structure and Anti-Structure*, Chicago, Aldine.

UNESCO, 2001, *Première Proclamation des Chefs-d'oeuvre du Patrimonine Oral et Immatérielle de l'Humanité*, s/l, UNESCO.

Valente, Waldemar, 1976 [1953], *Sincretismo Religioso Afro-Brasileiro*, São Paulo, Companhia Editora Nacional.

Van Gennep, Arnold, 1947, *Manuel Français de Folklore Contemporain*, t. I, vol. III, Paris, Picard.

Van Gennep, Arnold, 1949, *Manuel de Folklore Français Contemporain*, t. I, vol. IV, *Cérémonies Périodiques, Cycliques et Saisonnières. 2. Cycle de Mai — La Saint Jean*, Paris, Picard.

Varnedoe, Kirk, 1990, *A Fine Disregard. What Makes Modern Art Modern*, Nova Iorque, Harry Abrams.

Vasconcelos, José Leite de, 1926, *Mês de Sonho. Conspecto de Etnografia Açórica*, Lisboa, Livraria Universal de Armando J. Tavares.

Vaz, Catherine, 2008, *Our Lady of the Artichokes and Other Portuguese-American Stories*, Lincoln, University of Nebraska Press.
Veiga, Felipe Berocan, 2008, «Os gostos do Divino: análise do código alimentar da festa do Espírito Santo em Pirenópolis, Goiás», in *Candelária: Revista do Instituto de Humanidades*, V: 135–150.
Velho, Yvonne Maggie Alves, 1975, *Guerra de Orixá. Um Estudo de Ritual e Conflito*, Rio de Janeiro, Zahar Editores.
Veloso, Carlos, 2006, «Festas em terra e no mar em honra do Divino Espírito Santo em Portugal», in Carlos Guardado Silva (ed.), *História das Festas*, Torres Vedras, Edições Colibri, 187–193.
Veloso, Graça, 2009, *A Visita do Divino. Voto, Folia, Festa, Espetáculo*, Brasília, Thesaurus.
Verger, Pierre, 1952, «Le culte des voduns d'Abomey aurait-il été aporté à Saint-Louis de Maranhon para la Mére du Roi Ghèzo?», in *Les Afro-Americains*, Dacar, IFNA, 157–160.
Verger, Pierre, 1990, «Uma rainha africana mãe de santo em São Luís», in *Revista USP*, 6: 151–158.
Veríssimo, Nelson, 1985, «A festa do Espírito Santo na Madeira», in *Atlântico*, 1: 9–17.
Veríssimo, Nelson, 1994, «O Espírito Santo nas ilhas», in *Islenha*, 14: 61–72.
Vickerman, Milton, 2002, «Second-generation West Indian transnationalism», in P. Levitt & M. Waters (eds.), *The Changing Face of Home. The Transnational Lives of the Second Generation*, Nova Iorque, The Russell Sage Foundation, 341–366.
Viegas, Susana Matos, 2010, «Práticas Rituais e Festas — Tupinambá», in *Enciclopédia Povos Indígenas no Brasil*, São Paulo, Instituto Socioambiental, https://pib.socioambiental.org/pt/povo/tupinamba/2212 (acesso em 15.10.2016).
Vieira Filho, Domingos, 1977, *Folclore Brasileiro. Maranhão*, Rio de Janeiro, FUNARTE/Campanha de Defesa do Folclore Brasileiro.
Vieira Filho, Domingos, 1982, *Populário Maranhense (Bilbiografia)*, São Luís, Secretaria da Cultura do Maranhão/Civilização Brasileira.
Vieira Filho, Domingos, 2005 [1954], «A festa do Divino Espírito Santo», in *Boletim da Comissão Maranhense de Folclore*, 31: 12–14.
Vieira, Mendes, 1903, «Costumes açorianos: festas do Espírito Santo», in *Álbum Açoriano*, 357–362.
Waldringer, Roger, 2015, *The Cross-Border Connection. Immigrants, Emigrants and Their Homelands*, Cambridge MA, Harvard University Press.

Waldinger, Roger, Eric Popkin & Hector Aquile Hagana, 2007, «Conflict and contestation in the cross-border community: hometown associations re-assessed», in *Ethnic and Racial Studies*, 31 (1): 1–28.

Warnes, Anthony, & Allan Williams, 2006, «Older migrants in Europe: a new focus for migration studies», in *Journal of Ethnic and Migration Studies*, 32 (8): 1257–1281.

Waters, Joahnna, 2011, «Time and transnationalism: a longitudinal study of immigration, endurance, and settlement in Canada», in *Journal of Migration and Ethnic Studies*, 37 (7): 1119–1135.

Weber, Max, 1996, «The origins of ethnic groups», in John Hutchinson & Anthony D. Smith (eds.). *Ethnicity*, Oxford, Oxford University Press, 35–40.

Weiner, Anette, 1992, *Inalienable Possessions: The Paradox of Keeping-while-Giving*, Berkeley, University of California Press.

Welter, Tânia, 2007, *O Profeta São João Maria Continua Encantando no Meio do Povo. Um Estudo sobre os Discursos Contemporâneos a Respeito de João Maria em Santa Catarina*, Florianópolis, UFSC (tese de doutorado).

Willems, Emilio, 1949, «Acculturative aspects of the feast of the Holy Ghost in Brazil», in *American Anthropologist*, 51 (3): 400–408.

Williams, Jerry, 2007, *In Pursuit of Their Dreams. A History of Portuguese Immigration to the United States*, Dartmouth MA, Center for Portuguese Studies and Culture/University of Massachusetts (Dartmouth), 2.ª edição.

Yúdice, George, 2003, *The Expediency of Culture. Uses of Culture in the Global Era*, Durham NC/Londres, Duke University Press.

Índice temático

Aculturação – 231-233, 353, 368
Alimentos – 12, 21, 23-24, 62-63, 72-74, 81-85, 87, 98-100, 129, 132, 140, 143-144, 165, 245, 316, 364
   Almoço – 258, 260, 280
   Jantares – 97, 99, 103, 131, 185, 256
   Massa sovada – 62, 72, 74, 82, 94, 98, 140, 143
   Sopas do Espírito Santo – 62, 72, 74, 76-77, 82-83, 94, 96, 98-99, 131, 140, 142-144, 152, 157, 159, 165, 214-215
Antiestrutura – 256, 267, 311-314, 359, 364-365
Arquidiocese de Toronto – 122-126, 128-129, 132, 134-135
Arraial – 23, 63, 82, 98, 165, 208
Associação Cultural Caburié (São Paulo) – 290
Atum, pesca do – 187-189, 191, 193
Autenticidade – 66, 139-141, 151, 153, 155, 158, 230, 369, 372

Bandas filarmónicas – 61, 97, 108, 115-116, 127, 142, 165, 173, 175, 179, 185
Barroco – 60, 252, 254
Batuque – 296, 312, 346, 369, 376
Bumba-meu-boi – 235, 289, 347
Bumerangue cultural – 181-184

Caixeiras – 41, 61, 63, 247, 251, 254--260, 267-269, 278, 282, 287, 289--290, 293, 296-297, 306-308, 310--311, 324, 327, 330, 337, 339-341, 355, 358-359, 364, 378-379, 382
   Alvoradas – 255-257, 355
   Caixeira régia – 242, 251, 254, 259, 267, 305, 364
   Carimbó das caixeiras – 260
Câmara Municipal de Ponta Delgada – 213-217
Candomblé – 230, 262, 264, 282-283, 290, 322, 343, 361, 369-371, 373
Cavalhadas – 64
Centro de Cultura Popular Domingos Vieira Filho – 234-235, 241, 248, 272, 289
Cheganças – 347
Clubes açorianos – 64, 106, 108, 115--117, 130-133, 136-137, 142, 157
Colonização açoriana – 42, 235-238, 240
   Maranhão – 235-238, 240-241
   Pará – 236-237
   Santa Catarina – 46, 237, 241
Comissão Maranhense de Folclore – 237-238, 289
Comunidade imaginada – 106, 109--111, 218, 378
Congados – 64
Congresso das Comunidades Açorianas – 220, 222

Congresso Internacional sobre Festas do Espírito Santo – 148, 151-
-152, 221-223, 241
Criatividade – 145, 153, 155, 366
Crioulização – 156, 370-371
Cultos dos mortos – 41, 235, 246

Dádiva – 12, 23, 62, 72, 74, 81, 82, 165
Dança das Taieiras – 362
Dança de São Gonçalo – 61, 298
Direção Regional das Comunidades (Açores) – 219, 240-241, 381
Domingo da Trindade – 21, 59, 72, 74, 76, 92, 128, 141-142, 163, 190-191
Domingo de Pentecostes – 20-21, 59, 72, 74, 76, 91, 141-142, 154, 159, 163-164, 166, 190-191, 250, 261, 266

Elites – 13, 66-67, 179, 181, 194, 205, 210, 261, 355, 379
Emigração açoriana – 55, 58, 71, 83, 91, 105, 133, 163, 177-178, 184, 186, 188-189, 192-194, 218-220, 222, 236, 240, 378
    Canadá – 75-76, 80-81, 84-85, 89, 116, 120, 163, 173, 187, 210, 222
    EUA – 49, 75-77, 80-81, 84-85, 89, 91-93, 116, 131, 163, 166-167, 173, 183-184, 186-187, 189, 210
Espiritismo – 349
Espírito Santo – 11-14, 19-38, 40, 42, 44-48, 50, 52-67, 71-77, 80, 82-83, 85-87, 89, 91-102, 104-113, 115-
-137, 139-157, 159-160, 163-169, 171-174, 178-180, 183-184, 189-194, 197-199, 203-215, 217, 219-224, 233, 238-245, 247-248, 250-255, 257, 260, 266, 269-270, 277, 279, 291-293, 296-298, 303-305, 307, 321-322, 326-329, 334-335, 337, 341, 355, 359, 364, 377-378
Dons do Espírito Santo – 24, 166, 169
Espírito Santo e Igreja Católica – 115-116, 118-127
Teologia – 19-20, 251
Etnicidade – 13-14, 50, 52, 90, 94-96, 101-102, 105-108, 112, 114-115, 118, 133-137, 143, 148, 159-160
Campanilismo – 101, 104, 107
Etnicidade e religião – 137-138
Etnogenealogia – 199, 202
Psicologia étnica – 200, 202, 205
Etnografia açoriana (história da) – 199-205, 213

Festas do Divino Espírito Santo – 11-15, 19-67, 71-77, 80-83, 86-87, 89, 91-107, 109-112-125, 129-137, 139-160, 163-168, 171-174, 178, 180, 183-184, 189-193, 197-199, 203-214, 217, 219-224, 233-267, 269-283, 285-312, 314-327, 329-
-336, 339-341, 348, 353-355, 357-
-361, 364-367, 375-380
    Ajudantes – 62, 72-73, 76-77, 81-82, 97-99, 102, 141, 145, 274
    Altar – 22, 46, 60, 72, 74, 76, 98, 131, 144-145, 248, 252, 254, 257, 270, 308, 311, 326-327, 337-338, 350
    Arreio dos tronos – 367, 310-
-311
    Bandeira – 22, 45-46, 60, 63, 99-100, 136, 169, 206, 252-254, 266, 380
    Bodo de leite – 107, 143-144, 208, 214
    Conflitos com o clero – 24, 124-
-125
    Coroa – 11, 21-22, 25, 27, 29, 59-60, 63, 65, 72-73, 93-94, 99-100, 121, 127-128, 131-132,

ÍNDICE TEMÁTICO

144, 146, 150, 164, 166, 170, 172, 180, 191, 208, 214, 223-224, 242, 252, 254-255, 257, 259, 266, 293, 301, 306-308, 311, 322, 325--329, 331-332, 335, 337, 364, 367
Coroação – 11-12, 22-23, 25, 30, 32, 72-73, 82, 97, 100, 107, 127, 129-130, 132, 137, 144-147, 149, 155, 165, 173-174, 177, 184, 208--209, 214-215, 223, 244, 255, 257, 259, 267
Domingas – 99-100, 102-103, 117, 142-143, 156
Folias – 12, 42, 61, 63, 73-74, 93-94, 97, 140, 145, 247, 378
Imperador – 22, 32, 42, 44, 47, 60-62, 64, 72-74, 76, 80-85, 93, 97-100, 102, 143, 145-146, 217, 243-244, 253-255, 259, 266-267, 271, 277-278, 291-292, 302, 309, 327-329, 335, 338, 363, 380
Imperatriz – 22, 44, 217, 253-255, 259, 266, 271, 277, 292, 305, 307, 309, 328
Império – 20, 22, 27, 42, 63, 71, 73-77, 80-87, 91-94, 96-100, 102--105, 111, 130, 139-141, 143--144, 152, 154, 157, 164-165, 190, 199, 210, 214, 224, 253-254, 256-260, 266-267, 270-271, 275--281, 283-284, 298-299, 302-304, 307-310, 314, 322-323, 324-327, 329, 331-333, 337, 341, 367, 381-382
Império dos nobres – 66, 216--217
Irmandades – 54, 64, 72-74, 85, 93, 97-99, 102-103, 111, 118, 121-123, 126-129, 135, 137, 139--140, 145-146, 151, 153-155, 164-168, 175-176, 189, 191, 193, 382
Lembranças – 260, 269-271, 273, 278, 299

Luta de espadas – 267, 310
Mastaréu – 253, 256, 259, 273, 275, 278, 284
Mastro – 60, 63, 242, 252-253, 256--257, 259-261, 266-267, 271, 273, 275, 278-279-281, 284, 286, 292, 311-312, 314-317, 319, 321, 330-331, 333, 337-338, 362, 364-367
Mestre-sala – 22, 73, 254, 327
Mordomo – 22, 60-62, 64, 72-73, 143, 145-147, 164-167, 174, 184, 192, 215, 217, 239, 253, 266, 271, 291-292, 304, 309, 324, 327--328, 335, 381-382
Narrativas de origem – 24-34, 44, 149, 157, 208, 234-246, 292-293, 295
Parades – 150-151, 158-159, 190, 223, 380
Pombo – 252, 266, 306-308, 322, 326, 329
Procissões – 12, 23, 27, 63, 72-73, 83, 99, 110, 145-147, 150, 158, 164-167, 169, 172, 212, 215, 223, 266, 281-282, 296, 332, 350, 361, 380
Promessas – 21, 23-24, 29, 55, 65, 72-73, 75, 80-81, 85-86, 89, 93, 98, 100, 105, 144, 164, 244-245, 247, 251, 253, 255, 259, 275, 277, 279, 291-292, 302--306, 338, 351-352, 358-359, 377
Queens – 54, 56, 61, 135, 146-155, 157-158, 165, 181, 183, 190-191, 380
Rainhas – 54, 56, 61, 100, 146-150, 155, 165-181, 183-184, 186, 190--193, 232, 266, 275, 300-302, 309, 329
Reis – 22, 147, 190, 228, 244, 266, 275, 294, 300, 309-310, 320, 346-347

Repasse das posses – 259-260, 267, 327
Roubo dos impérios – 259, 266, 278-279, 281, 284
Salva – 248, 270, 292, 323, 337-338
Tribuna – 60, 243, 252, 254-256, 258-260, 267, 274-275, 278, 292, 299, 301, 306-308, 310-312, 314, 321-324, 326-327, 329, 363-364
Varas – 22, 72, 165, 169, 171, 204
Vulcanismo – 205
Frente de Libertação dos Açores (FLA) – 209

GEACA (Açores) – 219-220
Globalização – 37-38, 57-58, 199
Governo Regional dos Açores – 106, 108, 198, 207, 212-213, 216, 218-219, 221-222, 241
Grandes Festas do Divino Espírito Santo (Ponta Delgada) – 207, 213
Grandes Festas do Divino Espírito Santo da Nova Inglaterra (Fall River) – 107, 159, 208, 217, 219
Groupness – 104, 378

História de arte – 181, 183, 254
Hometown associations – 79, 117

Identidade regional – 14, 37, 55, 106, 109, 111-112, 118, 134-135, 147, 160, 199, 202-203, 206, 209-211, 213
Igrejas portuguesas – 73, 80, 82, 115, 118-120, 129, 132, 185, 214-215, 247
Improvisação – 65, 155
Indígenas brasileiros – 40, 42, 65-66, 229-231, 237, 345, 347, 356, 371
Irmandade do Imigrante em Louvor do Divino Espírito Santo – 127-131, 137, 382

Iorubá – 228-229, 334

Jeje – 227-230, 261, 294, 297, 334, 343-344, 348-349, 352

Karipuna – 48

Ladainha – 255, 296, 332, 338, 350-351

Marabaixo – 40, 65
Messianismo – 31, 44
   Canudos – 44-45
   Contestado – 44-45
   Juazeiro – 44-45
Mesas dos inocentes – 63
Mestiçagem (e contramestiçagem) – 356, 368, 370-371
Metafesta – 223
Movimento Carismático – 24, 64

Nacionalismo – 199, 206, 218
Neopentecostalismo – 281

Objetificação – 14, 56, 198-199, 206-207, 211, 213, 288, 290, 365
Obrigação afrorreligiosa – 295, 359
Ordens religiosas – 31, 34-35, 127
   Franciscanos – 27, 31, 33
   Ordem de Cristo – 34
   Templários – 34-35
Ostentação – 76, 147, 184-185

Painéis de São Vicente – 32
Pajelança – 230, 264, 315-316, 345, 347, 349, 354
Páscoa – 20-21, 74, 142, 191, 255, 299, 350
Património cultural imaterial – 14, 42-43, 197-199, 211, 213, 224, 258
Poder – 12, 22, 31-32, 123, 127, 134, 245, 263, 284, 312, 315, 343, 353, 377-378, 380
Potlatch – 23

ÍNDICE TEMÁTICO

Prestígio – 258, 261, 263, 288, 290, 358, 379

Quaresma – 20, 189, 205, 350
Quinta-feira da Ascensão – 266

RTP Açores – 210

Sahiré – 40, 47, 65
Secretaria Estadual da Cultura (Maranhão) – 234, 241, 272
Separatismo – 209
Sincretismo – 14, 232-233, 300, 334, 354-355, 362, 367-376
 Antissincretismo – 158, 336, 271
 Princípio do corte – 361, 369, 375
 Sincretismo afro-católico – 232, 350, 354, 369, 373
 Sincretismo da cultura – 371
 Sincretismo horizontal e vertical – 357

Tambor de crioula – 258, 280, 333
Tambor de mina – 12, 14-15, 65, 227-233, 249, 262-264, 275, 282--284, 286, 293-299, 302, 306, 312-313, 315, 317, 319-323, 326, 329-331, 333, 335-337, 339, 341, 344-351, 353-355, 359-362, 365--367, 369, 374-376, 380
 Banquete de cachorros – 351-352
 Caboclos – 228-229, 264, 294-296, 311-317, 321, 327-329, 331, 334, 337-338, 345, 347-349, 356, 361--362, 365-366
 Encantados – 228-229, 269, 296, 299, 304-305, 308, 310-311, 314--321, 323, 329-330, 332-333, 335, 337, 341, 348, 359, 364
 Encantaria – 228, 317, 329, 335
 Mina de caboclo – 229-230, 312, 349
 Nobres (e gentis) – 228-229, 295, 313-314, 318, 347

Orixás – 228-229, 295-296, 307, 319, 321, 334, 344, 348, 350, 355, 359
Passagem de cura – 315-316, 367
Queimação das palhinhas – 351, 362
Senhoras e princesas – 320-326, 344
Tambor da mata – 344, 349
Tambor de borá – 313, 328, 345, 349, 353
Tobossa – 323, 344
Toque de tambor – 252, 284, 308, 311, 319-323, 327, 331, 333, 336--337, 339, 350, 361, 367
Transe – 227, 230, 307, 313, 324, 328, 339, 352, 353
Turcos – 228-229, 295, 345, 347-349
Voduns – 227-229, 293-296, 306--308, 313-314, 319, 321, 323, 326, 334-335, 337, 343-344, 348, 350-352, 355

Terecô – 286, 344, 349
Terreiros de tambor de mina – 12, 41, 64, 227, 229, 233-234, 247-249, 263, 269, 276, 280, 282, 286, 288, 290, 296, 298, 311, 313, 329, 339, 353-354, 357-360, 376, 378
 Associação Tenda Umbandista Santo Onofre – 265, 267, 294, 309, 320, 331, 340, 360, 363, 382
 Casa das Minas – 227, 229-233, 249, 258, 261, 266-267, 271-272, 276, 281, 283, 285-286, 293, 296, 312, 317, 320, 333, 336, 348, 351-352, 362, 364-366, 376, 379, 382
 Casa de Iemanjá – 251, 263-267, 269, 272, 274-275, 277, 279, 281--282, 284-287, 290, 294, 300, 306, 308-309, 320-321, 323-325, 331, 350, 360, 363-364, 367, 382

Casa de Nagô – 228-229, 249, 266, 272, 294, 296, 303, 306, 312, 316, 340, 345, 357, 376

Casa Fanti-Ashanti – 243-244, 262--264, 266-267, 269, 285-287, 290, 312, 316, 322, 326-327, 333, 338, 348, 360-361, 364-365, 367, 382

Casa Ilê Ashé Obá Izô – 242, 244, 264, 266, 269, 274, 276-277, 281, 284-288, 292, 294-295, 300, 302, 304, 307-308, 315, 320-321, 324--325, 327, 331, 337, 364, 367, 382

Casa Ilê Ashé Ogum Sogbô – 231, 352

Terreiro da Turquia – 303, 320, 347, 357

Terreiro das Portas Verdes – 325, 327-328

Terreiro de Margarida Mota – 312

Terreiro de Mina Jardim da Encantaria – 244, 265-267, 276, 278, 281-282, 284, 292, 294-295, 299, 301, 304, 307, 316, 320, 327, 358, 362, 365, 382

Terreiro de São Sebastião – 322, 339, 366, 382

Terreiro Fé em Deus – 251, 258, 263, 266, 270, 273, 275, 278-279, 281, 284, 293-294, 299-303, 309, 320, 321, 336, 361-362, 366, 382

Transculturação – 368

Transnacionalismo – 14, 50, 52, 77-79, 81, 86, 89-91, 105-106, 186-187, 193-194, 220

Comunidade transnacional – 84--85, 184-189

Remessas sociais (e culturais) – 163, 183-184, 192-194

Transnacionalismo político – 218

Transnacionalismo religioso – 79-81, 87, 93, 371

Treze de Maio – 265, 332

Turismo – 208, 210, 212, 222

Umbanda – 230, 248, 263-265, 310, 332, 349, 360

UNESCO – 197-199, 210-213

Universidade Federal do Maranhão (UFMA) – 239-241

Zona de contacto – 370

Índice onomástico

Abreu, Laurinda – 34
Abreu, Maria Clara – 41, 239, 247
Abreu, Marilande – 233, 349
Abreu, Martha – 43
Acóssi – 352-353
Ahlert, Martina – 282, 286-287, 349
Aires, Maria do Socorro – 263, 273, 328, 349, 382
Alba, Richard – 90
Albernaz, Lady Selma – 235, 289
Albuquerque, Jerónimo de – 236
Almeida, Alfredo – 236
Almeida, Gabriel d' – 203
Almeida, Luiz Nunes – 43
Almeida, Onésimo Teotónio de – 160, 203, 382
Almirante Balão – 347
Alvarenga, Oneyda – 230
Alves, Jói Cletison – 221
Alves, Lomelino – 190-192
Amaral, Mota – 207, 220
Amaral, Renata – 262, 269, 334, 357
Amaral, Rita – 42, 47
Amorim, Cleides – 263, 328, 349
Amselle, Jean-Loup – 370
Anastácio, Clemente – 107
Anderson, Benedict – 109, 218, 378
Angelo, Elis – 43, 47
Anjos, José Carlos Gomes – 370--371
Appadurai, Arjun – 83, 103, 112-113, 378

Aquile Hagana, Hector – 79
Araújo, Alceu Maynard – 39, 43, 46
Araújo, Ana Maria – 46
Araújo, Eduardo – 116
Assunção, Matthias Röhrig – 355--358
Ataíde, Leite de – 200-201, 204, 216
Avelar, José Cândido da Silveira – 204
Averequete – 294, 300, 307
Ávila, Edison d' – 43
Azevedo, Álvaro — 30
Azile, Neto de – 248

Bacelar, Jefferson – 373
Bairos, Agostinho – 130
Bakhtin, Mikhail – 20
Banner, Lois – 157
Barbosa, Marise – 41, 239, 242-243, 247, 255
Barretto, Maria Amália – 231-232, 262-263, 296-297, 333, 348, 350
Barros, António Evaldo – 237, 288
Barth, Frederick – 94-95
Basch, Linda – 77-79
Bascom, William – 372
Bastide, Roger – 231-232, 348, 354, 368-371, 373, 375
Batista, José – 188, 190
Bettencourt, Joe – 109-110
Bettencourt, John – 51, 112
Blake, Janet – 197-198

Boço Cô – 321
Boissevain, Jeremy – 75
Boyer, Véronique – 40, 340
Braga, Ana Socorro – 237, 288
Braga, D. António Sousa – 215
Braga, Manuel de Sousa – 96
Braga, Reginaldo – 43
Braga, Teófilo – 29, 200
Brandão, Carlos Rodrigues – 23-24, 42-43, 60, 64, 133, 247, 255, 298
Brandão, Fr. Francisco – 27
Breton, Raymond – 119
Brettell, Caroline – 76, 86
Brown, David – 254
Brubaker, Rogers – 104, 109, 378

Cabocla Roxa – 327
Cabral, Berta – 213-216
Cabral, Emily – 167-168, 174, 181, 183-186
Cabral, Pe. Joaquim Chaves – 204
Camara, Joanne – 54
Capone, Stefania – 336, 367-368, 370-371, 373-374
Cardoso Jr., Sebastião – 294
Caroso, Carlos – 373
Carty, Maria da Ascensão – 51, 54, 148-151, 153, 157-158
Carvalho, D. Manuel Afonso – 123, 130
Carvalho, José Adriano – 30, 32-33
Carvalho, Luciana – 40, 65, 348
Carvalho, Michol – 289
Cascudo, Luís da Câmara – 39, 44
Castillo, Lisa Earl – 282
Castro, Francisco Canto e – 204
Cavalcanti, Maria Laura – 60, 252
Centriny, Cícero – 349
César, Carlos – 207, 212, 218-219, 222
Chafetz, Janet – 79, 95, 137
Chaves, Francisco A. – 200-201, 204
Chaves, Manuel – 92
Cícero, Padre – 45

Cinel, Dino – 101
Clifford, James – 140
Coelho, Adolfo – 29
Congar, Yves – 19-20
Conselheiro, António – 44-45
Contins, Márcia – 43, 47
Corre Beirada – 304, 334, 338
Correia, Aires Jácome – 240
Cortesão, Jaime – 31-34
Côrtes-Rodrigues, Armando – 200--201
Costa, Ana Paula – 203
Costa, Antonieta – 198
Costa, Carreiro da – 201-202, 204--205
Costa, José Maria – 204
Costa, Manuel da – 122, 126-127, 382
Costa, Manuel Francisco – 180, 185, 189
Costa, Maria Augusta – 40, 65
Costa, Selda Vale – 231
Cruces, Francisco – 85-86
Cruz, Jairton – 43
Cruz, Victor – 208
Cunha, António Furtado – 349
Cunha, D. Rodrigo da – 27-28, 33
Cunha, Euclides da – 44-45
Cunha, Manuela Carneiro da – 134, 199, 290
Cunha, Pe. Alberto – 120-121, 123
Cunha, Pe. António – 124, 129-131, 134
Cunha, Pe. Manuel da – 204

D. Lauro das Mercês – 308
D. Dinis – 26-27, 29-31
D. Luís (rei de França) – 228-229, 269, 294-295, 297, 305-307, 309, 314-315, 320-321, 325, 335, 337--338, 346
D. Pedro II (Imperador do Brasil) – 44
D. Sebastião *ver* Rei Sebastião

ÍNDICE ONOMÁSTICO

Dan – 321
Dantas, Beatriz Góis – 362
Deus, Maria Socorro – 42
Dias, Denise – 241
Dias, Eduardo Mayone – 187-188
Dias, Urbano Mendonça – 200-201, 204
Díaz de Rada, Angel – 86
Dona Ana Maria – 251
Dona Berta – 168
Dona Bidoca – 269, 272, 275, 277, 285, 287, 308, 363
Dona Celeste Santos – 261
Dona Dedé – 274, 308, 323, 325, 382
Dona Dorinha – 339, 366
Dona Jaci – 242, 251, 270, 341, 382
Dona Lurdes – 170-172, 176, 180
Dona Luzia – 251, 305-306, 340-341, 382
Dona Roxa – 251, 270, 275, 293, 299-303, 309, 382
Dona Servana – 294
Dona Silvina – 169-172
Dore Cabral, Carlos – 400
Duparc, Pierre – 20
Dutra, Ramiro – 91

Ebaugh, Helen Rose – 79, 95, 137
Eduardo, Otávio da Costa – 41, 227, 229-233, 249, 353, 357-358, 367
Enes, Pe. Inocêncio – 204
Enloe, Cynthia – 137
Esperança, Fr. Manoel da – 27, 29, 33
Etzel, Eduardo – 42-43

Fá (ou Ifá) – 297, 334
Fabre, Geneviève – 158
Faist, Thomas – 79, 187
Fardon, Richard – 233
Faria, Catarina – 53, 108, 382
Farias, Wilson – 46
Fernandes, Gonçalves – 368

Fernandes, Pe. Manoel – 27
Ferrabrás de Alexandria – 229, 347
Ferreira, Euclides Menezes (Pai Euclides) – 243-244, 246, 262, 264--265, 269, 272, 278, 280, 285-287, 290, 296-297, 303, 317, 319, 326--327, 331, 333-336, 338, 345, 355, 357, 361, 364-365, 374, 382
Ferretti, Mundicarmo – 228, 231, 262, 296, 315, 328, 334, 344-345, 347-348-350, 354, 382
Ferretti, Sérgio – 41, 227-229, 231--233, 238, 261-262, 277, 283, 289, 293-294, 296, 317, 320, 333, 348, 350-352, 354, 358, 362, 366-367, 370, 379
Fichte, Hubert – 231
Figueiredo, Jaime de – 204
Fiore, Joaquim di – 31-32
Fitzgerald, David – 79, 95, 178
Folgado, Pedro – 57
Foner, Nancy – 90
Fouron, Georges – 91
Frutuoso, Gaspar – 37
Furtado, Arruda – 200, 202-203

Gans, Herbert – 90
García Canclini, Néstor – 156, 370
Guarnizo, Luis – 78
Gascon, J. A. – 36
Gilroy, Paul – 58
Glazer, Nathan – 90
Gleason, Judith – 232
Glick Schiller, Nina – 77-79, 91
Goldman, Marcio – 340, 370-371
Gonçalves, Jandir – 41, 234-235, 246--247, 382
Gonçalves, José Reginaldo – 43, 47
Goulart, Tony – 50, 62, 92, 115, 142, 144, 148, 153-154, 221
Gouveia, Cláudia – 41, 239, 247, 263, 293, 299, 306, 309, 320
Gouveia, Paulo – 180, 183
Graebin, Cleusa – 43

Hafstein, Valdimar – 197
Hagan, Jacqueline – 79, 137
Hallam, Elisabeth – 65, 155
Halperin, Daniel – 231, 233, 312- -313, 365
Handler, Richard – 198, 207, 288
Hannerz, Ulf – 156, 370
Hansen, Marcus – 90
Harney, Nicholas – 101, 124-125
Hawthorne, Walter – 46, 236, 349
Heideking, Jürgen – 394
Henriques, Francisco – 36
Hernández Medina, Esther – 78
Herskovits, Melville – 231-232, 336, 353, 368, 373
Hirschman, Charles – 125, 137
Hobsbawm, Eric – 149
Holton, Kim – 49

Iansã – 300
Iemanjá – 251, 263-267, 269, 272, 274-275, 277, 279-282, 284-287, 290, 294, 300, 306, 308-309, 320- -321, 323-325, 331, 344, 350, 360, 363, 364, 367, 382
Ifá *ver* Fá
Ingold, Tim – 65, 155
Itzigsohn, José – 78
Ivan Lins – 62, 380

Jacquemet, Célia – 43
Jaguarema – 296
James – 274, 324
Januário, Ilda – 104, 106, 108, 131, 145, 148, 382
Jariodama – 321
Jesus Cristo – 19, 21, 33, 253-254, 309, 327, 332, 351, 362
João da Mata (ou Rei da Bandeira) – 294-295, 297, 301, 320
Johnson, Paul – 282, 314, 373
Jorge, Adélia – 168

Kirshenblatt-Gimblett, Barbara – 56, 199

Klimt, Andrea – 49, 382

Lacerda, D. Fernando Correia – 27- -29
Lacerda, Rodrigo – 177
Lacroix, Maria de Lourdes – 236
Landolt, Patricia – 78
Laveleye, Didier de – 315, 354
Leacock, Ruth – 296, 312, 369
Leacock, Seth – 296, 312, 369
Leal, João – 12, 25, 33, 35, 37, 41, 53, 55-56, 59, 73, 81-82, 85-86, 103- -104, 106-107, 145, 159, 177, 200, 202, 218, 221, 234-235, 242, 246- -247, 298, 368
Legba – 344
Légua Boji Buá da Trindade – 286, 344, 346
Levitt, Peggy – 79, 137, 183, 187, 193
Lima, Carlos de – 38, 41, 238-239, 243-244
Lima, Gervásio – 204
Lima, José Leonildo – 42
Lima, Marcelino – 204
Lima-Pereira, Rosuel – 346
Lindoso, Gerson – 231, 262-264, 352
Lissá – 334-335
Litwicki, Ellen – 158
Löfgren, Orvar – 206
Lopes, Aurélio – 36
Lopes, Edmundo Correia – 230
Lopes, Frederico – 200-201, 204- -205
Lopes, José Rogério – 43
Lourenço, Maria Paula Marçal – 30, 34-35
Lubac, Henri de – 32
Luca, Taissa – 346

Machado Filho, Aires da Mata – 42
Maciel, António – 25

ÍNDICE ONOMÁSTICO 427

Madeira, Artur – 46, 235
Mãe Anastácia – 303, 347
Mãe Dudu – 296
Mãe Elzita – 251, 263, 266, 284, 286, 294, 299, 301, 309, 336, 345, 361--362, 364, 382
Mãe Florência – 263, 306, 308
Mãe Maximiana – 344
Magalhães, Beatriz – 42
Manoel da Vera Cruz – 253
Manoel Teu Santo – 347
Mapril, José – 52, 104, 106, 145, 382
Mariano, Fabiene – 42, 47
Mariano, Neuza – 43
Marques, Ester – 240-241, 282
Marques, Evaristo – 204
Martins, Francisco Ernesto Oliveira – 210
Martins, William de Sousa – 43, 46
Mary, André – 370
Matos, Hernani – 51
Matos, Vicente – 25, 112, 223-224
Mauss, Marcel – 23, 283
McCabe, Marsha – 49
Meco, José – 254
Medina, Manuel Oliveira (M. O.) – 185, 189, 191
Meira, Elinaldo – 43
Mello, José de – 66, 207-209, 214, 216-217
Melo, Daniel – 116
Melo, Pe. Antero – 121
Mendes, Hélder Fonseca – 19, 33
Mendes, Thiago – 41
Michelute, Maria Eliete – 43
Mishak, Jane Jacinto – 91
Moniz, Humberto – 207-209
Monteiro, Mário Ypiranga – 40
Moraes Filho, Mello – 43-44
Moraes, Fernando Oliveira Melo – 43
Motta, Roberto – 365, 368, 370

Moya, Jose – 64, 79, 95, 106
Moynihan, Daniel – 90
Na Agontimé – 232
Nadruz, Ana Cristina – 43
Nanâ Buruku – 337
Nee, Victor – 90
Nemésio, Vitorino – 203
Neto, Manoel dos Santos – 231, 277, 279, 283, 294, 303, 320, 357
Noché Ewá – 321
Noché Sepazim – 293, 296
Noé – 253
Nogueira, J. V. Paula – 204
Nossa Senhora da Conceição – 254--255, 265, 285, 310
Nossa Senhora da Guia – 242, 255
Nossa Senhora de Fátima – 310, 332
Nunes, Izaurina – 235, 348, 362
Nunes, Lélia Silva – 38, 43-44, 48

Oliveira, Álamo – 148
Oliveira, Ernesto Veiga – 150, 203
Oliveira, Frederico – 40
Oliveira, Jorge Itaci – 263, 265-266, 269, 287, 309, 325, 352
Oliveira, Lenir – 41, 246
Oro, Ari Pedro – 370-371
Ortiz, Fernando – 368
Oxalá – 322, 333-335
Oxum – 307, 325
Oxumaré – 321

Pacheco, Gustavo – 41, 230, 234, 239, 247, 315, 354
Pai Clemente Filho – 265, 276, 278, 284, 292, 294-296, 301, 304, 307, 316-317, 327, 331, 337, 345, 358, 362, 365, 382
Pai Edmilson – 265, 310-311, 318, 332-333, 363, 382
Pai Euclides *ver* Ferreira, Euclides Menezes
Pai Joãozinho da Vila Nova – 270
Pai Nastier – 269-270, 323

Pai Wender – 251, 264, 269, 285-287, 291-292, 295, 297, 300, 302, 304, 307, 314-315, 318, 321, 323, 325, 329, 338, 340, 345, 358, 361, 367, 382
Palha Velha – 294, 310-311, 320, 331
Palmié, Stephan – 156, 371-374
Pap, Leo – 49
Parés, Luis Nicolau – 228-229, 231--232, 312, 315, 323, 343-344, 349, 353, 375
Parodi, Michelle – 235, 289
Paula, Zuleika – 43, 65
Pavão, Jacira – 320, 325, 327-328, 349
Penteado, Pedro – 34
Pereira, Benjamim – 203
Pereira, Luzimar – 42
Pereira, Madian – 346
Pereira, Nunes – 40, 47, 65, 227, 230-232, 261
Pereira, Paulo – 254
Phelan, Angelina – 51, 92, 112
Pianzola, Maurice – 236
Piazza, Walter – 46
Pimentel, Beatriz – 260
Pinto, Mércia – 42
Pires, Álvaro Roberto – 262
Pires, Cibélia – 43
Popkin, Eric – 79
Portes, Alejandro – 78, 90, 160, 193-194
Porto, Ema – 185-186, 189
Prado, Regina – 247, 298
Prandi, Reginaldo – 264, 349
Pratt, Mary Louise – 370
Preto Velho – 265, 332
Princesa Doralice – 294, 300-301

Queiroz, Maria Isaura Pereira – 44-45

Rainha Dina – 309
Rainha Madalena – 300, 329
Rainha Santa Isabel – 26-34, 43, 149-150, 155, 166-167, 169, 178, 190, 243-245
Ramos, Arthur – 368, 373
Reeves, Marjorie – 32
Rei Sebastião – 228-229, 300, 335, 346-347
Reis, Rosa – 289
Resendes, Monsenhor Eduardo – 140
Ribeiro, Darcy – 40
Ribeiro, Luís da Silva – 200-205
Ribeiro, Orlando – 203
Rocha, Maria de Fátima Sopas – 241
Rodrigues, Herbert – 43
Rodrigues, José – 221
Rodrigues, José Damião – 46, 235--236
Rodrigues, Nina – 368
Rosa, Fernando – 92
Rosa, Vítor da – 49
Rudolph, Kurt – 372
Ryan, Mary – 158

Sá, Glória de – 53, 382
Salvador, Mari Lyn – 109
Sanchis, Pierre – 23, 280, 370
Sansi, Roger – 290, 370-371
Santana – 251, 258, 263, 270, 293--294, 302-303, 309, 361
Santos, João Cursino dos – 43
Santos, Jocélio Teles dos – 290
Santos, Julian – 241
Santos, Maria do Rosário Carvalho – 231, 277, 279, 283, 294, 303, 320, 357
Santos, Pedro Braga – 238
Santos, Wendel – 241
São Benedito – 258, 270, 294, 310, 323, 328, 332-333
São Cosme e Damião – 310, 351
São João – 235, 297, 348
São João Maria – 45

ÍNDICE ONOMÁSTICO

São Lázaro – 351-352
São Luís – 251, 265, 269, 274, 291--292, 294, 306-307, 337
São Marçal – 235
São Miguel Arcanjo – 328
São Pedro – 235, 243, 255, 348
Sarney, José – 263, 289
Sarney, Roseana – 289
Schauffert, Olinda – 43
Schechner, Richard – 281
Schwarcz, Lilia Moritz – 47, 245
Segato, Rita Laura – 373
Selka, Stephen – 372
Serra, Ordep – 339, 343, 370, 373, 375
Seu Cravinho – 269, 272, 291-292, 300, 304, 314-315, 318, 382
Seu Légua (Légua Boji Buá da Trindade) – 286, 344, 346
Shaw, Rosalind – 158, 336, 370
Silva Júnior, Augusto – 42
Silva, Adriana – 43
Silva, Agostinho da – 32-34
Silva, Estefanni – 41
Silva, Josimar – 239, 253
Silva, Luís – 180, 212
Silva, Mónica – 42
Silvano, Filomena – 166, 169, 382
Smith, Anthony D. – 137, 199
Smith, M. Estellie – 113
Smith, Robert – 91
Soehl, Thomas – 194
Sousa, Paulo – 228, 294, 316
Sousa, Poliana – 40
Souza, Laura Mello – 370
Souza, Marina Mello – 43
Souza, Patrícia – 264, 349
Stanger-Ross, Jordan – 135
Starkey, Evelyn – 51
Stewart, Charles – 158, 336, 370, 372
Surrupira – 315
Surrupirinha – 293-294, 299-300
Sylvia, Joe – 148

Szanton Blanc, Cristina – 77-79

Tassinari, Antonella – 40, 48, 60
Tavares, Pe. José João – 204
Teixeira, Carlos – 49, 118
Teresa de Légua (ou Teresa Bóji) – 310, 318, 363
Thomas, Joseph – 49
Touche, Daniel de la – 236
Toy Agongono – 306, 308
Toy Alabi – 333, 335
Trindade, Maria Beatriz Rocha – 85, 186-187
Turner, Victor – 256, 312

Valente, Waldemar – 368
Van Gennep, Arnold – 20, 26
Van Gogh – 182
Varnedoe, Kirk – 181-182
Vasconcelos, José Leite de – 203
Vaz, Katherine – 148
Vázquez, Obed – 78
Veiga, Felipe Berocan – 42
Velho, Yvonne Maggie – 369
Veloso, Carlos – 25
Veloso, Graça – 42
Verger, Pierre – 231-232
Veríssimo, Nelson – 37
Vickerman, Milton – 105
Viegas, Susana Matos – 41
Vieira Filho, Domingos – 41, 234--235, 237, 241, 248, 272, 289
Vieira, Mendes – 204
Vó Missã – 293-294, 300

Waldringer, Roger – 79, 91, 105, 194
Warnes, Anthony – 91
Waters, Joahnna – 91
Weber, Max – 137
Weiner, Anette – 175
Welter, Tânia – 45-46
Willems, Emilio – 43
Williams, Allan – 91
Williams, Jerry – 49

Xangô – 297, 300, 303, 321
Xapanã, Francelino de – 264, 349, 376
Xapanã, Márcio de – 286

Yúdice, George – 199

Zé Raimundo – 321
Zomadônu – 233, 351

Índice geográfico

Acre (Brasil) – 40
Alagoas (Brasil) – 40
Alberta (Canadá) – 52
Alcântara (Maranhão) – 41, 44, 234, 238-239, 242-245, 272
Alenquer (Portugal) – 26-28, 30-31, 36, 56-57, 245
Algarve – 35
Amapá (Brasil) – 40, 48, 60, 65, 236, 287, 376
Amazónia (Brasil) – 40, 42, 47, 58, 63, 65, 230
Angelim (São Luís) – 241, 322, 339
Angola – 11, 20, 25, 223-224
Anhembi (São Paulo) – 43, 64
Anjo da Guarda (São Luís) – 265, 284, 327
Arraiolos (Portugal) – 30

Bahia (Brasil) – 11, 41, 44-46, 230, 282-283, 290, 343, 356, 370-371, 373
Baixada (Maranhão) – 61, 247, 339, 357
Beira Baixa – 35-36, 60-61
Belém (Pará) – 276, 287, 296, 312, 369
Benavente (Portugal) – 30
Benim – 228
Bermuda – 11, 25, 49, 52
Boston (Massachusetts) – 91, 187
Brampton (Ontário) – 92

Bridgewater (Massachusetts) – 54, 92-93
British Columbia (Canadá) – 52

Cabo Verde – 11, 20, 25
Califórnia – 48-54, 61-62, 66, 91-92, 104, 108-110, 112, 115, 127, 142-149, 151, 153-158, 163, 166, 184, 188, 190-191, 221, 223, 379
Cambridge (Ontário) – 52-54, 85, 92, 124, 129, 144, 187
Carmelo (Califórnia) – 49, 120
Caxias (Maranhão) – 239
Ceará (Brasil) – 41, 44
Colorado (EUA) – 51-52, 112
Corvo (Açores) – 53, 208
Criação Velha (Madalena, Pico) – 177-179, 181
Cruzeiro do Anil (São Luís) – 262
Cunha (São Paulo) – 43
Cururupu (Maranhão) – 236, 354
Daomé (antigo reino do) – 228, 232

East Providence (Rhode Island) – 52, 54, 85, 92, 96-98, 100-103, 111, 139, 143, 145, 152, 154, 187, 381
Espírito Santo (Brasil) – 42, 47
Estados Unidos da América – 11-13, 25, 48-49, 52-53, 59-60, 66, 75-76, 80, 84, 89, 90-91, 93, 96, 100-101, 104, 106, 112-113, 115, 125, 139--141, 145-146, 149-150, 157-159,

167, 169, 173, 179, 183, 186-187, 210, 231

Faial (Açores) – 53, 66, 132, 143, 174, 183, 193, 204, 208, 216
Fall River (Massachusetts) – 50, 52, 107-110, 159, 208, 218-219
Flores (Açores) – 53, 128, 192, 204
Florianópolis (Santa Catarina) – 221--222
Florida (EUA) – 51-52, 92, 112, 152
França – 20, 229, 236, 269, 320--321

Goiabal (Maranhão) – 239
Goiás (Brasil) – 11, 42, 47, 60-61, 64, 66
Graciosa (Açores) – 53, 132, 236
Gustine (Califórnia) – 109, 147

Hamilton (Ontário) – 53
Hartford (Connecticut) – 92
Havai – 11, 25, 48, 51-52
Hudson (Massachusetts) – 54, 85, 92, 111, 140, 154, 187

Idaho (EUA) – 51-52, 112
Igaraú (São Luís) – 265, 267-268, 294, 309, 320, 331-332, 340, 360, 363
Indaroba (Sergipe) – 66

Janaína (São Luís) – 269, 323, 332

Kitchener (Ontário) – 130

Lagoinha (São Paulo) – 43
Lajes (Pico) – 163, 167, 173, 177, 179-181
Laranjeiras (Sergipe) – 362
Lençóis (Maranhão) – 229, 346--347

Liberdade (São Luís) – 264
Lisboa – 26, 35, 168, 198, 200-201, 242-243, 245
London (Ontário) – 53

Madeira, arquipélago da – 11, 20, 24, 37-38, 60, 136
Manaus (Amazónia) – 276, 287
Manitoba (Canadá) – 52, 85, 130
Maranhão (Brasil) – 11-12, 38-44, 46, 58-59, 61, 63-64, 67, 227, 229--230, 234-243, 246-249, 252, 258, 263, 265, 282, 286, 288, 298, 344, 346-347, 349, 355-357, 376
Massachusetts (EUA) – 50, 85, 92, 107, 152
Mato Grosso (Brasil) – 42
Mato Grosso do Sul (Brasil) – 42
Minas Gerais (Brasil) – 42, 46-47, 298
Mississauga (Ontário) – 53
Mogi das Cruzes (São Paulo) – 42
Montana (EUA) – 52
Montréal (Canadá) – 49

Namíbia – 224
New Bedford (Massachusetts) – 52, 108, 110
New Hampshire (EUA) – 50
Nigéria – 228
Nova Inglaterra – 12-14, 25, 48-52, 54, 67, 85, 92-93, 101, 104, 106--108, 110, 112, 115-117, 139, 141, 143, 145, 148-149, 151, 154, 156--157, 208, 217, 219

Oakdale (Califórnia) – 54, 92, 154
Oakville (Ontário) – 127, 130

Pará (Brasil) – 40, 48, 65, 236-237, 296, 312, 346, 369, 376
Paraty (Rio de Janeiro) – 43
Penedo (Sintra) – 36, 56
Pernambuco (Brasil) – 40

ÍNDICE GEOGRÁFICO

Piaui (Brasil) – 41
Piracicaba São Paul) – 43
Pirenópolis (Goiás) – 42, 64, 66
Ponta Delgada (São Miguel) – 200, 207-209, 213-214, 216-217
Pontas Negras (Ribeiras, Pico, Açores) – 163-164, 167-168, 185
Porto Alegre (Rio Grande do Sul) – 43, 221

Quebeque (Canadá) – 52

Rabo de Peixe (São Miguel) – 208
Redlands (Califórnia) – 54, 91, 154, 187
Rhode Island (EUA) – 50, 85, 92, 96, 143
Ribeira Grande (Ribeiras, Pico, Açores) – 163-164
Ribeiras (Pico, Açores) – 56, 163--168, 171-175, 177, 179-181, 183--190, 192-194, 379
Rio de Janeiro – 11, 38, 42-43, 47-48, 287
Rio Grande do Norte (Brasil) – 40
Rio Grande do Sul (Brasil) – 11, 38, 43, 46, 220-221, 237, 240-241
Rondónia (Brasil) – 40
Roraima (Brasil) – 40
Rosário (Maranhão) – 339, 366

Sacavém (São Luís) – 263, 284
San Diego (Califórnia) – 66, 146--147, 163, 167, 170, 183-184, 187--193, 379
San José (Califórnia) – 54, 145, 148, 151, 153, 166, 221-224
Santa Bárbara (Ribeiras, Pico, Açores) – 163-164, 166, 168, 176, 185, 193
Santa Bárbara (Santa Maria, Açores) – 55, 71, 73-76, 80, 84-86, 89, 91, 93-94, 184, 187, 211

Santa Catarina (Brasil) – 11-12, 38, 43-44, 46, 48, 56, 62, 220-221, 237, 240-242
Santa Cruz (Ribeiras, Pico) – 163--165, 167-169, 172, 176-177, 382
Santa Maria (Açores) – 53-55, 59, 71, 74, 80, 86, 89, 91-94, 96-99, 104-105, 121, 139-141, 143-144, 152, 154, 184, 187, 204, 208-209, 211, 235
Santo Amaro da Imperatriz (Santa Catarina) – 44
Santo Antão (São Jorge) – 55
Santo António dos Pretos (Maranhão) – 231-232
São Jorge (Açores) – 53, 55, 153-154, 204
São Luís (Maranhão, Brasil) – 12-15, 41, 59, 61-62, 64-65, 67, 227-237, 240-241, 243, 247-248, 250-251, 253, 258, 260-265, 269-270, 272, 276, 282-283, 286-291, 293, 296--298, 303, 305-306, 312-313, 325, 339, 344-345-348, 357, 360, 369, 374, 376-382
São Luís de Paraitinga (São Paulo) – 43
São Miguel (Açores) – 53-54, 66, 92, 96, 99, 101, 107, 117, 124, 132, 142-143, 192, 201, 204-205, 207--209, 216-217, 236, 239
São Paulo (Brasil) – 11, 38, 42-43, 46-48, 61, 64, 264, 276, 287, 290, 349, 376
Saucelito (Califórnia) – 147
Saugus (Massachusetts) – 54, 85, 91, 93, 111, 139-140, 154
Sergipe (Brasil) – 41, 66, 362
Silveiras (Lajes do Pico, Açores) – 177, 184
Sintra – 35-36, 56
St. Petersburg (Florida) – 92, 152

Taboca Redonda (Maranhão) – 246

Taunton (Massachusetts) – 52, 85, 92
Terceira (Açores) – 53, 107, 124,
　126-128, 132, 135, 143, 198, 201,
　204-205, 210, 239
Tocantins (Brasil) – 40
Tomar – 35
Toronto – 13-14, 49, 53, 59, 64, 67,
　92, 106, 113, 115-138, 143, 149,
　154-155, 378, 381-382

Torres Vedras – 35

Vancouver (Canadá) – 49
Vimieiro – 30

Waterbury (Massachusetts) – 54
Winnipeg (Manitoba) – 85, 130

HISTÓRIA & SOCIEDADE

1. *Morfologia Social*, Maurice Halbwachs

2. *A Distinção. Uma Crítica Social da Faculdade do Juízo*, Pierre Bourdieu

3. *O Estado Novo em Questão*, org. de Victor Pereira e Nuno Domingos

4. *História Global da Ascensão do Ocidente. 1500–1850*, Jack Goldstone

5. *As Origens Sociais da Ditadura e da Democracia. Senhores e Camponeses na Construção do Mundo Moderno*, Barrington Moore, Jr.

6. *O Poder Simbólico*, Pierre Bourdieu

7. *Imperialismo Europeu. 1860–1914*, Andrew Porter

8. *A Grande Transformação*, Karl Polanyi

9. *Comunidades Imaginadas. Reflexões sobre a Origem e a Expansão do Nacionalismo*, Benedict Anderson

10. *O Império Colonial em Questão (Sécs. XIX–XX)*, org. de Miguel Bandeira Jerónimo

11. *A Grande Divergência*, Kenneth Pomeranz

12. *Cidade e Império. Dinâmicas Coloniais e Reconfigurações Pós-Coloniais*, org. de Nuno Domingos e Elsa Peralta

13. *Estudos sobre a Globalização*, org. de Diogo Ramada Curto

14. *Histórias de África. Capitalismo, Modernidade e Globalização*, Frederick Cooper